Bernd Wurlitzer

Mecklenburg-Vorpommern

Hansestädte und Backsteingotik
an der Ostseeküste bis Rügen und Usedom –
Das Hinterland mit seiner Seenplatte

DuMont Buchverlag Köln

Titel: Schweriner Schloß
Umschlagklappe vorne: Kreidefelsen auf Rügen
Umschlagklappe hinten: Bad Doberaner Münster, Hochaltar und Sakramentshaus
Rückseite: Rostocker Greif am Fünf-Giebel-Haus, Rostock
Frontispiz: »Zwei Männer auf Mönchgut«, Zeichnung von Caspar David Friedrich, 1826

Über den Autor: Bernd Wurlitzer, geboren 1940, studierte Journalistik und Foto-Design. Heute lebt er in Berlin und arbeitet als freier Journalist. Der Autor zahlreicher kunstgeschichtlicher, touristischer und länderkundlicher Bücher hat in jüngster Zeit vor allem über die fünf neuen Bundesländer publiziert.

© 1992 DuMont Buchverlag, Köln
3. Auflage 1993
Alle Rechte vorbehalten
Satz und Druck: Rasch, Bramsche
Buchbinderische Verarbeitung: Bramscher Buchbinder Betriebe

Printed in Germany   ISBN 3-7701-2585-1

Kunst-Reiseführer in der Reihe DuMont Dokumente

Zur schnellen Orientierung – die wichtigsten Stätten in Mecklenburg-Vorpommern auf einen Blick:

(Auszug aus dem ausführlichen Ortsregister S. 376)

Altentreptow (H 4)	234	Neubrandenburg	
Anklam (J 4)	309	(H 3)	207
Bad Doberan (D 5)	124	Neukloster (D 4)	135
Basedow (F 4)	199	Neustadt-Glewe (C 2)	110
Burg Stargard (H 3)	233	Neustrelitz (G 2)	238
Demmin (G 5)	306	Parchim (D 2)	111
Dömitz (C 1)	109	Pasewalk (K 3)	330
Feldberg (H 2)	243	Plau (E 2)	185
Fischland, Darß, Zingst		Ribnitz-Damgarten (F 6) . . .	176
(E/F 6/7)	177	Rostock (E 5)	114
Friedland (J 4)	237	Rügen (G–J 6–8)	255
Gadebusch (B 3)	64	Schönberg (B 4)	83
Goldberg (E 3)	184	Schwerin (C 3)	50
Greifswald (H 5)	278	Stavenhagen (G 4)	203
Grevesmühlen (B 4)	85	Sternberg (D 4)	136
Grimmen (G 5)	302	Stralsund (G 6)	245
Güstrow (E 4)	140	Teterow (F 4)	193
Heiligendamm (D 5)	131	Ueckermünde (K 4)	328
Hiddensee (G 7)	274	Usedom (J/K 5/6)	319
Klütz (B 5)	87	Vietlübbe (B 4)	81
Ludwigslust (C 2)	100	Waren (F 3)	188
Malchin (F 4)	196	Warnemünde (E 6)	121
Malchow (F 3)	187	Wismar (C 4)	90
Müritz (F 2)	188	Wolgast (J 5)	315

In der vorderen Umschlagklappe: Übersichtskarte Mecklenburg-Vorpommern

In der hinteren Umschlagklappe: Stadtplan Schwerin

Inhalt

Kunstgeschichtliche und andere **Fachbegriffe,** die im Text erscheinen, werden auf den Seiten 336–344 erläutert.
Vorschläge für **ein- und zweiwöchige Aufenthalte** befinden sich auf den Seiten 369 ff.

Bitte schreiben Sie uns, wenn sich etwas geändert hat!

Alle in diesem Buch enthaltenen Angaben wurden von dem Autor nach bestem Wissen erstellt und von ihm und dem Verlag mit größtmöglicher Sorgfalt überprüft. Gleichwohl sind – wie wir im Sinne des Produkthaftungsrechts betonen müssen – inhaltliche Fehler nicht vollständig auszuschließen. Daher erfolgen die Angaben ohne jegliche Verpflichtung oder Garantie des Verlages oder des Autors. Beide übernehmen keinerlei Verantwortung und Haftung für etwaige inhaltliche Unstimmigkeiten. Wir bitten dafür um Verständnis und werden Korrekturhinweise gerne aufgreifen: DuMont Buchverlag, Postfach 10 1045, 50450 Köln.

Vorwort

Keine zwei Jahrzehnte ist es her, daß ich Schloß Ulrichshusen, eines der wenigen Landschlösser der Renaissance in Mecklenburg, besuchte. Unlängst war ich wieder dort – und erschüttert: Das Dach ist eingestürzt, durch die herausgerissenen Fenster pfeift der Wind...Während das nur wenigen bekannte Ulrichshusen zur Ruine verkam, verwandelten Restauratoren und Handwerker das nahegelegene Schloß Güstrow in ein Vorzeige-Schmuckstück.

Mecklenburg und Vorpommern glaubte ich gut zu kennen. Aber als Mauer und Stacheldraht gefallen waren, erlebte ich manche Überraschung. So verzeichneten weder zu DDR-Zeiten gedruckte Landkarten noch Kunstführer Schloß Wiligrad, das sich Herzog Johann Albrecht am Steilufer des Schweriner Sees hatte erbauen lassen. Dieses gut erhaltene Schloß, genutzt von der DDR-Polizei, war Sperrgebiet. Auch die Stadt Dassow konnte ich erst im Herbst 1989 kennenlernen, denn sie lag im sog. Grenzgebiet, dem deutsch-deutschen Todesstreifen, der von Auswärtigen nur mit Sondergenehmigung betreten werden durfte. Tabu war jahrzehntelang für Reiseführer das Denkmal für die Familie des Luftschiff-Erfinders Zeppelin im Wald bei Bützow – vermutlich weil er ein Graf war.

Mecklenburg-Vorpommern ist ein Land im Aufbruch! Die Menschen bemühen sich, das historische Erbe auf Hochglanz zu bringen. Doch auch in den kommenden Jahren, so muß man befürchten, wird weiteres ruinös. Von vielen Schlössern und Herrenhäusern, die als Ferienheime, Verwaltungssitze oder Ausbildungsstätten dienten, sind seit dem DDR-Ende die Gardinen von den Fenstern verschwunden; nicht mehr bestehende volkseigene Betriebe, Organisationen, landwirtschaftliche Produktionsgenossenschaften oder der Gewerkschaftsbund FDGB haben sie ungenutzt zurückgelassen. Wem gehören die Häuser, wem der Boden? Hunderttausende von Rückerstattungsansprüchen liegen vor, nicht selten mehrere für ein Objekt. Bis alles geregelt ist, werden Jahre vergehen und weitere einst prachtvolle Bauwerke verfallen.

Den Erhaltungszustand der Bauwerke habe ich deshalb in der Regel nicht erwähnt, denn wo gestern noch der Putz bröckelte, kann schon morgen die restaurierte Fassade im Sonnenlicht erstrahlen. Die gegenwärtigen Nutzer zu nennen, hat in dieser Zeit des Umbruchs auch kaum Sinn.

Wo Zutritt nicht möglich oder nicht erwünscht ist, verzichtete ich meist auf die Beschreibung der Innenräume. Oft bin ich von den touristischen Hauptpfaden abgewichen. Sandwege entlang blühender Feldraine und von Blattgrün und Zweigen überdachte Straßen haben mich zu versteckten Dörfern geführt: Mecklenburg und Vorpommern halten interessante Kunstwerke im Verborgenen bereit.

Manches Dorf, manche Stadt oder sogar Region waren Spielbälle der Geschichte, so der Landstrich um Neuhaus östlich der Elbe, der Jahrhunderte zu Hannover gehörte. Die Alliierten schlugen 1945 das Amt Neuhaus der Sowjetischen Besatzungszone zu, und so gelangte das 210 km^2 große Gebiet zu Mecklenburg-Vorpommern. Seit dem Sommer 1993 gehört Neuhaus wieder zu Niedersachsen. Teile der Westprignitz und mehr als zwei Dutzend Gemeinden aus den Landkreisen Pasewalk und Strasburg kehrten 1992 – weil das bei Volksabstimmungen so gefordert wurde – nach Brandenburg zurück, wo sie historisch hingehören. Die Stadt Strasburg selbst hat sich für den Verbleib in Mecklenburg-Vorpommern entschieden.

Für Millionen vornehmlich jüngere Deutsche aus den alten Bundesländern ist Mecklenburg-Vorpommern fast so etwas wie eine Terra incognita. Wen wundert's, war es doch für sie einfacher, beispielsweise nach Griechenland oder Spanien zu reisen als in den anderen deutschen Staat. Nun steht Mecklenburg-Vorpommern allen offen, und das Land wartet auf noch mehr Besucher, weil es sie braucht. Lassen Sie sich von der Vielfalt architektonischer Zeugnisse vergangener Jahrhunderte überraschen. Bei diesem Reichtum dürften Sie eventuellen Ärger über ramponierten Charme und Verfallenes schnell vergessen. Die Landschaft wird Sie allemal begeistern und für manches entschädigen, das im Westen als Standard gilt, aber hier noch nicht geschaffen werden konnte.

Mein Dank gilt allen, die mir Hinweise gaben, mich auch bei der 3. Auflage mit aktuellen Informationen unterstützten, besonders aber jenen, deren publizistisch-wissenschaftliche Arbeiten mir halfen, sowie meiner Frau Annelene, die mich bei Recherchen und Korrekturen unterstützte.

Bernd Wurlitzer

Das Land Mecklenburg-Vorpommern

Großes Landeswappen von
Mecklenburg-Vorpommern

*»As uns' Herrgott de Welt erschaffen ded, fung hei bi Meckelnborg an, un tworsten von de
Ostseesid her, un mackte dat eigenhändig farig ... und schön i't in 'n Ganzen worden, dat
weit jeder, de dorin buren is un tagen; un wenn en frömden Minsch 'rinne kamen deiht, un
hei hett Ogen tau seihn, denn kann hei seihn, dat unsern Herrgott sin Hand up Wisch un
Wald, up Barg un See sulwst rauht hett, un dat hei Meckelnborg mit in't Og fat't hett, as
hei sach, dat allens gaud was.«*
Fritz Reuter: »Urgeschicht von Meckelnborg« (1864)

Wasser, wohin man schaut, die Ostsee und zahllose Seen, von Bergkuppen umrahmt
oder von gelben Rapsfeldern eingefaßt, dazwischen weite Flächen aus Wiesen, Feldern,
Wäldern; teilweise fast unberührte Landstriche, wie sie heute nur noch selten anzutreffen sind, beispielsweise am Ostufer der Müritz und auf dem Darß.

Das Wasser nimmt 5,4 % der Landesfläche ein, der Wald 21 %. In Mecklenburg-
Vorpommern, dem am dünnsten besiedelten deutschen Bundesland, ist Industrie
kaum vorhanden, sind Luft und Wasser deshalb sauberer als anderswo im Osten

11

Deutschlands. Seeadler, Kranich und Kormoran fühlen sich zwischen unterer Elbe und Oder noch wohl. Der Fischadler kommt so häufig wie nirgendwo sonst in Mitteleuropa vor.

Diese herb-schöne Landschaft hielten Caspar David Friedrich, Philipp Otto Runge und in unserem Jahrhundert Otto Niemeyer-Holstein in ihren Bildern fest; die Dichter Fritz Reuter, John Brinckman, Hans Fallada, Gerhart Hauptmann und Uwe Johnson fanden hier die Gestalten für ihre Erzählungen und Romane, der Bildhauer Ernst Barlach die Figuren für seine Plastiken.

Das seit Oktober 1990 wieder bestehende Land Mecklenburg-Vorpommern hat es zuvor lediglich im kurzen Zeitraum von 1945 bis 1952 gegeben. Entstanden war es nach dem Zweiten Weltkrieg aus Mecklenburg, dem westlich der Oder gelegenen Teil der preußischen Provinz Pommern (ohne Stettin) sowie dem Amt Neuhaus am östlichen Elbufer. 1947 wurde das Wort Vorpommern gestrichen – mit Rücksicht auf den polnischen Nachbarn, wie es damals hieß. Die Vorpommern fühlten sich vereinnahmt. So unerwartet, wie das Land Mecklenburg-Vorpommern gebildet wurde, so schnell verschwand es indes auch wieder: 1952 zerlegten es die DDR-Regierenden in die Bezirke Rostock, Schwerin und Neubrandenburg, wobei die beiden letztgenannten Teile von Brandenburg hinzubekamen. Als geographischer Begriff existierte Mecklenburg offiziell weiter, Vorpommern dagegen lebte nur im Bewußtsein seiner Bewohner fort.

Seit Oktober 1990 sind die beiden wieder aneinandergeschmiedet. In Vorpommern sträubten sich nicht wenige gegen einen Zusammenschluß, befürchteten sie doch erneut eine Vereinnahmung durch Mecklenburg, das eine lange Tradition eigener Staatlichkeit besitzt. Erbstreitigkeiten führten hier zwar zu mancher Landesteilung, doch acht Jahrhunderte wurde Mecklenburg von einem Herrscherhaus regiert. Vorpommern dagegen besaß nie Eigenstaatlichkeit; nach dem Sieg über Napoleon war es als Teil der Provinz Pommern zu Preußen gekommen. Ein Bundesland Vorpommern war jedoch aus wirtschaftlichen Gründen nicht vertretbar. Bis das Miteinander auch öffentlich durch einheitliche Flagge und Wappen kundgetan werden konnte, brauchte es Zeit. Noch Monate nach seiner Gründung blieb Mecklenburg-Vorpommern das einzige Bundesland, das keine einheitlichen Symbole besaß. Die Vorpommern stimmten den Entwürfen erst zu, nachdem sie sich völlig gleichberechtigt dargestellt sahen (s. S. 361 f.).

So dünn, wie vielfach behauptet, sind die **historischen Verflechtungen** zwischen Mecklenburg und Vorpommern gar nicht. In beiden Landesteilen wohnten Slawen, die sich mit den ab der zweiten Hälfte des 12. Jh. das Land besiedelnden Niedersachsen, Flandern und Westfalen vermischten. Die Siedler brachten ihre typischen Bauformen mit, die heute sowohl in Mecklenburg als auch in Vorpommern vorherrschen: die Hallenkirche und das niederdeutsche Hallenhaus. Eine erste Verbindung zwischen den mecklenburgischen Städten Wismar und Rostock und den vorpommerschen Städten Stralsund und Greifswald erfolgte schon vor über 700 Jahren, als sie sich mit

Lübeck zu einem Vorläufer der Hanse zusammenschlossen. Nicht zu vergessen: Die plattdeutsche Sprache eint bis auf den heutigen Tag Mecklenburger und Vorpommern. Auch geographisch gibt es kaum Unterschiede, hier wie dort ist das Land im wesentlichen ›platt‹. Die 340 km lange Außenküste der Ostsee fügt beide Landesteile wie ein Band zusammen.

Bei Aussagen zur **Wirtschaft** empfiehlt sich in unseren Tagen Zurückhaltung. Was von Schiffbau, Seefahrt, Hafenwirtschaft, Fischverarbeitung, Lebensmittelindustrie und Landwirtschaft fortbestehen wird, weiß keiner genau zu sagen. Nicht weniges, was in dem heutigen Bundesland entstand, hatte seiner Qualität wegen in der Welt einen guten Ruf, so die Schiffe, die in den Werften der mecklenburgischen Städte Wismar und Rostock und in denen der vorpommerschen Städte Stralsund und Wolgast vom Stapel liefen. Einen bedeutenden Wirtschaftsfaktor stellte auch der Rostocker Hafen dar, ab 1957 mit großen Kraftanstrengungen erbaut. In den letzten Jahren der DDR wurden an seinen Kais rund 20 Mio. t Güter umgeschlagen, doch seit der Einheit Deutschlands drehen sich die Kräne immer seltener.

Der **Tourismus** jedoch ist im Kommen, in Westmecklenburg ebenso wie im Bereich der Neustrelitzer Kleinseenplatte, am Oderhaff und natürlich an der Ostseeküste.

Die **Menschen** in diesem Land, Mecklenburger und Vorpommern gleichermaßen, sind nicht geschwätzig, leichtlebig oder temperamentvoll. Die Natur, das Meer und die

Trachten in Mecklenburg, Stich von 1886

13

rauhe Landschaft haben sie geprägt. Mecklenburger und Vorpommern gelten als behäbig, zurückhaltend und wortkarg. Sind sie jedoch erst einmal aufgetaut, ist der Bann gebrochen, erweisen sie sich als gute und zuverlässige Freunde, als offenherzige Gastgeber.

Ruhe und Beschaulichkeit, kleinstädtische und dörfliche Architektur aus vergangenen Zeiten, kopfsteingepflasterte Alleen, dampflokgezogene Kleinbahnzüge ... vielerorts fühlt sich der Reisende an das berühmte, Bismarck zugeschriebene Bonmot erinnert: »Wenn die Welt untergeht, ziehe ich nach Mecklenburg, denn da passiert alles fünfzig Jahre später.« Die Ansässigen hören dies nicht gern, sind sie doch dabei, ihr Bundesland zu verändern und aus der historisch aufgezwungenen Rückständigkeit herauszuführen. Der Reisende dagegen möchte die Zeit anhalten.

Ökosystem Ostsee

Die Ostsee ist ökologisch bei weitem stärker gefährdet als die Nordsee. Weil sie nur über einen begrenzten Sauerstoffgehalt verfügt, der zum Abbau organischer und chemischer Verunreinigungen erforderlich ist, kommt es nur selten zur Durchmischung und Entlüftung ihrer salz- und süßwasserhaltigen Schichten. Nur durch drei enge Meeresstraßen, den Kleinen und Großen Belt sowie den Öresund, mit der Nordsee verbunden, kann sich ein vollständiger Wasseraustausch – zuletzt 1976 – nur äußerst selten, nämlich bei anhaltenden Stürmen, vollziehen.

Das gesamte Ökosystem, das von der Sonnenwärme, der Wasserbewegung und dem Nährstoffangebot gesteuert wird, reagiert empfindlich auf die kleinsten Schwankungen des Salzgehalts: Und der zeigt von Kiel (13–20 Promille) bis zur Oderbucht (7 Promille) deutlich abnehmende Tendenz. Er hat auch Auswirkungen auf die Meeresfauna und -flora, auf Subsysteme wie Hart- und Weichböden, Muschel- und Schneckenbesatz.

Daß das kleine Binnenmeer mit seinen 416 000 km^2 und einer durchschnittlichen Tiefe von nur 55 m Tag für Tag Tonnen von Schiffsmüll, Öl und Chemikalien verkraften muß, ist ein ebenso gravierendes Problem wie die Abwässer der kommunalen Haushalte, der Industrie und Landwirtschaft, die ständig als Algenfutter in das Wasser gelangen. Algen und Plankton bilden nicht nur eine wichtige Nahrungsgrundlage für die Meerestiere, auch die Algenblüte im Frühjahr ist ein wesentliches Element im Lebenskreislauf der Ostsee. Kommt es jedoch durch gewaltige Nährstoffmengen zur Algenschwemme, wird ihr biologisches Gleichgewicht bedroht. Eine solche Algenschwemme kann sogar tödlich wirken, wenn nämlich die Biomasse so groß ist, daß sie nach dem Absterben und Absinken auf den Meeresgrund zu totalem Sauerstoffverlust führt.

Untersuchungen haben ergeben, daß 20 km^2 der Ostsee seit zehn Jahren ohne Sauerstoff sind, was bedeutet, daß ganze Tiefwasserbecken sich bereits in Todeszonen verwandelt haben. Um die Ostsee vor einem drohenden Kollaps zu bewahren, hat die seit 1974 bestehende Helsinki-Konvention zum Schutz der Meeresumwelt einen umfassenden Maßnahmenkatalog erarbeitet. Wenn auch das Umweltbewußtsein allgemein gestiegen ist und bereits positive Resultate bei Schadstoffreduzierungen und leichte Rückgänge von DDT, PCB und Quecksilberkonzentrationen erzielt wurden, bleibt das, was erreicht wurde, doch nur ein Tropfen auf den heißen Stein.

Nun will die Konvention schärfere Maßnahmen und Kontrollen, zusätzliche Auflagen sowie intensivere Forschungs- und Überwachungsarbeiten in Gang setzen. Eine der wichtigsten Sanierungsmaßnahmen sieht vor, daß jedes Land seine Schadstoffeinträge bis 1995 um mindestens die Hälfte reduziert. Die finanzschwachen östlichen Länder, die mit ihren 60 Mio. Menschen durch völlig unzureichende Kläranlagen erheblich zur Meeresverschmutzung beitragen, sollen durch einen internationalen Regenerationsfonds unterstützt werden. Mecklenburg-Vorpommern erhält neben EG-Finanzmitteln auch Bundeszuschüsse aus dem Umweltprogramm »Aufschwung Ost«.

Regelmäßig gehen Forschungsschiffe auf Küstenexpedition, veranstaltet die Konvention Konferenzen und Tagungen, Seminare und Symposien, um neue Vorsorgekonzepte auszuarbeiten. Die Insel Vilm, wo die erste deutsche Naturschutzakademie gegründet wurde, ist zur internationalen Begegnungs- und Forschungsstätte geworden. Hier berieten auch die Mitglieder der Umweltorganisation »World Wildlife Fund« (WWF) über einen verbesserten Ostseeschutz.

An
Mecklenburg-Vorpommerns
Ostseeküste nistet die Lachmöwe

15

Wie sauber die deutsche Ostsee für den Badeurlauber ist, darüber hat der ADAC im Frühjahr 1992 ausführlich berichtet: 230 Strände wurden untersucht, vor allem die ostdeutschen Badeorte. Dabei wurden vier Kategorien aufgestellt, die von ›sauber‹ über ›meist sauber‹ und ›zeitweilig verschmutzt‹ bis ›zum Baden ungeeignet‹ reichen. Man muß jedoch unterscheiden zwischen Badewasserqualität nach EG-Normen, die hygienische Verhältnisse berücksichtigen, und ökologischer Qualität, also dem, was Meerestieren zuträglich ist. Aus der Badegewässerkarte des Umweltministeriums von Mecklenburg-Vorpommern 1992 geht hervor, daß die vom Meer abgetrennten Bodden und Buchten stärker belastet sind als das Ostseewasser, das zwischen sehr gut und gut eingestuft wird. Daher gab es, vor allem an Häfen und Flußmündungen, Badebeschränkungen und teilweise, bedingt durch die erhöhte Bakteriengefahr im stark erwärmten Wasser, auch Badeverbote.

Sorgen bereiten den Anliegerstaaten die Giftgasfunde in der Nähe von Bornholm. Hier wurden 1945 von den Alliierten Tausende von Tonnen chemischer Kampfstoffe samt Schiff in 100 m Tiefe versenkt. Noch ist man sich nicht einig, was mit diesen Altlasten geschehen soll. Wissenschaftler raten von einer Bergung ab, nicht nur wegen der hohen Kosten, sondern weil die Gasgranaten, die sich unter Wasser in harmlose Stoffe auflösen, an der Luft eine verheerende Wirkung auf Augen und Atmung haben könnten.

Damit die Ostsee als Lebensraum erhalten bleibt, hat man im Herbst 1990 zwei Nationalparks geschaffen: Jasmund mit der rügenschen Kreideküste ist mit etwa 3000 ha Fläche das kleinste, der Nationalpark Vorpommersche Boddenlandschaft, der den Darß und Zingst, Hiddensee und Westrügen umfaßt, mit 805 km² das größte Schutzgebiet Deutschlands. Zwei Naturparks auf Rügen und Usedom befinden sich in Vorbereitung. Zusammen mit dem Biosphärenreservat Südostrügen (Halbinsel Mönchgut und Insel Vilm) sind die Refugien seltener, vom Aussterben bedrohter Fauna- und Flora-Arten sowie Brut- und Raststätten für Zehntausende von Wasservögeln – der alljährliche Vogelzug ist immer wieder ein großartiges Schauspiel.

Ingeborg Merker

Herzog Ulrich und seine beiden Frauen, Renaissancewandgrab im Güstrower Dom ▷

Geschichte und Kultur im Überblick

Jungsteinzeitliche Bauern, Slawen und deutsche Siedler – vom Megalithgrab zur ersten Klostergründung

»Im Jahre 1815 kam ich zur Erlernung der Landwirtschaft nach Schoritz auf Rügen, wo ich zum ersten Mal von Hünengräbern reden hörte und mit Erstaunen diese colossalen Werke der Vorzeit erblickte.« Das schrieb Friedrich von Hagenow, einer der Pioniere der Urgeschichtsforschung in Mecklenburg-Vorpommern. Auf seiner 1829 erschienenen »Special-Charte der Insel Rügen, nach den neuesten Messungen unter Benutzung aller vorhandenen Flurkarten entworfen«, registrierte er 232 steinzeitliche Grabstätten; heute sind davon noch 51 erhalten. Wie in vielen anderen Fällen auch, hatten die Menschen lange Zeit die Bedeutung dieser Hinterlassenschaften nicht erkannt – sie verwendeten die Steine zum Straßen- und Hausbau. Insgesamt blieben in Mecklenburg-Vorpommern von 1147 bekannten **jungsteinzeitlichen Megalithgräbern** 445 gut erhalten. Siedlungs- und Wohnstätten aus der Ur- und Frühgeschichte dagegen wurden zwar ausgegraben, sind aber nicht zugänglich.

›Hünengräber‹ nennt der Volksmund die aus großen Findlingsblöcken errichteten Megalithgräber, weil man meinte, nur Riesen (Hünen) hätten solche tonnenschweren Deck- und Trägersteine bewegen können – die Decksteine besitzen oft ein Gewicht bis zu 25 t. In diesen riesigen Steinbauten, ursprünglich mit Erde bedeckt, wurden mehrere Generationen jungsteinzeitlicher Ackerbauern und Viehhalter beigesetzt. Auf der Insel Rügen stehen Megalithgräber in einer Konzentration wie in keiner anderen Region Deutschlands. Eindrucksvoll sind auch die jungsteinzeitlichen Grabsetzungen im Everstorfer Forst bei Grevesmühlen (s. Abb. S. 86).

An vielen Stellen finden sich von kleinen Baumgruppen bewachsene **bronzezeitliche Hügelgräber,** die sich aus den Äckern herausheben. Eines der größten ist der Dobberworth an der B 96 bei Sagard auf Rügen. Die Bestattung in den Hügeln erfolgte in einem Holzsarg, aber bereits während der Bronzezeit ging man zur Leichenverbrennung und zur Bestattung der Asche in Tongefäßen über. Solche unterirdischen Flachgräber erkennt man gut, wenn die Einfassungen aus aufrechtstehenden Findlingen erhalten blieben wie zwischen Boitin und Tarnow bei den als ›Boitiner Steintänze‹ bekannten eisenzeitlichen Steinkreisen.

In der Völkerwanderung verließen die germanischen Stämme das heutige mecklenburgisch-vorpommersche Gebiet, und

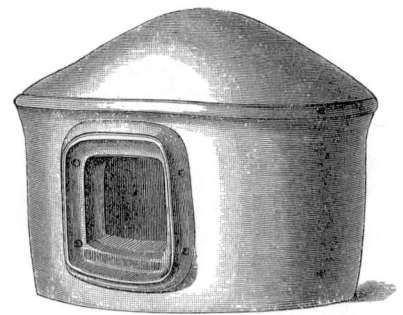

Hausurne der späten Bronzezeit – ähnlich dürften die Gebäude ausgesehen haben, in denen die Menschen wohnten

18

etwa ab dem Jahr 600 besiedelten slawische Stämme das fast menschenleere Land: im Westen die **Obodriten**, im Osten die Wilzen, die sich ab dem 10. Jh. **Liutizen** nannten, und auf der Insel Rügen die **Ranen** (auch Rujanen genannt).

Mittelpunkt eines jeden Siedlungsbereiches war die Burg: Zufluchtsstätte bei kriegerischen Auseinandersetzungen, Markt und meist auch Standort des Heiligtums. 231 Burgwälle hat man in Mecklenburg-Vorpommern lokalisiert, häufig befinden sie sich in wasserreichen Niederungen am Rande von Flußtälern oder auf Inseln. Grabungen erfolgten auf einer Insel im Teterower See und bei Behren-Lübchin. Dort hatte der morastige Boden die Eichenplanken über 1000 Jahre lang hervorragend konserviert, was den Wissenschaftlern eine Rekonstruktion der Anlagen bis ins Detail ermöglichte (s. Abb. S. 305). In diese Burgen flüchteten die Slawen auch während der Eroberungszüge des deutschen Königs Heinrich I. (929) und Kaiser Ottos I. (955). Diese erste Ostexpansion des deutschen Reiches beendete ein großer Aufstand der Liutizen und Obodriten im Jahre 983, der den Slawen für eineinhalb Jahrhunderte ihre Unabhängigkeit sicherte und den deutschen Einflußbereich an die Elbe zurückdrängte.

Bei 1973 begonnenen Ausgrabungen auf einer Halbinsel bei **Groß Raden** gelang es erstmalig, ein kultisches Zentrum der Obodriten vollständig auszugraben. Auch hier hatte die Torfschicht die Hinterlassenschaften bestens konserviert, so daß die Reste einer Kulthalle aus dem 9. Jh., 29 einfache Flechtwandhäuser mit $20-25$ m^2 Grundfläche und über 90000 Einzelfunde ausgegraben werden konnten, darunter Holzlöffel und Hirsestampfer sowie mehrere Pferdeschädel, altslawische Kultobjekte. In einer zweiten Siedlungsphase im 10. Jh. übernahm eine palisadenbewehrte, 10 m hohe Rundburg von 50 m Durchmesser die Funktion der Kulthalle. Dieser Burgwall und weitere Bauten wurden rekonstruiert und bilden heute das Archäologische Freilichtmuseum Groß Raden (s. Abb. S. 137).

Die Hauptburg der Obodriten lag südlich von Wismar. Der jüdisch-arabische Kaufmann Ibrahim Ibn Jakub nannte sie 965 ›Weligrad‹, bei Adam von Bremen heißt sie um 1075 ›Magnopolis‹, in einer 995 von Kaiser Otto III. ausgestellten Urkunde, deren Original sich im Staatsarchiv Magdeburg befindet, »castrum michelenburg«. Wie die Slawen selbst die Burg nannten, ist nicht überliefert. Das niederdeutsche ›Mikilenburg‹, später dann **Mekelenburg**, heißt ›Große Burg‹. Die hochdeutsche Sprachform ›Mecklenburg‹ bürgerte sich seit dem 16. Jh. ein. Der Name der im 14. Jh. verfallenen Burg lebte in den folgenden Jahrhunderten in dem neben ihr errichteten Dorf Mecklenburg und dem seit 1348 bestehenden Herzogtum fort.

Seit Jahren finden in **Ralswiek** Grabungen statt, bei denen ein Handelsplatz der Ranen aus dem 8. und 9. Jh. freigelegt werden konnte. Zu den Funden gehören mehr als 2200 arabische Silbermünzen, die auf Handelsverbindungen bis nach Mittelasien hinweisen. Ein Handelsplatz der Liutizen wurde in **Menzlin** nordwestlich von Anklam ausgegraben, darunter mehrere Häuser von Handwerkern und ein Bestattungsplatz. Ihre Hauptburg hatten die Ranen im 10. Jh. auf Arkona errichtet. In dieser **Jaromarsburg** stand ein prunkvoller Tempel aus Holz, geschmückt mit verschiedenen Bildern,

Der slawische Grabstein aus dem 12. Jh., einge-mauert in die Außenwand der Bergener Marienkirche, soll angeblich den Slawengott Swantewit darstellen; wahrscheinlicher ist in-des die Vermutung, daß es sich bei dem Herrn mit Pelzmütze, Bart und Mantel um Fürst Jaro-mar I. handelt

in dem sich das Standbild der Gottheit Swantewit befand, wie es der dänische Geschichtsschreiber Saxo Grammaticus überliefert hat.

Mit dem sog. **Wendenkreuzzug** von 1147 begann die endgültige Eroberung des Slawenlandes (Wenden = Slawen) durch die Großen des deutschen Reiches. Heinrich der Löwe, Herzog von Bayern und Sachsen, zog mit anderen Reichsfür-sten zur Erfüllung eines Kreuzzuggelüb-des gegen die heidnischen Obodriten. Christianisierung und politische Unter-werfung gingen dabei Hand in Hand. Im Jahre 1160 dann fiel Niklot, der letzte freie Obodritenfürst, bei einem Aus-bruchsversuch aus seiner Burg Werle (südlich von Bützow) im Kampf gegen Heinrich den Löwen. Heinrichs politische Neuordnung – Gründung der Stadt Schwerin, Einsetzung des Gunzelin von Hagen als Graf von Schwerin und sächsi-scher Ritter als Burgvögte – ging aller-dings bei einem slawischen Aufstand 1164 wieder verloren.

In der Entscheidungsschlacht bei **Ver-chen** am Kummerower See im gleichen Jahr unterlagen dann Niklots erster Sohn Pribislaw (den zweiten, Wartislaw, hatten die Eroberer bei Malchin erhängt) sowie die Pommernfürsten Bogislaw I. und Kasimir I. den verbündeten Heinrich dem Löwen und dem Dänenkönig Waldemar – eine vor-übergehende Einigung, denn Heinrich hatte stets mit Dänemark als Gegenspieler im slawischen Machtpoker zu rechnen, da Waldemar Vorpommern und Rügen als däni-sches Interessengebiet betrachtete.

An die slawische Siedlungsperiode erinnern noch **Ortsnamen** mit den Endungen -in, -ow, -itz und -gast. Alte deutsche Rodungsdörfer sind an der Endsilbe -hagen zu erken-nen, was Wald und sinngemäß auch Rodung bedeutet. Die erste Silbe weist auf den Namen desjenigen, der die Rodung leitete – bei Boltenhagen demzufolge ein Herr Bolten. Zum Schutz der deutschen Siedler und ihres Territoriums wurden im 12. und 13. Jh. kleine **Burgen** erbaut, die meist nur aus einem Turm bestanden. Ein solcher Turmhügel, durch darauf wachsende alte Winterlinden und eine große Platane nicht zu übersehen, befindet sich südwestlich des Schlosses Torgelow bei Waren.

Städtische Macht und bürgerliche Repräsentationsarchitektur im Mittelalter

Neben dörflichen und klösterlichen Siedlungen brachten die deutschen Kolonisten auch das im 12. Jh. in den alten Reichslanden entstandene Konzept der Stadt, eine wirtschaftlich-soziale Neubildung eigenen Rechts, nach Mecklenburg und Vorpommern. Slawische und deutsche Fürsten förderten die Bildung von Städten, die je nach Region dem Fernhandel oder dem Bergbau dienten oder als regionales Marktzentrum für das umliegende Bauernland fungierten. Die Landesherren gewährten den Städten ein eigenes Recht, das meist die Markt-, Münz- und Zollhoheit sowie eine unabhängige Gerichtsbarkeit umfaßte. Die Küstenstädte erhielten meist das Lübecker, die Binnenstädte das Magdeburger **Stadtrecht**.

Schwerin, die erste Stadtgründung auf mecklenburgischem Boden, erhielt bereits 1160 von Heinrich dem Löwen Stadtrecht, sieben Jahre später wurde sie auch Bischofssitz. Drei Jahre später überließ Heinrich sogar dem Obodritenfürsten Pribislaw den Großteil seines väterlichen Erbes als Lehen, nachdem dieser sich hatte taufen lassen. Pribislaw gilt als Stammvater der bis 1918 regierenden mecklenburgischen Herzogshäuser.

1168 eroberten die Dänen unter König Waldemar I. und Bischof Absalon von Roskilde die Jaromarsburg – die Freiheit der Rügenslawen war beendet. Die Menschen wurden christianisiert, Ranenfürst Jaromar leistete dem dänischen König den Lehnseid; kirchlich unterstand die Insel dem dänischen Bistum Roskilde.

Die von Heinrich dem Löwen eingeleitete deutsche Besiedlung (sog. **deutsche Ostbewegung** oder -siedlung) setzte sich fort. Nachdem die einheimische Bevölkerung unterworfen und getauft worden war, kamen immer mehr Siedler aus Sachsen, Westfalen, Flandern und anderen Gebieten der alten Reichslande nach Mecklenburg und Vorpommern. Sie wurden nach ›deutschem Recht‹ angesiedelt, das ihnen persönliche Freiheit, fast unbeschränktes Verfügungsrecht in Erb- und Eigentumsangelegenheiten, die Umwandlung von Dienstpflichten in Geldabgaben (Zins) und ein eigenes Schultheißengericht verbürgte. Die deutschen Neuankömmlinge brachten fortgeschrittene Kenntnisse in der Landwirtschaft mit sich, z. B. den eisernen Scharpflug und die Dreifelderwirtschaft mit Fruchtwechsel, rodeten Wälder und entwässerten das Sumpfland. Ein »allmähliches, trauriges, leidensvolles Zurückweichen der Schwächeren« nennt Ricarda Huch die Verdrängung der Slawen. Zu Beginn des 15. Jh. starb auf Rügen das letzte Slawisch sprechende Bauernpaar.

Treibende Kräfte der deutschen Besiedlung waren darüber hinaus **Klöster** und Städte. Das erste Kloster gründeten die Benediktiner in Stolpe (1153), es folgten die Prämonstratenser in Grobe (1156) und die Zisterzienser, die einen europaweiten Ruf als Landkultivatoren besaßen, in Doberan (1171) und Dargun (1172). Schon 1171 berichtet die Chronik Pfarrer Helmolds von Bosau am Plöner See, das ehemalige

Zisterzienser als Landkultivatoren, im Hintergrund ihr Kloster, historistischer Stich des 19. Jh.

Slawenland sei in eine blühende ›Sachsenkolonie‹ voller Städte, Dörfer und Kirchen verwandelt.

Die neuen Siedler ließen sich bevorzugt neben slawischen Handelsplätzen nieder: Rostock (1218), Wismar (1229), Stralsund (1234) und Greifswald (1248) sind so entstanden. Andere Städte wurden auf freier Fläche erbaut wie Güstrow (1226), Ribnitz (1250), Malchow (1235) und Neubrandenburg (1248). Diese planmäßigen Gründungen kann man noch heute an ihrem gitterförmigen, rechtwinkligen Straßennetz mit quadratischem Marktplatz im Zentrum erkennen, an dem das Rathaus und auf der gegenüberliegenden Seite die Kirche Platz fanden. Besonders in Neubrandenburg läßt sich der mittelalterliche Stadtgrundriß – der beim Wiederaufbau nach den gewaltigen Zerstörungen im Zweiten Weltkrieg beibehalten wurde – gut von der Aussichtsterrasse des Hauses der Kultur und Bildung überblicken.

Fast alle Städte umgaben sich mit **Befestigungen**. Der Mauergürtel bestimmte die räumliche Ausdehnung, die von ihm beschützten Häuser drängten sich auf engstem Raum. Kleine Städte durchlief in der Regel eine Fernstraße, so daß sie nur zwei Tore aufweisen. Am verbreitetsten waren Vier-Tore-Städte wie Neubrandenburg. Sehenswerte Tortürme haben sich in Friedland, Rostock, Stralsund, Ribnitz-Damgarten, Anklam und Usedom erhalten. Neubrandenburg kann sich rühmen, eine der bester-

Die Hanse

»Wir gehören zusammen wie die Arme des Gekreuzigten«

Die Hanse, die mächtigste Fernhandelsvereinigung des europäischen Mittelalters, war ein eng verknüpftes System von etwa 130 Städten, dessen Einflußgebiet von Brügge und London bis Nowgorod reichte. Deutsche Ostsiedlung, Städtegründungen und der Aufstieg der Hanse im 13. Jh. gingen dabei Hand in Hand. Die in der ersten Hälfte des 13. Jh. entlang der mecklenburgischen und vorpommerschen Ostseeküste gegründeten Städte trugen zur Erschließung des agrarischen Hinterlandes bei, indem sie dessen Produkte, Roggen, Holz und Erze, sowie den als Fastenspeise begehrten Stockfisch der Ostsee in den europäischen Westen handelten und von dort Luxusgüter einführten.

Hansekogge im Sturm,
Holzschnitt des 15. Jh.

Entstanden aus der ›Gemeinschaft deutscher Gotlandfahrer‹ von 1161, entwickelte sich die ursprüngliche kaufmännische Solidargemeinschaft zu Beginn des 14. Jh. in einen Städtebund: Als Beginn dieser Städtehanse gilt der erste allgemeine Hansetag im Jahre 1356. Schon 1259 hatte Reval an Lübeck, das künftige Haupt der Hanse, geschrieben: »Wir gehören zusammen wie die Arme des Gekreuzigten.« Und tatsächlich wurden die vereinigten Städte, deren Koggen Ost- und Nordsee beherrschten, zu einem bedeutenden Faktor im europäischen Mächtespiel. Ein regelrechter Krieg gegen Dänemark, das die Handelsinteressen der hansischen Patriziergeschlechter in der Ostsee bedrohte, endete mit einem kompletten Sieg, der der Hanse sogar ein Mitspracherecht bei der dänischen Thronfolge einbrachte (Stralsunder Frieden von 1370).

Nach der Blütezeit im 14. und 15. Jh. schwanden im 16. Jh. allmählich die politischen Voraussetzungen für diese weiträumige spätmittelalterliche ›Weltwirtschaft‹. Die erstarkenden Territorialherrschaften, die mit dem Merkantilismus eigene, enger gesteckte wirtschaftliche Ziele verfolgten, die Konkurrenz der Holländer und die Verlagerung der Handelsrouten in den atlantischen Raum (nach der Entdeckung Amerikas) führten den Niedergang herbei, der Dreißigjährige Krieg versetzte der Hanse den Todesstoß. Von den Hansestädten Wismar und Rostock in Mecklenburg und Greifswald, Stralsund, Anklam und Demmin in Vorpommern nahm am letzten Hansetag im Jahre 1669 nur noch Rostock teil. Rostock, Wismar, Greifswald und Stralsund besannen sich indes 1990 wieder auf diese altehrwürdige Tradition und nennen sich nun wieder ›Hansestädte‹.

haltenen Stadtbefestigungen im Backsteingebiet zu besitzen – die prächtigen Tore künden vom Repräsentationsanspruch des erstarkenden Bürgertums (s. Abb. 60, S. 208/09).

Zur Blütezeit der Hanse, im 14. und 15. Jh., setzte ein regelrechter Bauboom ein. Die Städtebilder von Wismar, Rostock, Stralsund und Greifswald zeugen noch heute, trotz aller Veränderungen in späteren Jahrhunderten, von städtischer Macht und vom Selbstbewußtsein der Bürgerschaft. Herausragende Symbole der Stadttopographie stellen die aufwendig errichteten gotischen **Kirchen und Dome** dar. Dem vom nordfranzösischen Kathedralbauschema mit Chorumgang und Kapellenkranz geprägten Muster der Lübecker Marienkirche verpflichtet sind z. B. die **Basiliken** St. Nikolai in Stralsund sowie St. Marien in Wismar. Zu dieser ersten Gruppe gehören auch Kirchen, bei denen der polygonale Chor durch einen flachen Chorabschluß ersetzt wurde – eine im Gebiet der Backsteingotik häufig anzutreffende Lösung, die z. B. in der Jakobikirche in Stralsund angewandt wurde. Den wesentlichen Unterschied zum Lübecker Vorbild brachte die Einfügung eines **Querschiffes**, erstmals im Doberaner Münster praktiziert (s. Farbabb. 10). Zu dieser zweiten Gruppe der kreuzförmigen Basiliken gehören neben anderen der Schweriner Dom sowie die Rostocker und Stralsunder Marienkirchen.

Neben diesen großen Stadtkirchen kam für die weniger bedeutenden Gotteshäuser und die meisten Dorfkirchen die von Siedlern aus Westfalen mitgebrachte Bauform der **Hallenkirche** zur Anwendung. Die meisten Basiliken entstanden dabei im Küstengebiet, im Binnenland ist die Halle die weiter verbreitete Form.

Marienkirche und Rathaus von Lübeck waren die großen Vorbilder für zahlreiche Bauten der Backsteingotik in unserem Reisegebiet, historisches Foto vom Ende des 19. Jh.

24

Die auffälligsten Partien der Dome und Stadtkirchen sind die quadratischen, aus dickem Mauerwerk aufgeführten **Türme** ohne Strebepfeiler. Dem Lübecker Dom und der Lübecker Marienkirche verpflichtete Zweiturmanlagen verschmelzen dabei in unserem Reisegebiet oft zu einem einzigen massiven Westbau. Dieser öffnet sich nicht, wie in den Kathedralen der westeuropäischen Gotik, zu großangelegten Eingangsportalen. Die Hauptzugänge der hiesigen Kirchen liegen meist an den Langseiten oder an den Stirnseiten der Querschiffe.

Doch nicht nur die Städte schmückten sich mit prächtigen Kirchenbauten, auch in den Dörfern entstanden zahlreiche Gotteshäuser, die in bescheideneren Ausmaßen und vereinfachten, rustikalen Formen das städtische, kathedrale Schema nachvollzogen. Die ›Idealform‹ der mecklenburgisch-vorpommerschen **Dorfkirche** setzt sich aus drei Bauteilen zusammen, die auch im äußeren Erscheinungsbild deutlich hervortreten: dem Turm im Westen folgt ein kurzes Schiff, an das sich im Osten der Chor anschließt (s. Abb. S. 194). Alle drei ›Grundbausteine‹ sind auf rechteckigem, oft sogar quadratischem Grundriß errichtet, wobei der meist ohne Apsis mit einer geraden Giebelwand abschließende Chor nicht wesentlich kleiner als das Schiff ausfällt. Der massige, für den übrigen Baukörper beinahe überdimensioniert wirkende Westturm bildet wohl die charakteristischste Partie einer solchen Dorfkirche; gedeckt ist er mit einem Spitzhelm aus Holzschindeln oder Ziegeln oder aber mit einer barocken Haube. Seltener ist der zentralbauförmige Grundriß, wie er z. B. in Vietlübbe oder Ludorf begegnet. Da die Finanzen der dörflichen oder kleinadligen Auftraggeber beschränkt waren, fand als Baumaterial neben dem Backstein auch Verwendung, was das Land hergab: Feldstein und Holz.

Jedem Besucher Mecklenburg-Vorpommerns werden beim Betreten der Kirchen die reichen Innenausstattungen ins Auge fallen: die romanischen und gotischen Taufsteine, die vorwiegend ornamentale gotische Ausmalung der Gewölbe, die mit Grabsteinen geradezu gepflasterten Fußböden, die Kanzeln, Epitaphe und Altaraufsätze aus Renaissance und Barock und vor allem die spätgotischen **Schnitzaltäre** (s. Abb. 7–12, 65). Einer der ältesten dieser Flügelaltäre im gesamten deutschen Raum ist der Hochaltar im Doberaner Münster, der um 1310 entstand. Zunächst wurden diese Kunstwerke aus dem norddeutschen und flandrischen Raum eingeführt, ab dem 15. Jh. jedoch schufen auch einheimische Künstler Ausstattungsstücke von hoher Qualität.

Die vollplastisch modellierten Figuren und Figurengruppen zeigen ausschließlich religiöse Themen, im Zentrum des Schreins beispielsweise gerne eine Kreuzigung oder Mariendarstellung, umgeben etwa von Szenen aus der Passionsgeschichte. Reihen von Heiligen, Propheten und Aposteln rahmen diese erzählenden Altartafeln, kunstvoll ziselierte gotische Architekturen wölben sich über den einzelnen Bildfeldern. Im 15. und frühen 16. Jh. werden die Szenen immer figurenreicher, die Gestik und die Gewänder der dargestellten Personen immer bewegter, die Gesichter zunehmend porträthaft differenziert und ausdrucksstark. Die beiden Altäre im Dom und in der

25

Claus Berg schuf die meisterhaften spätgotischen Apostelfiguren des Güstrower Doms, hier der hl. Petrus

Marienkirche von Güstrow veranschaulichen diese Stilentwicklung, die in den meisterhaften Apostelfiguren des Güstrower Doms ihren Höhepunkt findet.

Neben den Kirchen entstanden jedoch auch zahlreiche Profanbauten, in der Hauptsache **Rat- und Patrizierhäuser**, die als Zeichen wirtschaftlicher Kraft und Eigenständigkeit des reichen städtischen Bürgertums zu verstehen sind. Die Patrizier ließen sich Häuser mit treppenartig aufsteigenden Schmuckgiebeln errichten. Solche Wohn- und Geschäftshäuser stehen noch in großer Zahl in den alten Hansestädten Stralsund, Wismar, Rostock und Greifswald (s. Farbabb. 2, 8, Abb. 51). In den meist nur 8–10 m schmalen Giebelhäusern führte eine breite Eingangstür auf die ›hohe Diele‹, den zentralen Raum im Erdgeschoß. Von diesem gelangten die angelieferten Handelsgüter mit dem Seilzug in die oberen Speichergeschosse, wo sie zum Versand vorbereitet wurden. Im ersten und zweiten Stock lagen die eigentlichen Wohn- und Repräsentationsräume. Kleine Anbauten (Kemladen), die sich weit nach hinten in den Hof ausdehnten, dienten als Schlafräume. Die Keller waren oft nur durch Luken erreichbar.

Die ärmeren Bürger hausten in **Buden** genannten ein- oder zweigeschossigen Bauten, die auf freier Fläche besonders in der Nähe der Stadtmauer entstanden – oder in Kellerräumen. 1697 kommt eine Erhebung von Stralsund auf 507 Häuser, 1053 Buden und 633 Keller in der Stadt.

In den behäbigen Landstädtchen wie Grabow, Rehna oder Lübtheen dominierte der **Fachwerkbau**, der dort noch heute das Bild ganzer Straßenzüge bestimmt. Mitte des 18. Jh. begannen die Bürger jedoch vielfach, ihre Fachwerkhäuser zu verputzen oder die zur Straße hin gerichteten Giebel mit Mauerwerk zu verblenden, denn Fachwerk galt nunmehr als ärmlich. Das mit der Längsseite zur Straße gerichtete Traufenhaus kam erst im 18. Jh. auf.

☐ **Backsteinarchitektur vom Mittelalter bis zur Postmoderne**

> »Da die Küste keinen Haustein lieferte, baute man mit Backsteinen, deren rötlich-violette Glutfarbe für den fehlenden Zierat aufkommt.«
> Ricarda Huch: Im Alten Reich. Lebensbilder deutscher Städte (1927)

Der kleine rote Ziegelstein hat in Mecklenburg und Vorpommern eine große Karriere hinter sich. Fasziniert steht der heutige Besucher vor den mächtigen, blockartigen Türmen und blendengeschmückten Giebeln der Kirchen, vor den reich gegliederten Schaufassaden der Patrizierhäuser, Rathäuser und Befestigungstürme.

Die Anfänge des Backsteinbaus in Mecklenburg-Vorpommern fallen noch in die Zeit der späten **Romanik:** Die Marienkirche des rügischen Bergen verweist in ihren frühesten Partien auf Dänemark, wo um die Mitte des 12. Jh. unter König Waldemar dem Großen und seinem Kanzler, Bischof Absalon von Roskilde, der romanische Backsteinbau ›erfunden‹ worden war. Von Dänemark beeinflußt zeigen sich die Domgründungen Heinrichs des Löwen – von dessen politischer Verbindung mit dem dänischen König bereits die Rede war (s. S. 20) – in Lübeck und Ratzeburg, und von der Ratzeburger Dombauhütte lassen sich schließlich Verbindungen etwa zur spätromanischen Dorfkirche von Vietlübbe nachweisen (s. Abb. 13).

Die große Epoche des Backsteinbaus ist jedoch die Gotik, die hier im norddeutschen Raum um die Mitte des 13. Jh. einsetzt und ihre Höhepunkte im 14. und 15. Jh. hat. Entscheidend wurde hier das Vorbild der Lübecker Marienkirche, die wiederum auf das klassische nordfranzösische Kathedralbauschema der Gotik zurückgreift. Das elegante, die Flächen auflösende Himmelwärtsstreben der westeuropäischen Gotik scheint durch das spröde Medium des Backsteins jedoch Bodenständigkeit, Wärme und eine gewisse Robustheit zu gewinnen: ›**Backsteingotik**‹ hat die kunstgeschichtliche Forschung diesen auch im westlichen Norddeutschland landschaftsprägenden Regionalstil getauft.

Natürliche Steinvorkommen konnten die Baumeister meist nicht nutzen, die mit den Bauern und Handwerkern der sog. deutschen Ostsiedlung vor rund 800 Jahren in das Land zwischen unterer Elbe und Oder gekommen waren. Lehm aber war reichlich vorhanden, und so entstand der gebackene Ziegel: der Backstein. Blockhaft und massiv wirken die Bauten der Backsteingotik, denn mit dem spröden Material ließ sich die komplizierte Wandgliederung der aus leicht zu bearbeitendem Haustein errichteten gotischen Kathedralen Westeuropas nicht nachvollziehen. Verschlungenere Schmuck-

27

›Versteckte‹ Backsteingotik an der Fassade des Rostocker Rathauses (oben); Schmuckformen der Backsteingotik an der Wismarer Nikolaikirche (links) und der Neubrandenburger Marienkirche (rechts), letztere auf einem historischen Foto vor der Zerstörung im Zweiten Weltkrieg

formen wie z. B. die Kapitellbänder und Konsolen des Doberaner Münsters mit ihren vegetabilen Ornamenten wurden deshalb auch bezeichnenderweise in Sand- oder Kalkstein gefertigt.

Die genuin backsteinerne Schmuckform, das eigentliche Charakteristikum der Backsteingotik, war dagegen die gemauerte Blende. Den aus kleinteiligem Backsteinmauerwerk bestehenden Wänden wird dieser Blendenschmuck gleichsam aufgesetzt, ›vorgeblendet‹, bevorzugt an den Turm- und Giebelwänden, die ja von weither sichtbar waren und das Repräsentationsbedürfnis der städtischen Bauherren befriedigten. So besteht z. B. der Ostgiebel der Neubrandenburger Marienkirche, eines der Hauptwerke der Backsteingotik, aus einem vor die geschlossene Wand gestellten System aus Blenden, Maßwerk, Wimpergen und Türmchen.

Auch farbliche Akzente gehören zu den Mitteln, mit denen die Baumeister die glatte Wand zu beleben trachteten. Die Räume zwischen den Blenden sind meist weiß verputzt und bilden so einen charakteristischen Kontrast zu dem rötlichen Backstein. Auch glasierte Ziegel in schwarzen, bräunlichen, grünen oder ockergelben Schattierungen lockern die Flächen auf, meist in horizontalen Bändern eingezogen wie an der Rostocker Marienkirche (s. Abb. 20). Am schönsten läßt sich diese Schmucktechnik wohl am Beinhaus des Doberaner Münsters betrachten, ja ganz unmittelbar mit der Hand erfühlen (s. Abb. 24).

Figürlicher Bauschmuck tritt selten auf, und wenn doch, wie beispielsweise am Rostocker Kerkhof-Haus oder am Südgiebel der Wismarer Nikolaikirche, dann handelt es sich um reproduzierbare ›Typenware‹, um vorgefertigte Formsteine mit sich wiederholenden Motiven.

Formziegel kommen überhaupt gerne und oft zum Einsatz, da man auch durch diese in den verschiedensten Formen gebrannten Steine ›Bewegung‹ in die Fassaden bringen konnte: entweder als halb- oder dreiviertelrunde Ziegel, aus denen Wandvorlagen, Fensterrahmungen und Bogen aufgemauert wurden und ›Profil‹ erhielten, oder aus vorgefertigten Vierpaß-, Rundbogen- oder Rautenmustern, aus denen die beliebten Zierfriese zusammengestellt wurden. Die Gliederung der Wand erfolgte also durch Aneinanderreihung gleicher Bauteile, was die zutiefst geometrische Struktur der Backsteinbauten erklären mag. Linearität und Flächigkeit sind die charakteristischsten Merkmale der Backsteingotik.

Während der folgenden Kunstepochen verlor sich die Wertschätzung für den roten Ziegel immer mehr: Er wurde, wie beim Ludwigsluster Schloß, hinter Putz- oder Natursteinfassaden verborgen. Im **Klassizismus** schien die Karriere des Backsteins endgültig abgeschlossen zu sein – so wurde die prachtvolle Fassade des Stralsunder Rathauses hinter einer Putzverkleidung versteckt. Erst die historistischen Stile des **19. Jh.** bescherten dem Backstein wieder eine neue Blüte, wie die Paulskirche in Schwerin, der Schinkel-Leuchtturm auf Kap Arkona oder das Ständehaus in Rostock (s. Abb. S. 33) zeigen: Und am Rathaus in Stralsund schlug man in den achtziger Jahren des vorigen Jahrhunderts den Putz wieder ab.

Nach dem Zweiten Weltkrieg gab es Versuche, die Karriere des roten Ziegels erneut zu beleben. Zeitgleich mit der Karl-Marx-Allee (damals Stalin-Allee) in Ostberlin wurde in Rostock die ebenfalls kriegszerstörte **Lange Straße** neu bebaut. Hier zeigt sich der damals übliche monumentale Stil der Stalin-Ära durch die lokalen Bautraditionen der Backsteingotik gemildert, der blockhafte Charakter durch das warmrote Material, durch Blenden, Ziertürmchen und Rosetten aufgelockert (s. Abb. S. 121).

Rostocker Architekten waren es auch, die 1964 erstmals roten Backstein in industriell vorgefertigte Großplatten einlegten, aus denen sie das Hotel Warnow montieren ließen. In bescheidenem Umfang machten die Rostocker in den Folgejahren von dieser Idee Gebrauch, und so unterscheiden sich hier die Trabantenstädte ein wenig von der trostlosen Einheitsarchitektur anderer ›Arbeiterschließfächer‹. Auch in den siebziger und achtziger Jahren nutzten Architekten, z.B. in Schwerin (Großer Moor) und Rostock (nördliche Altstadt), die traditionellen Formen patrizischer Giebelhäuser und das Baumaterial Backstein bei der Errichtung innerstädtischer Wohnhäuser oder bei der Neukonstruktion historischer Bausubstanz: mecklenburgische **Postmoderne** (s. Farbabb. Umschlagrückseite).

Das Land der Junker und Tagelöhner, der Herrenhäuser und Katen – Mecklenburg-Vorpommern in der Neuzeit

> »Ja, Mecklenburg, du bist in sozialer Beziehung das Land der Extreme. Du hast Güter, auf denen man darauf studieren muß, die Erträge eines Tages in einem Jahre aufzufressen, und du hast Büdnereien, auf denen man darauf studieren muß, die Erträge eines Jahres nicht in einem Tage aufzufressen.«
> Fritz Reuter: »Manuskript eines Romans« (1847–50)

Mit dem Ausgang des Mittelalters verlagerte sich die Bautätigkeit, wie auch andernorts in Europa, vorrangig auf den profanen Bereich. Als Bauherren treten nun, nach dem Niedergang hansischer und städtischer Macht, die erstarkenden Landesherren und der Adel auf. Im Gegensatz zur Backsteingotik, die ein eigenständiger, im Lande selbst gewachsener Stil war, werden die folgenden Bauformen der Renaissance, des Barock, des Klassizismus und Historismus jedoch aus Westeuropa ›importiert‹ – ihnen fehlt größtenteils das Kennzeichen des Bodenständigen, Lokaltypischen.

Die mecklenburgischen Fürsten, denen der Sternberger Landtag von 1549 auch die Hoheit über die lutherische Landeskirche zugestanden hatte, ließen sich prachtvolle Schlösser im Stil der Renaissance errichten; als bedeutendster Bau gilt das Schloß von Güstrow (s. Farbabb. 14, Abb. 37, 38). ›**Johann-Albrecht-Stil**‹ nennt die kunstgeschichtliche Forschung diesen Baustil, da die Schlösser während der Regierungszeit Herzog Johann Albrechts I. von Mecklenburg (1547–1576) entstanden.

An der Fassade des Fürstenhofes in Wismar wurde erstmalig der für den Johann-Albrecht-Stil charakteristische rötlich-braune Terrakottaschmuck verwendet, dessen Statuen, Reliefs und Zierfriese einen farbigen Kontrast zu dem hellen Grundmaterial des Gebäudes bilden. Vergleichbarer Terrakottaschmuck, ebenfalls aus der Lübecker Werkstatt des Statius von Düren stammend, ziert auch das Schloß in Gadebusch, das ›Bischofshaus‹ und das ›Große Neue Haus‹ des Schweriner Schlosses sowie die Schlösser von Basedow (s. Abb. 46) und Mellenthin. (Mit Schloß Wiligrad am Westufer des Schweriner Sees sollte dieser Stil zu Beginn unseres Jahrhunderts seine ›Renaissance‹ im Geiste des Historismus erleben.)

Terrakottaschmuck am Fürstenhof zu Wismar

›Südschweden‹ werden die Bewohner der mecklenburgisch-vorpommerschen Küste noch heute hin und wieder scherzhaft genannt. Diese Benennung weist darauf hin, daß der Dreißigjährige Krieg (1618–1648), der für Norddeutschland besonders große Verwüstungen mit sich brachte, dem Land auch neue **Grenzen** bescherte: Nachdem mit dem Tode Bogislaws XIV. 1637 das Geschlecht seiner Herzöge ausgestorben war, verlor Pommern seine staatliche Eigenständigkeit. Hinterpommern fiel im Westfälischen Frieden von 1648 aufgrund von Erbansprüchen an Brandenburg, und Schweden, eine der ›Siegermächte‹ des Krieges, erhielt Vorpommern mit Rügen sowie die mecklenburgischen Gebiete der Stadt Wismar und der Ämter Poel und Neukloster. Erst 1725 konnte König Friedrich Wilhelm I. das vorpommersche Gebiet bis zur Peene wieder von Schweden erwerben, der restliche Landesteil kam mit dem Wiener Kongreß 1815 zu Preußen. Wismar, Poel und Neukloster verpfändete Schweden 1803 an Mecklenburg, und erst 100 Jahre später kehrten diese Gebiete endgültig zum mecklenburgischen Staatsgebiet zurück.

Die **Landstände** in Mecklenburg und Vorpommern konnten – im Gegensatz zu anderen deutschen Regionen – im 14. und 15. Jh. ihre Position gegenüber dem Herrscherhaus stärken. 1523 schlossen sich die Ritterschaft, die Landschaften (Städte) und der Klerus (bis zur Annahme der lutherischen Religion 1549) zur ›Union der mecklenburgischen Landstände‹ zusammen. 1560 bestätigten auch die pommerschen Herzöge

31

ihren Ständen umfangreiche Rechte. Der ›Landesgrundgesetzliche Erbvertrag‹ von 1755, der bis 1918 galt, verankerte u. a. die Vererbbarkeit der Landtagssitze für die Angehörigen der Ritterschaft.

Mecklenburg und Vorpommern waren bis zum Beginn des 17. Jh. Länder mit einer relativ selbständigen und selbstbewußten Bauernschaft gewesen (s. S. 21, ›deutsches Recht‹). Nach dem Dreißigjährigen Krieg änderte sich das. Der Landadel vereinnahmte durch die Kriegsverheerungen wüst liegende Dörfer und brachliegendes Bauernland. Um diese großen Flächen zu bewirtschaften, mußten die Bauern verstärkt Frondienste leisten, zusätzlich wurden ihnen höhere Abgaben in Form eines Zinses aufgebürdet. Die neuen Gutsherren, die die Polizeigewalt und die niedere Gerichtsbarkeit besaßen, preßten immer mehr Bauern in die **Leibeigenschaft** und legten deren Land zu ihrem: daher die Bezeichnung ›Bauernlegen‹. In Mecklenburg sank von 1618 bis 1848 die Zahl der Bauernhöfe von etwa 12 000 auf ein Zehntel.

Erbstreitigkeiten im Herrscherhaus führten in Mecklenburg zu mancher Teilung; die nachhaltigste erfolgte 1701, als die bis 1918 bestehenden Landesherrschaften Mecklenburg-Schwerin und Mecklenburg-Strelitz gebildet wurden: Dieser Aufspaltung sind die planmäßig im barocken Stil angelegten Residenzstädte Ludwigslust und Neustrelitz zu danken.

So wie diese **Barockschlösser** mit ihrer blockhaften, imposanten Form, der Gliederung der Fassade durch Säulen, Pilaster und Fensterfluchten sowie der Betonung des zentralen Eingangsportals den großen französischen Vorbildern wie Versailles nachempfunden waren (s. Farbabb. 13), so imitierte der Landadel in seinen Schloßanlagen das Vorbild seiner beiden Landesherren. Das vielleicht schönste Beispiel bietet das wie die meisten mecklenburgischen Residenzen im 18. Jh. errichtete Schloß Bothmer in Klütz, das allerdings auf die bombastische Fassadengliederung durch Säulen und Pilaster verzichtet und zudem mit dem Material des Backsteins auf lokale Traditionen zurückgreift (s. Abb. 16).

Die ›Standardform‹ dieser Landschlösser bzw. Herrenhäuser ist ein schlichtes, langgestrecktes und meist zweigeschossiges Gebäude, dessen Mittelrisalit mehr oder weniger aus der oft pilastergegliederten Baufnucht herausragt und von einem Dreieckgiebel überhöht wird (s. Abb. 42–45). Die Schlösser standen meist in Verbindung mit einer **barocken Gartenanlage**, die oft, wie etwa in Neustrelitz, vom selben Schöpfer wie der eigentliche Bau stammte. Alleen, Promenaden, Blumenrabatten und Wasserspiele waren nach exakten geometrischen Prinzipien angelegt, wobei der von der Rückseite des Schlosses ausgehenden Achse besondere Bedeutung zukam. In den Parks von Schwerin, Ludwigslust, Neustrelitz und Remplin blieben zumindest Partien dieser Barockgärten erhalten.

Daß heute keine komplette barocke Parkanlage mehr existiert, hat seinen Grund in der Tatsache, daß diese größtenteils im 19. Jh. in dem damals vorherrschenden Stil des **englischen Landschaftsgartens** umgestaltet wurden. Nicht die gestutzte und abgezirkelte Natur war nun gefragt, sondern eine romantische, harmonische Komposition aus

32

Rasenflächen, Seen, Baumgruppen und kleinen Gebäuden wie Pavillons oder künstlichen Ruinen, die den Eindruck des ›Natürlichen‹ erwecken sollte. Mit Peter Joseph Lenné (s. S. 197) fand diese ›Gartenphilosophie‹ in Mecklenburg-Vorpommern ihren einflußreichsten und tätigsten Vertreter.

Auch der Baustil des 19. Jh. entwickelte sich fort von den bewegten, plastischen Formen des Barock hin zu kühler Strenge und Schlichtheit. Mit den Werken Carl Theodor Severins (s. S. 39) in Bad Doberan und Heiligendamm und mit der planmäßigen Anlage von Putbus besitzt Mecklenburg-Vorpommern herausragende Bauten im Stil des **Klassizismus** (s. Abb. 25, 55). Auch der geniale preußische Baumeister Karl Friedrich Schinkel hat am alten Leuchtturm auf Kap Arkona und am Jagdschloß Granitz, beide auf der Insel Rügen, seine unverwechselbare Handschrift hinterlassen (s. Farbabb. 1, 15, Abb. S. 265).

In der zweiten Hälfte des 19. Jh. entstanden allenthalben Bauten im Stile des **Historismus**, eine Sammelbezeichnung für die Wiederbelebung historischer Baustile von der Romanik bis zum Barock. In vielen Städten stehen noch heute historistische öffentliche Gebäude wie Bahnhöfe, Postämter oder Rathäuser. In Rostock wurde die Universität, in Schwerin das Hoftheater (s. Abb. 3) errichtet, beide in Formen, die denen der Renaissance nachempfunden sind. Der bedeutendste Baumeister des Historismus war der Schinkel-Schüler Georg Adolph Demmler (s. S. 54), dem Schwerin das Arsenal (s. Farbabb. 4), den Marstall sowie die Umgestaltung des herzoglichen Schlosses verdankt. Gotthilf Ludwig Mökkel (1828–1915), der in Bad Doberan verstorbene Architekt der neogotischen Dresdner Johanniskirche, entwarf zahlreiche historistische Bauten in und um Rostock, von denen das Rostocker Ständehaus das bedeutendste ist.

Die Gelder für diese Bauten wurden, wie auch andernorts in Deutschland, größtenteils von den Bauern erwirtschaftet, die hier in besonderem Maße unter Abhängigkeit, Ausbeutung und wirtschaftlicher Not litten: Mecklenburg und Vorpommern gehörten im 19. Jh. zu den ärmsten Gebieten in Deutschland, waren zum **Synonym für Rückständigkeit** geworden. Den Großgrundbesitzern gehör-

Möckels Meisterwerk: der Innenhof des Ständehauses in Rostock

33

te das Land – 1933 64,3 % der gesamten landwirtschaftlichen Betriebsfläche –, und sie hatten das Sagen. Die Menschen hier wurden länger als anderswo in der Leibeigenschaft gehalten, und noch bis weit ins 19. Jh. hinein durften sie mit Prügelstrafen gezüchtigt werden. Das Bildungsniveau war niedrig, auf den Dörfern saßen alle Kinder der ersten bis achten Klasse in einem Raum, und noch in den ersten Jahren unseres Jahrhunderts wurden vier von fünf Landschülern mit dem Abschluß der fünften oder einer niedrigeren Klasse ausgeschult.

Ein für die damaligen Zustände typisches Beispiel verzeichnet die Chronik von Basedow: Im Revolutionsjahr 1848 zogen es Graf von Hahn und seine Frau Agnes vor, die Unruhen in Mecklenburg vom fernen Nizza aus zu beobachten. Als sie im Oktober 1849 auf ihr Schloß zurückkehrten, dokumentierten die Gutsinspektoren auf wohl einmalige Art und Weise ihre Unterwürfigkeit: Sie spannten die Pferde vom gräflichen Wagen aus und sich selber davor. Fritz Reuter geißelte in vielen seiner Werke die strukturelle Rückständigkeit seines Heimatlandes (s. a. S. 205):

»Paragraph 1: Allens bliwwt bi'n Ollen. Paragraph 2: Nix ward' ännert.«

Viele Menschen entflohen der Knechtschaft, zogen in die entstehenden Industriestädte im Westen oder wanderten nach Übersee aus. Der in Ludwigslust geborene Johannes Gilldorf (1861–1930) setzte mit seinem Roman »Jürnjakob Swehn der Amerikafahrer« (1917) diesen Ausgewanderten ein literarisches Denkmal. Durch die Emigration verlor Mecklenburg allein von 1871 bis 1914 ein Siebtel seiner Bevölkerung. (Als die SED 1952 den Aufbau des Sozialismus propagierte und die Bauern Mecklenburgs und Vorpommerns gewaltsam in die Landwirtschaftlichen Produktionsgenossenschaften drängte, sollte erneut eine Fluchtwelle einsetzen.)

Die adligen Gutsbesitzer indes profitierten davon, daß die industrielle Entwicklung in Westeuropa die Preise für Agrarprodukte ansteigen ließ – der Getreideanbau hatte Konjunktur. Mecklenburgs und Vorpommerns so zu Wohlstand gekommene ritterschaftliche Grundbesitzer konnten sich nun repräsentative Wohnsitze leisten. Da diese Herrenhäuser an Größe und Prunk oft landesherrliche Bauten übertreffen, werden sie in Mecklenburg-Vorpommern meist als ›Schlösser‹ bezeichnet. In der Regel stehen sie quer am Ende des Gutshofes, dahinter dehnt sich der Park aus, den Hof vor dem Schloß oder Herrenhaus begrenzen links und rechts die Wirtschaftsgebäude.

Die bäuerlichen Untertanen konnten sich im Gegensatz zu der Repräsentationsarchitektur ihrer Gutsherren noch nicht einmal Steinhäuser leisten. Ihr Baumaterial war **Holzfachwerk** mit einer Lehmfüllung, die Dächer wurden bis ins 19. Jh. hinein ausschließlich mit Roggenstroh gedeckt – Rohr hätten die Bauern kaufen müssen, da Teiche und Seen zum feudalen Grundbesitz gehörten. Durch den maschinellen Drusch, der sich gegen Ende des 19. Jh. durchsetzte, stand jedoch kein Stroh mehr zur

Verfügung, so daß das **Schilfrohr** nun zwangsläufig Einzug auf den Dächern Mecklenburgs und Vorpommerns hielt. Die Lebensdauer eines solchen Daches liegt bei 80 Jahren. Für die im November beginnende Schilfrohrernte stellten (und stellen) die Boddengewässer von Darß, Zingst, Usedom und Rügen die ergiebigsten Gebiete dar.

Die typische Hausform war bis zu Beginn des 19. Jh. das **niederdeutsche Hallenhaus**, das alle bäuerlichen Lebensbereiche unter einem Dach vereinte. Nach der Aufhebung der Leibeigenschaft – 1806 in Vorpommern und 1820 in beiden mecklenburgischen Großherzogtümern – verlor es jedoch seine beherrschende Stellung. Lediglich im Westen Mecklenburgs konnte sich das Hallenhaus bis ins 20. Jh. behaupten, aller-

In Wieck entsteht ein neues Dach aus Schilfrohr

dings in veränderter Form: Die Ackerbürgerhäuser der Kleinstädte imitierend, wurde der Wohnteil mit gesondertem Eingang und Flur an die Straßenseite verlegt. **Werderhaus** nennt man diesen Hallenhaustyp.

In Südostmecklenburg breitete sich ab dem 18. Jh. das mitteldeutsche **Ernhaus** aus, das aus dem benachbarten Brandenburg übernommen wurde. Das Ernhaus vereint nur Wohnung und Stall, sein Dach wird nicht als Scheune genutzt. Im Unterschied zum niederdeutschen Hallenhaus handelt es sich um ein wandständiges Bauwerk, d. h. die tragenden Stützen befinden sich in den Außenwänden.

35

Das niederdeutsche Hallenhaus

Für mehr als sechs Jahrhunderte dominierte auf dem Lande das aus Fachwerk errichtete niederdeutsche Hallenhaus, das Wohnung, Stall und Scheune unter einem Dach vereinte und deshalb kurz Einheitshaus genannt wird. Siedler aus Niedersachsen dürften im Zuge der Ostsiedlung diesen Haustyp im 12. Jh. mitgebracht haben, so daß man lange Zeit auch vom ›Niedersachsenhaus‹ sprach. Niederdeutsche Hallenhäuser sind im Land zwischen unterer Elbe und Oder noch vielfach anzutreffen. Sie fallen durch niedrige Seitenwände, das Walmdach und ein großes Tor im Giebel auf. Damit der Erntewagen beladen auf die Diele fahren konnte, mußte der in Vorpommern und im Norden Mecklenburgs tief herabgezogene **Walm** des Vordergiebels (Vollwalm) für das Tor eingeschnitten werden, wie man es bei den beiden Haupthäusern der Freilichtmuseen in Schwerin-Mueß und Klockenhagen noch sehen kann.

Für die Mitte des Landes war der Halbwalm typisch, im Süd- und Nordwesten Mecklenburgs der Krüppelwalm, der repräsentative Gestaltungen der Giebelflächen ermöglichte. Auf der Insel Rügen hatte sich mit dem ›**Zuckerhut**‹ ein besonderer Haustyp herausgebildet. Er bekam diesen Namen, weil das Aussehen der fast quadratisch errichteten Hallenhäuser mit 6–7 m hohem, steilem Dach der damals gebräuchlichen Rohrzuckerverpackung ähnelte. In Groß Zicker und Göhren haben sich zwei dieser heute museal genutzten Häuser erhalten.

Charakteristisch für das niederdeutsche Hallenhaus ist das aus zwei Ständerreihen gebildete Innengerüst, das auch das Dach trägt. Die Ständer teilen den Innenraum in die breite, zentrale **Diele** und in die schmalen **Kübbungen**, auch Abseiten genannten Seitenschiffe. Im vorderen Teil der Kübbungen befanden sich Stallungen sowie Kammern für größere Kinder und das Gesinde, dahinter die Wohnräume des Bauern.

Im 16. Jh. bildeten sich in der Innenraumgestaltung zwei Grundformen heraus: das **Durchgangshaus** mit einer von Giebel zu Giebel reichenden Diele und Wohnräumen in den Kübbungen sowie das **Fletthaus**, bei dem die Diele im sog. Flett endet, einem Querraum mit Rauchherd und links und rechts einer Lucht mit seitlichen Türen. Als ›**Lucht**‹ wird die zur Diele hin offene Wohnnische bezeichnet, in der die Bauersfamilie im Sommer wohnte. Im Winter zog man in den Wohnbereich hinter das Flett, der beidseitig bis an die Außenwände reichte. Die ein oder zwei heizbaren Stuben dort werden ›**Döns**‹ genannt.

Als ältestes noch existierendes niederdeutsches Hallenhaus wird das heute als Museum genutzte Pingel-Haus in Alt Damerow bei Parchim aus dem Jahre 1607 angesehen. Es ist ein

Wer einen Blick für Details hat, dem werden die Giebelzierden an den Bauernhäusern auffallen, meist zwei kreuzweise befestigte Bretter mit Pferdeköpfen am Ende, mundartlich als **Muulapen** bezeichnet (s. Abb. S. 322). Ursprünglich sollten die Pferdeköpfe Unglück, Seuchen und Krankheiten vom Hof fernhalten. Später dann, als die

Diele eines niederdeutschen Hallenhauses in Mecklenburg, Stich des 19. Jh.

Rookhus (Rauchhaus), auch ›Rökerkaten‹ genannt, denn es besitzt keinen Schornstein. Der aus dem offenen Feldsteinherd in der Diele aufsteigende Rauch entwich durch Fenster und Türen ins Freie. Ein solches heute museal genutztes Rauchhaus gibt es noch im Gadebuscher Ortsteil Möllin. Funkenflug löste in diesen Bauten verständlicherweise oft verheerende Brände aus, die Bauern jedoch mißachteten alle Brandschutzvorschriften, wollten sie doch nicht auf den Rauch verzichten: Er trocknete das oft feucht eingefahrene Korn, konservierte Holzwerk und Stroh, minderte die Insektenplage und räucherte die an der Decke hängenden Würste und das Fleisch (s. a. Glossar S. 341, 343).

Muulapen mehr der Zierde dienten, brachten die Bauern so ihre Wertschätzung für ihr wichtigstes Zugtier zum Ausdruck. In der Umgebung von Schönberg und Boizenburg schauen die Pferdeköpfe nach innen, im übrigen Mecklenburg und in Vorpommern nach außen. Woher dieser Unterschied rührt, konnte bis heute nicht geklärt werden.

Mit dem Heiligen Damm begann es…
Kleine Geschichte der Badekultur an der Ostseeküste

Mit dem Jahr 1793 beginnt die Geschichte der Badekultur an der Ostseeküste: Am 8. September 1793 bekam Herzog Friedrich Franz I. von Mecklenburg-Schwerin in **Doberan** ein Schreiben vom Rostocker Arzt Samuel Gottlieb Vogel überreicht. Der Mediziner empfahl hierin, ein Badehaus zu bauen, denn das Baden im Meerwasser helfe bei »sehr vielen Schwachheiten und Kränklichkeiten des Körpers«. Der Herzog gab seine Zustimmung, dachte dabei aber weniger an einen medizinischen Kurort als vielmehr an eine Stätte der Vergnügungen und der Unterhaltung, als die er das von ihm zur Sommerresidenz erkorene Doberan sah.

Etwa 340 Gäste zählte die erste Saison 1794 am **Heiligen Damm** bei Doberan. 1809 schrieb sich Fürst Wilhelm Malte I. von Putbus zum ersten Mal in die Bäderliste ein. Das mecklenburgische Seebad sagte ihm so zu, daß er beschloß, nahe seinem Residenzstädtchen Putbus ein eigenes anzulegen. 1816 ließ der Fürst in Putbus ein kleines Badehaus erbauen – das 1818 durch das prachtvollere in **Lauterbach** ersetzt wurde – und am Boddenstrand Zelte für die Herren und Badekarren für die Damen aufstellen: Rügens erstes Seebad hatte Premiere.

Wie solche **Badekarren** aussahen, die in Heiligendamm erstmals 1803 auftauchten, kann einem 1820 an Goethe gerichteten Brief Carl Friedrich Zelters, des Leiters der Berliner Singakademie, entnommen werden: »Die Badekarren [für die Damen] sind kleine Kabinette, auf Wagen in die See gerollt, zu denen man über Brücken gelangt. Es bleibt hier den Badenden überlassen, das Wasser unter der ausgespannten Markise oder außerhalb im offenen Bereich der See zu genießen.«

Der heute übliche **Strandkorb** kam erst viel später auf. Sein Siegeszug begann mit einer Annonce, die am 14. Juni 1883 im »Allgemeinen Rostocker Anzeiger« stand: »Badegästen empfiehlt Strandkörbe als Schutz gegen Sonne und Wind und gibt solche auch in Miete. W. Bartelmann, Hof-Korbmacher, Lange Straße 73, vis-à-vis der Breiten Straße.« Im Jahr zuvor war zu Korbmachermeister Bartelmann eine ältere Dame mit der Bitte gekommen, er möge ihr eine vor Wind und Sonne schützende Sitzgelegenheit für den Strand von Warnemünde bauen. Bartelmann fertigte einen mit Markisenstoff überdachten Rohrstuhl, der anfangs als ›aufrecht stehender Wäschekorb‹ belächelt wurde. Das Interesse für diese Sitzgelegenheit wuchs jedoch schnell. Frau Bartelmann eröffnete 1884 in Warnemünde den ersten Strandkorbverleih an der Ostseeküste. Um 1935 standen allein in Warnemünde etwa 3000 Strandkörbe.

Wirtschaftlicher Strukturwandel war es meist, der die Menschen dieser Region zwang, sich im Fremdenverkehr ihr Brot zu verdienen, so z. B. auf Fischland, Darß und Zingst, als die Segelschiffahrt Ende des 19. Jh. zum Erliegen kam. Auch wenn man die ›Sandhasen‹ und ›Strandlöpers‹ nicht sonderlich mochte, zahlten sie doch gut für die Zimmer, die man ihnen zur Verfügung stellte. Andernorts wurden die Zugereisten alle

Carl Theodor Severin

Der Baumeister von Doberan

geb. 1763 in Mengeringhausen (Waldeck), gest. 1836 in Doberan

Der erste schriftliche Nachweis über Severin, dessen Lehrmeister vermutlich Carl Ferdinand Langhans war, der Erbauer des Brandenburger Tores in Berlin, stammt aus dem Jahr 1795. Mehrere Schweriner Beamte richteten ein Schreiben an Herzog Friedrich Franz I.: »Euer Herzogliche Durchlaucht werden gnädigst gestatten, daß Unterzeichnete einen jungen Mann von guter Ausführung und Geschicklichkeit namens Severin für den Ostern abgehenden Bau-Conducteur von Seydewitz in Vorschlag bringen...« Seydewitz blieb zwar noch mehrere Jahre auf seinem Posten, doch Severin bekam Gelegenheit, die erwähnte Geschicklichkeit zu beweisen. An der Seite von Seydewitz baute er in Doberan das Salongebäude, danach übertrug ihm der Herzog den Entwurf und die Ausführung des nicht mehr vorhandenen Theaters, später des ›Empfangs-, Gesellschafts-, Tanz- und Speisehauses‹ in Heiligendamm (heute Kurhaus). Mit diesem Bauwerk war der Großherzog offensichtlich besonders zufrieden, denn in den Personalakten über Severin ist vermerkt, daß er mit einer Gehaltszulage von 50 Reichsthalern belohnt wurde.

Als Landesbaumeister war Severin für die Ämter Bützow, Doberan, Ribnitz, Rühn, Schwaan, Rostock, Toitenwinkel und Sülze zuständig. Dort entstanden nach seinen Entwürfen Guts- bzw. Gasthäuser. Seine Lebensaufgabe sah Carl Theodor Severin darin, das klassizistische Stadtbild von Doberan zu schaffen. Über das, was er dort hinterlassen hat, urteilte Hans Thielcke in seiner 1914 an der Technischen Hochschule Berlin verteidigten Dissertation: »Was seine Bauten so anziehend macht und weit über das Durchschnittsmaß erhebt, ist ihre einfache Monumentalität, die geschickte Abwägung der Baumassen und die sichere Ausbildung aller Einzelheiten.«

als ›Berliners‹ bezeichnet, bis sich Sachsen und Thüringer darüber mokierten. Von da an bürgerte sich als neutraler Begriff ›**de Isenbahners**‹ ein, reisten doch damals fast alle Badegäste mit der Eisenbahn an.

Schon vor dem Ersten Weltkrieg galt das heutige **Kühlungsborn** als größtes Bad an der Ostseeküste von Mecklenburg und Vorpommern. Über 20 000 Besucher registrierte man um 1910, gefolgt von Heringsdorf und Zinnowitz auf Usedom sowie Sellin auf Rügen mit je etwa 10 000 Gästen. Wenn der Erste Weltkrieg fast spurlos an den Seebädern vorübergegangen war, sah es nach dem **Zweiten Weltkrieg** anders aus: In den Pensionen und Hotels drängten sich die Ausgebombten und Umsiedler, die Badeeinrichtungen waren zerstört, die Strände leer. In Kühlungsborn z. B. lebten 1947 doppelt soviel Umsiedler wie Alteingesessene. In anderen Badeorten, so in Heringsdorf, mußten die Deutschen ganze Straßenzüge der Sowjetarmee überlassen.

Aus der guten alten Bäderzeit: Strand und Hotel Kaiserhof in Binz (oben) sowie Strandpromenade in Saßnitz (unten), historische Fotos um 1910

Mit am ärgsten traf es Warnemünde, das vom Bade- zum Industrieort wurde: In die Hotels und Pensionen quartierte man Arbeiter und Lehrlinge der neuen Warnowwerft ein. 1953 führte die SED die berüchtigte **Aktion Rose** durch: Unter fadenscheinigen Begründungen enteignete sie private Besitzer von Pensionen und Hotels und vertrieb sie größtenteils in den Westen.

Rund 4 Mio. Menschen drängten sich zu DDR-Zeiten an der ›**Côte d'Azur der Werktätigen**‹, der Ostseeküste zwischen Boltenhagen und Ahlbeck. Für die DDR-Bürger mit ihren bescheidenen Reisemöglichkeiten war sie das begehrteste Urlaubsziel. Mehr als fünf Jahre mußten die meisten geduldig warten, bis sie den ›Urlaubsscheck‹ für ein gewerkschaftliches oder betriebliches Ferienheim zugeteilt bekamen. Wer durch Eigeninitiative ein bescheidenes Privatquartier aufgespürt hatte, fuhr in der Regel jedes Jahr dorthin – Nichterscheinen bedeutete, daß ein anderer den Platz einnahm und festhielt.

Aufgrund des mangelnden Hotelangebots breitete sich das **Campingwesen** aus. In Stralsund gab es eine zentrale Zeltplatzvermittlung für die gesamte DDR-Ostseeküste. Nur wer seinen Antrag dort bis zum 1. Januar eines Jahres eingereicht hatte, konnte mit einer Zuweisung für den folgenden Sommer auf einem der etwa 60, meist primitiv ausgestatteten Ostsee-Campingplätze rechnen. Fast 2 Mio. Anträge lieferte die Post jährlich in diese Verteilungsstelle, berücksichtigt werden konnte nur annähernd jeder zweite.

Von all dem bekamen **Honecker & Co.** wohl wenig mit. Der SED-Partei- und Staatschef zog sich mit Frau Margot in einen komfortablen Bungalow auf die unter Naturschutz stehende Insel Vilm oder auf seinen Landsitz in der Schorfheide und am Drewitzer See zurück, Geheimdienstminister Mielke nach Heringsdorf in ein auf Staatskosten für ihn und seine Generäle erbautes Luxusferienhaus, Ministerpräsident Stoph in sein Jagdhaus am naturgeschützten Ostufer der Müritz. Andere Politbürogenossen ließen sich nach Sellin auf Rügen chauffieren; dort verschwanden die schwarzen Volvos mit den zugezogenen Gardinen in einem stasibewachten Gelände. Als im Herbst 1989 der Schlagbaum geöffnet werden mußte, blieb den Einheimischen vor Staunen der Mund offenstehen: Selbst ein Lift vom Hotel zum Strand fehlte nicht.

Die an der Ostseeküste aufgereihten Seebäder schicken sich an, wieder begehrte Adressen zu werden, z.B. Boltenhagen, Kühlungsborn, Warnemünde und Graal-Müritz im Mecklenburgischen, Binz, Göhren, Heringsdorf und Ahlbeck im Vorpommerschen. Hier und in anderen Seebädern blieb vom Ende des 19./Anfang des 20. Jh. erhalten, was im Westen spätestens in den sechziger Jahren abgetragen wurde: die sog. **Wilhelminische Bäderarchitektur** mit Villen und Pensionen voller verschnörkelter Türmchen und reichgeschmückter Holzveranden. Nicht wenige dieser meist heruntergekommenen Bauwerke wurden seit 1990 bereits wieder hergerichtet: so gelingt es den Seebädern vielleicht, ihr unverwechselbares Gesicht zu bewahren.

Daten zur Geschichte

um 10000 v. Chr.	Ende der Weichsel-Kaltzeit, der bislang letzten Periode der Eiszeit; in Mecklenburg-Vorpommern zeugen noch Moränen, Seen und Findlinge von der Eiszeit
ab 8000 v. Chr.	Mesolithikum: Beginn der Einwanderung; die in nomadisierenden Sippen lebenden Menschen sind Sammler, Jäger und Fischer, die sich bevorzugt an der Küste und an Seen und Flußufern niederlassen
um 3500 v. Chr.	Jungsteinzeit (Neolithikum): Beginn von Ackerbau und Viehzucht; Siedlungen entstehen, reich verzierte Töpferwaren werden hergestellt, pflanzliche und tierische Fasern zu Tuchen verarbeitet; die Großsteingräber stammen aus dieser Zeit – **Megalithkulturen**
um 1600 v. Chr.	Bronzezeit: Entstehung der Metallverarbeitung; Hügelgräber; neben Ackerbau und Viehzucht entstehen Handwerk und Handel, z. B. mit Bernstein. Schiffahrt wird entlang der Küsten betrieben
um 500	Die germanischen Stämme verlassen in der sog. Völkerwanderung das Gebiet zwischen Elbe und Oder

Megalithgrab bei Groß Görnow

42

Gräber von Heinrich dem Löwen und seiner Frau im Dom zu Braunschweig, historisches Foto um 1900

um 600	**Slawische Stämme** besiedeln das Land: im Westen die Obodriten, im Osten die Liutizen, auf Rügen die Ranen
929	Eroberungszüge des deutschen Königs Heinrich I. unterwerfen die Slawen
955	Kaiser Otto I. besiegt die Obodriten in der Schlacht bei Raxa in Mecklenburg; die neugegründeten Bistümer Brandenburg und Havelberg haben indes nur geringe Missionserfolge
983	Ein umfassender slawischer Aufstand, bei dem Brandenburg und Havelberg zerstört werden und Hamburg geplündert wird, drängt den Einflußbereich des deutschen Reiches wieder an die Elbgrenze zurück
995	Erwähnung der Michelenburg (südlich von Wismar) in einer von Otto III. ausgestellten Urkunde: Die Burganlage gibt später dem gesamten Land den Namen
1128	Bischof Otto von Bamberg kommt bei seiner zweiten Missionsreise (erste 1124) auch nach Vorpommern (Demmin, Wolgast, Usedom); eine systematische Christianisierung setzt ein
ab 1147	Heinrich der Löwe erobert das Land (sog. Wendenkreuzzug); Obodritenfürst Niklot findet bei einem Ausbruchsversuch aus seiner Burg in Werle den Tod (1160)
um 1150	die sog. **deutsche Ostsiedlung** ist voll entwickelt; die ersten Klostergründungen (Benediktiner in Stolpe 1153) gehen mit der politischen Eroberung Hand in Hand

43

1160	Schwerin wird als erste Stadt im neueroberten Land von Heinrich dem Löwen gegründet
1164	In der Schlacht von Verchen unterliegen Niklots Sohn Pribislaw und die Pommernfürsten Bogislaw I. und Kasimir I. Heinrich dem Löwen und König Waldemar I. von Dänemark
1167	Pribislaw erhält nach seiner Taufe große Teile Mecklenburgs von Heinrich dem Löwen als Lehen; er begründet die Dynastie des bis 1918 regierenden mecklenburgischen Herrscherhauses; Schwerin wird Bischofssitz
1168	Die **Dänen** unter König Waldemar I. und Bischof Absalon von Roskilde erobern auf der Insel Rügen die Jaromarsburg des slawischen Stammes der Ranen und zerstören das Standbild der Gottheit Swantewit; Fürst Jaromar I. wird Vasall des Dänenkönigs
1181	Kaiser Friedrich I. belehnt Bogislaw I. mit Pommern (Pomoranni)
1227	Mit dem Sieg einer norddeutschen Fürsten- und Städtekoalition in der Schlacht bei Bornhöved endet die seit 1184 bestehende dänische Herrschaft über Pommern
1229	Tod des mecklenburgischen Fürsten Heinrich Borwin II.; die vier Urenkel von Pribislaw teilen das Land unter sich auf (die Linie Mecklenburg kann 1261 die von Parchim, 1314 die von Rostock und 1436 die von Güstrow beerben; zuvor kamen durch Heirat 1299 das Land Stargard und 1358 die Grafschaft Schwerin hinzu)
1259	Rostock, Wismar und Lübeck schließen ein Bündnis, das die Sicherheit der Schiffahrt gewährleisten soll; es gilt als Vorläufer der Städtehanse
1295	Pommern wird in die Linien Stettin (Otto I.) und Wolgast (Bogislaw IV.) geteilt
1325	Tod von Witzlaw III.: Das Rügensche Fürstenhaus stirbt aus, Rügen fällt an Pommern-Wolgast
1348	Kaiser Karl IV. erhebt die Söhne von Fürst Heinrich II., Albrecht II. und Johann, zu Herzögen von Mecklenburg
1352	Teilung des Landes in Mecklenburg und Stargard, zeitweise bestehen auch die Herrschaften Güstrow-Werle und Waren-Werle
1370	Im **Stralsunder Frieden** muß Dänemarks König Waldemar IV. seine Vorherrschaft aufgeben; die Städtehanse steht auf dem Höhepunkt ihrer Macht
1419	Gründung der Universität Rostock, der ›Leuchte des Nordens‹, als erste Hochschule Nordeuropas
1456	Gründung der Universität Greifswald
1471	Tod Herzog Ulrichs von Stargard: Das Land fällt an Herzog Heinrich IV. von Schwerin, Mecklenburg ist wieder vereint
1523	Die ›**Union der mecklenburgischen Landstände**‹ wird gegründet
1534	Der **Treptower Landtag** beschließt, den protestantischen Glauben als Landesreligion für Pommern einzuführen

1549	Der **Sternberger Landtag** begründet eine lutherische Landeskirche in Mecklenburg, die Herzöge erhalten die Kirchenhoheit
1618	Veröffentlichung der Pommernkarte von Eilhard Lubin im Auftrag von Herzog Philipp II. von Pommern (s. Abb. S. 234, 269, 329)
1621	Teilung Mecklenburgs in die Herzogtümer Mecklenburg-Schwerin und Mecklenburg-Güstrow
1625	Tod von Herzog Philipp Julius: Das Haus Pommern-Wolgast stirbt aus, Pommern ist wieder vereint
1628	Kaiser Ferdinand II. setzt während des **Dreißigjährigen Krieges** die mecklenburgischen Herzöge ab, die sich mit Dänemark gegen ihn verbündet hatten, und ernennt Albrecht von Wallenstein zum Herzog von Mecklenburg (bis 1630), der in Güstrow residiert
1637	Tod von Bogislaw XIV. in Stettin: Das pommersche Herzogshaus erlischt; Brandenburg meldet Erbansprüche an, erhält aber erst am Ende des Dreißigjährigen Krieges Hinterpommern
1648	Im Westfälischen Frieden bekommt Schweden Wismar mit der Insel Poel und dem Amt Neukloster sowie Vorpommern mit Stralsund und der Insel Rügen zugesprochen; in dem verwüsteten und menschenarmen Land setzt sich die Leibeigenschaft durch
1669	Letzter Hansetag in Lübeck: Aus Mecklenburg nimmt nur Rostock teil, aus Vorpommern ist keine Stadt vertreten

›Alltag‹ im Dreißig-
jährigen Krieg

45

1701	Der **Hamburger Vergleich** legt die Erstgeburtserbfolge verbindlich fest, die der 1576 verstorbene Herzog Johann Albrecht I. in seinem Testament erstmals bestimmt hatte; da der Güstrower Herzog Gustav Adolf 1695 ohne Erben verstorben war, erhält der Schweriner Herzog Friedrich Wilhelm dieses Land; für seinen Schwiegersohn Adolf Friedrich II. wird aus dem Fürstentum Ratzeburg und dem Land Stargard das Herzogtum Mecklenburg-Strelitz geschaffen
1720	Erster gemeinsamer Landtag beider Mecklenburgs; Vorpommern wird am Ende des Nordischen Krieges geteilt: Der nordwestlich der Peene gelegene Teil einschließlich Rügen verbleibt bei Schweden, der südliche Teil mit Demmin, Altentreptow (damals noch Treptow an der Tollense), Anklam, Pasewalk, Stettin und den Inseln Usedom und Wollin fällt an Brandenburg-Preußen
1755	Der ›**Landesgrundgesetzliche Erbvertrag**‹ regelt die Rechte von Fürst und Ständen (gültig bis 1918)
1793	Mit Heiligendamm entsteht Deutschlands erstes Seebad
1803	Schweden verpfändet im Malmöer Vertrag Wismar mit den Ämtern Poel und Neukloster für 100 Jahre an den Herzog von Mecklenburg-Schwerin; 1903 wird das Pfand nicht eingelöst, die Gebiete kommen endgültig zu Deutschland
1806	**Aufhebung der Leibeigenschaft** in Vorpommern durch Gustav IV. Adolf von Schweden, gleichzeitig Aufhebung der pommerschen und Einführung der schwedischen Verfassung
1815	Auf dem Wiener Kongreß wird der **Großherzogtitel** an die Herrscherhäuser Mecklenburg-Schwerin und Mecklenburg-Strelitz verliehen; Schwedisch-Vorpommern und Rügen kommen zu Preußen, das sämtliche pommerschen Gebiete in der Provinz Pommern vereint (Regierungsbezirke Stralsund, Stettin, Köslin); als Vorpommern wird weiterhin das Gebiet westlich der Oder bezeichnet
1820	Aufhebung der Leibeigenschaft in beiden Mecklenburgs (1819 vom Landtag in Sternberg beschlossen)
ab 1847	Eisenbahnlinien werden in Mecklenburg und Vorpommern verlegt, die erste von Hagenow nach Schwerin
1871	Die beiden mecklenburgischen Großherzogtümer treten dem bundesstaatlich organisierten **Deutschen Reich** bei
1918	Großherzog Friedrich Franz IV. von Mecklenburg-Schwerin dankt am 14. November ab, am 16. November endet auch sein Amt als Verweser von Mecklenburg-Strelitz; der dortige Großherzog Adolf Friedrich VI. hatte am 23. Februar in Mirow den Freitod gewählt
1919	Mecklenburg-Schwerin und Mecklenburg-Strelitz werden bürgerlich-demokratische Freistaaten innerhalb der **Deutschen Republik**

Friedrich Franz I., der erste Großherzog von Mecklenburg-Schwerin, Porträt im Doberaner Münster

1934	Vereinigung der beiden mecklenburgischen Freistaaten zum Land Mecklenburg
1945	Ab 1942 haben alliierte Bombenangriffe während des **Zweiten Weltkriegs** schwere Schäden angerichtet (Rostock, Stralsund, Wismar); die Rote Armee besetzt das Land; aus Mecklenburg, dem westlichen Teil Vorpommerns und einem rechtselbischen Gebiet des heutigen Niedersachsen (Amt Neuhaus) wird das Land Mecklenburg-Vorpommern gebildet (ab 1947 nur noch Mecklenburg genannt); Landeshauptstadt ist Schwerin
1946	Erste und bis 1990 einzige freie Wahl in Mecklenburg-Vorpommern
1952	Im Rahmen einer Verwaltungsneuordnung werden die fünf DDR-Länder in **Bezirke** aufgeteilt; aus Mecklenburg entstehen die Bezirke Rostock, Neubrandenburg und Schwerin (die beiden letztgenannten erhalten Gebiete von Brandenburg); Gründung der ersten Landwirtschaftlichen Produktionsgenossenschaften (LPG)
1990	Erste **freie Wahlen** in der DDR am 18. März, Beitritt zur Bundesrepublik Deutschland am 3. Oktober; die Bezirke werden aufgelöst, das Bundesland Mecklenburg-Vorpommern entsteht; Schwerin setzt sich gegen den Mitbewerber Rostock als Landeshauptstadt durch

Schwerin, Kupferstich von Matthäus Merian, Frankfurt am Main 1653 ▷

47

Reisen durch Mecklenburg-Vorpommern

Schwerinsche See

Schwerin und Nordwestmecklenburg

☐ **Landeshauptstadt Schwerin**

›Stadt der Seen und Wälder‹ nennt sich Schwerin (130000 Einw.), und kein Besucher wird ihr diesen Beinamen streitig machen, denn die für Mecklenburg typische Landschaft ist bis in die Stadt hineingewachsen. Vom Turm des Doms, der schon von weitem grüßt und während des Stadtrundgangs eine gute Orientierung bietet, streift der Blick über die Dächer der Stadt (s. Abb. 2), vom buchtenreichen Ziegelsee zu den Wäldern am Schweriner See und den Trabantensiedlungen.

Neben der zerstörten slawischen Burg Zuarin (= Tierort, ein Hinweis auf die den Slawen heiligen Pferde), schon 1018 in der Chronik Thietmars von Merseburg genannt, gründete Heinrich der Löwe 1160 Schwerin als erste Stadt in dem eroberten Gebiet. Als Bischofssitz (1167–1648) wurde sie auch das geistliche Zentrum dieser Region. 1358 konnte der mecklenburgische Herzog Albrecht II. die Grafschaft Schwerin erwerben. Er zog in die wiederaufgebaute Burg, die – mit zwei Unterbrechungen – bis 1918 Residenz der mecklenburgischen Herzöge blieb: 1628–31 mußten die Herzöge das Land verlassen, weil sie wegen ihres Bündnisses mit Dänemark der Reichsacht verfallen waren, und 1756–1837 residierten sie in Ludwigslust. Das ›nordische Florenz‹ nannte man die blühende Residenzstadt im 16. Jh. In Lankow, der Weststadt und auf dem Großen Dreesch entstanden in den sechziger und siebziger Jahren unseres Jahrhunderts ausgedehnte Neubausiedlungen in trister Plattenbauweise. In den Betonsilos des Großen Dreesch lebt die Hälfte aller Schweriner, da Wohnraum in der Innenstadt knapp und zudem – wie vielerorts in Mecklenburg-Vorpommern – dem Verfall preisgegeben war.

Unsere Stadtbesichtigung beginnt am **Schloß (1)**, dem bekanntesten Bauwerk Schwerins, das etwa ab dem 16. Jh. aus der genannten Burg hervorging (s. Farbabb. Umschlagvorderseite, Abb. 4). Das auf einer Insel zwischen Schweriner See und Burgsee stehende Schloß mußte mehrfach Umbauten erdulden, bis es zu dem wurde, was heute zu bewundern ist: Um den Innenhof schließt sich ein Fünfflügelbau, der zu den bedeutendsten und besterhaltenen Bauwerken des Historismus gehört, ein wahres ›Märchenschloß‹. Von der durchgreifenden Erneuerung des 16. und 17. Jh. stammen weitgehend noch das ›Bischofshaus‹ und das ›Große Neue Haus‹, beide reich mit Terrakottaplatten aus der Lübecker Werkstatt des Statius von Düren geschmückt – heute sind es Nachformungen des 19. Jh. – sowie das ›Haus über der Schloßkirche‹ und das ›Haus über der Schloßküche‹.

Für die ab 1560 erbaute **Schloßkapelle (2)** dienten Johann Baptist Parr die protestantischen Renaissancekirchen in Dresden und Torgau als Vorbild, von dort ließ er auch Künstler für die Ausstattung kommen: Altar (seit 1855 im Museum) und Kanzel, beide 1562 gefertigt, stammen von den Torgauer Brüdern Georg und Simon Schröter, das

50

Schwerin, Schloß:
 1 Vorhof
 2 Tordurchfahrt
 3 Burggartenflügel
 4 Schloßkapelle
   und ›Haus über
   der Schloßkirche‹
 5 Chor der
   Schloßkapelle
 6 ›Großes Neues
   Haus‹
 7 ›Obodritentreppe‹
 8 Hauptturm
 9 ›Haus über der
   Schloßküche‹
10 Schloßgarten-
   flügel
11 Haupttreppen-
   turm
12 Burgseeflügel
13 Paul-Friedrich-
   Denkmal
14 Grotte
15 Orangerie
16 Muschelbrunnen

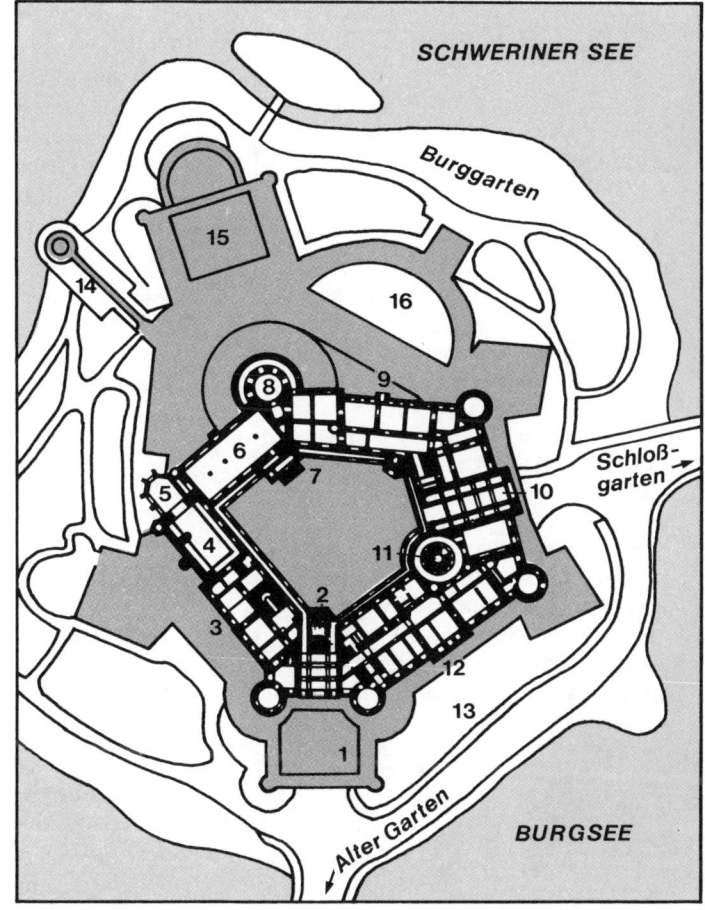

Sandsteinportal der Hofseite vom Dresdner Bildhauer Hans Walther. Das schöne Sterngewölbe zeigt sich noch der Spätgotik verpflichtet.

Die umfangreichste Veränderung des Schlosses, die weitgehend einer Neuschöpfung gleichkommt, erfolgte 1845–57. Bevor Herzog Friedrich Franz II. den Plänen zustimmte, schickte er seinen Hofbaumeister Georg Adolph Demmler, dessen baukünstlerische Handschrift ab 1825 in der Stadt dominierte, und dessen Baukondukteur Hermann Willebrand 1844 auf eine Studienreise nach Großbritannien und Frankreich. Besonders Schloß Chambord an der Loire inspirierte die beiden. Von Demmler, 1851 aus politischen Gründen als Baumeister abgelöst, stammen Burggarten- und Burgseeflügel, der Chor der Schloßkapelle und der 70 m hohe, nach Anregungen von Gottfried Semper erbaute Hauptturm. Auf Friedrich August Stüler, der die Arbeiten

Auf einen Blick

Schwerin: Die Kunstwerke im Schloßmuseum und im Schloßgarten

■ **Schloßmuseum**
Möbel des 18. und 19. Jh., **Porzellane** aus der Berliner Manufaktur, Prunkvasen aus Rußland und Japan. Im Winterzimmer **Gemälde Schweriner Hofmaler**; in der ›**Schlössergalerie**‹ Bilder großherzoglicher Schlösser (bis auf das 1945 ausgebrannte von Dargun und das Landhaus in Herren Steinfeld bei Brüsewitz alle erhalten), Mitte des 19. Jh. von Friedrich Jentzen gemalt.

In den ehemaligen Kinderzimmern **Galerie ›Malerei aus Mecklenburg‹** vom 18. bis 20. Jh. mit Werken des 1923 verstorbenen Carl Malchin, dem wegweisenden Künstler der mecklenburgischen Landschaftsmalerei. In der ›**Ahnengalerie**‹ 31 meist großformatige Gemälde aller Herzöge von Albrecht II. (1348 Verleihung der mecklenburgischen Herzogswürde) bis Friedrich (gest. 1785); die Herrscher bis Mitte 16. Jh. von Hofmaler Theodor Fischer anhand von Wandfresken, Epitaphen und Kirchengemälden angefertigt, ab dem 16. Jh. Originale von Peter von Boeckel, Balthasar Denner u. a.

Im **Bibliothekszimmer** zwölf Schränke aus poliertem Eichenholz mit lebensgroßen Büsten aus Marmor, Gips und Pappmaché, u. a. Friedrich Schiller von Johann Dannecker und Johann Wolfgang von Goethe von Christian Daniel Rauch.

Prunkvollster Raum des Schlosses ist der 1858 vollendete **Thronsaal** mit reich

weiterführte, gehen der reiche Figurenschmuck und die nach vorn offene Bogenhalle mit dem großen Reiterstandbild des Obodritenfürsten Niklot (von Christian Genschow) am Portalbau zurück sowie die von einer Engelsfigur bekrönte Prunkkuppel und die seeseitigen Terrassen. Am 26. Mai 1857 bezog das großherzogliche Paar mit großem Pomp den Prunkbau.

Vor dem Burgseeflügel, dessen Inneres bei einem Brand zerstört wurde, steht seit 1935 das Bronzestandbild des Großherzogs Paul Friedrich, das Christian Daniel Rauch 1849 schuf. Im Schloß hat der Landtag des Bundeslandes Mecklenburg-Vorpommern seinen Sitz, besucht werden können das Schloßmuseum und das Archäologische Landesmuseum. Einen Teil der **Orangerie (3)** nutzt zur Zeit noch das Technische Landesmuseum, dessen Eingang sich unweit der aus mächtigen Findlingsblöcken aufgetürmten Grotte befindet.

Das Schloß umgibt der **Burggarten (4;** um 1850), von Hofgärtnermeister Theodor Klett nach Anregungen von Gottfried Semper und Peter Joseph Lenné gestaltet. Südwärts, über eine nicht mehr in Funktion befindliche Drehbrücke, erreicht man den **Schloßgarten (5)**, ein Kleinod unter den Gartenanlagen des 18. und 19. Jh. Sein Aussehen verdankt er dem französischen Architekten Jean Legeay, der den Kreuzkanal zur zentralen Achse des Barockparks machte. Ab 1840 erfolgte eine Erweiterung in Richtung Fauler See. Lenné schuf den ›Grünhausgarten‹ im Stil des englischen Landschaftsparks. Die Laubengänge von 1862 gehen auf Theodor Klett zurück. In der **Schleif-**

mühle (7; 1755) in der südöstlichen Schloßgartenecke – heute ein Museum – entstanden u. a. die steinerne Wandverkleidung für den Thronsaal des Schweriner Schlosses und der granitene Sarkophag für Herzog Friedrich in der Ludwigsluster Schloßkirche.

Der **Alte Garten** vor der Schloßinsel, oft ›Schwerins gute Stube‹ genannt, ist der größte Platz der Stadt (s. Abb. 3). Zum *alten* Garten wurden die hier im 17. und 18. Jh. vorhandenen gärtnerischen Anlagen nach dem Entstehen des Schloßparks. Die **Siegessäule (8;** 1874) an seiner Südwestseite, von Hermann Willebrand nach römischem Vorbild geschaffen, erinnert an den Sieg über Frankreich im Krieg 1870/71. Von Willebrand stammt auch das spätklassizistische Museumsgebäude, das Demmler als herzogliches Palais begonnen hatte. Das ehemalige Großherzogliche Museum (1877–82, 1901/02 erweitert) mit einem von ionischen Säulen getragenen Portikus über der monumentalen Freitreppe wurde Teil des **Staatlichen Museums Schwerin (9).** Das größte Kunstmuseum des Bundeslandes mit dem Schwerpunkt auf der niederländischen Malerei des 17. Jh. besitzt etwa 3600 Gemälde, u. a. von Lucas Cranach, Frans Hals, Thomas Gainsborough, Max Liebermann und Lovis Corinth, ferner 52 000 druckgrafische Blätter und 2000 Jagd- und Prunkwaffen. Mit einer geschlossenen Sammlung von 34 Gemälden und 56 Handzeichnungen aus allen Schaffensperioden ist der 1755 verstorbene Hofmaler Ludwigs XV., Jean Baptiste Oudry, vertreten.

Links an das Museum schließt sich das **Mecklenburgische Staatstheater (10)** mit

verziertem und vergoldetem Thronsessel (s. Abb. 5); originale Samtbespannung (um 1750) unter einem Baldachin, links davon die Porträts Friedrich Franz' II. von Franz Krüger, rechts seiner Gemahlin Auguste von Friedrich Kaulbach; in Kartuschen – von vergoldeten, geflügelten Putten gehalten – Wappen aller Städte des Großherzogtums Mecklenburg-Schwerin.

■ Schloßgarten
14 **Sandsteinplastiken,** antike Götter und die vier Jahreszeiten darstellend, aus der Werkstatt von Balthasar Permoser, 1720 für einen Hamburger Park geschaffen, 1752 von Herzog Christian Ludwig erworben; 1953–61 durch Kopien von Werner Hempel ersetzt.

Reiterstandbild Großherzog Friedrich Franz' II. von Ludwig Brunow, 1893 im Beisein des Kaisers aufgestellt; an dem der Reiterstatue des Marc Aurel in Rom nachempfundenen Granitsockel vier allegorische Figuren. Im Grünhausgarten **Marmorstandbild** (1907) der Großherzogin Alexandrina.

Großherzog Paul Friedrich

53

Georg Adolph Demmler

Schwerins Hofbaumeister

geb. 1804 in Berlin,
gest. 1886 in Schwerin

Georg Adolph Demmler mit dem
Grundriß des Schweriner Schlosses

Die alte Residenzstadt Schwerin verdankt ihre städtebauliche Schönheit zum großen Teil Georg Adolph Demmler. Der Vater des späteren Hofbaumeisters war Uckermärker, ein Schornsteinfegermeister aus Pasewalk, die Mutter eine Mecklenburgerin, in Güstrow geboren. In Berlin und Güstrow wuchs Demmler auf, mit 15 Jahren begann er an der Berliner Bauakademie zu studieren. Mit 19 Jahren wurde er – nicht ohne die Unterstützung seines großen Lehrers Karl Friedrich Schinkel – in Schwerin zum großherzoglich-mecklenburgischen Baukondukteur ernannt. Seine erste große Aufgabe: Großherzog Friedrich Franz I. übertrug dem 21jährigen die Bauleitung des Regierungs- und Kollegiengebäudes in der Schloßstraße. Danach folgten u. a. die Fassadengestaltung am Altstädtischen Rathaus, der Neubau von Marstall und Arsenal sowie das Theater. Sein bedeutendstes Werk schuf Demmler mit dem Schweriner Schloß.

Für die am Schloßbau beschäftigten Arbeiter gründete er eine Unfall- und Krankenkasse, setzte sich auch mehrfach für deren gerechte Entlohnung ein. Während der revolutionären Ereignisse 1848/49 gehörte Demmler, ein engagierter Demokrat, Sozialreformer und Freimaurer, dem Schweriner Bürgerausschuß an. Die Entlassung aus großherzoglichen Diensten ließ nach dem Scheitern der Revolution nicht auf sich warten: Sie erfolgte am 24. Juni 1851, nachdem Demmler schon vorher der Ämter als Hofbaurat und Mitglied der Schloßkommission enthoben worden war. Öffentliche Aufträge blieben von da an aus.

1878/79 wurde der den Sozialdemokraten nahestehende Baumeister in den deutschen Reichstag gewählt. Beerdigt wurde er auf dem Alten Friedhof in Schwerin (am Ende des Obotritenrings). Hinter dem Krematorium steht die aus weißem Stein erbaute Gruftkapelle mit der Inschrift »Erb-Begräbnis-Demmler«. Nach dem Tod seiner Frau 1862 hatte Demmler die Kapelle nach seinem Entwurf erbauen lassen.

seinem monumentalen, von Säulen getragenen Mittelrisalit an, dessen von Demmler errichteter Vorgängerbau abbrannte (s. Abb. 3). Georg Daniel schuf das Gebäude 1883–85 im Stil der Neorenaissance. Schwerin besitzt eine alte Theatertradition; Conrad Ekhof gründete hier 1753 die erste deutsche Schauspielakademie. Eine Bronzebüste des ›Vaters der deutschen Schauspielkunst‹ von Hans Kies steht auf dem kleinen, nach Ekhof benannten Platz zwischen Theater und Museum. Ende des 19. Jh. reisten Wagner-Begeisterte von weither an, um die Aufführungen seiner Musikdramen zu beklatschen, und in den achtziger Jahren dieses Jahrhunderts erhielten die »Faust«-Inszenierungen Christoph Schroths auch viel westdeutschen Beifall.

An der Ecke zur Schloßstraße wurde das **Alte Palais (11;** 1791; 1799 erweitert) – auch Alexandrinenpalais genannt – erbaut, das mehreren mecklenburgischen Herzoginnen als Witwensitz diente. Dem Palais gegenüber schuf Demmler die klassizistische Dreiflügelanlage des **Regierungs- und Kollegiengebäudes (12;** 1825–34) mit einem von prächtigen Säulen getragenen Portikus und fünf Plastiken antiker Gottheiten auf dem Dach. Ein überdachter Gang, im Volksmund spöttisch ›Beamtenlaufbahn‹ genannt, verbindet die heutige Staatskanzlei des Ministerpräsidenten mit dem Haus II, 1890–92 nach einem Entwurf von Georg Daniel entstanden.

In der Schloßstraße erhielt auch die nach einem Entwurf des Ludwigsluster Hofbaumeisters Johann Joachim Busch errichtete barocke **Pfarrkirche St. Anna (13;** 1791–94) ihren Platz. Die schlichte tonnengewölbte Saalkirche war der erste genehmigte katholische Kirchenbau nach der Reformation in Mecklenburg. Auch heute zählt das Bundesland nur 3 % Katholiken.

Vom Alten Garten führt die Werderstraße zum flachen, langgestreckten **Marstall (14;** 1838–42) von Demmler. An der Ecke Großer Moor/Puschkinstraße kann man einen Blick auf die Schweriner Geschichte werfen: Auf 27 Reliefs erzählt die **Keramische Säule** (1986) von Anni Jung das Werden der Stadt.

An der Süd- und Westseite des **Marktes** (s. Abb. 2) finden sich mehrgeschossige Bürgerhäuser des 19. Jh., die Ostseite begrenzt das 1351 erstmals urkundlich erwähnte **Altstädtische Rathaus (15),** dessen ›scheunenartiges‹ Aussehen den Bewohnern der Residenz im 19. Jh. nicht mehr standesgemäß erschien. Demmler bekam den Auftrag, eine Schaufassade zu schaffen, für die er 1834/35 den Stil der Tudorgotik wählte. Das goldene **Reiterstandbild** von 1744 auf den Zinnen erinnert an den Stadtgründer Heinrich den Löwen. Als Vorlage diente dem Kunstschmied Albert Paltzoss das persönliche Siegel des Welfenherzogs. Jeden Mittag um 12 Uhr erklingt von der Rückseite des Rathauses die Melodie von Mecklenburgs meistgesungenem Volkslied »Von Herrn Pastor sien Kauh«. Diesem Thema hat Stephan Horota auch seinen 1980 auf dem nahen Schlachtermarkt aufgestellten Brunnen gewidmet.

An der nördlichen Marktseite schuf Johann Joachim Busch das breitgelagerte **Neue Gebäude (16)** mit einer von 14 dorischen Säulen gebildeten klassizistischen Säulenhalle. Die seinerzeit ›Krambudengebäude‹ genannte Markthalle entstand 1783–85 anstelle einer alten Häuserzeile.

Schwerins Innenstadt überragt der 117,5 m hohe Turm des **Doms (17)**, der erst 1889–92 dem ehrwürdigen, gewaltigen Backsteinbau angefügt wurde. Georg Daniel schuf den neogotischen Turm, in dem 220 Stufen zu einem Rundgang in 50 m Höhe führen. Nach der Kriegszerstörung des 119 m hohen Rostocker Petrikirchturms ist nun der Schweriner der höchste Kirchturm in Mecklenburg-Vorpommern.

Der Dom ist der dritte Kirchenbau an dieser Stelle – nach einer frühen Holzkirche und einer 1228 geweihten romanischen Basilika, von der noch die Paradiespforte am südlichen Seitenschiff zeugt; die dreischiffige Basilika mit mächtigem Querhaus und Chorumgang mit Kapellenkranz entstand 1270–1416. Trotz der langen Bauzeit besitzt sie eine einheitliche Gesamtwirkung. Der Dom, dessen Innenraum mit den Kreuzrippengewölben – in der Vierung ein besonders schönes Sterngewölbe – bei 1988 beendeten Restaurierungsarbeiten die Farbgebung aus der Zeit um 1460 wiedererhalten hat, gehört zu den bedeutendsten Kirchen der Backsteingotik (s. Abb. 6).

Die qualitätvolle Ausstattung mit Hauptaltar, Kanzel und Gestühl geht auf eine neogotische Erneuerung (1867) durch Theodor Krüger zurück. Die 1871 geweihte Orgel, von der berühmten Weißenfelder Firma Friedrich Ladegast gebaut, ist mit 84 Registern und etwa 6000 Pfeifen die größte Mecklenburgs. Aus dem Mittelalter verblieben lediglich der spätgotische Flügelaltar (um 1490) mit einer aus Sandstein gefertigten figurenreichen Kreuzigung (um 1420; s. Abb. 7) und das bronzene, von Atlanten getragene Taufbecken Ende des 14. Jh., das in der mit spätmittelalterlichen Fresken geschmückten Mariä-Himmelfahrt-Kapelle steht. Zu den besten Arbeiten der bildenden Kunst des 16. Jh. gehört das Freigrabmal für Herzog Christoph und seine Gemahlin Elisabeth von Schweden. Das von Karyatiden getragene Renaissancegrabmal mit

Schwerin, Dom: 1 Kirchturm   2 Paradiespforte   3 Querschiff   4 Chor mit Umgang und Kapellenkranz   5 Flügelaltar mit Kreuzigung   6 Mariä-Himmelfahrt-Kapelle/Taufbecken

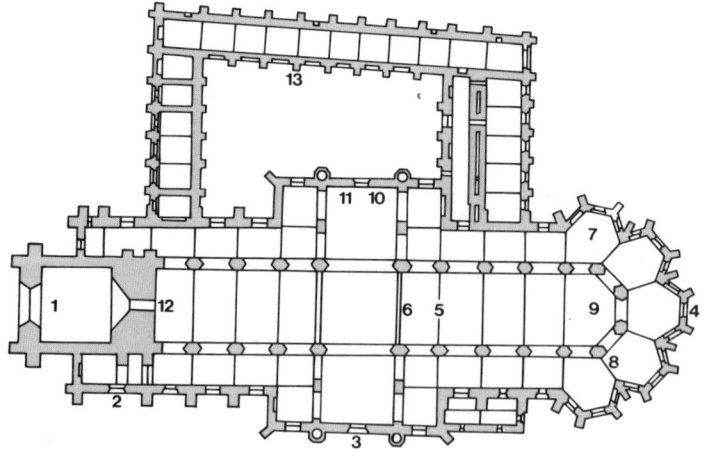

7 Grabmal Herzog Christophs und Elisabeths von Schweden
8 Bronze-Epitaph Herzogin Helenas
9 Hauptaltar von Gustav Lenthe
10/11 Messinggrabplatten für vier Bischöfe
12 Orgel
13 Kreuzgang

56

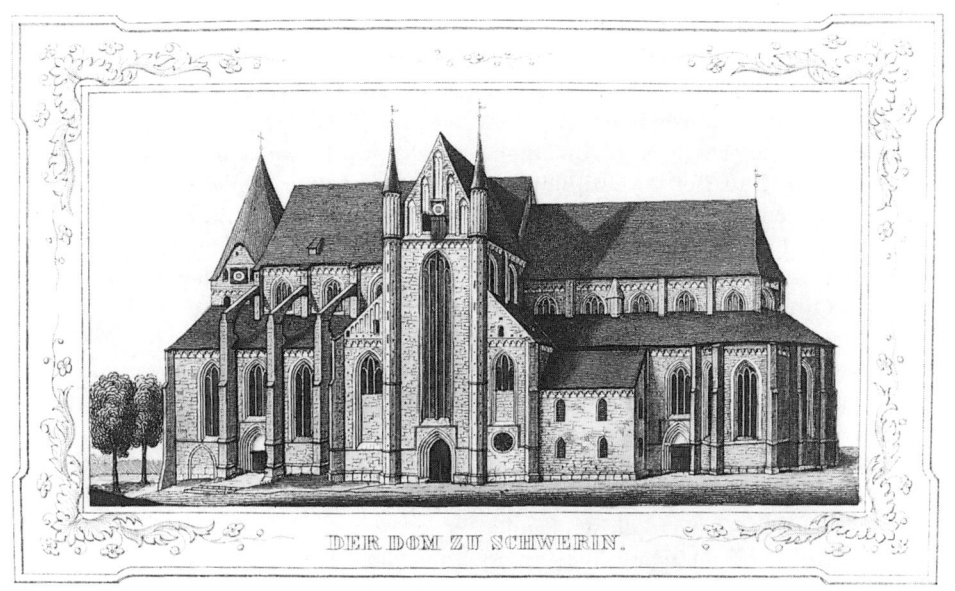

DER DOM ZU SCHWERIN.

Der Schweriner Dom in der Mitte des 19. Jh. vor dem Bau des neogotischen Turms

den vollplastischen, vor dem Betpult knienden Marmorfiguren der Verstorbenen schuf Robert Coppens aus Antwerpen 1595. In der berühmten Vischer-Werkstatt in Nürnberg wurde 1527 das Bronze-Epitaph für Herzogin Helena von Mecklenburg gegossen. Meisterhaft ausgeführt sind zwei gravierte Messinggrabplatten für vier Bischöfe aus der Familie von Bülow, die im 14. Jh. in einer flandrischen Werkstatt hergestellt wurden. Nördlich an den Dom schließt sich der dreiflüglige, spätgotische Kreuzgang aus der ersten Hälfte des 15. Jh. an, dessen Nordarm öffentliche Fußgängerzone ist.

Der **Pfaffenteich**, Schwerins ›Binnenalster‹, ist eine künstliche Schöpfung aus dem 12. Jh. An seiner Südseite, Arsenalstraße/Ecke Mecklenburgstraße, ließ sich Demmler sein villenartiges **Wohnhaus (18;** 1842–44) erbauen. Einige Schritte weiter, an der Ecke zur Bischofstraße, fällt das von Demmler entworfene **Kommandantenhaus (19;** 1842) mit einem aus stilisierten Helmen gebildeten plastischen Sturz im ersten Obergeschoß auf. Gegenüber, an der August-Bebel-Straße/Ecke Friedrichstraße, steht das spätklassizistische **Kücken-Haus (20;** 1868) mit der Marmorbüste des 1882 in Schwerin verstorbenen Hofkomponisten. Friedrich Wilhelm Kücken wird diese Ehre zuteil, weil er sein Vermögen und säulengeschmücktes Wohnhaus einer nach ihm benannten Stiftung für unbemittelte Musiker vermachte.

Einer der bekanntesten Demmler-Bauten, das im Stile der Tudorgotik 1840–44 errichtete **Arsenal (21)** mit seiner breiten, imposanten Fassade, beherrscht die Südwest-

57

ecke des Pfaffenteichs (s. Farbabb. 4). Die nahe **Paulskirche (22;** 1862–69), eine neogotische, dreischiffige Backsteinhalle mit Querschiff und polygonal geschlossenem Chor, wurde nach Plänen von Theodor Krüger erbaut. Vor dem **Hauptbahnhof (23;** 1888/89), einem repräsentativen Bau der Gründerzeit, sprudelt in der warmen Jahreszeit der Brunnen»Rettung aus Seenot« von Hugo Berwald, gestiftet von einer reichen Schweriner Kaufmannsfrau. Bei der Enthüllung 1911, so erzählt man sich, sei sie angesichts der nackten Figuren ohnmächtig geworden. (Der Brunnen stand bis 1927 auf dem Marktplatz.) Eine Fähre, von den Einheimischen humorvoll als ›Pfaffenteichkreuzer‹ bezeichnet, verkehrt seit etwa 100 Jahren über den Binnensee. Hinter dessen ab 1865 bebauten Ostufer erstreckt sich die Schelfstadt.

1705 begann der Bau der ›Neustadt auf der Schelfe‹ (Schelfe = flache Insel) mit dem rechteckigen Markt als Mittelpunkt, an dessen Südseite die 1713 fertiggestellte Backsteinkirche St. Nikolai dominiert, meist als **Schelfkirche (24)** bezeichnet. Das 1708 von Jakob Reutz begonnene Gotteshaus vollendete nach dessen Tod 1710 Christoph Leonhardt Sturm. Dieser erste größere Kirchenbau in Mecklenburg nach der Reformation gilt als die bedeutendste barocke Stadtkirche des Landes. In der Gruft unter dem Chor ruhen Mitglieder der herzoglichen Familie.

Typisch für die **Schelfstadt,** die erst 1832 mit der Altstadt vereint wurde, war die barocke Bebauung mit ein- und zweigeschossigen Traufenhäusern aus Fachwerk, die auch heute noch das Bild von einigen Straßenzügen prägen. In diesem Teil Schwerins stehen sich Verfall und Aufbruch besonders markant gegenüber.

Die Puschkinstraße führt wieder zurück zum Markt. Zwischen Schliemann- und Fischstraße sollte man dem Haus Nr. 19–21 Aufmerksamkeit schenken. Die Dreiflügelanlage heißt offiziell Neustädtisches Palais, wird aber meist nur **Marienpalais (25)** genannt, weil hier die Witwe von Friedrich Franz II., Großherzogin Marie, residierte. Das nach einem Entwurf von Johann Joachim Busch 1776 errichtete Palais baute Hermann Willebrand 1877–79 in historistischen Formen um.

☐ Rund um den Schweriner See

Der Schweriner See ist mit 63,1 km² der zweitgrößte in Mecklenburg-Vorpommern (s. Farbabb. 23). Dort, wo ihn eine Moränenstaffel durchzieht, wurde 1842 der Paulsdamm aufgeschüttet. Vom Damm, über den die B104 führt, bietet sich ein weiter Blick auf den südlichen Innen- und den nördlichen Außensee. Am Südufer des Innensees liegt **Zippendorf,** das die Schweriner Mitte des 19. Jh. als Ausflugsziel entdeckten. Vom Schweriner Schloßgarten (s. S. 52) führt eine in Ufernähe verlaufende Promenade zum Badestrand, Strandhotel und Kurhaus sowie zur Anlegestelle, von der die Ausflugsboote zur unter Naturschutz stehenden Insel **Kaninchenwerder** fahren. 1984 zogen die ersten Urlauber in das FDGB-Ferienheim ›Fritz Reuter‹, seit 1990 ein Hotel. Der 138 m hohe Fernsehturm mit Café und Aussichtsgeschoß entstand 1963/64 (zur Zeit nicht zugänglich).

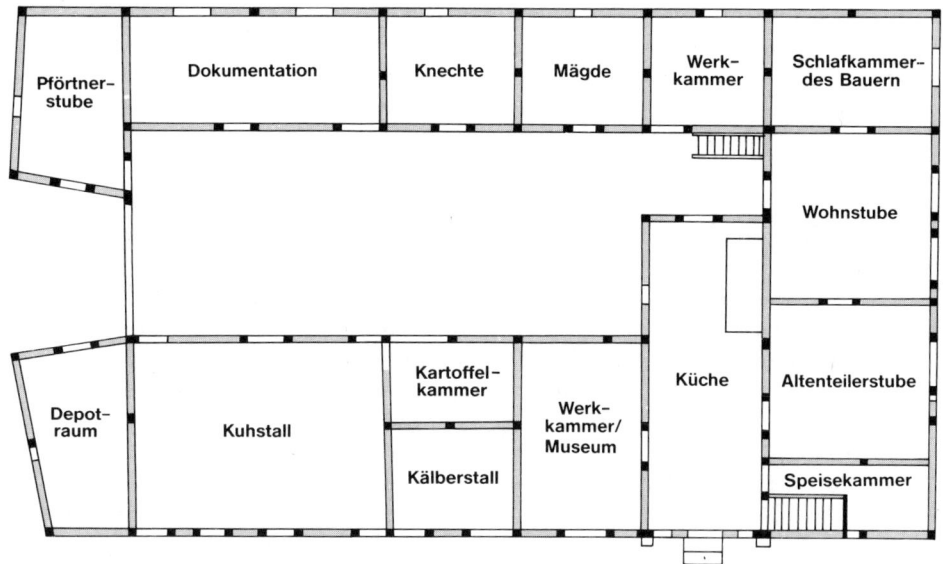

Grundriß des Bauernhauses in Schwerin-Mueß nach seiner Nutzung als Museum

Wer zu Fuß von Zippendorf weiterwandern möchte, kommt nach etwa 30 Minuten in das Schwerin eingemeindete **Mueß,** das bis auf den heutigen Tag das Aussehen eines Bauerndorfes behalten hat, nicht zuletzt durch das 1970 gegründete Freilichtmuseum. Ein kurz nach dem Dreißigjährigen Krieg erbautes niederdeutsches Hallenhaus mit Scheune war das erste Museumsobjekt, mittlerweile können siebzehn museal eingerichtete Gebäude und Objekte besucht werden, darunter eine Hirtenkate aus dem 18. Jh.

An Mueß schließt sich **Raben Steinfeld** an, das seinen Namen von einer Familie Raben und den in dieser Gegend zahlreich vorkommenden Findlingsblöcken bekam. Das Mahnmal (1973–76) mit der Plastik einer trauernden Mutter und vier Relieftafeln stammt von Gerhard Thieme. Es ist den Opfern des sog. Todesmarsches gewidmet, auf den die Nationalsozialisten im April 1945 rund 30000 Häftlinge aus dem Konzentrationslager Sachsenhausen nördlich von Berlin schickten. Der Marsch, der Tausende das Leben kostete, wurde in Raben Steinfeld durch den Vorstoß der Sowjetarmee beendet.

Vom Hochufer, besonders vom sog. Bläserplatz, reicht der Blick weit über den Schweriner See. Mitte des 19. Jh. legte an dieser reizvollen Stelle Theodor Klett einen englischen Landschaftspark an, in dem 1886/87 nach einem Entwurf von Hermann Willebrand ein Schloß im Neorenaissancestil gebaut wurde. Von Willebrand stammen auch die sieben Gestütswärterhäuser; der Marstall des ehemaligen Gestüts entstand um 1850 nach einem Plan von Georg Adolph Demmler.

59

In **Crivitz** (4500 Einw.) stehen noch zahlreiche Fachwerkhäuser des 18. und 19. Jh. Eines der schönsten ist das Pfarrhaus südlich der Kirche, einer dreischiffigen Backsteinhalle aus der Mitte des 14. Jh., in deren mit einem Netzgewölbe versehenen Chor spätgotische Heiligenfresken die Wände schmücken (um 1380). Ebensolche besitzen südlich von Crivitz die backsteinerne gotische Dorfkirche (14. Jh.) in **Klinken** und die Feldsteinkirche (um 1240) im Friedrichsruher Ortsteil **Frauenmark**, eine der wenigen vollständig erhaltenen spätromanischen Kirchen Mecklenburgs.

Am Nordufer des Schweriner Außensees wurde im Dorf **Hohen Viecheln** im 14. Jh. eine ungewöhnlich große Kirche errichtet. Die äußerlich schlicht wirkende, turmlose gotische Backsteinhalle erhielt 1860 ihre neogotische Ausstattung. Aus dem 14. Jh. stammt die lebensgroße Figur eines Ritters im Kettenhemd, die einen Herrn von Plessen darstellen soll, den angeblichen Stifter der Kirche. Vermutlich gehörte die Schnitzfigur einst zu einer Grabtumba. Von der Schwedenschanze, dem Rest einer Festungsanlage aus dem 17. Jh., bietet sich ein herrlicher Blick auf den Schweriner Außensee.

10 km nördlich von Hohen Viecheln befindet sich die ›Wiege‹ dieses Landes: Etwa 500 m südlich der Kirche von **Dorf Mecklenburg** blieb ein 10–12 m hoher und 150 × 200 m messender Ringwall (seit 1874 Friedhof) von der Mikilenburg der Obodriten erhalten (s. S. 19). Die Burg, die dem benachbarten Dorf und dem gesamten Land den Namen gab, war bis 1256 Sitz der Fürsten von Mecklenburg, im 14. Jh. verfiel sie. Gewiß war es kein Zufall, daß am Ende des zweiten DDR-Jahrzehnts ausgerechnet dieser geschichtsträchtige Ort als ›sozialistisches Musterdorf‹ auserkoren wurde. Die Landwirtschaft betrieben zwei Kollektivwirtschaften in großbetriebsähnlichen Dimensionen, für die Mitarbeiter entstanden landesuntypische mehrgeschossige Wohnhäuser und Einfamilienhäuser – Dorf Mecklenburg hat so den Charakter einer Vorstadtsiedlung angenommen. Am südlichen Ortsende erinnert ein Denkmalkomplex an die nach dem Zweiten Weltkrieg unter Führung der sowjetischen Besatzungsmacht durchgeführte Bodenreform. Die Bronzeplastik eines Bauernpaares im Stil des sozialistischen Realismus schuf Ludwig Engelhardt, von Reinhard Dietrich stammt das stelenartige Relief.

Neben dem Burgwall zeugt die im Kern aus dem 13. Jh. stammende Backsteinkirche von einer weiter zurückliegenden Vergangenheit. Ihre reiche barocke Innenraumgestaltung aus der ersten Hälfte des 17. Jh. gehört zu den beeindruckendsten in Mecklenburg-Vorpommern. Meisterhaft gearbeitet ist die hölzerne Kassettendecke, der die Kanzel mit Aufgang und Schalldeckel sowie der Altaraufsatz mit mehrgeschossigem Aufbau in nichts nachstehen.

In dieser Gegend, so erzählt die Sage, soll eine Riesenfrau aus ihrer Schürze Sand verloren haben – so seien die zahlreichen Hügel entstanden. Auf einem von ihnen, am nördlichen Rand von Dorf Mecklenburg, mahlte ab 1850 eine Mühle das Korn. 1960 endete der Mahlbetrieb, im Oktober 1969 öffnete die Mühle wieder – als Gaststätte. In der Nachbarschaft, direkt an der B 106, entstand eine rohrgedeckte Kate, in der mecklenburgische Künstler ihre Arbeiten ausstellen können.

Im 3 km entfernten **Lübow** steht eine der ältesten Kirchen Mecklenburgs, ein spätromanischer, um 1230 begonnener Backsteinbau mit wuchtigem Westturm und dekorativen Backsteingliederungen wie Bogenfriesen, Lisenen und Gesimsen. Der wohl großzügiger geplante Bau wurde dann in reduzierter Form mit einem einschiffigen, flach gedeckten Langhaus versehen. Im gewölbten Chor befinden sich Wandmalereien aus dem 13. und 14. Jh.

Über Bad Kleinen, das durch eine in der zweiten Hälfte des 19. Jh. bestehende Wasserheilanstalt zum Zusatz ›Bad‹ kam, geht es am Westufer des Schweriner Sees entlang. Keine zu DDR-Zeiten gedruckte Landkarte, kein Kunstführer verzeichnete das zu Lübstorf gehörende **Wiligrad** mit dem Neorenaissanceschloß, das sich der Regent Johann Albrecht dort am Steilufer des Schweriner Sees 1896–98 nach Plänen von Albrecht Haupt errichten ließ. Das von Wald umgebene Gebäude, bis 1945 in herzoglichem Besitz, diente der DDR-Volkspolizei als Ausbildungsstätte – Neugierige waren unerwünscht. Giebel, Fenster und Türen des verputzten zweigeschossigen Hauptbaus mit rundem Treppenturm schmücken Terrakottaplatten und -formsteine, auf denen Früchte, Ornamente und Porträts zu sehen sind – Anklänge an den Fürstenhof zu Wismar und den Johann-Albrecht-Stil sind beabsichtigt (s. S. 30 f.).

5 km südwestlich, in **Klein Trebbow**, steht ein von Hermann Willebrand erbautes Neorenaissanceschloß (1865) mit Landschaftspark. Ein Blick in die gegen Ende des 13. Jh. entstandene backsteinerne Dorfkirche des benachbarten **Kirch Stück** lohnt wegen der Glasmalereien aus dem 14. Jh. in den nördlichen Chorfenstern und des spätgotischen Flügelaltars (um 1430).

□ **Von Schwerin über Gadebusch und Schönberg nach Grevesmühlen**
Direkt an der von Schwerin nach Gadebusch führenden B104 steht das ehemalige herzogliche Jagdschloß **Friedrichsthal**, von Johann Heinrich von Seydewitz um 1798 inmitten der einst wildreichen Wälder westlich der Residenzstadt erbaut. Das zweigeschossige Hauptgebäude und die sich anschließenden eingeschossigen Kavalierhäuser sind in Fachwerk errichtet; die andere Straßenseite säumen die Häuser, in denen einst die Bediensteten wohnten. Die auf das Schloß zuführende, Ende des 18. Jh. angelegte Lärchenallee steht unter Naturschutz.

4 km vor Lützow lohnt es, in den Brüsewitzer Ortsteil **Groß Brütz** abzubiegen, denn die backsteinerne gotische Dorfkirche (14. Jh.) mit ihrem massigen Westturm birgt eine beachtenswerte Innenausstattung, zu der zwölf geschnitzte Apostel in den Seitenflügeln des spätgotischen Altars (um 1530) und das mit 1644 datierte und signierte Gemälde der »Kreuzaufrichtung« von Johann Hülsmann aus Köln gehören.

Lützow wurde durch Theodor Körners Gedicht »Lützows wilde, verwegene Jagd«, von Carl Maria von Weber vertont, weithin bekannt. Der 1791 in Dresden geborene Körner kam als Angehöriger des Lützowschen Freikorps in den Befreiungskriegen gegen Napoleon am 16. August 1813 ums Leben. An der vermuteten Todesstelle

»Sommerstück«

Christa Wolf in Mecklenburg

Christa Wolf, 1929 in Landsberg an der Warthe, heute Gorzów Wielkopolski in Polen, geboren, gelangte 1945 auf einem Flüchtlingstreck nach Gammelin bei Schwerin. In Schwerin besuchte sie bis 1947, als die Familie fortzog, die Oberschule. In den siebziger Jahren kehrte sie zurück nach Mecklenburg, erwarb ein altes Bauernhaus in Meteln. Zahlreiche weitere Autoren und Maler zogen ebenfalls in die ländliche Gegend im Westen des Schweriner Sees; es entstand, von der DDR-Führung mißtrauisch beäugt, eine kleine ›Künstlerkolonie‹, zu der neben anderen auch Sarah Kirsch und Wolf Spillner gehörten.

In der Erzählung »Sommerstück«, 1982/83 geschrieben und 1989 in überarbeiteter Form erschienen, ist diese scheinbare Idylle eines Sommers literarisch verarbeitet, dazu viel Atmosphärisches, Landschaftstypisches aus dieser mecklenburgischen Region. Der Brand des Wolfschen Bauernhauses, der im »Sommerstück« vorausschauend das Ende der Idylle ankündigt, ging in die zeitgenössische deutsche Literaturgeschichte ein. Christa Wolf jedoch ist in Mecklenburg geblieben.

Helga Lehmkuhl

»[…] Luisa und Antonis fuhren mit Jan und Ellen »die kleinen Städte« besichtigen, mit einer Vorfreude, mit einem Stolz, als hätten sie diese Städtchen selbst erfunden oder sonst hervorgebracht. Sie trafen auf einen jener seltenen Wolkentage, die zu Beginn des Sommers noch vorkamen. Schnell ziehende, weißgraue, getürmte, schön geformte Wolken, an den Rändern von der Sonne durchleuchtet, vor großen Flächen von tiefem Blau. Man konnte sich streiten, und wir stritten uns, ob die Dörfer und kleinen Städte, die wir ja alle inzwischen in mancherlei Beleuchtung kennen, eher unter einem solchen Himmel zur Geltung kommen oder unter der metallisch blauen, ungetrübten Himmelskuppel der nächsten Monate.

Dörfer, die für wirtschaftlich unergiebig galten, waren in malerischer, vernachlässigter Schönheit liegengeblieben, die anderen, zu ökonomischen Zentren aufgestiegen, waren mit häßlichen neuen Zweckbauten durchsetzt, mit Zentralschulen und Landkaufhäusern bestückt, an die neuen Straßennetze angeschlossen. Antonis hatte eine andere Topographie im Kopf. Aus diesem Haus da hab ich meinen Eichenschrank, sagte er, oder: Hier in der Scheune steht noch eine herrliche Schatulle, die Leute kommen bloß nicht dazu, ihr Werkzeug auszuräumen. Und hier hat mir mal eine alte Frau eine Petroleumlampe geschenkt, bloß, weil ich ihr gefiel. – Ach Antonis! sagte Luisa jedesmal. – Was willst du! Soll das alles zugrunde gehen? – In einem ganz anderen, tieferen Sinn als für uns mußten diese kleinen norddeutschen Landstädte für Antonis Fremde bedeuten, erst jetzt, da wir selbst etwas wie Heimatverlust erfuhren, begannen wir seine inständigen Bemühungen zu verstehen, sich ein Zuhause herzurichten, und sei es dadurch, daß er sich mit alten Gegenständen umgab. Was immer ihn binden, seine Existenz befestigen konnte – er griff es auf. Schwer verständlich schien uns dagegen der Eifer, mit dem die Dorfleute sich der überlieferten Sachen entledigten, sowie die Gelegenheit sich bot, sich neu auszustaffieren, zum Beispiel in den

Dörfern, die erst in den fünfziger Jahren an das Stromnetz angeschlossen wurden, ein Lichtfest zu veranstalten und ihre Petroleumlampen zu zerschlagen. Oder wie oft mußte Antonis sich anhören, wenn er in den Dörfern nach Geschirr, altem Gerät fragte, das hätten sie alles vor ein, zwei Jahren vernichtet. Wie alles Neue diesen Landstrich angeblich um Jahrzehnte später als anderswo berührte, so war der neue Schönheitsbegriff auf den Dörfern erst vor kurzem eingetroffen, hatte allerdings sehr schnell Fuß gefaßt und sich breitgemacht; da die karge Schönheit der alten Gegenstände an Armut gebunden war, gingen sie gleich über Bord, als Schrankwände, Frisiertoiletten und Eßservice ihren Einzug hielten und Platz brauchten, und nun kaufte der Staatliche Kunsthandel die Restbestände auf, um sie gegen harte Währung an den Westen zu verscheuern. Der unwiederbringliche Verlust dieser Dinge, die uns noch vor Jahresfrist nichts bedeutet hatten, ging uns auf einmal nahe bis zur Empörung.

Die »kleinen Städte« liegen, in Abständen von zwölf, fünfzehn Kilometern, aufgereiht an der Fernverkehrsstraße 104, die in gutem Zustand gehalten ist, da sie weiter nach Lübeck führt. Wie fremde, verirrte und zu groß geratene Fische bewegen sich die westdeutschen Straßenkreuzer unnatürlich langsam und vorsichtig durch die engen Straßen. Jan stellte das Auto in Gadebusch auf den kleinen Platz vor der Kirche, dann gingen sie auf dem alten, sich neigenden Pflasterweg um die Kirche herum, besahen das schöne Portal, das gewaltige Rundfenster, das für alle Zeiten gefügte Mauerwerk. Der Blick über das ineinandergeschachtelte Dächerwerk der Altstadt, auf die brüchigen Fachwerkhäuschen, die man Stück für Stück, auch in ganzen Büscheln, an ihren skurrilen Fernsehantennen aus dem Erdreich hätte ziehen können, versetzte ihnen zum erstenmal den Zeit-Schock. [...]«

Christa Wolf: Sommerstück

Körners am östlichen Ortsausgang wurde 1850 ein 5 m hoher Granitobelisk aufgestellt, ein weiterer mit dem Porträt des Dichters sowie ein Stein mit dem Todesdatum fanden am Waldweg nach Rosenberg Platz. Das Lützowsche Schloß, 1876 im neogotischen Stil erbaut, umgibt ein englischer Landschaftsgarten.

Gadebusch (6800 Einw.) entstand im Schutz einer schon 1181 vorhandenen Burg. Durch die verkehrsgünstige Lage an der Kreuzung der von Lübeck nach Schwerin und von Ratzeburg nach Wismar führenden Handelsstraßen entwickelte sich das Dorf rasch; 1225 erhielt es Stadtrecht. Herzog Christoph, der jüngste der beiden als Herzöge regierenden Geschwister, wählte Gadebusch im 16. Jh. zu seiner Residenz. Er erteilte Christoph Haubitz den Auftrag, die Burg in ein Renaissanceschloß umzubauen, in dem kurz nach der Einweihung, am 13. Oktober 1573, seine Hochzeit mit der dänischen Prinzessin Dorothea stattfand. Das Schloß mit einem seitlichen Treppenturm zeichnet sich durch seine reiche Fassadengliederung mit Terrakottafriesen und -pilastern aus, die an den Fürstenhof in Wismar erinnern. Gefertigt wurde vermutlich auch dieser Terrakottaschmuck in der Lübecker Werkstatt des Statius von Düren. Das Schloß war bis ca. 1620 Sitz mecklenburgischer Herzöge und ihrer Verwandten.

Mit dem Bau der spätromanischen Stadtkirche St. Jakob und St. Dionysius wurde um 1220 begonnen; sie dürfte somit die früheste und zugleich eine der besterhaltenen städtischen Pfarrkirchen Mecklenburgs sein. Die dreischiffige Hallenkirche mit den massig wirkenden Bündelpfeilern, den teils mit archaischen Tier- und Menschenköpfen versehenen Kelchkapitellen und dem Kreuzgewölbe stellt eine bewundernswürdige baukünstlerische Leistung dar. Mit reichem Dekor versehen ist das Südportal, die Westwand ziert ein großes Rundfenster mit einer im 15. Jh. gegossenen Bronzerosette. Die Bronzetaufe (1450), getragen von drei knienden Engeln und mit 22 aufgenieteten Reliefs zur Passion Christi geschmückt, gehört zu den schönsten Kunstwerken dieser Art in Norddeutschland. Das Tafelbild aus dem 16. Jh. mit den ganzfigurigen Darstel-

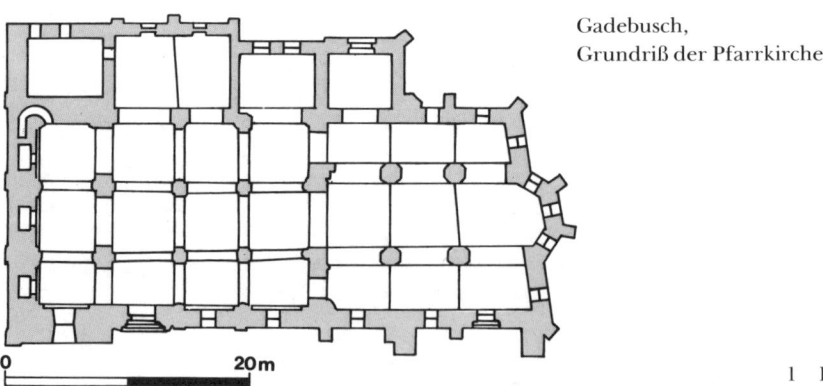

Gadebusch,
Grundriß der Pfarrkirche

0   20 m

1   Fischerhaus ▷

64

2 Schwerin, Blick vom Dom über den Markt zum Schloß und Schweriner See

4 Schwerin, Stadtseite des Schlosses

3 Schwerin, Schloßbrücke am Alten Garten und Mecklenburgisches Staatstheater

5 Schwerin, Thronsaal im Schloß

6 Schwerin, Inneres des Doms

7 Schwerin, Kreuzigung aus dem Schnitzaltar im Dom

8 Güstrow, Tafelbilder des Flügelaltars in der Pfarrkirche

9 Wismar, Nikolaikirche, Strahlenkranz-
madonna des Marienaltars

10 Güstrow, Kreuzigung aus dem Flügelaltar des
Doms

11 Güstrow, Flügelaltar der Pfarrkirche

12 Güstrow, Flügelaltar der Pfarrkirche

14　Klütz, Backsteinkirche

13　Vietlübbe, Backsteinkirche

15　Allee bei Schloß Bothmer ▷

16 Schloß Bothmer

17 Schloß Friedrichsmoor

18 Neustadt-Glewe, Alte Burg ▷

19 Wismar, Krämerstraße, im Hintergrund die Nikolaikirche

20 Rostock, Neuer Markt und Marienkirche

21 Rostock, Kloster zum Heiligen Kreuz

22 Rostock, Kröpeliner Straße

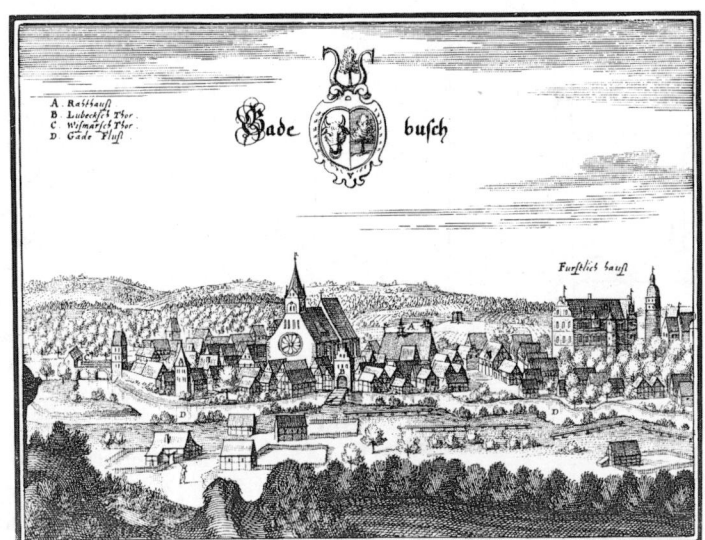

Gadebusch, Kupfer-
stich von Matthäus
Merian, Frankfurt
am Main 1652

lungen von König Albrecht III. von Schweden und seinem Sohn schmückt die Königs-
kapelle (1420). Man beachte hier auch die Grabplatte mit Messingeinlage der 1434
verstorbenen Königin Agnes von Schweden und die der 1492 verstorbenen Herzogin
Dorothea; beide lebten als Witwen im Kloster des benachbarten Rehna.

Zwischen Kirche und Schloß liegt der kleine dreieckige Marktplatz mit dem backsteinernen, 1618 um die offene Gerichtslaube an der Giebelseite erweiterten Rathaus. Das
um 1580 an die Rückseite angebaute Ratsdienerhaus ist Gadebuschs ältestes profanes
Wohngebäude.

Im Ortsteil **Möllin** kann in den Sommermonaten ein um 1780 erbautes, rohrgedeck-
tes niederdeutsches Hallenhaus besucht werden. Es entstand als Rauchhaus, also ohne
Schornstein – der Rauch mußte sich in dem bis 1981 bewohnten Haus selbst einen
Abzug suchen. Zu sehen sind Gegenstände aus dem bäuerlichen Leben.

In der Umgebung von Gadebusch stehen mehrere interessante Dorfkirchen. Eine
der stattlichsten frühgotischen Backsteinbasiliken Mecklenburgs ist die um 1300
erbaute Dorfkirche von **Groß Salitz**. Der hölzerne Turm mit dem Schindeldach entstand 1648 anstelle des eingestürzten Westturms. Zur barocken Ausstattung gehören
Kanzel (um 1620) und Taufe (1673).

Die älteste – und eine der schönsten – der Dorfkirchen Mecklenburgs kann in **Vietlübbe** besichtigt werden. Um 1220 haben vermutlich Handwerker der Ratzeburger

◁ 23   Warnemünde, am Alten Strom

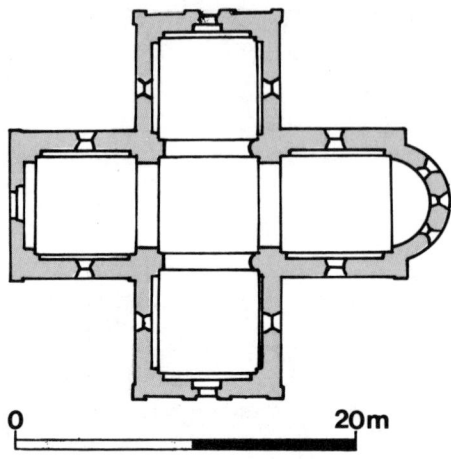

0   20m

Vietlübbe, Grundriß der Dorfkirche

Dombauhütte diese Backsteinkirche mit dem selten anzutreffenden zentralbauförmigen Grundriß errichtet, worauf die meisterhafte Mauertechnik und der spätromanische Baudekor – besonders schön an der Apsis zu beobachten (s. Abb. 13) – schließen lassen: Rauten-, Zahnschnitt-, Spitzbogen- und sich kreuzende Rundbogenfriese machen dieses Bauwerk zu einem wahren Juwel. Ein Blick ins Innere lohnt wegen der Kalksteintaufe aus dem 13. Jh. und der spätgotischen Triumphkreuzgruppe.

In ihren Abmessungen beeindruckt die backsteinerne gotische Dorfkirche (14. Jh.) in **Mühlen Eichsen**, die einen figurenreichen barocken Kanzelaltar von 1711 aufweist. Ebenfalls im 14. Jh. wurde die Kirche im Ortsteil **Groß Eichsen** erbaut, einer Gründung des Johanniterordens aus der Zeit um 1200. Die Ausstattung gehört zu den reichsten aller Kirchen in dieser Region, darunter der Altaraufsatz mit fünf Gemälden (1698), die Kanzel (1680), das hölzerne Kruzifix (Ende 15. Jh.), die Kalksteintaufe in Kelchform (13. Jh.) und der Orgelprospekt (1671). Eine Lindenallee führt in südlicher Richtung zum Ortsteil **Schönfeld** mit seinem eingeschossigen Schloß aus dem Jahre 1820. Der Entwurf für das klassizistische Bauwerk mit dem schönen Säulenportikus an der Hofseite stammt vom Lübecker Stadtbaudirektor Johann Christian Lillie.

Auf etwa halber Strecke zwischen Gadebusch und Schönberg liegt **Rehna** (3500 Einw.), ein Ort mit hübschen Fachwerkhäusern aus dem 18. und 19. Jh. an der langgestreckten Hauptstraße. Zu den ältesten gehört das Deutsche Haus in der Gletzower Straße 17, das durch interessante Balkeninschriften und Ziegelmuster auffällt. Die verschiedenen Besitzer, ein Barbier, ein Schmied und ein Gastwirt, haben zahlreiche Umbauten vorgenommen, im Kern blieb das schmale Giebelhaus aber so erhalten, wie es um 1580 aussah. Als zweitältestes Haus der Stadt gilt das 1690 erbaute ehemalige Rathaus am Markt 12/13. Seit dem vorigen Jahrhundert residieren die Stadtväter in einem klassizistischen Bauwerk, das 1810–33 durch den Umbau eines Speichers entstand.

1236 war bei dem Dorf Rehna ein Benediktinerinnenkloster gegründet worden, von dem der spätgotische Kreuzgang hinter der Häuserzeile am Markt erhalten blieb. Die backsteinerne, im wesentlichen spätgotische Stadtkirche, 1456 geweiht, ging aus dem Gotteshaus des Klosters hervor und weist daher noch spätromanische Bauteile auf. Kulturhistorisch bedeutsam sind gotische Wandmalereien mit Szenen aus dem Leben

Christi und Heiligendarstellungen (14. Jh.) an der Südwand. Der Stil der Freskomalereien und ihre Rahmung durch gemalte Architekturen deutet auf die Werkstätten der Lübecker Marienkirche und des Schleswiger Doms. Die spätgotischen Schnitzfiguren stammen aus einem stattlichen vierflügligen Altar von 1520, der im 19. Jh. auseinandergenommen wurde; die Tafelbilder befinden sich im Staatlichen Museum Schwerin.

Im nahen **Köchelstorf** wurde 1952 das letzte niederdeutsche Hallenhaus in Mecklenburg-Vorpommern erbaut. Im benachbarten **Wedendorf** liegt an einem See das 1697 auf H-förmigem Grundriß errichtete Schloß, das seine heutige Gestalt einem Umbau der Jahre 1805–10 verdankt. Die Ausmalung der Innenräume schuf um 1810 der Italiener Giuseppe Anselmo Pallicia. Der Ortsteil **Kirch Grambow** besitzt eine im Kern gotische backsteinerne Dorfkirche mit beachtenswerter barocker Innenausstattung.

Auf einer Landzunge zwischen Oberteich und Maurine ließ sich der Ratzeburger Bischof Ulrich von Blücher eine Wasserburg erbauen. Trotz Proteste des nahen Lübeck, das in seinem Umfeld keine befestigte Anlage dulden wollte, bezog der Bischof das Bauwerk im Jahre 1328: **Schönberg** (5000 Einw.) war somit Verwaltungszentrum des Bistums geworden, in dem die Bischöfe die geistliche und weltliche Macht ausübten. Mit der Auflösung des Bischofsitzes um 1550 endete auch die Blüte der Stadt. Die zum Schloß umgebaute Burg diente kurze Zeit als herzoglicher Witwensitz. Ab 1766 stand das Bauwerk leer und verfiel, 1805 wurde die Ruine abgetragen.

Auf einen Blick

Niederdeutsche Hallenhäuser um Schönberg

■ **Blüssen** (Ortsteil von Papenhusen) Hofanlage (Dorfstraße 2) mit niederdeutschem Hallenhaus von 1731, seitlicher Stallanbau 19. Jh., Backhaus von 1792. Die beiden Fachwerkgebäude aus dem 18. Jh. dienten einmal als Pferdestall.

■ **Boitin-Resdorf** (Ortsteil von Neuleben) 1791 erbautes Haus (Dorfstraße 18) mit reicher Fachwerkgliederung, Stallgebäude mit rohrgedecktem Walmdach von 1871. Weitere niederdeutsche Hallenhäuser: Dorfstraße 19, 21.

■ **Grieben** Haus (Hauptstraße 3) von 1795 mit Krüppelwalmdach, seitlich angefügtes massives Stallgebäude vom Anfang des 20. Jh. Die Scheune stammt von 1780. Weitere Hallenhäuser: Hauptstraße 4, 6, 13, Nebenstraße 2, 7, 8, 9, 12 (s. S.84).

■ **Klein Siemz** (Ortsteil von Groß Siemz) Um 1800 erbautes Haus (Dorfstraße 2) auf Feldsteinfundament, rohrgedecktes Krüppelwalmdach, reiche Fachwerkgliederung am Vordergiebel. Weitere Hallenhäuser: Dorfstraße 3, 4, 6.

■ **Lockwisch** Haus (Dorfstraße 15) vom Ende des 18. Jh. mit rohrgedecktem Krüppelwalmdach; vertiefte Dieleneinfahrt an der Straßenfront, Wohnteil rückseitig Ende des 19. Jh. massiv erneuert. Weiteres niederdeutsches Hallenhaus: Dorfstraße 14.

■ **Lübseerhagen** (Ortsteil von Menzendorf)
Hof I aus dem 18. Jh., Höfe II und III aus der ersten Hälfte des 19. Jh., alle drei Hallenhäuser mit Krüppelwalmdach.

■ **Lüdersdorf**
1746 erbautes Haus (Hauptstraße 48/49) mit rohrgedecktem Krüppelwalmdach. Weiteres Hallenhaus: Hauptstraße 54.

■ **Möllin** (Ortsteil von Gadebusch)
Um 1780 erbautes Haus mit rohrgedecktem Krüppelwalmdach im Ortsteil Möllin, bis 1981 bewohnt, heute Museum (s. S. 81).

■ **Sabow** (Ortsteil von Schönberg)
Aus Bechelsdorf an den jetzigen Standort (Johann-Boye-Straße) umgesetztes Haus von 1580. Raumaufteilung aus der Zeit um 1800; eines der besterhaltenen Bauernhäuser dieses Typs in Mecklenburg (heute Museum).

■ **Schwanbeck** (Ortsteil von Dassow)
Rohrgedecktes Haus von 1813, vertiefte Dieleneinfahrt zur Straße, rückwärtiger Wohnteil Ende des 19. Jh. massiv erneuert. Backhaus aus dem 19. Jh., Scheune zum Teil von 1828.

An der südlichen Schmalseite des Marktes erhebt sich die gotische Backsteinkirche St. Laurentius und Katharina, die im wesentlichen im 14. Jh. entstand. Das Brustbild Christi in der Mitte des Altaraufsatzes von 1616 malte die Großherzogin Maria von Mecklenburg-Strelitz im Jahre 1847. Ältestes und zugleich wertvollstes Ausstattungsstück der Kirche ist die gotische Bronzetaufe von 1357 mit Darstellungen aus dem Leben Christi. In der Nähe der Kirche verdienen das Pfarrhaus von 1829 (An der Kirche 3), ein zweigeschossiger verputzter Backsteinbau mit Walmdach, und das Pfarrwitwenhaus von 1785 (An der Kirche 7), ein Fachwerkbau mit Krüppelwalmdach, Beachtung.

Durch fünf schmiedeeiserne Herbergsschilder an der Fassade des Obergeschosses erweckt ein zweigeschossiges Haus (An der Kirche 8/9) unser Interesse: Das 1846 als Mädchenschule erbaute Backsteingebäude beherbergt das Heimatmuseum, die Schilder kamen von der ehemaligen Herberge am Markt 3 hierher. Ein zweites Museum entstand am westlichen Stadtrand (Johann-Boye-Straße): Bei dem ›Denkmalhof Bechelsdorfer Schulzenhaus‹ handelt es sich um das gegen 1580 erbaute und bis 1850 bewohnte Domizil des Bechelsdorfer Bürgermeisters, ein niederdeutsches Hallenhaus, das zusammen mit einer Scheune an den Stadtrand von Schönberg umgesetzt wurde.

Sehenswerte niederdeutsche Hallenhäuser reihen sich beiderseits des von einem Bach durchflossenen Angers von **Grieben**. In dem zum Großherzogtum Mecklenburg-Strelitz gehörenden Ratzeburger Land waren die Bauern nicht leib-

Niederdeutsche
Hallenhäuser um
Schönberg

eigen, so daß hier Häuser entstanden, wie sie in anderen Gegenden Mecklenburgs selten anzutreffen sind: Ihren relativen Wohlstand demonstrierten die Bauern in reichen Schmuckgiebeln (s. S. 36).

Grevesmühlen (11 700 Einw.), von Wald und Seen umgeben, ging nach 1200 aus einem Dorf hervor, das während der deutschen Besiedlung neben einer slawischen Burg entstand. Erstmals 1226 erwähnt, kam der Ort durch seine günstige Lage an der Handelsstraße von Lübeck nach Wismar zu relativem Wohlstand, was sich noch an der imposanten Stadtkirche St. Nikolaus ablesen läßt, einer dreischiffigen Backsteinhalle, im wesentlichen im 13. Jh. errichtet. Die einheitliche Ausmalung des beeindruckenden Innenraums wie auch die Ausstattung gehen auf einen Umbau 1870–72 zurück. Ältestes Stück in der Kirche ist die Kalksteintaufe aus dem 13. Jh. In Grevesmühlen kam 1758 Ludwig Gotthard Kosegarten zur Welt, dessen Vater Pfarrer an der Stadtkirche war (s. S. 271).

Grevesmühlens Bürgerhäuser stammen zum überwiegenden Teil aus dem 18. und 19. Jh., ihr Fachwerk verbergen sie meist hinter Putz, so auch das Rathaus von 1715 am Markt. Sehenswert sind auch einige im neogotischen Stil erbaute Häuser: in der Lübecker Straße das St. Georg-Stift von 1856, in der Rudolf-Breitscheid-Straße die Schule von 1870 und in der Kirchstraße ein Speicher von 1860. Die ehemalige Schule von 1857 am Kirchplatz trägt eine Gedenktafel mit der Inschrift: »In diesem Hause wurde am 9. Oktober 1817 Luise Kuntze, die Frau von Fritz Reuter, geboren«, was nicht ganz stimmt, da es eigentlich der 1850 abgetragene Vorgängerbau war.

Nördlich von Grevesmühlen sollte man sich die gotischen Glasmalereien im Ostfenster der kleinen Backsteinkirche (14. Jh.) von **Bössow**, einem Ortsteil von Warnow, ansehen. Die beiden unteren Scheiben zeigen die Anbetung der Könige, die beiden oberen die Heiligen Petrus und Paulus sowie Georg und Christophorus, die Fensterschlüsse darüber Wappen. Östlich von Grevesmühlen, im Groß Krankower Ortsteil

85

Tressow, entstand im 19. Jh. ein spätklassizistisches dreigeschossiges Schloß, das im Besitz der Grafen von Schulenburg war. Zwei Angehörige dieser Familie zählten zum Verschwörerkreis um Graf von Stauffenberg und wurden nach dem fehlgeschlagenen Attentat auf Hitler im Juli 1944 hingerichtet.

Im **Everstorfer Forst** nördlich des Plüschower Ortsteils Naschendorf (5 km östlich von Grevesmühlen) warten zahlreiche Zeugnisse des neolithischen Totenkults darauf, auf einem erholsamen Spaziergang entdeckt zu werden. Das sog. Riesengrab aus dem 3. Jt. v. Chr. mißt etwa 50 m in der Länge und 10 m in der Breite und wird von 50 ›Riesen‹-Findlingen begrenzt, die eigentliche Grabkammer von 7,20 × 2,40 m decken fünf mächtige Steinblöcke. Der Legende zufolge haben die Menschen hier mit List und Tücke einen gewalttätigen Riesen lebendig begraben. Eine kleine Birkenallee führt zum sog. Teufelsbackofen, der aus 19 megalithischen Blöcken besteht. Auf dem kleineren der beiden Decksteine entdeckt man zahlreiche der in der Megalithkultur häufig vorkommenden näpfchenartigen Vertiefungen, über deren wohl kultischen Zweck man nur Vermutungen anstellen kann. Beide Gräber gehören neben drei weiteren zur sog. Südgruppe, die südlich der B 105 liegt und ebenso wie die zehn Megalithgräber der ›Nordgruppe‹ ausgeschildert ist (letztere zwischen Barendorf und Everstorf).

Der ›Teufelsbackofen‹, ein Megalithgrab im Everstorfer Forst

Am Abzweig der Straße Hoikendorf-Grevesmühlen nach Everstorf erinnert ein **Süh-nekreuz** daran, daß hier, wo einst die wichtige Handelsstraße Wismar-Lübeck verlief, der Wismarer Kaufmann Lüdecke Mozellenbruch von Wegelagerern getötet wurde. Die 1391 von seinen Hinterbliebenen aufgestellte, mit Flachrelief versehene Stele spiegelt einen im Mittelalter oft geübten Brauch wider. Ein weiterer empfehlenswerter Spaziergang führt auf den knapp 100 m hohen Iserberg südlich von Hamberge, von wo sich ein weiter Rundblick auf Grevesmühlen und den Klützer Winkel ergibt.

☐ **Der Klützer Winkel**
Der Klützer Winkel, eines der fruchtbarsten Gebiete Norddeutschlands, gilt als die ›Goldene Aue‹ Mecklenburgs (s. Farbabb. 5). ›Speckwinkel‹ wird das Gebiet deshalb oft scherzhaft genannt. Die Einheimischen beantworten die Frage nach den Grenzen der Region meist so: »Was man vom Klützer Kirchturm aus sehen kann, das ist unser Winkel.« *Etwas* genauer geht es aber doch: Im Norden bildet die Ostsee die natürliche Grenze, im Osten die Wohlenberger Wiek mit ihren Klippen und Sandstränden, im Westen der Dassower See und im Süden eine gedachte Linie vom südlichsten Zipfel des Dassower Sees bis zur Südspitze der Wohlenberger Wiek. Rund 150 km^2 umfaßt der Klützer Winkel, dessen Mittelpunkt die kleine Stadt **Klütz** (4000 Einw.) bildet.

Das 1230 erstmals genannte, aber erst 1938 zur Stadt erhobene Klütz besteht aus überwiegend ein- und zweigeschossigen Häusern des 18. und 19. Jh. Jahrhunderte lebten die Einwohner vom Handel mit dem nahen Lübeck sowie vom Handwerk und der Landwirtschaft. Die zauberhaft auf einem Hügel gelegene frühgotische Hallenkirche St. Marien stammt aus der Zeit um 1280, der massige Westturm aus dem 14. Jh. (s. Abb. 14). Die zur Innenausstattung gehörende hölzerne Taufe (1653) mit reichgeschmücktem Becken und hohem, laternenartigen Aufsatz als Deckel gilt als eine der künstlerisch bedeutendsten des Barock in Nordwestmecklenburg. Das gotische Chorgestühl zeigt schöne Schnitzpaneele, z. B. die Verkündigung.

Die mit 1,17 km^2 größte erhaltene barocke Schloß- und Gartenanlage Mecklenburgs (am Ortseingang aus Richtung Grevesmühlen) ließ sich Reichsgraf von Bothmer erbauen, als er preußischer Gesandter am englischen Hof war. Der Bauherr verlangte vom Architekten und Baumeister Johann Friedrich Künnecke, sich am klassizistischen Blenheim Castle bei Woodstock/Oxfordshire zu orientieren. Der von Wassergräben umschlossene Barockpark von **Schloß Bothmer** (1726–32) ähnelt dagegen im Grundriß dem berühmten Herrenhäuser Garten in Hannover.

Das zweigeschossige zentrale Palais verbinden konkav geschwungene, niedrige Eckpavillons – eine typisch barocke Architekturformel – mit den quadratischen Kavalierhäusern, die wiederum von einstöckigen Gebäuden gerahmt werden. Fensterfluchten verleihen der streng symmetrisch gestalteten Fassade ihre horizontale Gliederung, die nur der beide Geschosse zusammenbindende und von einem dreieckigen Giebel bekrönte Mittelrisalit durchbricht. Der warme, rötliche Backstein, den der sparsam angebrachte Baudekor in hellem Sandstein wirkungsvoll akzentuiert, unterstreicht die harmonische, elegante Gesamtkonzeption der Anlage, die zu den schönsten Barock-ensembles in unserem Reisegebiet gehört (s. Abb. 15, 16).

Eine Besonderheit stellt die 300 m lange Lindenallee dar, die auf den nach Südosten hin offenen Ehrenhof führt. Der Volksmund behauptet, die Linden seien vor 250 Jahren mit der Krone nach unten eingepflanzt worden, und ihr Kopfweiden ähnelnder Wuchs sei durch das ausgeschlagene Wurzelwerk entstanden. In Wahrheit verdankt sich die Form jedoch den Gärtnern des Grafen, die den Kronenbereich spalteten und ihn danach regelmäßig ›köpften‹ – ein Charakteristikum der barocken Gartenkunst, die nicht die gewachsene, sondern die domestizierte Natur suchte.

Die erste Urkunde über den Klützer Winkel hat Kaiser Barbarossa im Jahre 1188 unterzeichnet, worin er den Lübecker Bürgern zugestand, Holz für den Eigenbedarf in der ›silva Clutse‹ zu schlagen. Das lateinische *silva* heißt Wald, *Clutse* kommt aus dem Slawischen und bedeutet ›Schlüssel‹ (*Clujci*, gesprochen: Klütze). Im Mittelalter wichen die ausgedehnten Waldgebiete landwirtschaftlichen Flächen. Der sog. Urwald von Tar-newitz hinter dem Boltenhagener Campingplatz ist einer der wenigen Waldreste.

»Was man vom Klützer Kirchturm aus sehen kann, das ist unser Winkel.«

Boltenhagen (2300 Einw.), 1336 erstmals erwähnt, entwickelte sich ab der zweiten Hälfte des 19. Jh. zu einem der größten Seebäder im westlichen Mecklenburg. Den ersten Badekarren ließ die Familie des Grafen Bothmer 1803 am Boltenhagener Strand aufstellen – somit gilt der Ort nach Heiligendamm als das zweitälteste Ostseebad. Man wohnte damals noch im benachbarten Klütz, denn erst 1838 öffnete in Boltenhagen eine Pension. 1862 gab es immerhin 286 Zimmer, die an sonnenhungrige Städter vermietet wurden. An der Strandpromenade haben sich die meisten der zwischen 1900 und 1930 im Stil der Bäderarchitektur erbauten Pensionen erhalten. Boltenhagen war ein beliebtes Familienbad, und als solches möchte es sich seit der Einheit Deutschlands auch wieder verstanden sehen. Als sein Markenzeichen gelten seit dem vorigen Jahr-hundert der Wald- und Wiesenstreifen zwischen Strand- und Mittelpromenade sowie die 1991 wiederaufgebaute, 290 m lange Seebrücke.

In Alt-Boltenhagen blieben einige rohrgedeckte niederdeutsche Hallenhäuser erhal-ten, die meist als Feriendomizile genutzt werden. Erwähnenswert ist das Haus in der Dünenstraße 13a aus dem 17. Jh., in dem Mecklenburgs ›Nationaldichter‹ Fritz Reuter ab 1855 wiederholt Ferienaufenthalte verbrachte; er bewohnte das nach Süden lie-gende Giebelzimmer. Die Kirche, ein neogotischer, rechteckiger Backsteinbau, ent-stand 1872/73. Sie steht auf der Paulshöhe, wohin sich bei der gewaltigen Sturmflut im November 1872 viele Einwohner mitsamt ihrem Vieh flüchteten. Wie hoch das Wasser in der Nacht vom 12. auf den 13. November stand, ist an einem Granitblock auf dem Weg zur Kirche ablesbar. Wer einen schönen Blick auf den Klützer Winkel und über die Ostsee bis nach Wismar erhalten möchte, der sollte von Boltenhagen zur 31 m hohen Steilküste bei Redewisch oder zum Tarnewitzer Kamp wandern.

Wegen ihrer Gewölbe- und Wandmalereien – die ältesten sind 700 Jahre alt – sollte man die über kreuzförmigem Grundriß erbaute frühgotische Dorfkirche (zweite Hälfte 13. Jh.) von **Elmenhorst** besuchen. Das nur einjochige Langhaus, unwesentlich größer als der Chor, flankieren zwei schmale Räume mit Tonnengewölben. Der markante Westturm mit seinem in sich gedrehten Achteckhelm aus Holzschindeln dominiert den Bau von außen. Von kulturhistorischer Bedeutung sind auch die schmiede- und gußeisernen Grabkreuze des 19. Jh. auf dem Kirchhof. Die gotische Backsteinkirche von **Damshagen** (5 km südlich von Klütz) stammt aus dem 14. Jh; ihr Gewölbe mit von Stuckrahmen eingefaßten Deckenfeldern entstand vermutlich im 18. Jh. Die Kalksteintaufe kann ein Alter von 700 Jahren vorweisen.

Eine auffallend große Dorfkirche steht in **Kalkhorst**. Der Backsteinbau aus der zweiten Hälfte des 14. Jh. besitzt spätgotische Wand- und Gewölbemalereien aus dem 15. Jh. (1892 stark restauriert). Zur reichen Ausstattung gehören Altar (1708), Kanzel (1718) und Orgel mit dreiteiligem barockem Prospekt (1732). Das Pfarrhaus in der Heinrich-Schliemann-Straße wurde nach einem Brand 1860 im neogotischen Stil aus Backstein wiederaufgebaut. Im Pfarrgarten, inmitten der Bäume und Sträucher kaum zu erkennen, liegt der sog. Schliemann-Pavillon von der Mitte des 19. Jh., benannt nach dem Entdecker von Troja und Ausgräber von Mykene. Im hiesigen Pfarrhaus, in dem sein Onkel amtierte, verbrachte er mit Vettern und Basen zwei Jahre seiner Kindheit (1830–32).

In der Nachbarschaft der Kirche, in der Friedensstraße 18, stehen ein niederdeutsches Hallenhaus aus dem 18 Jh. und auf der Straßenseite gegenüber eine eingeschossige Häuserzeile vom Ende des 19. Jh. mit übergiebelten Fachwerkhäusern. Abseits vom Dorf versteckt sich in einem ausgedehnten englischen Landschaftspark mit Zedern, Zypressen und subtropischen Bäumen ein 1845–70 im neogotischen Stil erbautes Backsteinschloß, für das wohl schottische Schlösser als Vorbild dienten.

Die Straße von Kalkhorst nach Dassow endete zu DDR-Zeiten an einem Schlagbaum. **Dassow** (4300 Einw.) lag im Sperrgebiet, die Stadt war von Mauer und Stacheldraht umschlossen und durfte von Auswärtigen nur mit Sondergenehmigung betreten werden. Dassow, 1910 an den Großherzog von Mecklenburg-Schwerin verkauft, hat sich – bedingt auch durch die Abgeschiedenheit in den 40 Jahren DDR – sein kleinstädtisches Gepräge erhalten. Das Stadtbild bestimmen zweigeschossige Häuser aus dem 18. und 19. Jh., teils in Fachwerk, teils aus Backstein errichtet. Auch niederdeutsche Hallenhäuser finden sich im Zentrum. Die Backsteinkirche aus der zweiten Hälfte des 13. Jh. ist ein stattlicher Bau, dessen barocke Ausstattungsstücke aus dem 17. Jh. stammen. Grabsteine erinnern an das Ehepaar Kuntze, die 1859 und 1863 verstorbenen Schwiegereltern von Fritz Reuter. Der Dichter hatte in der Kirche des 6 km entfernten **Roggenstorf** 1851 die Pastorentochter Luise Kuntze geheiratet. Gefeiert wurde im eingeschossigen Pfarrhaus, an dem seit 1960 eine Gedenktafel an das Ereignis erinnert.

Das Räucherhaus im Roggenstorfer Ortsteil **Rankendorf** ähnelt einer Kirche. Dem eingeschossigen Wohnhaus für zwei Familien ist ein 15 m hoher rechteckiger Turm angebaut. ›Speckturm‹ nennen die Einwohner das Haus, das einzige seiner Art in Mecklenburg, in dem Dorfbewohner ihre Schlachtprodukte räuchern konnten. Im Untergeschoß des Turms befinden sich offene Räucherherde mit Schwibbogen, der Rauch gelangte durch einen zweiteiligen Schornstein zu den einzelnen Räucherböden. Die Gutsanlage im Pötenitzer Ortsteil **Johannstorf** (3 km nordwestlich von Dassow) wurde auf einer Insel errichtet. Die Fassade des Backsteinschlosses von 1743 gliedern abwechselnd Putzflächen und Sandsteindekor. Stilistische Ähnlichkeiten mit der Guts-anlage Rastorf im benachbarten Schleswig-Holstein deuten auf den Schweden Rudolf Matthias Dallin als Baumeister hin.

☐ **Hansestadt Wismar**

Wismar (58000 Einw.), von 1257 bis 1358 Residenz der mecklenburgischen Fürsten, gehörte zu den bedeutendsten Hansemitgliedern. 70 Hansetage fanden in Wismar statt, das seine bis zum 19. Jh. unveränderte Ausdehnung bereits im 13. Jh. erreicht hatte. Mit dem Zerfall der Hanse verlor Wismar seinen Rang als Handels- und Hafen-stadt, der Dreißigjährige Krieg vollendete den wirtschaftlichen Niedergang: Im West-fälischen Frieden von 1648 kam Wismar – zusammen mit der Insel Poel – zu Schweden, das es zur ›größten Festung Europas‹ ausbaute. 1803 verpfändete Schweden ›Stadt und Herrschaft Wismar‹ für 1250000 Taler auf 100 Jahre dem Herzog von Mecklenburg-Schwerin, und da das Pfand 1903 nicht eingelöst wurde, kehrte Wismar endgültig zu

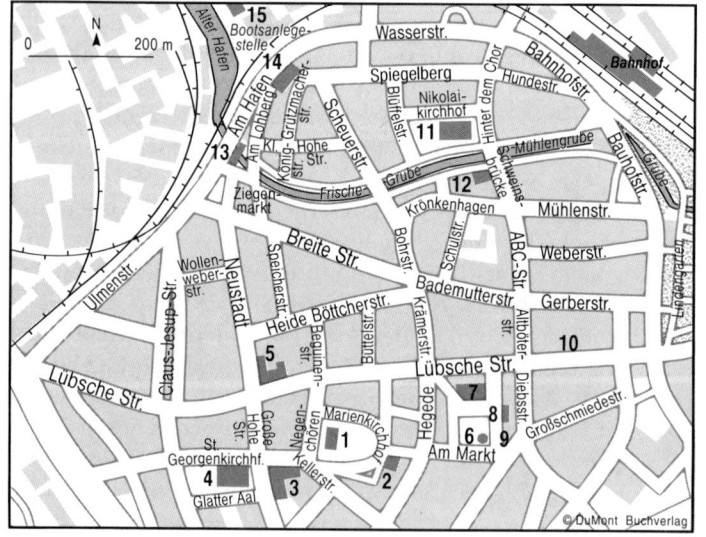

Wismar:
1 Turm der Rats-kirche St. Marien
2 Archidiakonat
3 Fürstenhof
4 Georgenkirche
5 Heilig-Geist-Kirche
6 Wasserkunst
7 Rathaus
8 ›Alter Schwede‹
9 Reuter-Haus
10 Gaststätte ›Zum Weinberg‹
11 Nikolaikirche
12 Schabbell-Haus
13 ›Gewölbe‹
14 Wassertor
15 Baumhaus

Mecklenburg zurück. Als Standort der Dornier-Waffen-werke wurde Wismar im Zweiten Weltkrieg das Opfer schwerer alliierter Bombenangriffe, die jedoch die historische Altstadt weitgehend verschonten. Nach dem Zweiten Weltkrieg entstand eine namhafte Werft, der Hafen mit einer der modernsten Kali-Verladeanlagen Europas entwickelte sich zum zweitgrößten der DDR.

Von der einstigen Macht und dem Wohlstand der Stadt im 14. und 15. Jh. künden noch zahlreiche Baudenkmäler, alle überragt von dem 81 m hohen, als nautischer Fixpunkt in den Seekarten eingetragenen Turm der Marienkirche. Die Ratskirche **St. Marien (1)** gehörte zu den schönsten Kirchen der Backsteingotik in Norddeutschland. Baumeister Johann Grote hatte sich für den Bau der dreischiffigen Basilika die Lübecker Marienkirche zum Vorbild genommen. Im April 1945 zerstörten Bomben den Sakralbau, die Ruine des Langhauses wurde 1960 gesprengt – nur der Turm blieb stehen. In ihm hängen noch neun Glocken, vorwiegend aus dem 16. und 17. Jh. Die 1647 gestiftete Turmuhr mit drei Schlagglocken besitzt ein Zifferblatt von 5×5 m. Täglich um 12, 15 und 19 Uhr erklingt eine Minute nach dem vollen Stundenschlag ein aus 14 Chorälen bestehendes Glockenspiel.

Dem Marienkirchturm gegenüber steht das nach der Zerstörung im Zweiten Weltkrieg wieder aufgebaute **Archidiakonat (2;** um 1450), das mit seinem dreiteiligen Staffelgiebel an der Nordseite und seinem reichen Baudekor aus Blendbogen, ornamentalen Zierfriesen und Zinnenkranz zu den schönsten Bauten norddeutscher Backsteingotik gehört.

Wohnsitz der mecklenburgischen Herzöge in Wismar war der **Fürstenhof (3;** s. Abb. S. 31), der aus zwei fast rechtwinklig aneinanderstoßenden Gebäudeteilen besteht: dem ›Alten Haus‹ (Westflügel: 1512/13), einem zweigeschossigen Backsteinbau der Spätgotik, und dem ›Neuen Haus‹ (Nordflügel: 1553–55), zu dem ein gotisches Festsaalgebäude umgebaut wurde. Gabriel von Aken und Valentin von Lyra hatten von Herzog Johann Albrecht I. anläßlich der Vermählung des Bauherrn mit einer brandenburgischen Prinzessin im Jahre 1555 den Auftrag zum Bau des ›Neuen Hauses‹ im Stile der italienischen Renaissance erhalten; der ebenfalls terrakottageschmückte Palazzo Roverela des Herzogs von Ferrara stand bei diesem Entwurf Pate.

In Stil und Motivik ist der reiche, fein ziselierte Terrakottaschmuck, der in der Lübecker Werkstatt des Ziegelbrenners Statius von Düren entstand, niederländischen Vorbildern verpflichtet: die Rahmungen der aus jeweils drei Rundbogen bestehenden Fenster, auf der der Straße zugewandten Schauseite noch einmal von seitlichen Karyatiden und einem bekrönenden Dreieckgiebel zusammengefaßt; der obere Fries, der antike Heroen und Heroinnen in Medaillons zeigt, und schließlich die Pilaster auf der Hofseite. Der untere, ursprünglich in Kalkstein gefertigte Fries – seit 1984 eine Sandsteinkopie – zeigt auf der Straßenseite Szenen aus dem Trojanischen Krieg und auf der Hofseite das Gleichnis vom Verlorenen Sohn. Man beachte auch die skurrilen Figuren,

91

Wismar, Georgenkirche, Foto vor der Zerstörung im Zweiten Weltkrieg

die die beiden Portale der Tordurchfahrt rahmen – auf der Straßenseite zwei Paare von männlichen bzw. weiblichen Faunen. Der erst 1877 verputzte Fürstenhof gehört zu den bedeutendsten Bauwerken der Frührenaissance in Mecklenburg-Vorpommern.

Gegenüber sieht man die Ruine der 1945 bei Bombenangriffen zerstörten **Georgenkirche (4)**, die um 1230 begonnen und 1490 vollendet wurde; sie wird zur Zeit wieder aufgebaut. Die gotische **Heilig-Geist-Kirche (5)** erhielt ihr heutiges Aussehen im 15. Jh. Im schlichten Inneren der langgestreckten backsteinernen Saalkirche des ehemaligen Hospitals ist die bemalte barocke Holzbalkendecke von 1687 sehenswert, deren von Akanthusranken umgebene Medaillons alttestamentarische Szenen zeigen.

Mit 100 × 100 m ist der **Marktplatz** der größte im Bundesland Mecklenburg-Vorpommern (s. Farbabb.8). Seit 1602 steht in seinem Zentrum ein nach Plänen von Philipp Brandin im Stil der holländischen Renaissance erbauter pavillonartiger Bau, der – zusammen mit dem Marienkirchturm – zum Wahrzeichen von Wismar wurde: die zwölfeckige **Wasserkunst (6)** mit geschwungenem Kupferdach und sechseckiger Laterne. Über Holzrohre gelangte bis 1897 das Wasser von der 4 km entfernten Metelsdorfer Quelle in die Wasserkunst, die etwa 220 Häuser und 16 öffentliche Wasserstellen an den Straßen speiste.

Das **Rathaus (7)** an der Nordseite des Marktes erhielt sein heutiges klassizistisches Aussehen in den Jahren 1817–19 nach Plänen des Ludwigsluster Hofbaumeisters Johann Georg Barca. Der langgestreckte Bau besitzt vorgezogene Seitenrisalite und einen von dorischen Säulen getragenen Balkon über dem zentralen Eingang. An der Ostseite des Marktes leuchtet in dunkelrotem Backstein der ›**Alte Schwede**‹ **(8),** Wismars ältestes Bürgerhaus (14./15. Jh.), mit Staffelgiebel und reich mit Wimpergen verzierten Fenstern in den Obergeschossen. Seinen Namen bekam es erst 1878, als eine Gaststätte einzog.

Gaststätte ist auch das **Reuter-Haus (9)** rechts daneben. In dem zweigeschossigen Putzbau absolvierte der namhafte mecklenburgische Buchhändler und Verleger Detloff Carl Hinstorff seine Lehre. 1848 erwarb er von seinem Lehrherrn das Haus und siedelte mit seiner 1832 gegründeten Hof- und Verlagsbuchhandlung von Parchim nach Wismar über. Fritz Reuter und Hinstorff schlossen 1859 in Wismar ihren ersten Verlagsvertrag. Bei seinen Wismarer Aufenthalten wohnte der große niederdeutsche Dichter in dem heute nach ihm benannten Haus, das 1988 wegen Baufälligkeit abgetragen werden mußte; in den folgenden zwei Jahren entstand es wieder originalgetreu. Das Grab des 1882 verstorbenen Hinstorff befindet sich unweit des Haupteinganges auf dem Wismarer Ostfriedhof.

Wer sich für den weiteren Stadtrundgang stärken möchte, dem sei neben den beiden schon genannten die **Gaststätte** ›**Zum Weinberg**‹ **(10;** Lübsche Straße 31) empfohlen. In dem Gebäude von 1575 fasziniert die über 300 Jahre alte hohe Diele mit Balkendecke, Galerie und Holztreppe. Die Krämerstraße weist noch die typische Bebauung mit Giebelhäusern des 16. und 17. Jh. auf (s. Abb. 19).

Wismars größter Sakralbau, die **Nikolaikirche (11)**, entstand in Anlehnung an die Marienkirche als dreischiffige Basilika mit Chorumgang und Kapellenkranz. Heinrich von Bremen errichtete ab 1380 den schlanken Chor mit seinen Strebepfeilern, Hermann von Münster und Peter Stolp das 1459 geweihte Langhaus. Besonderes Augen-

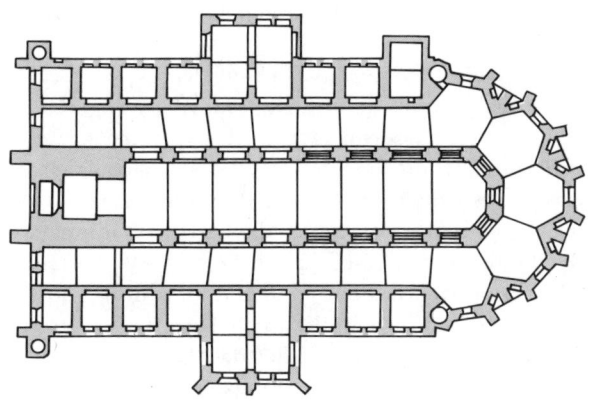

Wismar,
Grundriß der Nikolaikirche

93

merk verdient der Giebel des südlichen Kapellenanbaus, der über mehreren Zierfriesen aus glasierten Formziegeln (Fabeltiere, Grotesken, Heilige) eine Blendrosette in Form eines Sonnenrades trägt (s. Abb. S. 28). Das Mittelschiff mit seinem hochstrebenden, zweigeschossigen Aufbau – ein lichter Obergaden über Arkaden auf hohen, kräftigen Pfeilern – ist mit 37 m nach dem des Kölner Doms und des Ulmer Münsters das dritthöchste Deutschlands (s. Farbabb.11). Als der spitze Turm 1703 bei einem Orkan einstürzte, zerstörte er das Kreuzrippengewölbe des Mittelschiffs (1867 wiederhergestellt) und große Teile der Inneneinrichtung, die danach barock erneuert wurde, darunter der Altar (1772) mit einer Kopie von Rubens'»Kreuzabnahme« durch Benjamin Block (1653).

Aus der zerstörten Georgenkirche stammt der spätgotische Schnitzaltar (um 1439), der im Mittelschrein eine Madonna im Strahlenkranz zwischen 40 Figuren von Aposteln und Heiligen zeigt (s. Abb. 9); er gehört mit einer Größe von 10 × 4 m im geöffneten Zustand zu den monumentalsten Flügelaltären an der Ostseeküste. Auch aus der Marienkirche kamen Kunstwerke nach St. Nikolai: der sog. Krämeraltar, eine um 1420 geschaffene Meisterleistung spätgotischer Holzschnitzkunst, der eine Muttergottes mit Kind auf der Mondsichel, flankiert von den Heiligen Michael und Mauritius, zeigt, sowie der 1335 in der Lübecker Werkstatt von Johann Spengeter angefertigte bronzene Taufkessel, den ein schmiedeeisernes Gitter aus dem 16. Jh. umgibt. In den Turmnebenräumen blieb der umfangreichste spätgotische Freskenzyklus Mecklenburgs erhalten. Die um 1450 entstandenen und im 19. Jh. erneuerten Malereien zeigen u. a. den hl. Christophorus, Jesus als Schmerzensmann und Allegorien der sieben Todsünden.

Zu den prunkvollsten Backsteinbauten im Stil der niederländischen Renaissance zählt das **Schabbell-Haus (12),** das Philipp Brandin 1569–71 für den Wismarer Ratsherrn und späteren Bürgermeister Hinrich Schabbell erbaute. Brandin, in Utrecht geboren, gilt als einer der bedeutendsten Bildhauer und Architekten der Renaissance in Norddeutschland. In dem ehemaligen Wohn- und Brauhaus mit reichgeschmücktem viergeschossigem Volutengiebel an der Nordseite befindet sich heute das Stadtmuseum.

Die **Grube,** ein im 13. Jh. angelegter Wassergraben, führt zum brückenartigen ›Gewölbe‹ (13; um 1650), das zur im 19. Jh. abgerissenen Stadtbefestigung gehörte. Das spätgotische **Wassertor (14;** um 1450) ist das letzte von fünf Stadttoren. Lagerhäuser und Speicher aus dem 18. und 19. Jh. haben sich vor allem am Lohberg südlich des Wassertors erhalten. Am Kai des Alten Hafens (Abfahrtstelle der Ausflugschiffe) entlanggehend, erreicht man das barocke **Baumhaus (15;** um 1750), benannt nach dem als ›Baum‹ bezeichneten Langholz, mit dem der ›Bohmschlüter‹ abends die Hafeneinfahrt absperrte. Die Stadt- und Hafenordnung von 1740 legte fest, er »soll[e] den Baum zu rechter Zeit auf- und zuschließen, und nicht verstatten, daß bey geschlossenem Baume jemand unangemeldet darüber oder sonst durch unvergönnte Fahrt umhin aus- oder einfahre … «. Am Eingang zum Baumhaus stehen zwei sog. Schwedenköpfe,

Wismar, das Wassertor am Alten Hafen in einem Stich des 19. Jh.

wie sie vor 300 Jahren als Poller vor der Hafeneinfahrt auf Holzpfeilern angebracht waren. Diese beiden sind Nachbildungen vón 1903.

Rund um Wismar warten zahlreiche Dorfkirchen auf einen Besuch. Die spätromanische Backsteinkirche im Gägelower Ortsteil **Proseken** aus der zweiten Hälfte des 13. Jh. besitzt einen mächtigen Turm mit rechteckigem Helm, der reichen Blendenschmuck an den Giebeln aufweist (15. Jh.). Von der Innenausstattung seien die Kalksteintaufe aus dem frühen 13. Jh., die Kanzel von 1656 und der Altar mit zweigeschossigem architektonischem Aufbau von 1723 hervorgehoben. In der spätgotischen Backsteinkirche (15. Jh.) im Ortsteil **Gressow** sind der 1718 von Johann Friedrich Wilde gefertigte barocke Altar und zwei Epitaphe der Familie von Plessen interessant, eines aus Sandstein (1623), das andere aus Holz (um 1680).

Auf einer Höhe im Gramkower Ortsteil **Hohenkirchen** steht eine der schönsten Dorfkirchen im westlichen Mecklenburg. Der spätgotische Backsteinbau aus der zweiten Hälfte des 15. Jh. mit seinem Kreuzrippengewölbe besitzt eine ornamentale Ausmalung aus dem 19. Jh. Zur Ausstattung gehören ein frühgotischer Taufstein, ein Triumphkreuz aus dem 13. Jh. sowie ein Heinrich Johann Bülle zugeschriebener barocker Altaraufsatz von 1749.

Den Giebel der später an die backsteinerne gotische Dorfkirche (Ende 14. Jh.) in **Hornstorf** angefügten Südvorhalle ziert eine prachtvolle elfteilige Rosette. In **Neuburg-Steinhausen** haben sich in der spätromanischen Dorfkirche figürliche und ornamentale Wandbilder aus dem 14. und 16. Jh. erhalten, darunter überlebensgroße Heiligenfiguren. Die barocke Innenausstattung stammt zum größten Teil aus dem 17. Jh.

☐ **Von der Insel Poel zum Ostseebad Rerik**

Wenn die Wismaraner ihrer Stadt entfliehen möchten, dann fahren sie mit Vorliebe auf die Insel Poel. Vom Alten Hafen verkehren in den Sommermonaten Fahrgastschiffe (Fahrzeit eine Stunde) zur Insel, auf der Straße sind es auf dem kürzesten Weg etwa 20 km. Das Gebiet der heutigen Insel **Poel** (3000 Einw.) trennte sich vor rund 7000 Jahren vom Festland, vor reichlich 200 Jahren holten die Menschen die Insel wieder zurück: An der seichtesten Stelle des Breitling, eines Meeresarms von 7,5 km Länge und etwa 1 km Breite, wurde 1760 ein Damm aufgeschüttet, den man 1858 erneuerte und erhöhte – damit ist Poel eigentlich keine richtige Insel mehr.

Das Wort Poel stammt vermutlich aus dem Slawischen, wo es ›flaches Land‹ bedeutet. Durch Wälder kann man auf diesem flachen Grundmoränenland nicht spazieren, abgesehen von einem Waldstreifen an der West- und Nordküste, der das Land dort vor den Herbst- und Winterstürmen schützen soll. Das überwiegend landwirtschaftlich genutzte, 37 km^2 große Poel hat im Süden und Osten flache, leicht ansteigende Ufer; im Norden und Westen dagegen erhebt sich das Kliff bis zu 12 m über die Wellen der Ostsee. Vom Strand beim Schwarzen Busch reicht der Blick bis zum Ostseebad Boltenhagen und dem Dahmeshöveder Leuchtturm an der Küste Schleswig-Holsteins, bei guter Sicht kann sogar der Kirchturm von Rerik ausgemacht werden.

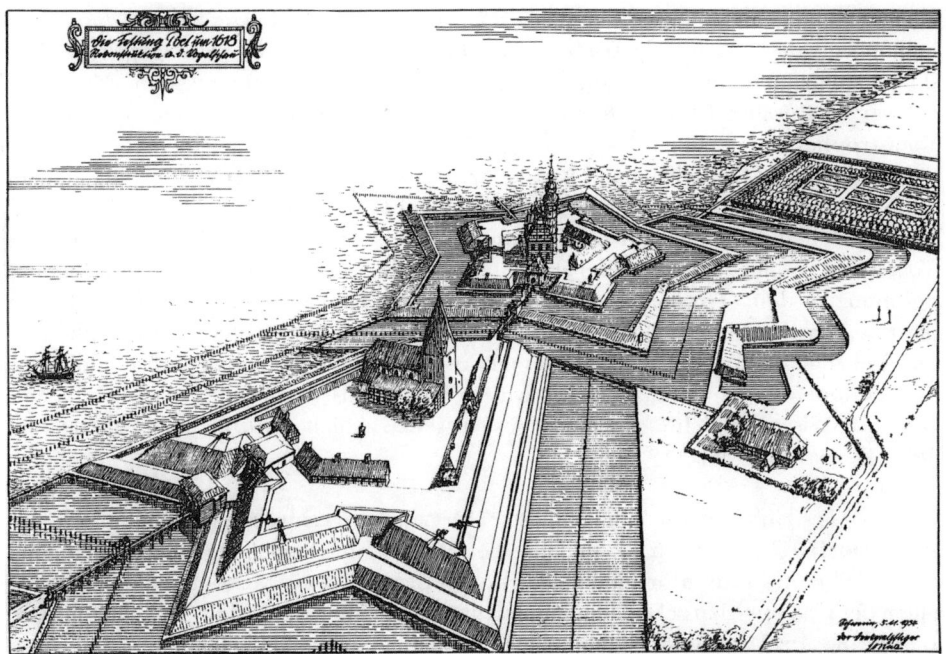

Kirchdorf, Backsteinkirche und Festung mit Renaissanceschloß, nach einem Kupferstich von 1618

Das älteste Bauwerk auf der Insel ist die gotische Backsteinkirche in **Kirchdorf,** dem Hauptort Poels. Der Westturm stammt aus dem 13. Jh., Schiff, Nordsakristei und südliche Vorhalle aus dem 15. Jh. Der große, figurenreiche Schnitzaltar zeigt eine Marienkrönung (15. Jh.), der kleinere an der Nordseite des Schiffs eine Maria im Strahlenkranz (um 1500). Weithin ragt der 47 m hohe Kirchturm mit der achteckigen ›Bischofsmütze‹ über die Wallanlagen, den Rest der in Form eines fünfzackigen Sterns um 1620 entstandenen Festung; Herzog Adolf Friedrich ließ sie von dem aus Ostfriesland stammenden Ghert Evert Piloot als Bollwerk gegen die skandinavischen Staaten errichten. Wälle und Palisaden umgaben ein zweistöckiges Backsteinschloß, die Kirche und Nebengebäude. Während der Schwedenzeit war das Schloß unbewohnt und verfiel mit der Festungsanlage.

Von den Wallanlagen hat man einen schönen Blick auf den kleinen Kirchdorfer Hafen, in dem die Segelboote in der Dünung schaukeln. Das interessante Heimatmuseum befindet sich in der 1806 erbauten Dorfschule, einer der ältesten erhaltenen in Mecklenburg. Das Museum erinnert auch an die größte Schiffskatastrophe in der Geschichte der Seefahrt, die sich am 3. Mai 1945 in der Lübecker Bucht ereignete.

Die Nationalsozialisten hatten 10000 Häftlinge aus dem Konzentrationslager Neuengamme auf vier Schiffe getrieben, die von britischen Flugzeugen angegriffen wurden. Über 7000 Menschen rissen die drei untergehenden Schiffe mit in die Tiefe. Am Schwarzen Busch befindet sich eine Gedenkstätte für 128 hier bestattete Opfer dieser Katastrophe.

Malerisch liegt **Gollwitz** an der Nordspitze der Insel, die Häuser gruppieren sich um den Dorfteich. Vom Strand aus ist die kleine **Insel Langenwerder** zu sehen, 1 km lang, 300 m breit und nur durch einen schmalen Wassergraben von Poel getrennt. Das Vogelschutzgebiet Langenwerder darf nur mit Genehmigung der Universität Rostock betreten werden. **Timmendorf** verdankt seinen Namen vermutlich einem Herrn Tymme, der sich hier vor Jahrhunderten niederließ. 1257 tauchte der Name erstmals auf. Der schlanke Leuchtturm in Timmendorf-Strand – nicht zu verwechseln mit dem Timmendorfer Strand bei Lübeck – wurde 1871/72 als Wegweiser für die Hafeneinfahrt von Wismar errichtet; sein heutiges Aussehen erhielt er durch eine Aufstockung 1930/31.

Auf dem Festland bietet sich der Blowatzer Ortsteil **Dreveskirchen** mit seiner frühgotischen Dorfkirche aus dem 13. Jh. für einen Besuch an. Den Chorgiebel zieren reiche rundbogige und rautenförmige Blenden; von der barocken Ausstattung verdient vor allem der prächtige barocke Altaraufsatz mit einem Christusgemälde von Carl Andreae Beachtung. Im Ortsteil **Wodorf** sind einige niederdeutsche Hallenhäuser aus dem 18. Jh. zu sehen, und im Boiendorfer Ortsteil **Stove** wartet eine 1889 errichtete Holländerwindmühle in den Sommermonaten auf Besucher.

Im flachwelligen Küstentiefland hinter dem Salzhaff entstand um 1250 planmäßig **Neubukow** (5000 Einw.). Aus der Zeit der Stadtgründung steht noch die frühgotische dreischiffige Hallenkirche aus Backstein mit ihrem weithin sichtbaren, 52 m hohen Turm. Im Pfarrhaus wurde 1822 der Altertumsforscher Heinrich Schliemann geboren, dessen Vater Pfarrer in Neubukow war. Am Nachfolgebau wurde eine Tafel angebracht, eine kleine Gedenkstätte erinnert an den großen Sohn der Stadt. Die Holländerwindmühle von 1912 am nordwestlichen Stadtrand ist die einzige in Mecklenburg-Vorpommern mit sog. Bilauschen Ventikanten. Der Flugzeugkonstrukteur Bilau hat diese Flugzeugtragflächen ähnelnden Metallflügel entwickelt.

Zwischen dem Steilufer der Ostsee und dem Salzhaff liegt das **Ostseebad Rerik** (2100 Einw.), das durch einen Irrtum zu seinem Namen kam: Auf dem Schmiedeberg nahe der Küste konnten Reste eines Burgwalls ausgegraben werden. Das führte zu der Vermutung, an dieser Stelle habe sich der frühmittelalterliche Handelsplatz Reric befunden, so daß Alt Gaarz 1938 bei der Erhebung zur Stadt den Namen Rerik erhielt. Belegt ist jedoch nur, daß die Dänen im Jahr 808 dieses Reric zerstörten – wo, weiß man nicht.

Die aus dem 13. Jh. stammende Pfarrkirche Reriks, eine der schönsten frühgotischen Landkirchen an der mecklenburgischen Ostseeküste, soll der Legende nach von der

Heinrich Schliemann

Der Entdecker von Troja

geb. 1822 in Neubukow, gest. 1890 in Neapel

Als sein Vater die Pfarrstelle in Ankershagen antrat, war Heinrich Schliemann gerade 16 Monate alt. Er lernte dieses Dorf so sehr lieben, daß er in späteren Jahrzehnten in die Rubrik ›geboren‹ oftmals Ankershagen eintrug, obwohl sein Geburtshaus in Neubukow stand. In seinem wohl bekanntesten Werk, »Ilios«, schrieb Schliemann, daß »sozusagen Hacke und Schaufel für die Ausgrabung Trojas und der Königsgräber zu Mykene schon in dem kleinen Dorf Ankershagen geschmiedet und geschärft« worden seien. Im ›goldreichen‹ Mykene begann Schliemann 1876 zu graben. In mehreren Schachtgräbern entdeckten er und seine Helfer die toten Fürsten von Mykene, denen man aus Gold und Edelsteinen bestehende Masken, Becher, Halsketten, Ohrringe und Schwerter beigegeben hatte. (Der aufsehenerregende Schatzfund kann im Athener Nationalmuseum bewundert werden.)

›Iliou Melathron‹ – Hütte von Ilios – nannte Schliemann sein Athener Wohnhaus, das die griechische Zeitschrift ›Hestia‹ 1884 als das prächtigste der Hauptstadt bezeichnete. Kurz vor seinem plötzlichen Tod hatte Schliemann aus dem fernen Griechenland noch an seinen Freund Rust geschrieben: »Wegen der vorliegenden großen Arbeiten kann ich noch gar nicht wissen, ob und wann ich [...] nach Mecklenburg komme, ich sehne mich aber gar sehr danach.«

dänischen Königin Margaretha gestiftet worden sein, weil Reriker Fischer sie vor dem Ertrinken gerettet hatten. Sehenswert ist die reiche Barockausstattung, wie sie wohl keine andere Kirche Mecklenburg-Vorpommerns vorzuweisen hat. Der harmonische Gesamteindruck wird durch die herrliche barocke Ausmalung (1668) durch Hinrich Greve aus Wismar erhöht. Noch vor 200 Jahren wurde in solchen am Ostseeufer stehenden Kirchen gebetet, der Herr möge den Strand segnen. Das hieß, er solle viele Schiffe stranden lassen, damit die Ladung in die Hände der Einheimischen fiel. 1777 untersagte Herzog Friedrich ›der Fromme‹ diese ›verwerflichen‹ Gebete.

Die **Halbinsel Wustrow** kann nur vom östlichen Salzhaffufer aus betrachtet werden, noch ist der Zutritt verboten. Nach dem Zweiten Weltkrieg hat sich dort die Armee der östlichen Siegermacht niedergelassen, auf deren Abzug jetzt alle warten.

Südwestmecklenburg

☐ **Ludwigslust und die ›Griese Gegend‹**
›Griese Gegend‹ heißt das Land zwischen den Flüßchen Sude und Elde im Volksmund seit alters her. Der Name soll auf die graue Farbe des Bodens zurückgehen – meinen die einen. ›Gries‹ sei im Niederdeutschen ein Ausdruck für ›arm‹, ›karg‹ – wissen andere. Beides könnte stimmen, denn das graue, ›griese‹ Land mit seinen Kiefernforsten, Sümpfen und kargen Sandböden ließ nicht viel wachsen; schon die deutschen Siedler des 13. Jh. hatten an den unfruchtbaren Böden kein Interesse gezeigt und waren weitergezogen. Länger als anderswo hielten sich hier Sitten und Sprache der Slawen; die ›Griese Gegend‹ war der ärmste Landstrich im Herzogtum Mecklenburg-Schwerin.

Durch das Land, an dessen Rand Dömitz, Hagenow und Neustadt-Glewe entstanden, führen viele sandige Wege zu niederdeutschen Hallenhäusern, deren Fachwerk mit Raseneisenstein ausgefüllt ist, dem ›Klump‹, wie man hier sagt. Bis zu 30 % Eisen enthalten die blauschwarzen, schlackeartigen Steine, die millionenfach in den feuchten Torfniederungen vorkommen. Besonders in Bresegard und Glaisin sind solche charakteristischen Klumphäuser zu sehen, in Ludwigslust wurden die Glockentürme, die Friedhofsmauer und die künstliche Ruine im Park aus Raseneisenstein erbaut.

Ludwigslust (13 000 Einw.) liegt mitten in der ›Griesen Gegend‹. 1731–35 ließ sich Christian Ludwig II. von Mecklenburg-Schwerin in dieser waldreichen Region beim Bauerndorf Klenow ein schlichtes Jagdschloß erbauen, dem er 1754 den klangvollen Namen ›Ludwigs Lust‹ gab. Seinem Sohn Friedrich genügte jedoch dieses Gebäude nicht mehr, als er 1756 die Regierungsgeschäfte übernahm. Friedrich hatte ganz Europa bereist und träumte von einem ›mecklenburgischen Versailles‹. Johann Joachim Busch (1720–1802), ein wahrer Aufsteiger aus kleinbürgerlichem Handwerkerstand, wurde 1758 vom Herzog zum Hofbaumeister ernannt. Busch, der auch in

100

Ludwigslust:

1 Schloß
2 Standbild Großherzog Friedrich Franz' I.
3 Kaskaden
4 Stadtkirche
5 Glockentürme
6 Kavalierhaus
7 Spritzenhaus
8 Fontänenhaus
9 Marstall
10 Schloßpark
11 Wasserspiele ›24 Sprünge‹
12 Steinerne Brücke
13 Helena-Paulowna-Mausoleum
14 Katholische Kirche St. Helena
15 Luisenmausoleum
16 Schweizerhaus
17 Grotte
18 Friedrich-Denkmal
19 Barca-Wohnhaus   20 Suhrlandt-Wohnhaus   21 Tourist-Information

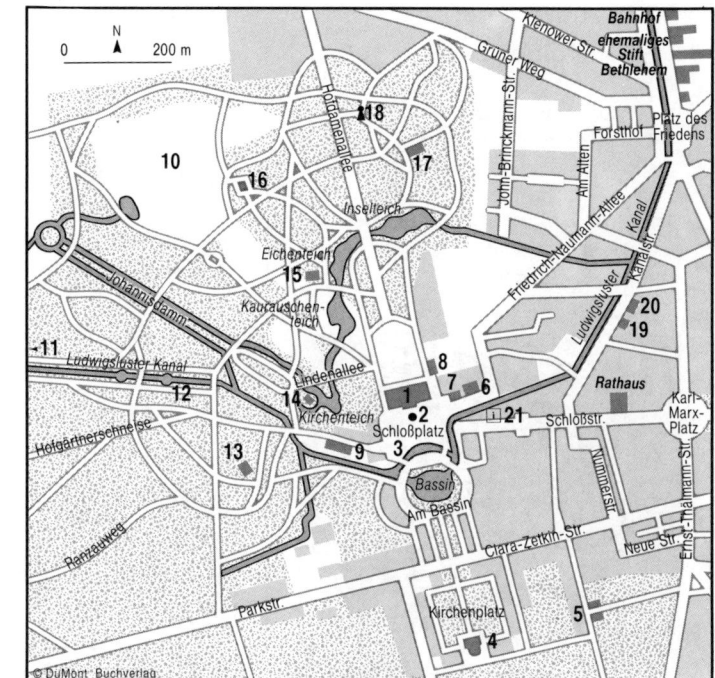

seiner Geburtsstadt Schwerin am Neuen Gebäude, am Neustädtischen Palais und an der katholischen Pfarrkirche St. Anna seine Handschrift hinterlassen hat, erhielt den Auftrag, eine barocke Stadt anzulegen, der Klenow weichen mußte.

Busch arbeitete von 1765 bis zu seiner Pensionierung 1796 an dem Aufbau der Stadt im spätbarocken Stil, die Johann Georg Barca nach seiner Ernennung zum Hofbaumeister 1808–26 durch klassizistische Bauten erweiterte. Das dreieinhalbgeschossige Residenzschloß (1772–76) entstand an der Stelle des älteren Jagdschlosses nach Plänen von Busch auf einem E-förmigen Grundriß. Der bedeutendste barocke **Schloßbau (1;** s. Farbabb. 13) in Mecklenburg-Vorpommern, der heute auch von innen besichtigt werden kann, wurde aus Backstein gemauert, der zu dieser Zeit jedoch nicht mehr als repräsentativ galt. Deshalb transportierte man auf dem Wasserweg aus der Sächsischen Schweiz Sandsteinblöcke herbei und verkleidete damit das Bauwerk. Zwölfspännige Wagen zogen die schweren Brocken vom Elbhafen Dömitz nach Ludwigslust.

Den Ost- und Westflügel verbindet ein überhöhter Mittelrisalit, dem ein Portikus mit dorischen Säulen vorgesetzt ist. Im Ostflügel hatte der Herzog seinen Wohnbereich, im

101

Auf einen Blick

Ludwigslust: Bau- und Kunstwerke im Schloßpark

Steinerne Brücke (12): 1780 über den Ludwigsluster Kanal erbaut; Sandsteinvase von Kaplunger.

Prunkvase im Schloßpark

Helena-Paulowna-Mausoleum (13): Schlichter, rechteckiger Bau von Johann Christian Lillie oder Joseph Rammée, frühes Beispiel des Klassizismus im norddeutschen Raum. 1804–06 für Erbprinzessin Helena Paulowna erbaut, der 1803 im Alter von 18 Jahren verstorbenen Tochter Zar Pauls I. und Gemahlin Friedrich Ludwigs, des mecklenburgischen Erbprinzen. In der Begräbnishalle sind weitere sieben Angehörige der Herzogsfamilie beigesetzt.

Westflügel seine Gemahlin. 18 Vasen und 40 überlebensgroße, allegorische Sandsteinstatuen (Gerechtigkeit, Musik, Poesie etc.) von dem 1775 aus dem Böhmischen nach Ludwigslust gekommenen Bildhauer Rudolf Kaplunger zieren die Attika. Die reich mit Fenstern durchsetzte Fassade gliedern in den beiden mittleren Geschossen Pilaster mit ionischen Kapitellen.

Die Raumaufteilung dieses Schlosses blieb, wie auch große Teile der Innenar-

Die Steinerne Brücke im Schloßpark

102

chitektur, erhalten. Prunkstück ist der 300 m^2 große, sich über zwei Etagen erstreckende Goldene Saal mit korinthischen Kolossalsäulen und einer umlaufenden Galerie. Seinen Namen verdankt er den reich vergoldeten Schmuckelementen, die indes überwiegend aus Pappmaché bestehen – die Finanzen des Herzogtums waren begrenzt! Der preiswerte Dekor kam aus dem 1770 gegründeten und bis etwa 1815 bestehenden Unternehmen ›Ludwigsburger Carton‹, dessen

Das Friedrich-Denkmal

Katholische Kirche St. Helena (14): 1803–09 auf einer künstlichen Insel nach einem Entwurf von Johann Heinrich von Seydewitz errichtet; erster neogotischer Kirchenbau Mecklenburgs. Der Glokkenturm (1817) von Barca steht jenseits des Kirchenteichs.

Luisenmausoleum (15): Blockhafter klassizistischer Bau, 1808/09 für Herzogin Luise nach einem Entwurf von Barca entstanden. Im Volksmund wegen der das Portal flankierenden zwei liegenden Löwen als ›Löwenkapelle‹ bezeichnet.

Schweizerhaus (16): 1789/90 im romantischen Stil der Zeit als ›ländliches Lusthaus‹ für Herzogin Luise erbaut; von dieser bis zu ihrem Tod 1808 genutzt.

Grotte (17): Um 1785 von Busch entworfene künstliche Ruine aus Raseneisenstein; diente als Kulisse für Hoffeste.

Friedrich-Denkmal (18): Sarkophag mit zwei klagenden Gestalten, darauf Urne mit Reliefbild des 1785 verstorbenen Herzogs; die nach 1788 entstandene Sandsteinarbeit gehört zu den besten Werken von Kaplunger.

103

Spezialität Büsten berühmter Persönlichkeiten waren. Von Cäsar bis Wallenstein reichte das Angebot, geliefert wurde in viele Länder. Das Rezept dieses witterungsbeständigen Pappmachés blieb bis heute ein Geheimnis.

Als 1837 Großherzog Paul Friedrich die Regentschaft übernahm, verlegte er den Hof wieder nach Schwerin: Ludwigslust wurde Garnisons- und Pensionärsstadt. Das Schloß diente nach 1837 als Sommeraufenthalt und Alterssitz für Angehörige der großherzoglichen Familie, von 1921 bis 1945 bewohnte es der 1918 abgedankte Großherzog Friedrich Franz IV. mit seiner Familie. Nach 1945 kam es in Staatsbesitz und wurde als Verwaltungsgebäude genutzt. Seit 1986 richtet man den barocken Schloßbau schrittweise für eine museale Nutzung her. Eine Führung durch ausgewählte Räume ist schon heute lohnenswert.

Vor dem Schloß steht das **Standbild** des 1837 verstorbenen **Großherzogs Friedrich Franz I. (2).** Er schaut über den weiträumigen, mit Kopfstein gepflasterten Schloßplatz zu den steinernen **Kaskaden (3),** die 1780 anstelle einer Holzkonstruktion entstanden. Der figürliche Sandsteinschmuck der Wasserspiele stammt wiederum von Rudolf Kaplunger. Die gerade Achse, die von hier zur Stadtkirche führt, säumen meist backsteinerne, einheitliche Gebäude für die ›Untertanen‹: zweigeschossig-repräsentativ für die Beamten, eingeschossig-bescheiden für die Bediensteten.

Die Schaufront der einschiffigen, turmlosen **Stadtkirche (4),** 1765–70 von Busch entworfen, erinnert an einen griechischen Tempel. Die vier überlebensgroßen Evangelistenfiguren auf der Attika schuf Johann Eckstein. Imposant wirken die hölzerne, kassettierte Tonnendecke sowie das Fresko»Verkündigung der Geburt Christi an die Hirten«, das die gesamte halbrunde Apsis einnimmt. Der Dekor der zweigeschossigen Hofloge an der Eingangsseite besteht zum Großteil aus dem schon genannten Pappmaché, ebenso die sechs vergoldeten Leuchter auf dem Altar, unter dessen Podest sich die herzogliche Gruft befindet. Nur der schlichte Steinsarkophag des 1785 verstorbenen Herzogs Friedrich fand im Mittelgang seinen Platz. 200 m östlich der Stadtkirche stehen zwei aus Raseneisenstein erbaute pylonenartige **Türme (5),** die dem Gotteshaus als Glockenturm dienen und zugleich den Eingang zum 1791 angelegten Friedhof bilden.

Östlich vom Schloß ist das von Busch um 1780 erbaute zweigeschossige **Kavalierhaus (6)** zu sehen, das fürstlichen Gästen als Unterkunft diente, daneben das **Spritzenhaus (7; 1814/15)** von Barca, eines der schönsten klassizistischen Gebäude der Stadt. Dahinter steht das zweistöckige **Fontänenhaus (8; 1766)** aus Fachwerk, dessen im Dachraum liegender Wasserbehälter einst die Springbrunnen speiste. Der ehemalige **Marstall (9; 1821/22)** am Weg zum Schloßpark, ein langgestrecktes, eingeschossiges Gebäude, entstand ebenfalls nach einem Entwurf von Barca.

Der **Schloßpark (10)** mit seinen alten und seltenen Bäumen ist mit 12,5 km^2 der größte in Mecklenburg-Vorpommern und einer der schönsten Norddeutschlands. Als der weitgereiste Engländer Thomas Nugent ihn 1766 besuchte, war erst ein Teil fertig, dennoch notierte er in seinen Reisebriefen schwärmerisch:

»Niemand als Homer könnte es unternehmen, einen solchen Park zu schildern. Wahrhaftig, weder Alkinoos noch irgendeiner der in den alten Sagen erwähnten Helden könnte das, was Kunst und Natur in diesem Teil der Welt geschaffen haben, übertreffen.«

Um Wasser für die **Wasserspiele ›24 Sprünge‹ (11)** und die Kaskade vor dem Schloß heranzuführen, mußte eigens ein 28 km langer Kanal von der Stör bis zur Rögnitz gegraben werden! Die bedeutendsten Veränderungen erfuhr der Barockpark zwischen 1852 und 1860, als ihn Peter Joseph Lenné in einen Landschaftsgarten nach englischem Vorbild umgestaltete. Weite Rasenflächen und Gehölzgruppen bestimmen seitdem das Bild. Ein Spaziergang durch dieses gartenbauliche Kleinod lohnt auch wegen der beachtenswerten Bauten.

Schloßstraße und Alexandrinenplatz, einst Klenows Dorfstraße, wurden zur Magistrale von ›Lulu‹, wie die Ludwigsluster ihre Stadt nennen. Viele der Häuser mit ihren schlichten Fassaden und kleinen Giebeln haben Ähnlichkeit mit zeitgenössischen holländischen Bauten. In der Schweriner Straße stehen noch einige von Barca in einheitlichem Stil entworfene Wohnhäuser, die äußerlich fast unverändert aus der Zeit der Stadterweiterung nach 1808 erhalten blieben. Auch auf der Ostseite der Kanalstraße entwarf Barca mehrere Gebäude, darunter sein eigenes **Wohnhaus (19;** Hausnummer 20) und vermutlich auch das des Hofmalers Johann Heinrich **Suhrlandt (20;** Hausnummer 22).

Lübtheen (4500 Einw.) trägt den Beinamen ›Lindenstadt‹, da die acht sternförmig in den Marktplatz einmündenden Straßen größtenteils mit diesen Bäumen bepflanzt sind. Linden muß es in dem 1363 erstmals urkundlich genannten Städtchen schon zu slawischer Zeit gegeben haben, denn der Ortsname entstand aus dem slawischen ›Lipten‹, in dem sich das Wort *Lipa* (Linde) verbirgt. Im 18. und 19. Jh. war Lübtheen eine bedeutende Poststation auf der Strecke Berlin–Hamburg.

Ein- und zweigeschossige Fachwerkhäuser sind typisch für das Städtchen, aber auch zahlreiche verputzte Bauten im klassizistischen Stil, als deren schönster das 1824 als Wohnhaus errichtete Postamt am Kirchenplatz gilt. Die 1817–20 errichtete Stadtkirche, ein rechteckiger Saalbau mit dreigeschossigem Turm an der Nordseite, ist die einzige größere klassizistische Kirche Mecklenburgs. Mangels eines Chorraums befinden sich Altar und Kanzel, die beide aus der Erbauungszeit stammen, an der östlichen Längsseite. Das Altarbild »Christus und die Jünger« (1823) stammt von Johann Heinrich Suhrlandt.

Das 1861 erbaute Herrenhaus von **Quassel** wendet dem Dorf eine sehenswerte neogotische Fassade zu. Ein Bummel durch den Gutspark lohnt sich vor allem im Spätfrühling, wenn die zahlreichen Rhododendronbüsche blühen.

Das bereits 1810 als mecklenburgisches Hauptgestüt gegründete **Redefin** erfreut sich in Fachkreisen aufgrund seiner Hengstzucht großer Bekanntheit. Jährlich finden im September an drei Wochenenden Reit- und Dressurvorführungen statt. Die Gebäude im Stil des Berliner Klassizismus, von Oberlandbaumeister Carl Heinrich Wünsch entworfen, gruppieren sich um eine parkähnliche Anlage. Von der 1986 abgebrochenen Reithalle steht noch der vorgestellte monumentale Portalbau mit einer Pferdeplastik auf dem flachen Giebel.

Am Rande der ›Griesen Gegend‹ erreicht man **Grabow** (8500 Einw.), dessen historische Innenstadt auf einer von zwei Eldearmen umflossenen Insel liegt. Die 1275 erstmals erwähnte Stadt fiel 1320 an Mecklenburg, vom 16. bis zum 18. Jh. war sie Nebenresidenz. Am 3. Juni 1725 vernichtete ein Brand Grabow fast völlig; der Wiederaufbau erfolgte nach einem Plan des herzoglichen Ingenieurs Behring.

Beeindruckend wirkt vor allem die geschlossene Fachwerkbebauung. Die schönsten Häuser, meist zweigeschossige Giebel- und Traufenbauten, stehen am Markt sowie in der Markt-, Mühlen- und Kanalstraße. Inschriften verweisen auf die Bauherren oder die einst in den Häusern ansässigen Gewerbe oder Handwerke. Prachtvolle Freitreppen mit schmiedeeisernen Gittern und reich geschmückte Haustüren sind zu bewundern. Das Rathaus von 1726, ein zweigeschossiger barocker Fachwerkbau mit Mansarddach, Dachturm und Freitreppe, stammt von den beiden einheimischen Handwerkern Joachim Schlubeck und Christian Reichel. Das Heimatmuseum am Markt informiert u. a. über den Stammbaum der Familie von Thomas und Heinrich Mann, deren Vorfahren seit dem 16. Jh. in der Stadt nachweisbar sind.

In der dreischiffigen gotischen Stadtkirche St. Georg aus dem 13./14. Jh., bei dem genannten Stadtbrand bis auf die Umfassungsmauern niedergebrannt, wurden beim Wiederaufbau die Gewölbe in Holz erneuert. Den von den Grabowern langersehnten Turm erhielt die Kirche erst 1906/07 – finanziert wurde er durch den Verkauf des wertvollen Altars an die Hamburger Kunsthalle. Die wie der Altar aus der Hamburger Petrikirche stammende Renaissancekanzel von 1555 ist noch vorhanden.

☐ **Um Wittenburg und Hagenow**

Wittenburg (6000 Einw.) gehört zu den ältesten Städten Mecklenburgs; schon 1194 wurde es erwähnt, 1226 erfolgte die Verleihung des Lübecker Stadtrechts. Von der Burg, in deren Schutz sich die Stadt entwickelte, stehen auf dem Amtsberg noch Reste. Die gotische Pfarrkirche St. Bartholomäus ist eine der frühesten städtischen Sakralbauten. Um 1280 begann der Bau der dreischiffigen Halle, die in den folgenden Jahrhunderten zahlreiche Veränderungen und Anbauten erfuhr. Von der Innenausstattung sind die gotische Bronzetaufe (1342), der spätgotische Schnitzaltar mit Marienkrönung (um 1480) und die barocke Kanzel (1666) bemerkenswert. Das Rathaus im Neotudorstil mit einer großen Freitreppe schuf Georg Adolph Demmler als letztes großes Werk vor seiner 1851 erfolgten Entlassung als Schweriner Hofbaumeister (s. S. 54).

Unmittelbar an der Autobahnanschlußstelle verweist die Holländerwindmühle auf das hiesige **Agrar- und Forstmuseum.** Die gut erhaltene Mühle entstand 1890/91 auf den Fundamenten eines Vorgängerbaus. Das zum Museum gehörende, umgesetzte niederdeutsche Hallenhaus trägt auf dem Balken über dem Tor die Inschrift: »Dieses Haus haben bauen lassen Heinrich Wilhelm Rebken und Dorothea Cathrina Rebken geborene Vogelern aus Stieplitz-Haar den 27.ten Julius 1847.«

Im 13 km nordöstlich gelegenen **Perlin** kam der Dichter Heinrich Seidel zur Welt. Am ehemaligen Pfarrhaus neben der gotischen Feldsteinkirche aus dem 13. Jh. erinnert eine Gedenktafel an den 1842 hier geborenen Autor von »Leberecht Hühnchen« (1882–1906) und »Reinhard Flemmings Abenteuer zu Wasser und zu Lande« (1906). Insbesondere die harmlos-heiteren »Prosaidyllen« um den Lebenskünstler mit dem sonnigen Gemüt, Leberecht Hühnchen, brachten dem gelernten Ingenieur Seidel Erfolg und Hunderttausende von Lesern, die diesen echt mecklenburgischen Protagonisten und die beschauliche, kleinbürgerliche Feierabendidylle der Erzählungen zu schätzen wußten. Sein Geburtshaus, so schrieb Seidel 1894 in seiner Autobiographie, »sah für die damalige Zeit und für ein Pastorenhaus sehr vornehm aus und wurde später von Freunden oft für das Schloß gehalten.«

Zwei ›echte‹ Schlösser hat Wittenburgs Umgebung vorzuweisen: ein zweigeschossiges, schlichtes Barockschloß (um 1730) in **Dreilützow** und ein eindrucksvolles klassizistisches (1822) in **Lehsen,** für das Johann Christian Lillie den Entwurf lieferte; von ihm stammen im westlichen Mecklenburg auch die Schlösser in Schönfeld (nordöstlich von Gadebusch) und Pritzier. Ein schönes zweigeschossiges Fachwerkherrenhaus mit Vollwalmdach entstand 1730 in **Zühr.** Das Gut Zühr gehörte ab 1830 der Familie von Graevenik, deren Wappen sich über der Tür des Mittelrisalits befindet.

Die B 195 führt nach **Zarrentin** (2500 Einw.) am Südwestufer des Schaalsees. 1938 bekam Zarrentin das Stadtrecht verliehen, doch seinen dörflichen Charakter hat es bis heute bewahrt. Dazu trug sicherlich bei, daß das Städtchen zu DDR-Zeiten im abgeriegelten Grenzgebiet lag. Das Stadtbild bestimmen einfache Fachwerkgebäude vor allem des 18. und 19. Jh. 1250 erfolgte die Gründung eines Zisterzienserinnenklosters, das nach der Reformation 1555 in den Besitz der Herzöge von Mecklenburg überging. Von der Klausur, dem den Nonnen vorbehaltenen Bereich, steht noch der Ostflügel. Chor und Turmunterbau der spätgotischen, einschiffigen Klosterkirche aus der Zeit um 1460 stammen von der einstigen Zarrentiner Dorfkirche. Die Kanzel der Klosterkirche gehört zu den schönsten Kunstwerken Mecklenburgs: 1699 kam sie durch Kauf aus der Lübecker Marienkirche nach Zarrentin. Jacob Reyge schnitzte 1533/34 die spätgotischen Reliefs in der Brüstung des Kanzelkorbs, die niederdeutsche Inschriften erläutern. Der barocke Altaraufsatz (1733) stammt vom Wismarer Heinrich Johann Bülle.

Der Ort **Hagenow** (14000 Einw.) mit seinem gemütlichen kleinstädtischen Flair wurde 1370 erstmals als Stadt erwähnt. Jahrhunderte dominierte in dem Ackerbürgerstädtchen das Handwerk, worüber das Heimatmuseum informiert. Es hat sein Domizil in einem zweigeschossigen Fachwerkhaus von 1748 mit Speicherboden und noch funktionstüchtigem Aufzugsrad. Solche ein- und zweigeschossigen Fachwerkhäuser, vor allem in der Lange Straße anzutreffen, bestimmen das Gesicht der Stadt. Das Haus Nr. 82 dort ist das älteste von Hagenow: Eine Inschrift nennt als Erbauungsjahr 1730. Jüngeren Datums sind das Rathaus am Markt und das ebenfalls aus Klinkern erbaute Landratsamt in der Hagenstraße, die in den zwanziger und den frühen dreißiger Jahren unseres Jahrhunderts entstanden. Die backsteinerne Stadtkirche mit vorgesetztem Westturm wurde im Stile der Neogotik 1875–79 nach einem Entwurf von Gustav Hamann erbaut. 1974–79 wurde das Schiff abgetrennt und zweigeschossig zu Wohnungen, Büros und Gemeinderäumen ausgebaut.

Bei **Pritzier**, besonders um den Ortsteil Schwechow, wachsen mächtige Eichen, wie es sie auf so engem Raum in Mecklenburg-Vorpommern kein zweites Mal gibt. Viele der über 700 Bäume erreichen einen Stammumfang von mehr als 6 m.

Unweit der Straße nach Brahlstorf steht mit der **Bruchmühle** eine der letzten wassergetriebenen Getreidemühlen Westmecklenburgs. Die 1710 erstmals erwähnte Mühle, die bis 1972 in Betrieb war, soll eine museale Schauanlage werden. Ganz in der Nähe, im Dersenower Ortsteil **Dammereez,** bildet der um 1820 angelegte Gutspark eine dendrologische Kostbarkeit. In ihm wachsen etwa 90 verschiedene Gehölze, darunter Mammutbäume, Strauchkastanien, Sumpfzypressen und Magnolien. Das Gut Dammereez gehörte der Familie Laffert, die schon zu Beginn des 19. Jh. in Lehsten eine bekannte Baumschule unterhielt. Die schönsten Gehölze pflanzten die Lafferts jedoch in ihrem Dammereezer Gutspark, der das verputzte Fachwerkherrenhaus aus der Zeit um 1780 umgibt.

☐ An der Elbe

Am südlichen Elbufer, dort, wo die Boize in die Elbe mündet, soll Heinrich der Löwe Mitte des 12. Jh. seine Truppen zum Feldzug gegen die Slawen formiert haben. Als er das Territorium ›Bouzenburg‹ erobert hatte, ließ er die um 1158 erstmals erwähnte Wasserburg errichten, in deren Schutz sich **Boizenburg** (12000 Einw.) entwickelte. Durch die günstige Lage an der Elbe wurde die Stadt im 19. Jh. zu einem namhaften Industriestandort für Schiffbau und Fliesenherstellung. 1709 erlebte Boizenburg den größten Stadtbrand seiner Geschichte. In den folgenden vier Jahrzehnten entstand eine neue, planmäßig angelegte Stadt, entworfen vom herzoglichen Ingenieur-Kapitän Jakob Reutz, dem Architekten der Schweriner Schelfstadt. Die vielen schönen Fachwerktraufenhäuser mit dem für diese Region typischen kräftig-roten Anstrich stammen aus dieser Zeit. Ein Fachwerkbau ist auch das zweigeschossige Rathaus aus dem Jahre 1711 mit seinem von hölzernen Stützen getragenen Laubengang an der Schauseite und einer Laterne auf dem Mansarddach – eines der schönsten barocken Rathäuser in Mecklenburg-Vorpommern.

Der Stadtbrand zerstörte auch die gotische, dreischiffige Stadtkirche St. Maria und Jacobus, die bis 1754 im barocken Stil wiederaufgebaut wurde. 1860–65 erfolgte außen wie innen eine neogotische Umgestaltung, 1980–83 bekam der Innenraum eine stählerne, verglaste Konstruktion, die als Gemeindezentrum dient. Die Wälle der im 14. Jh. angelegten Befestigung wurden im 19. Jh. in eine Promenade umgewandelt. Vom barockisierenden Wallpavillon, 1906 vermutlich für den Amtsrichter Kaiser erbaut, bietet sich ein weiter Blick auf die Umgebung.

Elbabwärts erstreckt sich am rechten Ufer das ehemalige **Amt Neuhaus,** das zum Herzogtum Lauenburg und später zum Königreich Hannover gehörte. Auf solche territorialen Feinheiten nahmen die Alliierten am Ende des Zweiten Weltkriegs keine Rücksicht: Sie gliederten das Amt Neuhaus 1945 in das Land Mecklenburg-Vorpommern und damit in die Sowjetische Besatzungszone ein. Seit der ›Wende‹ ziehen die Neuhäuser indes die Niedersachsenfahne und nicht die des Bundeslandes Mecklenburg-Vorpommern auf, denn als Mecklenburger haben sie sich nie gefühlt.

Dort, wo sich die Elde mit der Elbe vereint, entstand das Städtchen **Dömitz** (3500 Einw.), das als Tor zu Mecklenburgs Wasserstraßen gilt. Jahrhunderte waren die Schiffszölle auf Elde und Elbe die Haupteinnahmequelle der Einwohner. Dömitz, von weiten Wiesenflächen und ausgedehnten Waldgebieten umgeben, liegt im Dreiländereck von Mecklenburg-Vorpommern, Brandenburg und Niedersachsen. Zwei mächtige Elbbrücken, eine für die Eisenbahn und eine für den Straßenverkehr, wurden am 20. April 1945 gesprengt. Der Wiederaufbau der Straßenbrücke ist im Gange.

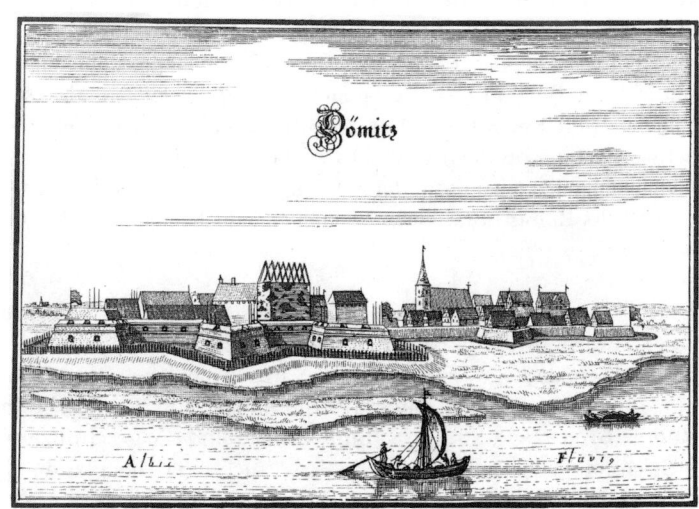

Die Festung Dömitz an der Elbe, Kupferstich von Matthäus Merian, Frankfurt am Main 1653

109

1809 belagerten die Franzosen Dömitz und zerstörten durch Beschuß den größten Teil der Bürgerhäuser und das Rathaus. Die heute beeindruckenden Fachwerkhäuser, vor allem in der Torstraße, der Walter-Rathenau-Straße und am Markt, entstanden nach 1809. Ein solcher Fachwerkbau, im spätbarocken Stil um 1820 erbaut, ist das zweigeschossige Rathaus am Markt; der massive Turm kam Ende des 19. Jh. hinzu. Aufmerksamkeit verdienen die Haustüren der Häuser, oftmals wahre Meisterwerke der Schnitzkunst. Die neogotische Stadtkirche entstand 1869–72 aus Backstein.

Um die Wasserwege zu schützen, ließ Mecklenburgs Herzog Johann Albrecht I. die um 1237 erstmals erwähnte Burg 1559–65 zu einer Festung umbauen. Den Auftrag für die als gleichmäßiges Fünfeck projektierte Anlage erhielt der italienische Festungsbaumeister Francesco a Bornau. Als Kostbarkeit gilt das in Sandstein gefaßte Festungstor im Stil der niederländischen Spätrenaissance, datiert 1565. Aus der Erbauungszeit blieb auch das dreigeschossige backsteinerne Kommandantenhaus mit dem Festungsturm an der rechten Giebelseite erhalten (heute Heimatmuseum), die anderen Gebäude stammen aus dem 18. und 19. Jh. An der Längsseite des zweigeschossigen Wachgebäudes verweist eine Gedenktafel darauf, daß Fritz Reuter sich hier vom Juni 1838 bis August 1840 in Festungshaft befand (s. S. 204). In der ehemaligen Festungskapelle im Turm wurde die Fritz-Reuter-Gedenkhalle eingerichtet.

☐ Von der Lewitz nach Parchim und Lübz

An der Südspitze des Schweriner Sees beginnt die **Lewitz**, eine wasser- und wiesenreiche Niederungslandschaft, die sich bis Ludwigslust, Neustadt-Glewe und Parchim erstreckt. Die Flüsse Elde und Stör und unzählige von Menschenhand geschaffene Wasserläufe durchziehen das Gebiet, das zu den Jagdrevieren der mecklenburgischen Herzöge gehörte. Am Rande der Lewitz, in **Wöbbelin,** wurde unter einer alten Eiche der Dichter Theodor Körner (»Lützows wilde, verwegene Jagd«) beerdigt, ein Repräsentant der Befreiungskriege gegen die napoleonische Herrschaft. Als Leutnant des Lützowschen Freikorps fiel er 1813 in einem Scharmützel zwischen Gadebusch und Schwerin. Das von Leier und Schwert bekrönte gußeiserne Denkmal entwarf Friedrich Thormeyer 1814. In dem kleinen Museum wird auch der 5000 Toten des Konzentrationslagers Reiherhorst gedacht; unweit von Körners Grab wurden einige der Opfer beigesetzt.

In der Nähe des slawischen Dorfes Glewe entstand im Schutz einer Burg der Grafen von Schwerin um 1248 **Neustadt-Glewe** (7500 Einw.), heute eine typische mecklenburgische Kleinstadt mit zahlreichen Fachwerkhäusern. Die schönsten von ihnen, meist zweigeschossige Giebel- oder Traufenhäuser mit Krüppelwalmdach, stehen in der Rudolf-Breitscheid-Straße. Schmuckstücke sind die geschnitzten Haustüren.

Stadtmauern besaß Neustadt-Glewe nicht, da die planmäßig angelegte Stadt im Hauptarm der Elde und einem im Westen vorbeiführenden Nebenarm einen natürlichen Schutz besaß. Die backsteinerne Alte Burg aus dem 14./15. Jh. – sie gilt als ältester Profanbau Mecklenburgs – gehört zu den am besten erhaltenen Wehrbauten unseres Reisegebiets (s. Abb.18). Vom massigen runden Bergfried bietet sich – wenn er wieder zugänglich ist – ein weiter Blick über die Ringmauer mit Zinnenkranz und die von Wiesen, Wasser und Wald umgebene Stadt. Das ›Neue Haus‹ der Burg diente bis 1748 als herzogliche Wohnung, danach als Marstall, das gegenüberliegende ›Alte Haus‹ als Wirtschaftsgebäude. Die Burg genügte im 16. Jh. den Ansprüchen der mecklenburgischen Herzöge, die Neustadt-Glewe als Nebenresidenz nutzten, nicht mehr, und so ließen sie sich ein Schloß erbauen. 1618 von Ghert Evert Piloot im Stil der niederländischen Spätrenaissance begonnen, wurde die Dreiflügelanlage nach fast 90jähriger Pause 1711–20 durch Christoph Leonhardt Sturm in den Formen eines schlichten, klassizistischen Barock vollendet. Als Wohnung nutzten die Mecklenburger Herzöge das Schloß lediglich 1725–35. Das jahrelang wegen Baufälligkeit gesperrte Bauwerk wird seit 1992 restauriert – es soll ein Hotel werden.

Die turmlose Stadtkirche St. Marien erhielt ihr heutiges Aussehen 1735 nach einem Brand; für die Neuausstattung kam als Spende aus der Wismarer Marienkirche die Renaissancekanzel (1587) von Tönnis Evers. Den barocken Altaraufsatz schmückt ein Gemälde (um 1770) der »Kreuzabnahme« nach Anthonis van Dyck, das Johann Heinrich Suhrlandt malte. Das mit einem Dachreiter versehene Rathaus am Markt entstand 1806 als zweigeschossiger Putzbau mit Mansarddach in barocken Formen.

In Fachwerk blieben in Mecklenburg-Vorpommern nur wenige Schlösser erhalten, denn die meisten von ihnen wurden im 19. Jh. in Stein umgebaut. Um so kostbarer ist das Fachwerkschloß im Neustadt-Glewer Ortsteil **Friedrichsmoor** (s. Abb. 17). Herzog Friedrich Franz I. ließ es sich von seinem Hofbaumeister Johann Heinrich von Seydewitz erbauen. Das schlichte dreiflüglige Jagdschlößchen (heute Hotel) entstand um 1780. Eine Kostbarkeit stellt die im Gartensaal angebrachte französische Bildtapete dar, die einst im Schloß Friedrichsthal bei Schwerin hing. Die auf Leinen und Holz aufgezogene Papiertapete, um 1815 nach einem Entwurf Charles Vernets in Paris gedruckt, zeigt fünf Szenen einer höfischen Rotwildjagd im Wald von Compiègne.

Eine hüglige Landschaft mit ausgedehnten Wäldern umgibt **Parchim** (24 000 Einw.), dessen ältester Teil sich im Schutz einer 1170 erstmals genannten Burg entwickelte: die Altstadt mit der Georgenkirche. Westlich davon entstand wenig später die Neustadt mit ihrer regelmäßigen Straßenführung und der Marienkirche. 1818 nahm der höchste Gerichtshof für die beiden mecklenburgischen Großherzogtümer, das Oberappellationsgericht, in der Stadt seine Tätigkeit auf (bis 1840). Als Amtssitz wurde das langgestreckte Rathaus aus dem 14. Jh. von Johann Georg Barca umgebaut. Aus dieser Zeit stammen der gotisierende Eingang und die spitzbogigen Fenster an dem zweigeschossigen, rechteckigen Backsteinbau.

Für den Präsidenten des Gerichts entwarf Barca das Haus in der Blutstraße 5/6, einen zweigeschossigen Putzbau (1818–20), und für die Landessuperintendantur den klassi-

111

Höfische Jagdszenen auf der Tapete in Schloß Friedrichsmoor

zistischen Backsteinbau (1812) in der Lange Straße 50. Sehenswert sind auch zahlreiche Fachwerkhäuser aus dem 16. und 17. Jh., z. B. in der Mittelstraße 12 sowie in der Lindenstraße 3 und 6. Eines der größten und schönsten Fachwerkgiebelhäuser ist das 1612 erbaute in der Lange Straße 24. Ein Lastenaufzug und drei Ladeluken lassen erkennen, daß es auch als Speicher diente.

Im Haus Lange Straße 28 wurde 1800 Helmuth Graf von Moltke geboren; das bronzene Denkmal (1876) von Ludwig Brunow für den preußischen Generalfeldmarschall, der seine größten militärischen Erfolge in den Kriegen von 1866 und 1870/71 errang, steht auf dem Moltkeplatz. Das Stadtmuseum in der Lindenstraße 39 informiert über Moltke und auch über Fritz Reuter, der in Parchim die Schule besuchte.

Mit dem Bau der dreischiffigen gotischen Georgenkirche am Alten Markt wurde im 13. Jh. begonnen, doch erst im 15. Jh. war die zu den größten Sakralbauten Mecklenburgs gehörende Backsteinhalle mit ihrem quadratischen Westturm vollendet. Zu den bemerkenswertesten Ausstattungsstücken gehören die zwölf Apostel, 1421 vom Wismarer Henning Leptow für einen doppelflügligen Altar geschnitzt. Die Renaissancekanzel mit Bildreliefs und geschnitztem Dekor gilt als eine der qualitätvollsten ihrer Art; sie entstand um 1580 in einer Lübecker Werkstatt. Vermutlich ebenfalls in Lübeck wurde Anfang des 17. Jh. das barocke Ratsgestühl hergestellt, aus der gleichen Zeit stammt die achteckige Taufe. Die Marienkirche am Neuen Markt, eine 1278 geweihte und im 14. Jh. vollendete Backsteinhalle mit Stilelementen der Romanik und Gotik, besitzt einen vermutlich um 1500 in einer Lübecker Werkstatt hergestellten spätgotischen Schnitzaltar, dessen Mittelteil eine Madonna im Strahlenkranz mit Jesuskind einnimmt. Die über die gesamte Breite reichende hölzerne Orgelempore stammt von 1601, die Bronzetaufe von 1365.

Auf dem Höhenrücken **Sonnenberg**, 4 km südlich von Parchim, wachsen einige hundert prachtvolle, bis zu 50 m große Douglasien (Douglas-Fichte) dicht beieinander, von Fachleuten als die höchsten und schönsten in Mitteleuropa bezeichnet. Nordöstlich von Parchim, bei **Stralendorf**, steht ein zylindrischer, backsteinerner Wachturm aus

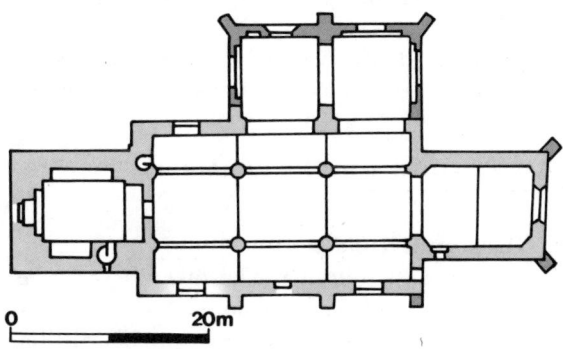

Parchim,
Grundriß der Georgenkirche

0   20m

113

dem 14. Jh., der Bestandteil der mittelalterlichen Wehranlage Parchims war. Der Straße folgend, erreicht man nach 2 km den Romer Ortsteil **Lancken**. In der Dorfkirche (15. Jh.) aus Feld- und Backstein befindet sich ein vierflügliger spätgotischer Altar (um 1535), dessen Schrein zu den künstlerisch bedeutendsten Schnitzarbeiten dieser Art im westlichen Mecklenburg gehört. Der Altar stammt aus der Werkstatt von Claus Berg, dem Meister der Güstrower Domapostel.

Nordwestlich von Parchim, im Domsühler Ortsteil **Alt Damerow,** steht das wohl älteste niederdeutsche Hallenhaus in Mecklenburg-Vorpommern. An einem Türbalken der Südwand ist die Jahreszahl 1607 zu erkennen, doch wird vermutet, daß das rohrgedeckte Haus nach dem Dreißigjährigen Krieg, also nach 1648, aus Resten zerstörter Gebäude errichtet wurde. Es bildet den Mittelpunkt des Agrarhistorischen Museums Alt Damerow, nach dem früheren Besitzer ›Hof Pingel‹ genannt. Zum Museum gehören noch Ziehbrunnen, Backofen, Hallendielenscheune (um 1650) und Stall (19. Jh.).

In **Lübz** (8400 Einw.) wurde im 16. Jh. die 1308 entstandene Eldenburg zum Schloß umgebaut, das von 1547 bis 1634 mecklenburgischen Herzoginnen als Witwensitz diente, zuletzt Herzogin Sophie. Deren prominentester Gast war 1630 der schwedische König Gustav II. Adolf. An die Eldenburg erinnert der backsteinerne Bergfried von 9 m Durchmesser, ›Amtsturm‹ genannt und heute Wahrzeichen der Stadt. Der Turm beherbergt das Heimatmuseum (Am Markt 25). Die zahlreichen schlichten Fachwerkhäuser wurden im 18. und 19. Jh. erbaut. Die langgestreckte backsteinerne Stadtkirche entstand 1568–74, nachdem der Vorgängerbau abgebrannt war. Ihr Stil verkörpert eine Mischung aus Spätgotik und Frührenaissance.

Das zweigeschossige, um 1830 entstandene Herrenhaus mit seinen niedrigen Seitenflügeln in **Passow** (5 km nördlich) gehört zu den bedeutendsten klassizistischen Schlössern in Mecklenburg. An der Loggia sind – selten anzutreffende – Außenfresken zu sehen. Die überaus farbige Wandmalerei (um 1830) in dem über beide Geschosse reichenden Vestibül stammt vermutlich von dem Italiener Giuseppe Anselmo Pallicia. Der sich bis an den Passower See erstreckende englische Landschaftsgarten blieb nur in Teilen erhalten. Die Dorfkirche mit ihrem spätromanischen Chor entstand Mitte des 13. Jh. aus Feld- und Backstein, ebenso wie diejenige im Werderer Ortsteil **Benthen**, die zu den besterhaltenen und schönsten spätromanischen Kirchen Mecklenburgs zählt.

An Warnow und Recknitz

☐ **Hansestadt Rostock**

Rostock (253 000 Einw.), die bevölkerungsreichste Stadt Mecklenburg-Vorpommerns, erstreckt sich am Ufer der Unterwarnow. 1161 ist erstmals von einer Burg ›Roztoc‹ die Rede, in deren Umkreis drei eigenständige Siedlungen entstanden: um die Petrikirche

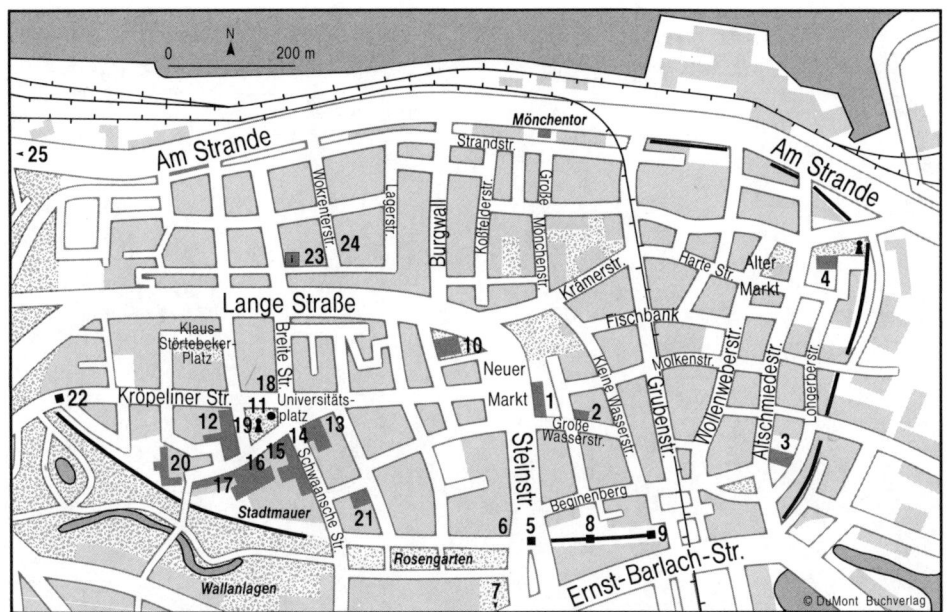

Rostock: 1 Rathaus 2 Kerkhof-Haus 3 Nikolaikirche 4 Petrikirche/Slüter-Denkmal 5 Steintor 6 Ständehaus 7 Schiffahrtsmuseum 8 Lagebuschturm 9 Kuhtor 10 Marienkirche 11 ›Brunnen der Lebensfreude‹ 12 Universität 13 Universitätsbibliothek 14 Barocksaalgebäude 15 Palais 16 Hauptwache 17 Oberappellationsgericht 18 Fünf-Giebel-Haus 19 Blücher-Denkmal 20 Kloster zum Heiligen Kreuz/Kulturhistorisches Museum 21 Michaeliskirche 22 Kröpeliner Tor 23 Fachwerkspeicher Rostock-Information 24 Hausbaum-Haus 25 Kunsthalle

die Altstadt mit dem Alten Markt (um 1218–30), um die Marienkirche die Mittelstadt mit dem Neuen Markt (1232–56) und um die im Zweiten Weltkrieg zerstörte Jakobikirche die Neustadt mit dem früheren Hopfenmarkt, dem heutigen Universitätsplatz (1252–65). Diese drei bis heute erkennbaren Siedlungen vereinten sich 1262–65 und umgaben sich mit einer starken Befestigung. Seine große Blüte hatte Rostock, das immer von Schiffahrt und Handel bestimmt war, im 14. und 15. Jh., als es eine der bedeutendsten Hansestädte im Ostseeraum war. Noch um die Mitte des 19. Jh. besaß Rostock nach Hamburg und Bremen die drittgrößte Segelschiff-Flotte Deutschlands. Wo einst die Segelschiffe ankerten, liegt seit 1990 Europas größte schwimmende Einkaufsstätte vertäut, das sechsstöckige ›Port Center‹ mit zahlreichen Geschäften, Restaurants und Büros.

Rostock wurde im Zweiten Weltkrieg als Sitz der Heinkel-Flugzeugwerke Ziel schwerer Bombenangriffe. Eine Bilderrolle mit alten Stadtansichten, Ende des 16. Jh. von Vicke Schorler geschaffen, war eine wertvolle Hilfe beim Wiederaufbau (s. Literatur-

ROSTOCK·HEVPTSTADT·IM·LANDE·ZV·MECKELNBVRGK

Aus der Bilderrolle des Vicke Schorler: der Neue Markt im 16. Jh.

verzeichnis). 1957 begann am Ostufer der unteren Warnow der Bau des Überseehafens. ›Tor zur Welt‹ nannte sich Rostock von nun ab – das aber für die meisten DDR-Bürger verschlossen blieb. Nach der Wende intensiviert Rostock nun seine Beziehungen zu den skandinavischen Ländern und anderen alten Hansestädten wie Hamburg, Lübeck, Riga oder Tallinn und schickt sich an, eine zentrale Rolle im Ostseeraum zu spielen.

Unser Stadtrundgang beginnt am Neuen Markt, an dessen Ostseite das **Rathaus (1; 13. Jh.)** mit einer im 14./15. Jh. entstandenen, von sieben Türmchen gekrönten Backsteinfassade steht; der mehrgeschossige barocke Vorbau (1727) nach Plänen des sächsischen Baumeisters Zacharias Voigt verdeckt diese gotischen Bauteile indes fast völlig (s. Abb. S. 28). Von den 34 Giebelhäusern, die bis zu den Zerstörungen im Zweiten Weltkrieg den Platz umsäumten, blieben nur sieben unbeschädigt.

Hinter dem Rathaus, an der Ecke zur Großen Wasserstraße, kann man das **Kerkhof-Haus (2)** bewundern, eines der ältesten und schönsten spätgotischen Giebelhäuser Rostocks, benannt nach dem Bürgermeister Berthold Kerkhof, der es um 1470 erbauen ließ. Der Terrakottaschmuck am siebenteiligen Staffelgiebel stammt, wie auch das backsteinerne Patrizierhaus, vom Beginn des 16. Jh.

Der dahinter liegende östliche Teil der Altstadt blieb in den letzten 40 Jahren von jeglicher Sanierung nahezu vollständig ausgeklammert und gehört folglich zu den am

116

stärksten verfallenen Stadtvierteln aller Hansestädte in Mecklenburg-Vorpommern. Hier erhebt sich die **Nikolaikirche (3)**, eine dreischiffige, gotische Backsteinhalle (13.–15. Jh.), die nach fast vollkommener Kriegszerstörung 1977 wiederhergestellt wurde und nun als übergemeindliches Kirchenzentrum dient; der ehemalige Hochaltar befindet sich in der Marienkirche. Von der Mitte des 14. bis zum 15. Jh. wurde die **Petrikirche (4)**, eine dreischiffige gotische Backsteinbasilika, errichtet. Der Wiederaufbau des ebenfalls 1942 zerbombten Gotteshauses ist bis auf den Turmhelm abgeschlossen, für dessen Rekonstruktion eine Lokalinitiative einen Spendenaufruf organisiert hat. Einige Schritte nordöstlich von der Petrikirche erhielt der Rostocker Reformator Joachim **Slüter** ein **Denkmal**: Über der Grabplatte von 1532 erhebt sich ein gußeisernes Postament vom Ende des 19. Jh.

Vom Rathaus führt die Steinstraße zum **Steintor (5)**, einem der vier erhaltenen von den ursprünglich 22 Stadttoren. Es bekam seine heutige Form im Stil der Backsteinrenaissance im Jahre 1577 und war im Mittelalter der ›Haupteingang‹ der Stadt. Nach Osten zu folgen die Reste der Stadtmauer mit dem 1577 errichteten **Lagebuschturm (8)** und dem im 13. Jh. erstmals erwähnten **Kuhtor (9)**, dem ältesten Torturm Mecklenburg-Vorpommerns. Seit jüngstem beherbergt der Kuhturm ein Literaturhaus der Stiftung Lesen in Mecklenburg-Vorpommern, in dem ein Lese-Café allen Besuchern offensteht.

In der Wallstraße 1, neben dem Steintor, liegt das **Ständehaus (6)**, 1889–93 von Gotthilf Ludwig Möckel in historistischen Formen erbaut (s. Abb. S. 33). Großherzog Friedrich Franz II. gab den Auftrag für das aufwendige Bauwerk mit seinem neogotischen Treppenhaus, dem Lichthof und dem getäfelten Sitzungssaal der Landstände im Obergeschoß. Auf der gegenüberliegenden Straßenseite zeigt das **Schiffahrtsmuseum (7)** u. a. Modelle der Hansekoggen, die einst die Ostsee beherrschten.

Der Fern- und Seehandel brachte Rostock, vor allem zur Blütezeit der Hanse im 14./ 15. Jh., beträchtlichen Wohlstand, wovon die mächtige **Marienkirche (10;** s. Abb. 20) am Rande des Neuen Marktes zeugt. Das Rostocker Handelspatriziat stellte die Gelder für den Bau der dreischiffigen Backsteinbasilika mit Querschiff, Chorumgang und Kapellenkranz zur Verfügung, die ihrem architektonischen Vorbild, der Lübecker Marienkirche, in nichts nachstehen sollte. Erst Mitte des 15. Jh. erfolgten die letzten Baumaßnahmen an dem Gotteshaus, das um 1230 als Hallenkirche begonnen worden war. Die monumentale, blockhafte Baukonzeption erdrückt förmlich die feinen Schmuckdetails wie den in 35 m Höhe an der Westfront des gedrungenen Turms verlaufenden Fries aus dem 13. Jh. In horizontalen Streifen eingezogene Bänder aus Glasurziegeln setzen farbige Akzente am Außenbau. In dem hohen, weißgekälkten Inneren beeindrucken die Sterngewölbe in Mittel- und Querschiff und die Kreuzrippengewölbe der Seitenschiffe. Von der reichen Ausstattung ist vor allem die von vier knienden Figuren (Allegorien der vier Elemente) getragene und mit reichem Reliefdekor versehene Bronzetaufe aus der Zeit um 1290 zu beachten, knapp 3 m hoch und die bedeutendste Arbeit dieser Art im gesamten Ostseeraum. Die 1472 geschaffene und im

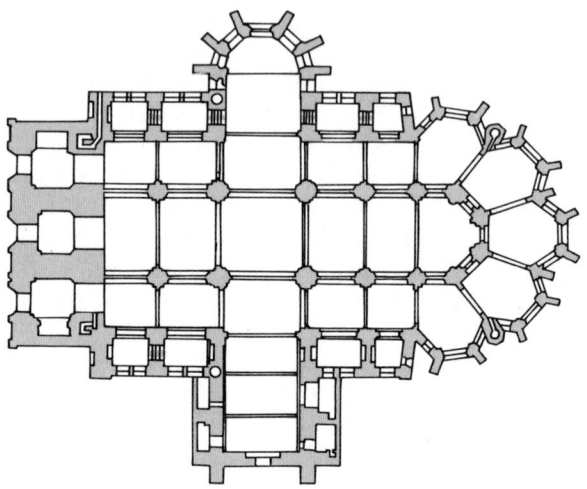

Rostock,
Grundriß der Marienkirche

17. Jh. erneuerte Astronomische Uhr zeigt beim 12-Uhr-Schlagen einen Apostelumgang, auf den geschnitzten Relieffeldern der beiden inneren Kreise sieht man die Tierkreiszeichen und die Monatsarbeiten. Das Kalendarium reicht bis ins Jahr 2017. Der kostbare spätgotische Rochusaltar, eine Schnitzarbeit aus der Zeit um 1530, stammt vermutlich aus dem Rheinland.

Die am Neuen Markt beginnende Kröpeliner Straße (s. Abb. 22), die beliebteste Einkaufsmeile Rostocks mit zahlreichen Renaissance- und Barockhäusern und dem spätgotischen Spitalpfarrhaus (Nr. 82), erweitert sich im Mittelteil zum Universitätsplatz. Dort übt der beckenlose ›**Brunnen der Lebensfreude**‹ (11) mit seinen bewegten Bronzefiguren, 1980 von Jo Jastram und Reinhard Dietrich geschaffen, eine magische Anziehungskraft auf Kinder aus. (Der in Rostock geborene Künstler Jo Jastram machte sich auch international mit seinen Plastiken und Zeichnungen im Stile eines expressiven Realismus einen Namen.) Das direkt aus dem Boden quellende Wasser fließt gleich wieder über die Terrainpflasterung ab, so daß man zwischen den einzelnen plastischen Gruppen hindurchgehen kann.

Die Westfront des Platzes nimmt das Hauptgebäude der **Universität (12)**, 1867–70 im Neorenaissancestil von Hermann Willebrand errichtet, ein. Wer sich in unserem Bundesland schon ein wenig umgesehen hat, wird, vor allem in bezug auf den charakteristischen Terrakottaschmuck, schnell Ähnlichkeiten mit dem Fürstenhof in Wismar und Teilen des Schweriner Schlosses feststellen. Die Universität, 1419 als erste in Nordeuropa gegründet und ein nach Skandinavien und ins Baltikum ausstrahlendes Zentrum des Humanismus, trug lange Zeit den Beinamen ›Leuchte des Nordens‹. In der **Universitätsbibliothek (13)** wird der 120 kg schwere »Rostocker Große Atlas« (1664) aufbewahrt, mit einer Höhe von 1,66 m und einer Breite von 1,02 m das drittgrößte Buch der Welt.

118

An der Südseite des Platzes fällt das **Barocksaalgebäude (14;** um 1750) von Jean Laurent Legeay mit seiner torartigen Straßendurchfahrt auf, in dem heute vielfältige kulturelle Veranstaltungen stattfinden. Von 1740 an spielte hier J. F. Schönemanns Schauspieltruppe als vom Herzog ernannte ›Hofkomödianten‹ – der Grundstein zu Rostocks auch heute noch lebendiger Theatertradition war gelegt. Das barocke ehemalige **Palais (15;** 1714) von Jakob Reutz diente der Herzogsfamilie als Quartier, daran schließt sich die an der monumentalen dorischen Säulenvorhalle leicht zu erkennende ehemalige **Hauptwache (16;** 1823) von Carl Theodor Severin an. Nach Plänen von Georg Adolph Demmler entstand hier das ehemalige **Oberappellationsgericht (17).** Das **Fünf-Giebel-Haus** **(18;** 1983–86, s. Farbabb. Umschlagrückseite) auf der gegenüberliegenden Platzseite, mit Glockenspiel und vielen bildkünstlerischen Details versehen, bietet ein anschauliches Beispiel der ›mecklenburgischen Postmoderne‹ (s. S. 30), die traditionelle lokale Bauformen

wie Backsteinmaterial und Staffelgiebel in eine moderne Architektursprache ›übersetzt‹.

In einer kleinen Grünanlage in der südwestlichen Platzecke kann man das **Denkmal für Gebhard Leberecht von Blücher (19)** bewundern, dessen Entstehungsgeschichte wohl einmalig ist: Der »Hamburgische unparteiische Correspondent« hatte in seiner Ausgabe vom 22. Juli 1814 gemeldet, in Blüchers Geburtsstadt Rostock werde dem ›Bezwinger Napoleons‹ ein Denkmal errichtet. Der preußische Generalfeldmarschall vernahm dies und bedankte sich beim Stadtrat – der von alledem nichts wußte. Um das Gesicht zu wahren, gewann man die Ritterschaft für Spenden, und so konnte 1819 tatsächlich ein Denkmal enthüllt werden. Der bedeutende klassizistische Bildhauer Gottfried Schadow ist sein Schöpfer, und die Sockelinschrift mit den lobenden Worten für den ›General Vorwärts‹ hat kein Geringerer als Goethe verfaßt:

Bronzetaufe in der Marienkirche zu Rostock

119

»In Harren und Krieg,/In Sturz und Sieg,/Bewußt und groß,/So riß er uns/Vom Feinde los.«

Hinter dem Universitätshauptgebäude lädt ein idyllischer Klosterhof, eine wahre Oase der Ruhe, mit weißgestrichenen Bänken unter alten Bäumen zum Verweilen ein (s. Abb. 21). 1270 hatte Königin Margaretha von Dänemark das **Kloster zum Heiligen Kreuz (20)** für Zisterzienserinnen gestiftet. Heute beherbergt es das **Kulturhistorische Museum**. Das eindrucksvolle, 9 m lange sog. Stiftungsbild im östlichen Kreuzgang stellt die Klostergründung dar. Das Gemälde aus dem 16. Jh., 1705 und 1756 stark übermalt, befand sich einst an der Westwand der Klosterkirche. Die Klosterkirche, eine schlichte, dreischiffige gotische Backsteinhalle, verfügt neben dem Doberaner Münster über die vollständigste mittelalterliche Innenausstattung in Mecklenburg-Vorpommern. Zwei Flügelaltäre, deren zentrale Holzschnitztafeln jeweils eine Kreuzigung zeigen, das Chorgestühl, ein Sakramentshaus und eine Triumphkreuzgruppe sind die bedeutendsten, sämtlich spätgotischen Stücke.

Ein kurzer Spaziergang führt uns von hier zur **Michaeliskirche (21)**, einer einschiffigen spätgotischen Backsteinhalle. Das ehemalige Gotteshaus der Brüder vom gemeinsamen Leben, einer spätmittelalterlichen, reformatorischen Laienbrüderkongregation, wurde im Zweiten Weltkrieg zerstört; den Chor nutzt man seit 1956 wieder für kirchliche Zwecke. 1476 druckten die Michaelisbrüder ein Buch des Kirchenautors Lactantius Firmianus: Rostock war so nach Lübeck die erste norddeutsche Stadt, in der Gutenbergs Erfindung zur Anwendung gebracht wurde. Das westliche Ende der Kröpeliner Straße bildet das **Kröpeliner Tor (22)**, das einzige der vier Rostocker Stadttore, das fast originalgetreu erhalten blieb. Der 54 m hohe gotische Backsteinbau wurde im 13./14. Jh. errichtet.

Die **Lange Straße** wurde nach der Zerstörung im Zweiten Weltkrieg im repräsentativen Stil der Stalin-Zeit wiederaufgebaut. Die lokalen Formen der Backsteingotik sind deutlich erkennbar zitiert, doch wirkt die großangelegte, einheitliche Straßengestaltung, im Gegensatz zum späteren Fünf-Giebel-Haus etwa, kalt und ein wenig zu hoch, scheint auch die anderen Bauwerke zu erdrücken. Manche Städteplaner beginnen indes wieder, die großzügige Straßenführung und den weiten Raum zu schätzen. Über die Lange Straße führt unser Weg in die **nördliche Altstadt**, das alte Hafenviertel. Ende der siebziger Jahre begann man hier nach vielen Abrißaktionen damit, das Viertel mit teils backsteinernen Giebel- und Traufenhäusern neu zu bebauen – wiederum ein Rückgriff auf lokale Architekturformen, allerdings in industrieller Bauweise. Sorgfältig hergerichtet wurde ein alter **Fachwerkspeicher (23)** von 1795 in der Schnickmannstraße, in den die Rostock-Information einzog. In der parallel verlaufenden Wokrenterstraße steht neben einer geschlossenen Häuserzeile mit nachgebildeten Giebeln des 16. und 17. Jh. das **Hausbaum-Haus (24; Nr. 40)** mit fünfteiligem Staffelgiebel und Blendbogen. Die Dachkonstruktion dieses spätmittelalterlichen, aus rotem Backstein erbauten Kaufmannshauses von 1490 wird noch von einem mächtigen Hausbaum getragen.

120

Rostock, Blick über
die Lange Straße auf
den Stadthafen

Auf der Fahrt nach Warnemünde kommen wir am Schwanenteich mit der **Kunsthalle (25;** 1967–69) vorbei, einem der wenigen neuerrichteten Museumsbauten der DDR – auf dem Klinkererdgeschoß ruht das Obergeschoß mit weißen Strukturplatten aus Kunststein. Nach Warnemünde besteht eine S-Bahn-Verbindung; etwa 25 Minuten benötigen die Doppelstockzüge, die auch die Trabantenstädte wie Lütten Klein, Schmarl, Evershagen und Groß Klein mit der Innenstadt verbinden. In **Schmarl** ging ein 10 000-Tonnen-Handelsschiff für immer vor Anker, das unter dem Namen ›Dresden‹ 1958–69 über die Weltmeere kreuzte. Als Traditionsschiff ›Frieden‹ (benannt nach der Bauserie) kann der Pensionär mit allen Schiffseinrichtungen besichtigt werden.

1323 kaufte die Stadt Rostock Fürst Heinrich von Mecklenburg das Fischerdorf **Warnemünde** ab, wo die Warnow in die Ostsee mündet. Ein Bummel entlang des Alten Stroms, an dem Fischerboote und Segeljachten vertäut liegen, gehört wohl zu den schönsten Erlebnissen eines Rostockbesuchs (s. Abb. 23). Die eingeschossigen Giebelhäuser mit vorgebauten Holzveranden versetzen den Besucher in die Zeit, als die ersten

121

Uwe Johnson und Mecklenburg

geb. 1934 in Kammin (Pommern), gest. 1984 in Sheerness (England)

Bereits sein erstes Buch begann mit dem Verlust von Heimat: Zwei junge Menschen, Klaus und Ingrid, fahren mit dem D-Zug südwärts, eine halbe Nacht hindurch nach Ostberlin. Ihr Ziel: Die Fremde jenseits ihrer Grenze, der Westen, weil es anders nicht mehr geht. Doch schon die große Stadt Berlin ist ihnen fremd, und Ingrid fragt den Freund am Morgen bei der Ankunft: »Wann hat Mecklenburg eigentlich aufgehört?«

So beginnt Uwe Johnsons Roman »Ingrid Babendererde«, den er schon als Schüler begonnen hatte und der doch erst als sein letzter erscheinen konnte, 1985, mehr als ein Jahr nach dem einsamen Tod des Autors in England. Der Untertitel »Reifeprüfung 1953« erklärt mit seiner Jahreszahl, warum die Mecklenburger Schulgeschichte, die mit Republikflucht endet, zur DDR-Zeit nicht erscheinen konnte.

Verlust von Heimat war das Thema, das der Autor Uwe Johnson seither immer wieder angeschlagen hat, von seinem zweiten, erstveröffentlichten Buch »Mutmaßungen über Jakob« (1959), das mit einem Flüchtlingstreck beginnt, bis in den letzten Satz der »Jahrestage«, seinem letzten und größten Werk, der mit einem Abschied ganz ins Ungewisse endet.

Verlust von Heimat war das Thema seines Lebens – und dies in doppelter Bedeutung, denn Uwe Johnson hat nicht nur davon geschrieben, er hat ihn am eigenen Leibe erlebt: Die Flucht aus Pommern 1945, von Kammin, wo er geboren war, nach Mecklenburg, nach Recknitz und Güstrow; später dann den Wechsel in den Westen, jenem Buch zuliebe, das im Osten gleichfalls ungedruckt geblieben wäre. »Ich wäre ganz gerne in der DDR geblieben, die mir damals erschien wie ein Land, in dem sich etwas verändern wird.« Das sagte er noch 1982.

Doch wie für Klaus und Ingrid blieb auch für Uwe Johnson nur die ungeliebte Fremde, Westberlin, die selbsternannte »Frontstadt«, die eben nicht zur Bundesrepublik gehörte. Es folgten Rom, erneut Berlin, New York für eine Zeit, ein letztes Mal Berlin – und schließlich

England, das schmucklose Sheerness-on-Sea an der Mündung der Themse. Im westlichen Entwurf von Deutschland war Uwe Johnson niemals heimisch; und befragt, was Heimat ihm bedeute, erklärte er, nur Monate vor seinem Tod: »Etwas Verlorenes.« Nach seinem »Umzug« in den Westen, wie er seinen Wechsel selbst nannte, war Uwe Johnson rasch bekannt geworden als ›Dichter des geteilten Deutschland‹. Und wie er auch den ungeliebten Ehrentitel mit guten Argumenten zu entkräften suchte: Mit jedem neuen Buch erwarb er ihn sich neu. »Das dritte Buch über Achim« (1961) war, so sagt es der Erzähler selbst im letzten Satz, ein Buch über »die Grenze: den Unterschied: die Entfremdung«. Und »Zwei Ansichten« (1965) verlegt das Romeo-und-Julia-Motiv in das Berlin des Mauerbaus von 1961.

Immer wieder wurden Schlüsseldaten der Nachkriegsgeschichte zu Schlüsselstellen seiner Werke: der Ungarnaufstand 1956 in den »Mutmaßungen«, der 17. Juni 1953 im »Dritten Buch«, in seinem Hauptwerk »Jahrestage« (1970–83) schließlich, einem Werk von annähernd 2000 Seiten, das Ende des Prager Frühlings im August des Jahres 1968. Mit allen großen Literaturpreisen wurde Uwe Johnson in der Bundesrepublik bedacht – und blieb doch eigentlich einer der größten Schriftsteller der DDR.

Von New York, dem einen Schauplatz der »Jahrestage«, erinnert seine Heldin Gesine Cresspahl sich immerfort zurück nach Mecklenburg, in die verlorene Heimat: Dies sind die beiden Ebenen dieses großen Erinnerungsbuches. Mecklenburg, wenn überhaupt ein Ort auf dieser Welt, war schließlich auch die Heimat Uwe Johnsons, das Land, »where I had grown up«, wie er 1980 schrieb. Schon 1977 hatte er bekannt:» Aber wohin ich in Wahrheit gehöre, das ist die dicht umwaldete Seenplatte Mecklenburgs von Plau bis Templin, entlang der Elde und der Havel ...«. Dort mündet die Erinnerungsarbeit der »Jahrestage«, und dort beginnt das erste Buch des jungen Autors.

Doch alle Versuche, die Orte seiner Werke durch vorfindbare Stätten einfach zu ersetzen, Jerichow durch Klütz und Wendisch Burg durch Güstrow, müssen bald in Unverbindlichkeiten steckenbleiben. Das Werk ist mehr als bloß ein Bild der Wirklichkeit. Und dennoch: Wer nach Güstrow kommt, wo Uwe Johnson bis zu seinem Abitur im Jahre 1952 die John-Brinckman-Oberschule nah am Dom besuchte, ehe er zum Studium nach Rostock wechselte, der sieht die Stadt zuletzt wie Uwe Johnsons Karsch in »Eine Reise wegwohin« (1960): »Sie Stadt, die an der anderen Seite der flachrunden Seebucht geduckt dasaß, mit niedrigen Hauszeilen am Wasser zu höheren Dächern bis zum rostroten Klumpen des Domturms ...«

Michael Bengel

Badegäste nach Warnemünde kamen (s. S. 38). Der Warnemünder Baustil besteht laut Theodor Fontane darin, »daß man an die Fronten der Häuser einen Glaskasten anklebt, der, unter den verschiedensten Namen auftauchend, als Balkon, Veranda, Pavillon, doch immer Glaskasten bleibt, wovon das Sein und Nichtsein aller Gäste und zuletzt ganz Warnemündes abhängt.« Reminiszenzen an die gute alte Badezeit finden sich im Heimatmuseum in der Theodor-Körner-Straße.

Von den Bauwerken unseres Jahrhunderts ist das horizontal gegliederte Kurhaus in der Seestraße 18 beachtenswert, das 1914–25 in den Formen der Neuen Sachlichkeit

123

nach Entwürfen von Gustav Berringer und Walter Butzek entstand. Der herrliche Sandstrand wird von dem siebzehnstöckigen Hotel Neptun (1967–71) überragt, an der Ostseeküste Mecklenburg-Vorpommerns die teuerste und vornehmste Adresse. Vorbei an dem Leuchtturm (1897–99) und dem Restaurant ›Teepott‹ (1968) führt der Weg zur 541 m langen Westmole, von der man den ein- und auslaufenden Schiffen zuschauen kann (s. Farbabb. 21).

Zahlreiche Sehenswürdigkeiten halten die Dörfer südlich von Rostock bereit. In der spätromanisch/frühgotischen Dorfkirche (13./14. Jh.) von **Kessin** können reiche, 700 Jahre alte Wand- und Gewölbemalereien betrachtet werden. Zu den besten Werken frühgotischer Plastik gehört die Schnitzfigur einer sitzenden Madonna vom Ende des 13. Jh. Spätromanische bzw. gotische Wand- und Gewölbemalereien weisen auch die Dorfkirchen von **Kavelstorf** und des Lieblingshofer Ortsteils **Petschow** auf. Die Kavelstorfer Feldsteinkirche mit ihren später hinzugefügten backsteinernen Fensterrahmungen diente wohl in Notzeiten als Zufluchtsort, worauf vor allem der wuchtige, wehrbauartige Westturm verweist. In **Reetz**, einem Ortsteil von Damm, lohnt ein Blick in die Dorfkirche (1772) wegen ihrer einheitlichen Rokokoausstattung. Mit dem klassizistischen Herrenhaus, dem Inspektorhaus und der Gutsschmiede, alle um 1825 erbaut, blieben in dem Dorf weitere kulturgeschichtlich interessante Bauten erhalten.

Nordöstlich von Rostock, in **Mönchhagen**, wächst die älteste Eibe Mecklenburg-Vorpommerns. Der Stammumfang des auf rund 500 Jahre geschätzten Baumes wird seit über 100 Jahren in 1 m Höhe regelmäßig gemessen: 1884 waren es 2,91 m, 1992 schon 3,52 m. Man sollte der B105 noch etwa 8 km folgen, denn das Jagdschloß (1886/ 87) in **Gelbensande**, mitten im Waldgebiet Rostocker Heide gelegen, gilt wegen seiner Fachwerkfassade, Loggien, Altane und Erker als eines der schönsten in Mecklenburg-Vorpommern. Den Entwurf für das historistische Bauwerk fertigte Gotthilf Ludwig Möckel, von dem auch der Plan für die neogotische Graaler Backsteinkirche (1908) im **Ostseebad Graal-Müritz** stammt. Möckel zeichnet ebenfalls für das in Neorenaissanceformen erbaute Schloß in **Groß Lüsewitz** verantwortlich.

☐ **Von Bad Doberan nach Kühlungsborn**

Dort, wo der erste von ihm erlegte Hirsch zusammenbrechen werde, solle ein Kloster entstehen, hatte Fürst Heinrich Borwin von Mecklenburg versprochen. Das Jagdglück war dem Fürsten ausgerechnet in einem sumpfigen Gelände hold. Während die Jagdgesellschaft noch beriet, ob dieses ein geeigneter Bauplatz sei, kam ein Schwan herübergeflogen und rief »dobr, dobr«. So ist der Legende zufolge der Standort des Klosters bestimmt worden und der Name ›Doberan‹ entstanden, denn im Slawischen bedeutet *dobr* gut und *an* Platz. Schwan und Hirsch finden sich im Wappen von **Bad Doberan** (13000 Einw.). Der Schwan bekam sogar ein Denkmal: Als Holzplastik wurde er um 1830 – mit einer Fürstenkrone um den Hals – auf hohem Steinsockel vor der berühmten Klosterkirche aufgestellt.

124

Bad Doberan:

1 Klosterkirche
2 Beinhaus
3 Kornhaus
4 Brauhaus
5 ehemaliges Amtshaus
6 Möckel-Haus
7 Haus Medini
8 Weißer Pavillon
9 Roter Pavillon
10 ehemaliges Großherzogliches Palais

11 ehemaliges Salongebäude 12 Hotel ›Kurhaus‹ 13 Gymnasium 14 ehemaliges Prinzenpalais
15 Haus Gottesfrieden 16 Haus Nizze 17 Haus Brügge 18 Sanatorium ›Moorbad‹ 19 Bahnhof
20 Ehm-Welk-Haus

1171 begannen Zisterziensermönche im heutigen Doberaner Ortsteil Althof das erste Kloster Mecklenburgs zu errichten, das aber schon acht Jahre später während des großen Slawenaufstandes zerstört wurde. Erhalten blieb hier als ältestes profanes Ziegelbauwerk Mecklenburgs die Klosterscheune (Mitte 13. Jh.). 1186 erfolgte an einem 3 km entfernten und geschützteren Standort – dem heutigen Bad Doberan – die Neugründung des Klosters, das bald das wohlhabendste und mächtigste in Mecklenburg war; zeitweise nannte es 66 Dörfer und Güter sein eigen.

In ihrer heutigen Form ist die 1294–1368 erbaute **Klosterkirche (1)** eine dreischiffige gotische Basilika mit fünfjochigem Lang- und zweischiffigem Querhaus (s. Farbabb. 10). Von den beiden romanischen Vorgängerbauten wurden lediglich am Westgiebel einige wenige Reste einbezogen. Die Baukonzeption folgt der Lübecker Marienkirche; auch die ursprünglich aus dem nordfranzösischen Kathedralschema entlehnte Verschmelzung von Chorumgang und Kapellenkranz wurde aus Lübeck übernommen. Entsprechend den strengen Regeln zisterziensischer Baukunst, die jeglichem

125

Auf einen Blick

Doberaner Münster: Mittelalterliche Ausstattungsstücke

Sakramentshaus (um 1270): 11,60 m hoher, geschnitzter Eichenholzturm; am sechsseitigen Sockel und am untersten der fünf Geschosse Figuren aus dem Alten und Neuen Testament, vermutlich von einem Künstler aus der Werkstatt Bertrams von Minden.

Kelchschrank (um 1280/90): Mit 20 Fächern zur Aufbewahrung von Reliquien, noch aus dem romanischen Vorgängerbau, vermutlich aus einer Lübekker Werkstatt; von den Sitzfiguren der geschnitzten Außenseiten die Marienkrönung sowie Paulus und Hesekiel erhalten; großfigurige Tafelmalereien auf den Innenseiten der Türen zeigen Abel und Melchisedek.

Grabmal der Königin Margaretha (um 1285): Hölzerne Tumba der 1282 in Rostock verstorbenen und in Doberan bestatteten Königin von Dänemark; Figur der Königin wahrscheinlich aus einer mitteldeutschen Werkstatt; erstes plastisch-figürliches Grabmal in Mecklenburg.

Hochaltar: Reichvergoldeter Hauptaltar, vermutlich um 1310 in einer Lübekker Werkstatt entstanden; unterste Figurenreihe nach 1370 hinzugefügt; in den Flügeln zu Szenen aus dem Alten und Neuen Testament zusammengestellte Figuren; in der Mittelnische, von einer Fiale bekrönt, stand ursprünglich eine Madonnenfigur (wahrscheinlich die der jetzigen Marienleuchte); einer der frühesten deutschen Flügelaltäre, der als kunstgeschichtliche Kostbarkeit gilt.

Bauschmuck abhold waren, besitzt das sog. Münster keinen Turm, sondern einen Dachreiter. Einige Schmuckformen wie die – weiß abgesetzten – Blendbogenfriese unterhalb des Dachansatzes und die Rosetten an den Giebeln zeigen jedoch, daß man sich in gewissem Umfang über das strikte Dekorverbot hinweggesetzt hat.

Nachdem eine dem neogotischen Geschmack gehorchende Restaurierung durch Gotthilf Ludwig Möckel gegen Ende des vorigen Jahrhunderts die ursprüngliche Bauidee in Teilen verändert hatte, stellten behutsame, 1964–84 durchgeführte Arbeiten den ursprünglichen gotischen Zustand wieder her. Vor allem das Kircheninnere mit seinem Kreuzrippengewölbe, in warmem, hellrotem Backstein gehalten und frisch mit Weiß abgesetzt, bietet einen überwältigenden Eindruck (s. Farbabb. 9). Das gemalte Triforium, Reliefkonsolen, auf denen schlanke Dienste aufsetzen, die reliefierten Kapitellbänder der Bündelpfeiler und die kunstvoll gestalteten Schlußsteine unter der Decke setzen weitere Akzente. Seine Einheitlichkeit und harmonische Schlichtheit machen das Doberaner Münster zu einer der bedeutendsten Kirchen der Backsteingotik im gesamten norddeutschen Raum.

Hinzu kommt, daß die Klosterkirche eine der wenigen in Norddeutschland ist, die noch große Teile ihrer ursprünglichen Innenausstattung besitzt. Die Klosterkirche war die bevorzugte Grablege der mecklenburgischen Herzöge. Besonders prunkvoll ist die Grabkapelle Herzog Adolf Friedrichs I. und seiner Gemahlin Anna Maria von 1634. Die prächtig gekleideten Figuren der Verstorbenen stehen in

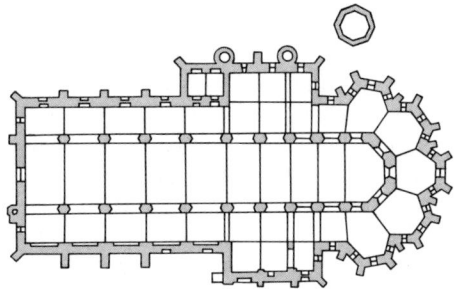

Bad Doberan, Grundriß der Klosterkirche

der Loggia eines reich verzierten barocken Kapellenbaus, zu dem eine Treppe mit vorgelagertem Prunkportal führt. Auch mit dem Hof verbundene verdienstvolle Persönlichkeiten wie der 1621 verstorbene Samuel von Behr fanden im Münster ihre letzte Ruhestätte. Der herzogliche Kanzler ist lebensgroß im Prunkharnisch auf dem Pferd sitzend dargestellt. Ein von sechs korinthischen Säulen getragener Sandsteinbaldachin überwölbt das hölzerne Standbild (1622–26). Zahlreiche Grabplatten im Flachrelief sowie die Porträts einiger Herzöge und ihrer Gattinnen komplettieren die reiche Innenausstattung (s. Abb. S. 47).

Im turmartigen, oktogonalen **Beinhaus (2)** nordöstlich der Klosterkirche, einem wahren Kleinod der Backsteingotik aus der Zeit um 1230, wurden die Gebeine aus neubelegten Mönchsgräbern aufbewahrt (s. Abb. 24). Von den klösterlichen Wirtschaftsgebäuden blieben das **Kornhaus (3;** um 1280, um 1900 zur Schule umgebaut) und das 1979 ausgebrannte **Brauhaus** mit Mühle **(4;** um 1290) erhalten. Das Klostergelände, noch von der vermutlich 1283–90 errichteten, 1400 m langen Backsteinmauer eingefaßt, wurde nach 1800 zum englischen Landschaftsgarten umgestaltet.

Corpus-Christi-Altar (um 1320/30): Triptychon mit Abendmahlsbild auf dem rechten Innenflügel; eines der frühesten Werke norddeutscher Tafelmalerei, vermutlich in einer Lübecker Werkstatt hergestellt.

Fronleichnamaltar (um 1340): Triptychon mit einer ungewöhnlichen Darstellung auf der Mitteltafel: Christus wird von Frauengestalten, die die Tugenden symbolisieren, gekreuzigt. Eine solche Deutung vom Opfertod Christi, die aus der Mystik erwuchs, ist vermutlich nur im Doberaner Kloster erhalten geblieben.

Kreuzaltar (um 1370/80): Doppelseitiger Flügelaltar, in seinen Schreinen Schnitzreliefs mit Szenen aus dem Alten Testament, der Kindheit Christi und der

Marienleuchte

127

Passion, auf den Außenseiten Tafelmalerei (alttestamentarische Könige, Apostel und Propheten); der Altar trennte den Mönchsbereich von dem der Laien, deshalb auch Laienaltar genannt; am jetzigen Standort erst wieder seit 1979. Das dazugehörige 15 m hohe monumentale **Triumphkreuz** aus Eiche ist als Lebensbaum gestaltet; die Seite mit der überlebensgroßen Gestalt des Gekreuzigten war den Laien zugewendet, die Klosterbrüder blickten auf Maria mit dem Kind; der Werkstatt des Bertram von Minden zugeschrieben.

Spätgotisches Chorgestühl: Ende 14. Jh., besondere Aufmerksamkeit verdienen die geschnitzten Holzpaneele der Wangen, die z. B. die Verkündigung, zwei Mönche, aber auch Tiere, Fabelwesen und Pflanzen darstellen.

Marienleuchte: Hölzerne, fast lebensgroße gotische Madonnenfigur, um

Schnitzereien des Chorgestühls

Großherzog Friedrich Franz I. wählte Doberan Ende des 18. Jh. zur Sommerresidenz, und am Heiligen Damm ›bey Doberan‹ entstand Deutschlands erstes Seebad (s. S. 38). Eine rege Bautätigkeit begann, der Doberan und das 6 km entfernte Heiligendamm ihre klassizistischen Bauten verdanken. Mitten in der Stadt befindet sich die Parkanlage Kamp mit alten Linden, Buchen und Roteichen, die ehemalige Viehweide des Ortes. Die beiden reizvollen **Pavillons (8 und 9;** 1808/09), eine klassizistische Schöpfung mit chinoisen Elementen, entstanden nach den Entwürfen von Carl Theodor Severin, in dessen Händen von 1802 bis 1835 der Bau von Doberan und Heiligendamm lag (s. S. 39). Die Gebäude um den Kamp stammen zum Teil von ihm, darunter das prachtvollste und bedeutendste, das **Großherzogliche Palais (10;** 1806–10), ein langgestreckter, zweigeschossiger Putzbau mit vier monumentalen ionischen Säulen in der August-Bebel-Straße 4. Ebenfalls ein Werk Severins ist das klassizistische **Salongebäude (11;** 1801/02) daneben, in dem sich einst Kaufläden für die Sommergäste befanden. Von Severins Vorgänger Johann Christoph Heinrich von Seydewitz stammt das heutige **Hotel ›Kurhaus‹ (12)**, 1795/96 als spätbarockes, zweigeschossiges Logierhaus im Fachwerkstil erbaut (August-Bebel-Straße 2). Von Seydewitz entwarf 1795 auch das **ehemalige Amtshaus (5)** in der Klosterstraße 1, das der herzoglichen Familie als Wohnhaus diente.

Das in Richtung Bahnhof liegende Gebäude des **Sanatoriums ›Moorbad‹ (18)** erbaute Severin 1825. Für sich selbst hatte Severin 1821–23 das Wohnhaus am Alex-

128

andrinenplatz 8 entworfen, das ihm aber offensichtlich zu groß geraten war. Er verkaufte es an den Erbprinzen, weshalb das heute als Schule genutzte Gebäude mit der monumentalen Rundbogennische und dem Kuppelwalmdach **Prinzenpalais (14)** genannt wird. Severin ließ sich dann das ähnliche, aber kleinere Haus am Alexandrinenplatz 5 erbauen (heute ›**Haus Gottesfrieden**‹; **15**), in dem er bis zu seinem Tod 1836 wohnte. Zu den von ihm entworfenen Gebäuden gehören noch die Häuser ›**Nizze**‹ **(16)** und ›**Brügge**‹ **(17)** am Alexandrinenplatz 6 und 7 sowie das nach dem Oberküchenmeister des Großherzogs

1290 entstanden, eine der frühesten Standmadonnen in Norddeutschland; nach Hinzufügung von Strahlenkranz, Mondsichel und Sternenkrone ab etwa 1400 als Marienleuchte verwendet; vermutlich die älteste Leuchte dieser Art nördlich der Alpen.

Grabmal des Königs Albrecht (um 1420): Doppelgrabmal für den 1412 verstorbenen König von Schweden und seine Gemahlin Richardis, verstorben 1377; liegende Schnitzfiguren mit porträthaften Zügen unter Maßwerkbaldachinen, tumbaartiger Unterbau erst um 1895 entstanden.

Elegante Flaniermeile: der Kamp in Bad Doberan, im Vordergrund das Großherzogliche Palais, Lithographie des 19. Jh.

Ehm Welk

Autor der »Heiden von Kummerow«

geb. 1884 in Biesenbrow, gest. 1966 in Bad Doberan

Die Gesamtauflage der Bücher Ehm Welks wird auf 4 Mio. geschätzt, die bekanntesten sind »Die Heiden von Kummerow« (1937), »Die Lebensuhr des Gottlieb Grambauer« (1938) und »Die Gerechten von Kummerow« (1943). Die realistisch und mit liebevoller Ironie porträtierten ›Helden‹ dieser Romane sind die Einwohner – und vor allem die Kinder – des pommerschen Dorfes Kummerow, die mit all ihren Schwächen und Vorzügen gesehen werden. Ehm Welk hat sich mit diesen Romanen, zusammen mit den beiden anderen großen niederdeutschen Realisten Fritz Reuter und Wilhelm Raabe, einen Platz in der deutschen Literaturgeschichte erschrieben.

Die Ausstellung im Doberaner Ehm-Welk-Haus informiert über den Journalisten Welk, der u. a. Chefredakteur des »Braunschweiger Allgemeinen Anzeigers« und der im Ullstein-Verlag herausgegebenen »Grünen Post« war. In diesem Wochenblatt erschien 1934 der von ihm verfaßte Leitartikel »Herr Reichsminister, ein Wort, bitte!« Reichsminister Goebbels ließ Welk ob der darin angeschlagenen kritischen Töne verhaften und ins Konzentrationslager sperren. Ein Berufsverbot folgte.

1945 kam Welk von seinem Wohnort Neuenkirchen bei Stettin nach Ueckermünde, ein Jahr später zog er nach Schwerin. Von dort aus gründete er sechs Volkshochschulen in Mecklenburg, diejenige in Schwerin leitete er selbst. Über den Menschen Welk schreibt Maximilian Scheer in einem Brief zu Ehm Welks 80. Geburtstag: »Du bist zwar ein guter Schriftsteller, Deine Bücher werden zwar, wie von mir, von Millionen gelesen und geliebt; was ich aber am meisten an Dir liebe, ist Deine menschliche Wärme, ist Dein Humor, ist Dein Witz.«

benannte **Haus Medini (7)** von 1825 an der Nordseite des Kamp; es befindet sich in der Severinstraße 5.

Über die Geschichte von Doberan und Heiligendamm informiert das Stadtmuseum im **Möckel-Haus (6;** Beethovenstraße 8), benannt nach Hofbaumeister Gotthilf Ludwig Möckel, der sich das stattliche Backsteingebäude 1887/88 im neogotischen Stil erbauen ließ. Von Möckel stammt auch der Entwurf für das 1887–89 errichtete Haus am Alexandrinenplatz 11, als **Gymnasium (13)** an der Stelle des abgetragenen Großherzoglichen Theaters erbaut. Durch die Straßen von Doberan, das seit 1921 die Bezeichnung ›Bad‹ tragen darf, dampft seit 1886 die ›Molli‹ (s. S. 133) genannte Kleinbahn. Sie fuhr vor 100 Jahren nur vom 1. Juni bis 30. September, der ganzjährige Fahrbetrieb besteht erst seit der Verlängerung der Strecke bis Arendsee (heute Kühlungsborn West) im Jahre 1910. ›Molli‹ fährt auch am **Ehm-Welk-Haus (20;** 1937/38) vorbei, dem letzten auf der linken Seite vor dem Stadtausgang. Der Dichter der »Kummerow«-Bücher wohnte von 1950 bis zu seinem Tod 1966 in dem zweigeschossigen Klinkerbau. In der heutigen Gedenkstätte ist das Arbeitszimmer von Welk mit der mehr als 5000 Bücher umfassenden Bibliothek zu sehen.

Heiligendamm (Ortsteil von Bad Doberan), die ›weiße Stadt am Meer‹, besitzt noch ihr aus dem 19. Jh. erhaltenes klassizistisches Aussehen. Aus den Anfangsjahren des Seebades hat das ›Gesellschafts-, Tanz- und Speisehaus‹ von 1816 als schönstes Bauwerk die Zeit überdauert (s. Abb. 25). Baumeister dieses zweigeschossigen Putzbaus mit breiter dorischer Säulenvorhalle war wiederum Severin. Die weißen Stuckreliefs auf blauem Grund über den Fenstern der Säulenhalle des heutigen Kurhauses zeigen griechische Sagengestalten. Über dem Eingang prangt die Inschrift: »HEIC TE LAETITIA INVITAT POST BALNEA SANUM« (»Freude erwartet dich hier, entsteigst du gesundet dem Bade«).

Das heutige ›Haus Mecklenburg‹ an der Westseite des Kurhausplatzes entstand als eingeschossiges Badehaus 1795/96 nach einem Entwurf von Seydewitz; 1838/39 wurde es aufgestockt, 1875 kam der viergeschossige Anbau an der Seeseite hinzu. Das ›Haus Berlin‹ an der Ostseite gehört zu den jüngsten Gebäuden; 1873 empfing es als ›Grand-Hotel‹ die ersten Gäste. Vor dem Haus liegt ein gewaltiger Granitstein mit der Inschrift »Friedrich Franz I. gründete hier Deutschlands erstes Seebad – 1793/1843«. Hofbaumeister Demmler bezeichnete den Transport des 220 t schweren Monolithen von der 11 km entfernten Fundstelle als das »schwierigste Geschäft, welches mir während meiner ganzen Dienstzeit übertragen wurde.«

Westlich des Kurhausplatzes entstanden um 1840 im englischen Landhausstil drei Villen für die großherzogliche Familie (Prof.-Dr.-Vogel-Straße 1–3). Das von Demmler im Stil der englischen Tudorgotik 1848 erbaute Haus Nr. 4 paßte nicht zum architektonischen Gesamtbild von Heiligendamm, so daß um 1960 die Türmchen, Zinnen und der bergfriedähnliche Hauptturm beseitigt wurden. Östlich des Kurhausplatzes begann die Bebauung nach 1845 mit den sieben Villen der ›Neuen Logierhäuser‹ (Prof.-

Dr.-Vogel-Straße 7–13); die Kolonnaden mit einer vorgelegten dorischen Säulenhalle wurden um 1860 fertiggestellt. Die weiteren bis 1910 entstandenen Gästehäuser und Hotels passen sich gut dem von Severin geschaffenen klassizistischen Ortsbild an. Danach kam die Bautätigkeit zum Erliegen – Heiligendamm verlor, wohl wegen seines steinigen Strandes, an Bedeutung.

In der Umgebung von Bad Doberan und Heiligendamm stehen zahlreiche niederdeutsche Hallenhäuser. In **Retschow** kann man in den Sommermonaten eine von einer Feldsteinmauer eingefriedete Hofanlage mit zwei rohrgedeckten Häusern von 1787 und 1826 besichtigen. Besonders viele Bauerngehöfte und Einzelbauten haben sich im Elmenhorster Ortsteil **Lichtenhagen** erhalten. Zu den ältesten gehören das als Stall genutzte Hallenhaus (1789) auf der Dorfstraße 22, das Hallenhaus (1715) Dorfstraße 84 und das nebenstehende rohrgedeckte Hallenhaus (1798), das viele Jahre als Schule diente.

Weitere Hallenhäuser stehen in **Börgerende-Rethwisch**, dessen gotische Backsteinkirche aus dem 14. Jh. zeitgleiche Glasmalereien in den Chorfenstern besitzt. Östlich des Doppeldorfes, beim **Ostseebad Nienhagen**, wurde das Nienhagener Holz unter Naturschutz gestellt, im Volksmund als ›Gespensterwald‹ bezeichnet. Die Bäume oberhalb des etwa 9 m hohen Kliffs wuchsen aufgrund der zahlreichen Stürme in bizarren Formen, die mit einiger Phantasie Märchen- und Fabelwesen erkennen lassen. Östlich der Gemeinde erstreckt sich die Conventer Niederung mit dem gleichnamigen See, seit 1932 Vogelschutzgebiet.

Ein lohnendes Besichtigungsobjekt westlich von Bad Doberan stellt die wuchtige gotische Backsteinkirche (spätes 13. Jh.) in **Steffenshagen** dar, deren südliche Pforte ein Kapitellband mit Apostelfiguren schmückt. Den Chor zieren Bänder aus Formziegeln, auf denen im Relief Fabeltiere und Weinlaubranken zu sehen sind. Man beachte auch das spätromanische Taufbecken aus Granit und die spätgotischen Ausstattungsstücke der Triumphkreuzgruppe und des Schnitzaltars.

Formziegelfries an der Kirche von Steffenshagen

132

Eine Fahrt mit der Schmalspurbahn ›Molli‹

Von Bad Doberan zum Ostseebad Kühlungsborn

Als ›Bäderbahn‹ wird die Schmalspurstrecke offiziell bezeichnet, im Volksmund aber trägt sie den Kosenamen ›Molli‹. Ob die oder der – niemand weiß es genau zu sagen. Die Gleise des ›Molli‹ verlaufen im Bad Doberaner Bahnhofsgelände neben denen der normalspurigen Nebenstrecke Rostock – Wismar. Beide teilen sich das klassizistische Empfangsgebäude (1883). Mit dem typischen Bimmeln – seine Dampflokomotiven haben je zwei Läutwerke – setzt sich der Zug in Bewegung. Nach einer kurzen Fahrt durch den Bad Doberaner Stadtpark wird am Alexandrinenplatz die B 105 gekreuzt. Mit etwas mehr als Schrittgeschwindigkeit (10 km/h) dampft der Zug durch die Straßen der Stadt; der Abstand zu den Häuserwänden beträt oftmals kaum einen Meter. Die erste Station, noch in Bad Doberan (1,1 km), ist die **Goethestraße.** Anschließend verläuft das Gleis parallel zu einer herrlichen Lindenallee, und langsam wird die Höchstgeschwindigkeit von 50 km/h erreicht. Der Haltepunkt **Rennbahn** (3,8 km) wurde im August 1993 wieder eingerichtet: nach 27jähriger Pause fand auf der ersten Rennbahn auf dem europäischen Kontinent (1823) wieder ein Wettkampf statt.

Rechter Hand vom Zug dehnt sich der herrliche Mischwald ›Großer Wohld‹ aus, linker Hand voraus sind die Höhenzüge der ›Kühlung‹ mit dem Diedrichsträger Berg als höchster Erhebung zu erkennen, von dem Einheimischen als ›Thüringer Wald Norddeutschlands‹ bezeichnet. Am südöstlichen Ortseingang von Heiligendamm steht im Wald eine kleine Kapelle von 1904 im neogotischen Stil. Der Entwurf für diesen Backsteinbau stammt von Gotthilf Ludwig Möckel.

Der Bahnhof **Heiligendamm** (6,5 km) enstand im klassizistischen Baustil des Seebades 1911/12; hier gibt es meist einen kleinen Aufenthalt, bis der Gegenzug passiert hat. Bis 1910 führte die Strecke nur bis Heiligendamm, auf dem kleinen Parkplatz am Ortseingang stand bis dahin das hölzerne Empfangsgebäude. Weiter geht die Fahrt, vorbei an Wiesen und Feldern und dem rechts liegenden ›Kleinen Wohld‹ zum erst 1969 eingerichteten Haltepunkt **Heiligendamm Steilküste** (10,8 km), an dem nur im Sommer gehalten wird. Auf einem Feldweg sind es etwa 400 m bis zum Ostseestrand, von dem ein Teil den FKK-Anhängern gehört. Auf dem Hochufer führt der Weg von Heiligendamm nach Kühlungsborn entlang.

Wenn die ersten Häuser von Kühlungsborn auftauchen, nehmen die Gleise einen weiten Bogen zum Bahnhof **Ostseebad Kühlungsborn Ost** (12,7 km), bis 1938 Bahnhof Brunshaupten. In Kühlungsborn Ost sollte aussteigen, wer zur 1991 eingeweihten Seebrücke möchte. Laut bimmelnd strebt die gelb-rote Wagenschlange danach dem Haltepunkt **Kühlungsborn Mitte** (13,5 km) entgegen, um schließlich nach etwa 43 Minuten – so sieht es zumindest der Fahrplan vor – den Bahnhof **Ostseebad Kühlungsborn West** (15,4 km; bis 1938 Arendsee) mit einem Empfangsgebäude aus Klinkern (1927) zu erreichen.

Wenn bis jetzt noch kein Foto von der Dampflokomotive gelungen ist, der hat auf dem Bahnhofsgelände dazu reichlich Gelegenheit. Die gesamte Schmalspurstrecke mit der seltenen Spurweite von 900 mm, ihre Bauten, Lokomotiven und der Wagenpark stehen seit 1976 unter Denkmalschutz. Mehr als 60 Mio. Fahrgäste hat der ›Molli‹ seit Inbetriebnahme der Strecke im Jahre 1886 befördert.

Das **Ostseebad Kühlungsborn** (8000 Einw.) entstand 1938 durch die Vereinigung der Orte Fulgen, Brunshaupten und Arendsee. Drei fliegende silberne Möwen im Stadtwappen symbolisieren die drei einst selbständigen Orte. Bei der Namengebung standen das nahe Waldgebiet Kühlung und der Bach Cubanze Pate – das slawische *Cubanz* bedeutet Born. Eine 3 km lange Promenade verbindet die Stadtteile Kühlungsborn Ost (ehemals Brunshaupten) und Kühlungsborn West (ehemals Arendsee), dazwischen erstreckt sich der Stadtwald. Charakteristisch für das Seebad (s. Abb. 26), das zu DDR-Zeiten ein Massenquartier mit bis zu 130000 FDGB-Urlaubern pro Jahr war, sind die Anfang des 20. Jh., oft im Stil der sog. Bäderarchitektur entstandenen Pensionen und Villen.

Architektonisch erwähnenswert ist die in neobarocken Formen nach einem Entwurf von Alfred Krause 1912 erbaute Villa (Straße des Friedens, neben der Meeresschwimmhalle), in der sich der nationalsozialistische Propagandaminister Joseph Goebbels gern aufhielt. Am Hotel ›Schloß am Meer‹ in der Tannenstraße, einem dreigeschossigen Putzbau, fallen die über Eck gestellten Loggien und Balkone auf. Für den Pavillon im Konzertgarten Kühlungsborn Ost dürften wohl die Pavillons auf dem Doberaner Kamp als Vorbild gedient haben, der achtseitige Bau entstand um 1910. Das jüngste Bauwerk – und der ganze Stolz des Seebades – ist die Ende 1991 fertiggestellte, 240 m lange Seebrücke. Die Windmühle am südöstlichen Stadtrand wurde zu einer niveauvollen Gaststätte ausgebaut.

Die Straße von Kühlungsborn nach Kröpelin führt durch die ›Kühlung‹, ein tief zerschnittenes, bewaldetes Hügelland. Nicht immer muß ein Turm erklommen werden, um die Weite des Landes genießen zu können: Vom höchsten Punkt der Kühlung, dem Diedrichshäger Berg (128 m), bietet sich ein herrlicher Rundblick.

Kröpelin (4500 Einw.), im hügligen Küstentiefland planmäßig angelegt, bekam vermutlich schon zwischen 1235 und 1250 von Fürst Heinrich Borwin III. von Rostock das Stadtrecht verliehen. Im 19. Jh. war Kröpelin als Schusterstadt bekannt: 1867 arbeiteten hier 133 Meister und Gesellen. Das zweigeschossige Rathaus am quadratischen Marktplatz entstand um die Jahrhundertwende in historisierenden Formen. An der backsteinernen Stadtkirche nördlich des Marktes wurde jahrhundertelang gebaut: Der älteste Teil ist der frühgotische Rechteckchor mit der Nordsakristei (13. Jh.), der jüngste das Obergeschoß des Turms mit seinem achtseitigen Spitzhelm (1885). Als Wahrzeichen von Kröpelin gilt die Holländermühle aus dem 19. Jh. am östlichen Stadtrand.

☐ An der Warnow

Über 128 km schlängelt sich die nördlich von Parchim entspringende Warnow durch das mittlere Mecklenburg. Das reizvollste Wald- und Seengebiet am östlichen Flußufer liegt um Neukloster und Warin, von Rostock am günstigsten über **Satow** zu erreichen. Im vorigen Jahrhundert ließen sich die Satower, mit ihrer Dorfkirche aus dem 13. Jh. nicht mehr zufrieden, nach einem Entwurf von Theodor Krüger 1864–67 ein neues backsteinernes Gotteshaus im neogotischen Stil errichten. Die alte, nach 1867 aufgegebene frühgotische Kirche verfiel und ist heute eine Ruine.

Die gotische Backsteinkirche im Bölkower Ortsteil **Hohen Luckow** besitzt eine schöne barocke Ausstattung. 1707/08 ließ sich die Familie von Bassewitz, der Hohen Luckow seit 1308 gehörte, ein zweigeschossiges barockes Herrenhaus erbauen: die Ecktürme mit barockisierenden Hauben an der Gartenseite und der Eingangsvorbau an der Hofseite kamen im 19. Jh. hinzu. Die Stuckdecken im Inneren mit reichen Reliefornamenten und -figuren schufen vermutlich italienische Meister.

Bei der heutigen Kleinstadt **Neukloster** (5000 Einw.) gründete Fürst Heinrich Borwin II. 1219 das Zisterzienserinnenkloster Sonnenkamp, den ersten Nonnenkonvent in Mecklenburg. Die einschiffige Kirche, eine auf kreuzförmigem Grundriß erbaute, 1236 geweihte spätromanische Basilika, ist die älteste erhaltene in der mecklenburgisch-vorpommerschen Küstenregion (s. Abb. 32). Der blockhafte Backsteinbau mit den gedrungenen Blendarkaden, dem ebenfalls vorgeblendeten Triforium und dem hohen, lichten Obergaden im Inneren läßt stilistische Ähnlichkeiten mit dem Ratzeburger Dom erkennen, so auch die Fischgrätmuster an den äußeren Giebelflächen von Chor und Querhaus. Kleinode sind die in hoher Qualität ausgeführten Glasmalereien (1235–45) in den Lanzettfenstern der Chorwand, die ältesten und bedeutendsten in

Neukloster,
spätgoti-
scher
Schnitzaltar
der Rosen-
kranzma-
donna

135

unserem Reisegebiet. Ein Meisterwerk der Schnitzkunst ist das spätgotische Triptychon (16. Jh.) mit der Rosenkranzmadonna, die von den Figuren der hl. Anna Selbdritt und der hl. Katharina in den Altarflügeln flankiert wird. Von den Gebäuden des 1555 säkularisierten Klosters blieb lediglich das Propsteigebäude stehen.

Die herrliche Landschaft mit Seen und Wäldern hat vermutlich die in Bützow residierenden Bischöfe bewogen, 1284 bei **Warin** (3900 Einw.) eine – heute nicht mehr existierende – Burg zur Nebenresidenz umbauen zu lassen. Im vorigen Jahrhundert besaß die zwischen Groß Wariner See und Glammsee liegende Stadt die größte Holzpantoffelfabrik Mecklenburgs. Das älteste Haus von Warin ist das 1755 in Fachwerk erbaute Predigerwitwenhaus Am Markt 2. In dieser Straße (Nr. 13) steht auch das Haus, in dem 1879 der Maler und Grafiker Ernst Lübbert geboren wurde. Lübbert, der im Ersten Weltkrieg fiel und von dem das Staatliche Museum Schwerin Bilder besitzt, malte vor allem das ländlich-kleinstädtische Milieu. Sein Denkmal, 1934/35 vom Bildhauer Schmidt-Kestner geschaffen, steht in einer Grünanlage unweit des Geburtshauses. Unter der heute etwa 800 Jahre alten Eiche auf dem Sportplatz am Glammsee soll der Legende nach im Dreißigjährigen Krieg der kaiserliche Feldherr Wallenstein gerastet haben.

In sieben bronzezeitlichen Hügelgräbern im Ortsteil **Waldheim** traten reiche Funde zutage, die sich heute im Archäologischen Landesmuseum in Schwerin befinden. Ein Megalithgrab erhebt sich nördlich vom Ortsteil **Pennewitt**.

Im Zahrensdorfer Ortsteil **Tempzin** erfolgte 1222 vom hessischen Grünberg aus die Gründung einer Antoniterpräzeptorei. Erhalten blieb von der klosterähnlichen Niederlassung die spätgotische Backsteinhallenkirche mit polygonal geschlossenem Chor aus dem 15. Jh. Die spätgotische Kanzel und die überlebensgroße Sitzfigur des hl. Antonius stammen noch aus der Erbauungszeit. Den kostbaren Flügelaltar von 1411 bewahrt das Staatliche Museum Schwerin auf.

Brüel (3400 Einw.), ein im mittleren Warnowtal liegendes langgestrecktes Städtchen, besitzt eine einschiffige frühgotische Backsteinkirche aus dem 13. Jh. mit einem breiten Westbau (15. Jh.). Spätgotische Wandmalereien des 16. Jh. zeigen u. a. die lebensgroßen Darstellungen des 1511 verstorbenen Grafen Heinrich von Plessen und seiner Gemahlin. Die reich verzierte Kanzel stammt von 1624, der hölzerne Altaraufsatz wurde 1753 hergestellt. Das backsteinerne Rathaus aus der Zeit um 1850 präsentiert sich im Stile der Neogotik. Brüel ist der Geburtsort von Detloff Carl Hinstorff, des ersten bedeutenden mecklenburgischen Verlegers.

Sternberg (5200 Einw.), dessen gitterförmiges Straßennetz auf die planmäßige Gründung um 1248 hinweist, liegt am Südostende des gleichnamigen Sees. Am rechteckigen Marktplatz und in den angrenzenden Straßen beeindruckt die fast geschlossene Bebauung mit Fachwerkhäusern, die nach dem großen Stadtbrand 1741 entstanden (s. Abb. 31). Typisch für die Fachwerkhäuser sind die als ›Sternberger Brand‹ bezeichneten Verzierungen am Querbalken im ersten Geschoß. Die Nordseite des Platzes dominiert das Rathaus (um 1850) mit einer Fassade im Stile der Tudorgotik. Hier tagte bis 1913 der mecklenburgische Landtag, seit 1572 regelmäßig in Sternberg, ab 1621 im jährlichen Wechsel mit Malchin. Zuvor hatte der Landtag seine Beratungen an der Sagsdorfer Warnowbrücke, 3 km von Sternberg entfernt, im Freien abgehalten. Auf der letzten Beratung an dieser Stelle, im Jahre 1549, beschloß er die Einführung von Luthers Lehre in Mecklenburg.

An dieses Ereignis erinnert ein historisierendes Wandgemälde von Fritz Grever (1895) in der Turmhalle der frühgotischen Stadtkirche St. Maria und St. Nikolaus (13. Jh.). Nach dem Stadtbrand von 1741 wurde die Innenausstattung der chorlosen dreischiffigen Backsteinhalle mit Kreuzrippengewölbe barock erneuert. An den Achteckpfeilern sind Reste der Ausmalung aus dem 14. Jh. zu sehen. Aus der Werkstatt von Philipp Brandin stammen der Grabstein und das Epitaph des 1576 verstorbenen Th. v. Plessen. An die Südseite der Kirche wurde 1496 die spätgotische Kapelle des Hl. Blutes angebaut, die an ein dunkles Kapitel der Stadtgeschichte erinnert: Wegen angeblicher Hostienschändung wurden am 24. Oktober 1492 25 jüdische Männer und zwei Frauen auf dem Scheiterhaufen verbrannt. Nach diesem Ereignis avancierte Sternberg zum Wallfahrtsort, denn viele wollten die Hostien und das ›wunderbarerweise‹ aus ihnen geflossene Blut sehen.

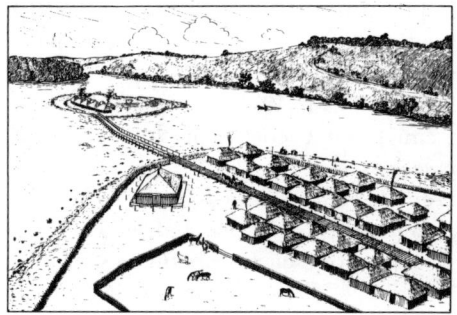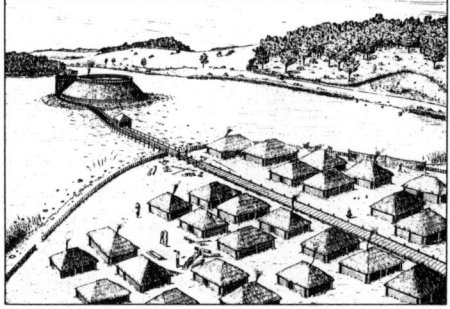

Groß Raden, Rekonstruktionszeichnungen des slawischen Tempelortes im 9. sowie im 10. Jh.

Auf jeden Fall sollte man dem 3,5 km entfernten Ortsteil **Groß Raden** einen Besuch abstatten. Auf einer dort in den kleinen Binnensee ragenden Halbinsel hatten die zum Verband der Obodriten gehörenden Warnower eine Tempelburg mit Siedlung errichtet (s. S. 19). Wissenschaftler legten 1973–80 die Fundamente zahlreicher Holzbauten aus dem 9. und 10. Jh. frei, deren markanteste, z. B. der kreisförmige Burgwall, rekonstruiert wurden. Ein Großteil der etwa 90 000 Fundstücke ist in einem neuen Museumsgebäude am Rande des Archäologischen Freilichtmuseums zu sehen.

137

8 km westlich von Sternberg wurde 1873 im Weitendorfer Ortsteil **Kaarz** ein klassizistisches Schloß fertiggestellt, an dem die Reliefplatten mit Fabeldarstellungen unter den Fenstern Beachtung verdienen. Die weithin sichtbare Holländermühle (1892) von **Dabel**, die allerdings seit 1953 elektrisch betrieben wird, besitzt noch ihre originale Ausstattung. Ein landschaftliches Erlebnis bereitet das malerische Durchbruchtal der Mildenitz und der Warnow bei **Groß Görnow**. Bis zu 30 m tief haben sich die beiden Flüßchen ihr Bett gegraben, in dem Hunderte von Findlingen liegen.

Wer wissen möchte, wo er **Bützow** (10600 Einw.) findet, sollte in Wilhelm Raabes Erzählung »Die Gänse von Bützow« (1869) nachlesen:

»Wo die Fluten der Warnow das liebliche und nahrhafte Land der Obotriten, Welataben und Wagrier durchströmen, liegt im Arm der Nixe des Flusses die Stadt Bützow...«

Der Gänsebrunnen (1981) von Walter Preik auf dem quadratischen Markt ist dieser Erzählung gewidmet. Die Schweriner Bischöfe, mit Mitra und zwei gekreuzten Bischofsstäben im Stadtwappen verewigt, machten Bützow 1239 zu ihrer Hauptresidenz und ließen bald darauf eine Burg erbauen. Nach der Säkularisierung veranlaßte Herzog Ulrich von Mecklenburg den Ausbau zum Renaissanceschloß; den Auftrag erhielt Franz Parr. Nach dem Vorbild des Fürstenhofes in Wismar schmückte er das Bauwerk mit Terrakottafriesen, von denen einige am Giebelanbau zu sehen sind, einem der wenigen erhaltenen Teile des Schlosses.

Noch von der Bischofsburg stammt die kreuzrippengewölbte Kapelle, in der das Heimatmuseum am Schloßplatz seine Ausstellungen zeigt. Ein Wirtschaftsgebäude der Burg war das sog. Krumme Haus vom Anfang des 14. Jh.; seit 1985 befindet sich darin eine Gedenkstätte für 700 Gefangene, die während der Zeit des Nationalsozialismus im Zuchthaus Bützow-Dreibergen ihr Leben ließen.

Rund 30 Jahre, von 1760 bis 1789, war Bützow Universitätsstadt. Als Konkurrenz zur Rostocker Universität eröffnete Herzog Friedrich die ›Friedericiana‹ mit den Fakultäten Theologie, Jura, Medizin und Philosophie. Der Zuspruch war jedoch nicht sonderlich groß: 1760 beispielsweise gab es nur 83 Studenten. Von 1699 bis 1703 durften sich in Bützow Hugenotten aus Frankreich ansiedeln, die die Wollverarbeitung und den Tabakanbau hier einführten. Die freie Ausübung ihrer Religion war ihnen garantiert worden, und so entstand 1765–71 die schlichte Reformierte Kirche am Ellernbauch mit klassizistischen Elementen.

Westlich vom Markt mit dem neogotischen Rathaus (1848–50) erhebt sich die aus einem 1248 gegründeten Kollegiatsstift hervorgegangene gotische Backsteinhalle mit

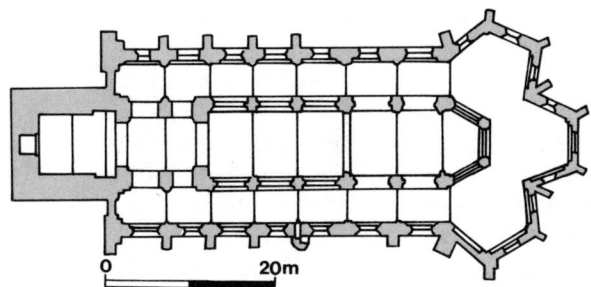

Bützow, Grundriß der
ehemaligen Kollegiatskirche

0   20m

74 m hohem Westturm und Chorumgang mit Kapellenkranz. Zu den vorzüglichen Ausstattungsstücken im kreuzrippengewölbten, weiträumigen und lichten Inneren gehören der vierflüglige spätgotische Schnitzaltar von 1503 und die große Renaissance-kanzel von 1617 mit ihren meisterhaften, delikaten Schnitzereien. Das Bild der Stadt prägen schlichte Traufenhäuser des 18./19. Jh. mit Tordurchfahrten. Von den schön geschnitzten Haustüren sei als Beispiel diejenige des Hauses am Platz der Freiheit 2 genannt. Der älteste Fachwerkbau ist das zweistöckige Ratsarmenhaus von 1589 in der Kirchstraße, eines der wenigen Häuser, die die Feuersbrunst 1716 verschonte.

Bützows Umgebung hat nicht nur Seen, ausgedehnte Wiesen, Felder und Wälder zu bieten, sondern auch sehenswerte Kirchen und kleine Schlösser. Das Renaissance-schloß in **Kurzen Trechow** ging 1601 aus einer mittelalterlichen Wasserburg hervor. Ebenfalls aus einer bereits im 13. Jh. genannten Wasserburg entstand 1682–85 das Schloß in **Gnemern**, einem Ortsteil von Klein Sien, das seit kurzem wieder an drei Seiten von Wasser umschlossen wird. Mit aufwendigen Kirchenausstattungen doku-mentierte der Adel hier wie andernorts seinen Reichtum und seine Macht. In ihren Grabdenkmälern ließen sich die Stifter verewigen, so die Familie Kröger auf einem Epitaphgemälde von 1686 in der Kirche des Klein Belitzer Ortsteils **Neukirchen**, einem der eindrucksvollsten frühgotischen Kirchenbauten Mecklenburgs. Von der Ba-rockausstattung sind Altar, Kanzel (beide 1728) und Orgelprospekt (1772) erwähnens-wert.

In **Rühn** erfolgte 1232 die Gründung eines Zisterzienserinnenklosters, dessen Gebäude im 19. und 20. Jh. stark verändert wurden. Ein Besuch der einschiffigen Klosterkirche (um 1250) mit spätromanischen Elementen lohnt wegen des Altaraufsat-zes von 1578, der zu den frühesten nachreformistischen Werken Mecklenburgs gehört. Er zeigt auf den Flügeln Bildnisse von Herzog Ulrich und Herzogin Elisabeth, vermut-lich von Cornelius Crommeny gemalt. Ein Blick sollte auch der reich geschmückten Fürstenempore aus der Zeit um 1600 und dem großen Prunkepitaph der Herzogin Sophie von 1694 gelten. Die um 1400 erbaute gotische Dorfkirche im 6 km entfernten Baumgartner Ortsteil **Laase** birgt zwei Kunstwerke: eine der ältesten Madonnenfigu-ren (Mitte 13. Jh.) Mecklenburgs und auf der Innenseite einer Sakramentsschranktür

139

in der Chornordwand die spätgotische Malerei »Christus als Schmerzensmann« (um 1400).

Wertvolle Ausstattungsstücke kann auch die backsteinerne gotische Dorfkirche von **Tarnow** mit ihrer Kalksteintaufe (14. Jh.), dem spätgotischen Flügelaltar (15. Jh.) und der barocken Kanzel (1674) vorweisen. Die Dorfkirche im benachbarten **Boitin** (14. Jh.) besitzt einen umlaufenden Wandgemäldefries aus der Zeit um 1500. Im Wald zwischen den beiden Orten liegen einige der bedeutendsten vorgeschichtlichen Denkmale Mecklenburgs, bekannt als Boitiner Steintänze. Der ›Große Steintanz‹ (6.–5. Jh. v. Chr.) besteht aus drei Steinsetzungen, etwa 140 m davon entfernt sind weitere Findlinge, zu einem Kreis geordnet, aufgestellt. Mit solchen Steinsetzungen wurden in der Eisenzeit Brandgräberfriedhöfe eingefaßt, um sie zu begrenzen und wohl auch das Erdreich zu halten.

Im Darnower Forst beim Dorf **Zepelin** (4 km östlich von Bützow) steht ein 1910 aus Granitfindlingen errichtetes Denkmal für Ferdinand Graf von Zeppelin, den Erfinder der Starrluftschiffe, dessen erstes 1900 vom Bodensee aufstieg. Das Geschlecht derer von Zeppelin stammt aus diesem Gebiet: In einer Urkunde von 1286 wird ein Heinrich von Zeppelin als Ritter im Dienste des Fürsten Heinrich von Werle-Güstrow genannt.

Schwaan (6000 Einw.), in der weiten Wiesenniederung an der unteren Warnow gegründet, hat bis heute den Charakter einer Ackerbürgerstadt behalten. Die Wohnhäuser, oft mit geschnitzten Haustüren, stammen vom Ende des 18./Anfang des 19. Jh. Die spätromanische Backsteinkirche St. Paul, mit deren Bau schon um 1240 begonnen wurde, besitzt mit einer gotischen Triumphkreuzgruppe (um 1300) und einer spätgotischen Madonnenfigur (um 1500) bedeutende Ausstattungsstücke. An der Südseite des Schiffes entstand mit der Vorhalle um 1830 einer der ersten neogotischen Bauten Mecklenburgs.

Hohen Sprenz kann eine der ältesten Dorfkirchen Mecklenburgs vorweisen. Im Chorgewölbe der um 1250 erbauten spätromanischen Kirche sind reiche Wandmalereien aus dem 15. Jh. zu sehen. 5 km südlich vor Schwaan, am Ufer der Warnow, erhob sich einst die mächtige Obodritenburg **Werle**, bei der 1160 Fürst Niklot im Kampf gegen Heinrich den Löwen fiel (s. S. 20). Reste des Burgwalls sind noch zu erkennen.

☐ Güstrow und Umgebung

Güstrow (39 000 Einw.), von Fürst Heinrich Borwin II. zu Beginn des 13. Jh. im Tal der Nebel planmäßig gegründet, gehört mit Dom, Pfarrkirche, Schloß und Barlach-Gedenkstätte zu den touristischen Glanzlichtern in Mecklenburg-Vorpommern. Bei der 1556 vollzogenen Güterteilung zwischen den herzoglichen Brüdern Johann Albrecht I. und Ulrich III. bekam letzterer das Amt Güstrow und die Burg zugesprochen. Güstrow wurde Residenzstadt (bis 1695), was zu einer wirtschaftlichen Blüte führte. Ende des 19. Jh. erhielt die Stadt den – wohl etwas ironisch gemeinten – Beinamen ›Klein Paris‹, galt sie doch als gesellschaftlicher Mittelpunkt Mecklenburgs. Ernst Bar-

Georg Friedrich Kersting

Stille Innenräume

geb. 1785 in Güstrow, gest. 1847 in Meißen

Seine berühmten Malerfreunde, zu denen Caspar David Friedrich und Philipp Otto Runge gehörten, nannten ihn ›den kleinen Mecklenburger‹. Längst gilt jedoch auch Georg Friedrich Kersting als eine der großen Malerpersönlichkeiten des 19. Jh. Sein Gemälde »Caspar David Friedrich im Atelier« gehört zu den Kostbarkeiten der Berliner Nationalgalerie, und die Kunstsammlungen zu Weimar zählen sein Bild »Die Stickerin« zu ihren Schätzen. In seiner Geburtsstadt Güstrow ist Kersting indes nach wie vor ›der kleine Mecklenburger‹, steht er doch im Schatten von Ernst Barlach. Gewiß liegt dies auch daran, daß es von Barlach viel, von Kersting (zu) wenig in Güstrow zu sehen gibt. Zu diesen wenigen Originalen gehört die Bleistiftzeichnung »Zwei Kinder« (Kersting-Gedenkstätte in der Hollstraße 6), eine kleinformatige, schlichte Skizze mit ruhigen, beinahe starren Figuren, die typisch für Kerstings Schaffen ist.

Kerstings kunstgeschichtlicher Rang beruht vor allem auf seinen Innenraumbildern. Diese stillen Interieurs, in denen alles Dargestellte gleichsam den Atem anzuhalten scheint, besitzen nur durch die Fenster eine Verbindung zur Außenwelt. Kerstings Bilder scheinen so die allgemeine gesellschaftliche Entwicklung widerzuspiegeln, die enttäuschten Hoffnungen des Bürgertums auf politische Mitbestimmung nach 1815, das sich nun, in der Zeit der Restauration, auf seine Privatsphäre, in die ›eigenen vier Wände‹, zurückzog. Stilgeschichtlich bedeutet dies, daß Kerstings Werk am Übergang von der Romantik zum Biedermeier anzusiedeln ist.

Die Gedenkstätte stellt Kersting nicht nur als Künstler, sondern auch als Angehörigen des Lützowschen Freikorps vor, der an der Seite von Theodor Körner und Friedrich Ludwig Jahn gegen die napoleonische Fremdherrschaft kämpfte. »Bald hörten wir«, schreibt ein weiterer Malerfreund, Gerhard von Kügelgen, in seinen Lebenserinnerungen, »daß Kersting beim Sturm in der Göhrde der erste auf der Schanze gewesen, daß er Offizier geworden und das Eiserne Kreuz erhalten habe...«. 1818 wurde Kersting zum Malervorsteher an der Königlich-Sächsischen Porzellanmanufaktur in Meißen berufen. An diese Zeit erinnert in der Güstrower Gedenkstätte ein Porzellanpfeifenkopf mit der Ansicht von Güstrow. Wer wissen möchte, wie der Maler aussah, sollte sich das in der Gedenkstätte hängende Ölgemälde »Apoll mit den Stunden« genau anschauen: An der Bildunterseite hat sich der Künstler verewigt.

lach machte Güstrow dann in unserem Jahrhundert über die mecklenburgischen Landesgrenzen hinaus bekannt.

Güstrows historisches Stadtbild blieb weitgehend erhalten. Der rechteckige **Markt** mit seinen klassizistischen Gebäuden, von dem acht Straßen abgehen, gehört mit seiner bemerkenswerten baulichen Geschlossenheit zu den schönsten im Bundesland

141

Güstrow:

1 Rathaus
2 Marienkirche
3 Glevinér Straße 1
4 Gleviner Straße 6
5 Mühlenstraße 1
6 Hollstraße 6/Kersting-Geburts-haus
7 Borwin-Brunnen
8 John-Brinckman-Brunnen
9 Gertrudenka-pelle/Barlach-Gedenkstätte
10 Atelierhaus am Heidberg/Bar-lach-Gedenk-stätte
11 Stadtmuseum
12 Theater
13 Denkmal für die Befreiungskriege
14 Domschule
15 Dom
16 Schloß 17 Schloßgarten 18 Tourist-Information 19 Heiligengeist-Kirche

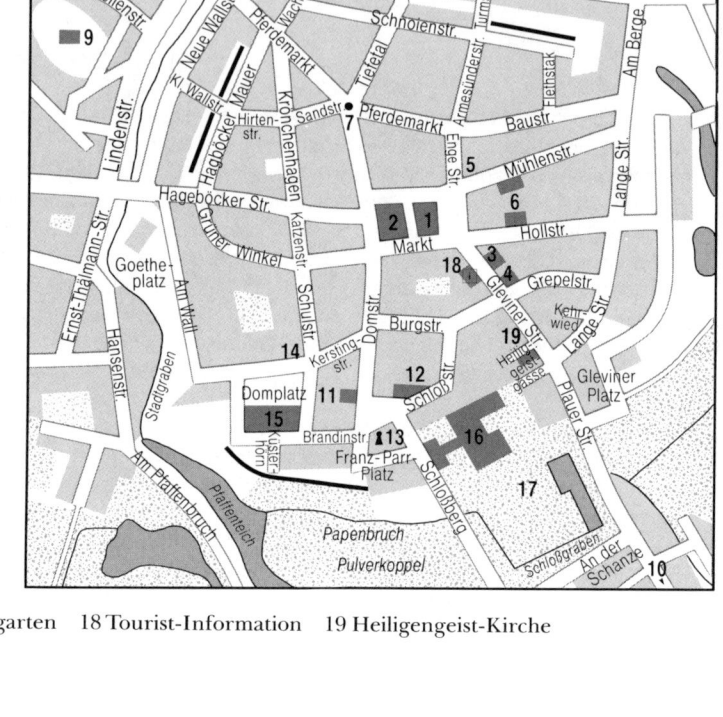

Mecklenburg-Vorpommern (s. Abb. 40). Das **Rathaus (1)** bestand um 1700 noch aus fünf nebeneinanderstehenden Giebelhäusern: Vier von ihnen faßte David Anton Kufahl 1798 mit einer klassizistischen Schaufassade zusammen. Die backsteinerne gotische **Pfarrkiche St. Marien (2)**, 1308 erstmals genannt, wurde nach dem großen Stadtbrand von 1503 von einer dreischiffigen Basilika zur fünfschiffigen Halle erweitert, bei der neogotischen Erneuerung 1880–83 aber wieder zu einer dreischiffigen Halle verändert. Vom 53 m hohen Kirchturm ist der fast kreisförmige Grundriß Güstrows mit dem gitterförmigen Straßennetz gut zu erkennen.

Unter den klassizistischen Bürgerhäusern am Markt fällt die Nr. 22 besonders auf, denn das nach 1800 umgebaute Haus besitzt eine aufwendige Stuckfassade mit figürlichen und pflanzlichen Motiven. Die Haustür mit Schnitzereien gilt als die schönste

Güstrow, Blick von der Orgelempore auf Kanzel, Triumphkreuzgruppe und Schnitzaltar der ▷ Pfarrkirche

142

klassizistische der Stadt. Im mächtigen Giebelhaus aus dem 17. Jh. an der Südostecke des Marktes (3; **Gleviner Straße 1**) wohnte 1712 August der Starke, Kurfürst von Sachsen und König von Polen. Gemeinsam mit dem russischen Zar Peter I. verhandelte er mit Schweden über einen Waffenstillstand im Nordischen Krieg. Der Zar wohnte im um 1700 entstandenen Haus in der **Gleviner Straße 6 (4)** mit einer zu Beginn des 19. Jh. klassizistisch erneuerten Fassade; die Verhandlungen fanden im Haus der heutigen Schloßapotheke (5; **Mühlenstraße 1**) statt. Östlich vom Markt, in dem kleinen Fachwerkhaus aus der ersten Hälfte des 16. Jh. (6; **Hollstraße 6**), kam 1785 Georg Friedrich Kersting zur Welt.

Vor dem 1895 im Stile des Historismus erbauten Postamt plätschert der **Borwin-Brunnen (7;** 1889). Die Statue von Fürst Heinrich Borwin II., die Richard Thiele schuf, steht auf einem steinernen, mit wasserspeienden Delphinköpfen geschmückten Sockel. Der **John-Brinckman-Brunnen (8;** 1908) am Stadtgraben bei der Eisenbahnstraße erinnert an den bekannten niederdeutschen Dichter und Weggefährten Fritz Reuters, der 1849–70 als Realschullehrer in Güstrow wirkte. In seinem bekanntesten, plattdeutschen Werk, »Kaspar-Ohm un ick. Een Schiemannsgoorn« (1855/68), gruppieren sich mehrere Erzählungen aus der seemännischen Arbeits- und Lebenswelt um die Figur des bramarbasierenden Rostocker Kapitäns Kaspar Pött. Wilhelm Wandschneider schuf das Porträtrelief Brinckmans und die beiden Tierfiguren aus dessen erster Novelle »Voß und Swinegel« (1854). Brinckmans Grab befindet sich auf dem Städtischen Friedhof an der Rostocker Chaussee.

Von hier ist es nicht weit zur Ernst-Barlach-Gedenkstätte in der kleinen backsteinernen **Gertrudenkapelle (9;** 15. Jh.; s. Abb. 41). Hier stehen einige der bedeutendsten Werke des dem norddeutschen Expressionismus nahestehenden Künstlers, so die Plastiken »Wanderer im Wind«, »Lesender Klosterschüler« oder »Gefesselte Hexe«. Südlich von Güstrow ist in dem 1931 von Barlach bezogenen **Atelierhaus am Heidberg (10;** Ostufer des Inselsees) eine zweite Gedenkstätte untergebracht, die den Nachlaß Barlachs, fast 2000 Zeichnungen, Manuskripte und etwa 400 Plastiken, aufbewahrt. In diesem von dem Güstrower Architekten Adolf Kegebein entworfenen Haus arbeitete der 1910 nach Güstrow übergesiedelte Bildhauer, Grafiker und Schriftsteller von 1931 bis zu seinem Tod 1938. »Werke voller Schönheit ohne Beschönigung, Größe ohne Gereckheit, Harmonie ohne Glätte, Lebenskraft ohne Brutalität« hat Bertold Brecht die ausdrucksstarken Arbeiten Barlachs genannt.

Über John Brinckman und sein dichterisches Werk informiert das **Stadtmuseum (11)** am Franz-Parr-Platz 7, das eine wertvolle, 12 000 Stück umfassende Theaterzettelsammlung von 1741 bis zur Gegenwart besitzt. An diesem Platz befindet sich auch das nach Plänen Georg Adolph Demmlers erbaute klassizistische **Theater (12;** 1828), mit

1   Schinkel-Leuchtturm und Neuer Leuchtturm (vor der Restaurierung) ▷
auf Kap Arkona, Rügen
2   Marienkirche und Patrizierhaus, Greifswald ▷▷

3 Stralsund

4 Arsenal am Pfaffenteich, Schwerin

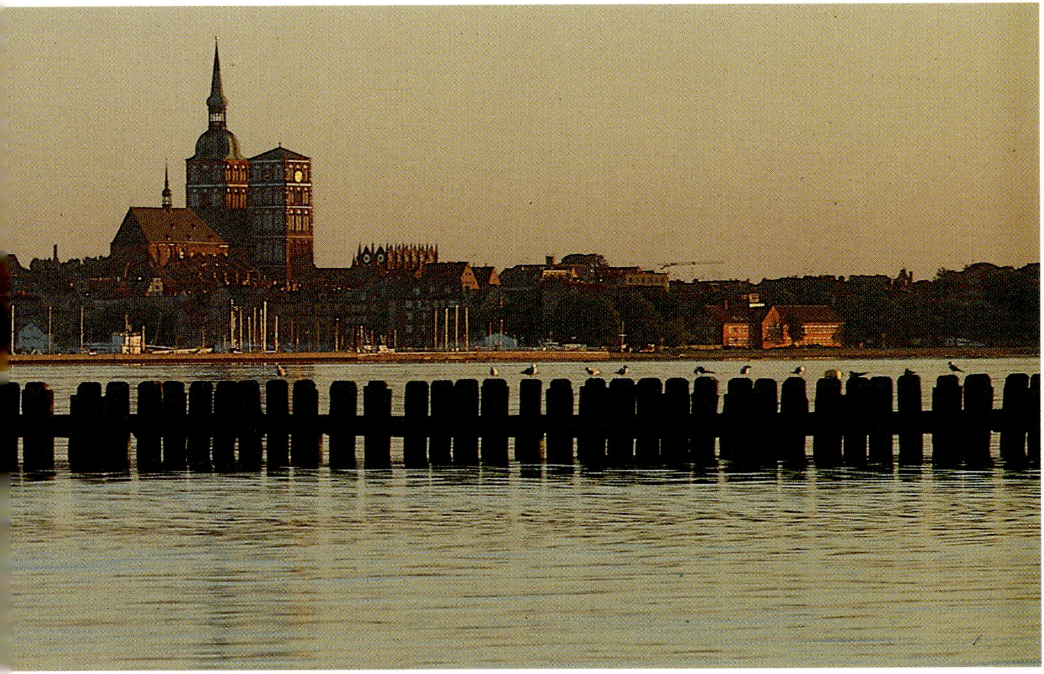

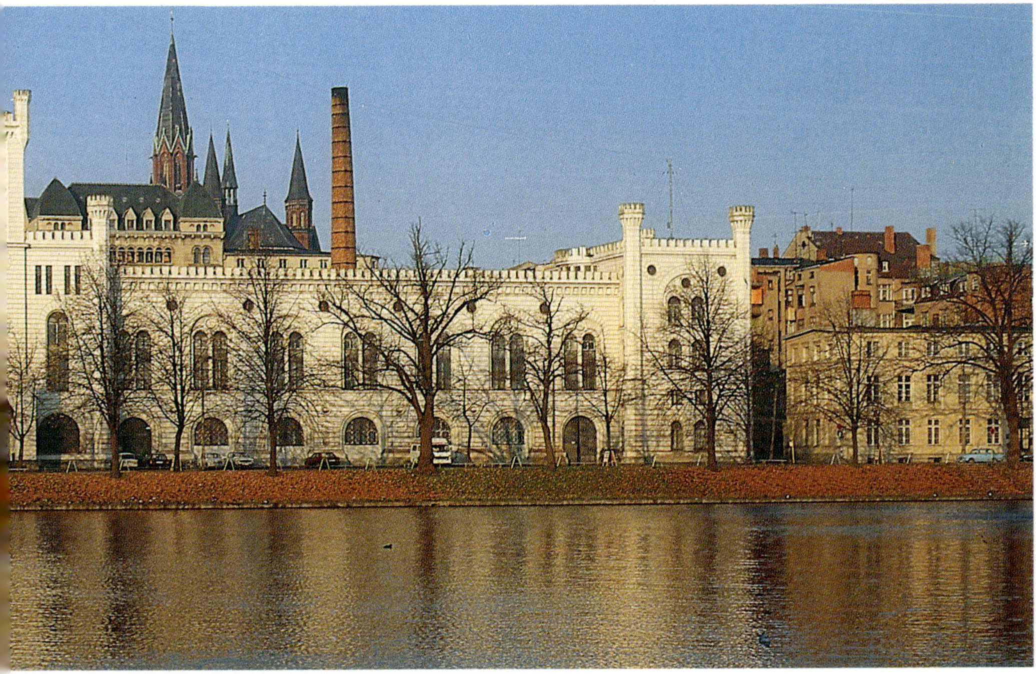

5 Windmühle im Klützer Winkel

7 Blick auf Malchow mit der neogotischen Klosterkirche ▷

6 Niederdeutsches Hallenhaus im Freilichtmuseum Klockenhagen

9　Inneres des Doberaner Münsters

10　Doberaner Münster ▷

◁ 8　Wasserkunst, ›Alter Schwede‹ und Reuter-Haus am Markt in Wismar

11 Blick in das Kreuzrippengewölbe der Nikolaikirche, Wismar

12 Blick ins Vierungsgewölbe der Marienkirche, Stralsund

13 Schloß Ludwigslust

15 Schloß Granitz, Rügen

14 Schloß von Güstrow

17 Blick auf das Fischerdorf Vitt, Rügen
◁ 16 Stadtmauer mit Wiekhäusern, Neubrandenburg
18 Stadtansicht mit Anklamer Torturm und Marienkirche, Usedom

20 Fischerboote auf Zingst
◁ 19 Seebrücke in Ahlbeck, Usedom
21 Hafen von Warnemünde

22 Auf Hiddensee ▷

Der Bildhauer, Grafiker und Dichter Ernst Barlach

»Ich bin entschlossen zu trotzen«

geb. 1870 in Wedel,
gest. 1938 in Rostock

Ernst Barlach: Selbstbildnis von 1928

Güstrow wurde die Stadt Barlachs, hier entstand der größte Teil seiner Arbeiten. 1910, mit 40 Jahren, siedelte der Künstler in das mecklenburgische Städtchen über, entfloh er dem Trubel und der Hektik der Großstadt Berlin. Sogar dem sonnigen Italien zog er Güstrow noch vor!

Eine Rußlandreise im Jahre 1906 hatte auf Barlachs Schaffen starken Einfluß ausgeübt. »Rußland gab mir seine Gestalten…«, äußerte er in seiner 1928 erstmals veröffentlichten Autobiographie »Ein selbsterzähltes Leben«. Bauern und Bettler, Unterdrückte und Arme bestimmten fortan seine ausdrucksstarke, spröde Figurenwelt, die eine tiefe Beziehung zur Landschaft und zu den Menschen Norddeutschlands erkennen läßt. Die Nationalsozialisten zwangen Barlach zum Schweigen, diffamierten und ächteten ihn. Der tiefe Humanismus, der seine Werke prägt, eine Menschlichkeit, die über Entmündigung, Qual und Erniedrigung triumphiert, widersprach ihrer Ideologie. Seine Werke wurden als ›entartet‹ aus Kirchen und Museen entfernt, private Ankäufe mit Drohungen unterbunden, der Austritt aus der Preußischen Akademie der Künste erzwungen. Barlach arbeitete weiter – schwer herzkrank, verfemt.

In einem Brief an seinen Freund Reinhard Piper ist zu lesen: »Ich bin entschlossen zu trotzen, sie sollen nicht triumphieren…« Heinrich Mann schrieb 1938 in seinem Nachruf für Barlach: Ein »redlicher Arbeiter am Wort und am Bild«, ein Mensch, der »auf einer sehr hohen Ebene« sich »im Einverständnis mit den gewöhnlichen Leuten« befunden habe, der sie »richtig sehen, tief empfinden, zuletzt auch denken lehrte«. Bertolt Brecht würdigte ihn mit den Worten, er halte Barlach für einen der größten Bildhauer, den die Deutschen je gehabt hätten.

◁ 24 Klosterruine Eldena bei Greifswald
◁ 23 Bootshäuser am Schweriner See

169

Auf einen Blick

Güstrow: Kunstwerke in den Kirchen

■ **Dom**

Apostelfiguren: Eichenholz, in dreiviertel Lebensgröße; zu den bedeutendsten Bildwerken der spätgotischen Kunst zählend; die realistisch gesehenen Plastiken mit den individuell gestalteten Gesichtern und der bewegten Gewandgestaltung scheinen schon Stil- und Ausdrucksformen des Barock vorwegzunehmen; elf der Figuren um 1530 von Claus Berg aus Lübeck (s. Abb. S. 26), der Apostel Paulus von einem unbekannten Künstler.

Flügelaltar: Vielfigurige Kreuzigung im Mittelschrein (s. Abb. 10); in den Flügeln unter kunstvoll ziselierten Architekturen Heilige und Apostel, in den Wandlungen 16 gemalte Passionsszenen; meisterhafte spätgotische Arbeit um 1500 aus dem Umfeld von Hinrik Bornemann.

Taufsteine: Im nördlichen Querschiff, frühgotische Arbeit aus gotländischem Muschelkalkstein, um 1280; in dieser Größe einmalig in Mecklenburg; im Chor Renaissancetaufe aus Sandstein mit Alabaster, 1591 von Bernd Berninger und Claus Midow.

Renaissancekanzel: Sandstein, mit von Engeln getragenem Korb; Reliefs mit biblischen Szenen; erste Hälfte des 16. Jh., vermutlich von Christoph Parr.

Kruzifix: Monumentale gotische Arbeit aus Eichenholz um 1350, Rest einer einstigen Triumphkreuzgruppe.

Gotischer Levitenstuhl: Um 1400, mit geschnitzten Seitenwangen zum Marienleben und zur Passion Christi.

den Theatergebäuden in Neubrandenburg und Putbus eines der ältesten in Mecklenburg-Vorpommern. Das Gebäude besaß eine schon von Demmler vorgesehene Doppelfunktion: In der Spielpause der Sommermonate diente es als Wollmagazin, denn Güstrow besaß im 19. Jh. den bedeutendsten Wollmarkt Mecklenburgs.

In der Mitte des Franz-Parr-Platzes wurde ein 1865 gegossenes **Denkmal für die Befreiungskriege (13)** aufgestellt. Die Krieg, Sieg, Friede und Trauer symbolisierenden Eckfiguren, die Reliefbilder »Auszug« und »Heimkehr« sowie die Medaillons und Wappen schuf der Schweriner Bildhauer Max Wiese. Das 14 m hohe Eisengußdenkmal, das etwa 20 t wiegt, wird gegenwärtig restauriert. In westlicher Richtung kommen wir zum Domplatz mit seinen herausragenden Baudenkmälern. Das zweigeschossige Traufenhaus Nr. 10 (1839) war einst Sitz der Güstrower Freimaurerloge ›Phöbus Apoll‹, das Gebäude mit der Nr. 14 ist Mecklenburg-Vorpommerns ältester Schulbau, die 1579 eröffnete **ehemalige Domschule (14)**. Das zweiachsige Giebelhaus mit der Nr. 16 ließ Philipp Brandin 1583 für den Hofmarschall Joachim von der Lühe erbauen.

Der **Dom (15)**, angeblich von Fürst Heinrich Borwin II. auf dem Sterbebett gestiftet, ist der älteste Backsteinbau Güstrows. Er entstand um die Mitte des 13. Jh. als dreischiffige Pfeilerbasilika mit Querschiff, wobei der Chor mit drei Jochen ebenso lang wie das Schiff ist. Die ältesten Teile sind die beiden ersten Chorjoche und das Querschiff. Zu den Umbauten und Erweiterungen des 14. Jh. gehören die drei Kapellen am südlichen Seitenschiff, der breite, dreigeschossige

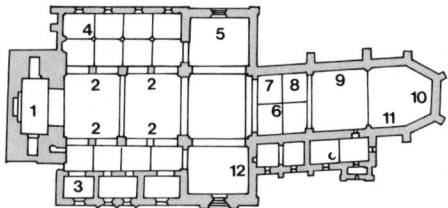

Güstrow, Dom: 1 Turm 2 Apostelfiguren 3 Grabmal Günthers von Passow 4 »Der Schwebende« 5 frühgotischer Taufstein 6 Renaissancetaufe 7 Kanzel 8 Grabmal Fürst Heinrich Borwins II. 9 Grabmal Herzog Ulrichs und seiner zwei Frauen 10 Flügelaltar 11 Levitenstuhl 12 Kruzifix

Westturm mit seinen hohen, lanzettartigen Blendfenstern (s. Abb. 39), die sechseckige Chorapsis und die Einwölbung des Langhauses und Querschiffes mit Kreuzrippen. Nach der Reformation wurde das Bauwerk, vordem Sitz des katholischen Domkapitels, erneuert und Hofkirche der protestantischen Herzöge, deren reich verzierte Sarkophage in der Fürstengruft stehen.

Am Südrand der Altstadt steht Mecklenburgs größtes erhaltenes **Renaissanceschloß (16)**, wegen seiner lebhaft gestalteten Fassade und seiner Stukkaturen auch international renommiert (s. Farbabb. 14). Herzog Ulrich erteilte 1558 dem aus Norditalien stammenden Franz(iskus) Parr den Auftrag zum Schloßbau. Italienische, niederländische sowie deutsche Handwerker und Künstler haben ihre national unterschiedlichen Gestaltungsmittel eingesetzt, die an diesem Bau harmonisch verschmelzen. So zeigt beispielsweise der Südflügel auf der Hofseite mit der dreigeschossigen Galerie und dem sich anschließenden Treppenturm den

Renaissancewandgrab des 1603 verstorbenen Herzogs Ulrich und seiner zwei Gemahlinnen: Herzog Ulrich und seine erste, 1586 verstorbene Gemahlin Elisabeth von Dänemark 1583–85 von Philipp Brandin; Figur der zweiten Frau, Anna von Pommern-Wolgast, 1596–99 von Claus Midow und Bernd Berninger; über jeder der vor Betpulten knienden, überlebensgroßen Figuren deren Stammbaum nebst Wappen (s. Abb. S. 17).

Renaissancewandgrab des 1226 verstorbenen Fürsten Heinrich Borwin II.: Sandstein (1574), vor dem von einem monumentalen Architekturrahmen eingefaßten Stammbaum der Mecklenburger die ruhende Gestalt Borwins in der Tracht des 16. Jh.

Barockgrabmal des Günther von Passow (gest. 1675): Schwarzer und weißer Marmor, aus der Werkstatt von Charles Philippe Dieussart; lebensgroße, kniende Figur des Verstorbenen.

»Der Schwebende«: Ernst Barlachs bekannteste Plastik mit den Zügen von

171

Käthe Kollwitz; 1926/27 als Ehrenmal für die Gefallenen des Ersten Weltkriegs geschaffen, 1937 von den Nationalsozialisten als ›entartete Kunst‹ aus dem Dom entfernt und später für Rüstungszwecke eingeschmolzen. Nach dem Zweiten Weltkrieg erfolgte vom Gipsmodell ein Zweitguß für die Antoniterkirche in Köln, ein Nachguß wurde 1953 als Geschenk der Domgemeinde in Güstrow übergeben und in der nördlichen Seitenkapelle angebracht.

■ **Pfarrkirche St. Marien**
Spätgotischer Hauptaltar: Figurenreiche Kreuzigung Christi im Schrein; die vier Flügel ermöglichen zwei Wandlungen, die Tafelbilder zeigen Szenen aus dem Marienleben und die hl. Katharina sowie in geschlossenem Zustand Petrus und Paulus; Schnitzarbeiten des 1522 aufgestellten Altars von Jan Bormann aus Brüssel (s. Abb. 11, 12), Bilder vom Niederländer Bernaert van Orley (s. Abb. 8).
Renaissancekanzel: Sandstein mit reichem Reliefschmuck, 1583, vermutlich von Rudolf Stockmann aus Antwerpen (s. Abb. S. 143).
Spätgotische Triumphkreuzgruppe: Um 1516, Eichenholz; Maria und Johannes zu seiten des Gekreuzigten, als Außenfiguren sieht man, überlebensgroß wie alle fünf Plastiken, Adam und Eva (s. Abb. S. 143).
Ratsgestühl: Mit Intarsien, teilweise figürlichen Schnitzereien und Beschlagwerk, 1599 von Michael Meyer aus Rostock.
Orgelprospekt: 1764, prunkvolle barocke Arbeit von Paul Schmidt aus Rostock.

Einfluß der hier wirkenden Italiener unter der Leitung von Hans Strols (s. Abb. 38). Auffallend ist die Putzquaderung, die den Eindruck erweckt, als sei das Schloß aus sorgfältig behauenen Natursteinen erbaut. Man beachte auch die vielen Baudetails, so z. B. die phantasievoll geformten Schornsteine des Westflügels oder die Erker an der Hofseite des Nordflügels, die die bildkünstlerischen Fähigkeiten von Philipp Brandin zeigen (s. Abb. 37); er leitete ab 1587 den Schloßbau. Die Schloßbrücke und das stattliche Torhaus entstanden erst 1671 nach Plänen des Franzosen Charles Philippe Dieussart.

Nach Erlöschen der Güstrower Herzogslinie verlor das Schloß seine Bedeutung, 1795 wurden wegen Baufälligkeit der Ostflügel und ein Teil des Nordflügels abgetragen. Nach einem wechselvollen Schicksal und aufwendigen Restaurierungsarbeiten 1963–80 ist es nun das Kulturzentrum der Stadt. Das Schloßmuseum bietet seinen Besuchern bemerkenswerte historische Repräsentationsräume, darunter den Festsaal im ersten Obergeschoß des Südflügels, den ein farbiger Stuckfries des Steinmetzen Christoph Parr, des Bruders des Schloßbaumeisters, schmückt. Die Hirsche und Rehe des Frieses (1570/71) treten halbplastisch aus diesem heraus, auf den Köpfen tragen sie echte Geweihe. Die in ihrer Art einmalige stuckierte Kassettendecke wurde erst 1620 anstelle der originalen Holzdecke eingebaut. Die insgesamt 43 Bildfelder zeigen Jagd- und Kampfszenen aus Afrika, Europa und Asien, mythologische Darstellungen und rein ornamental gestaltete Flächen. Teile der Reliefs wie Arme und Beine einiger Figuren ragen voll-

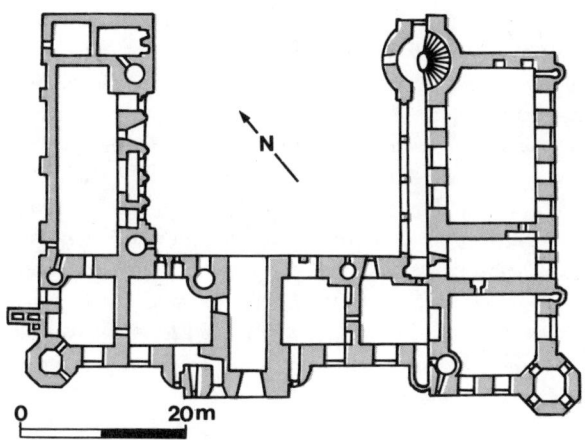

Güstrow, Grundriß des Schlosses

0   20m

plastisch aus der Decke heraus. Dem Stukkateur Daniel Ankermann diente ein 1568 herausgegebenes Buch nach Kupferstichen von Jan von der Straet als Vorlage.

Der **Schloßgarten (17)**, in den letzten Jahren nach einem Stich von Merian aus dem Jahre 1653 umgestaltet, bietet nun wieder den Anblick, den er vermutlich zur Zeit Albrechts von Wallenstein erhalten hatte. Wallenstein zog als Oberbefehlshaber des kaiserlichen Heeres im Juli 1628 in das Schloß ein, in dem er bis zum Juli 1629 residierte.

Gefährliche Bärenjagd, ein Ausschnitt aus der Kassettendecke im Festsaal des Güstrower Schlosses

173

»[...] Das Schloß fand er leer; Herzog Johann Albrecht hatte bei seiner traurigen Abreise mitgenommen, was nicht niet- und nagelfest war, um es zu Geld zu machen. Wäre aber sein Mobiliar zurückgeblieben, so würde es dem neuen Bewohner kaum genügt haben. Wallenstein, immer nur Pfandherr, noch nicht endgültig belehnter Herzog von Mecklenburg, tat doch, als ob er dies schon wäre, im Schloß, in der Stadt und im Lande. Alsbald ergingen Aufträge an den stets gefügigen Bankier und Einkäufer de Witte: holländisches Feinlinnen, Damasttischwäsche, Gobelins und Goldledertapeten aus Amsterdam, in fünfunddreißig großen Schiffstruhen nach Hamburg zu schaffen; Teppiche aus Venedig; blauer, glänzender, kurzhaariger Samt aus Lucca; für 30 000 Taler Tischsilber von Sepossi, dem berühmtesten Juwelier Genuas, in jedes einzelne Stück von Augsburger Silberkünstlern das Wallensteinische Wappen einzuprägen. Zur Verarbeitung der köstlichen Stoffe wurden Sesselmacher, Tapezierer, Schneider aus Prag und Gitschin nach Güstrow befohlen [...]«

Golo Mann: Wallenstein

Nordöstlich von Güstrow lohnt ein Besuch von **Recknitz**, denn die Feldsteinkirche mit backsteinernen Teilen, erbaut vor der Mitte des 13. Jh. im romanisch/gotischen Übergangsstil, birgt Ausstattungsstücke von beachtlicher künstlerischer Qualität, darunter den spätgotischen Schnitzaltar mit der Mondsichelmadonna im Mittelschrein und den reich mit Figuren und Ranken verzierten barocken Orgelprospekt. Den Chor schließt ein achtteiliges Kuppelgewölbe ab, das hohe Schiff besitzt vier Kreuzrippengewölbe, die aus dem achteckigen Mittelpfeiler aufsteigen. Im Ortsteil **Rossewitz** entstand 1657–80 das früheste Barockschloß Mecklenburgs nach einem Entwurf von Charles Philippe Dieussart. Das stattliche Bauwerk mit dem für Mecklenburg einmaligen Wechsel von je zwei Haupt- und Mezzaningeschossen steht seit 1971 leer und wurde zur Ruine.

☐ Die Recknitz entlang
Nordöstlich des Mecklenburger Landrückens liegt das Städtchen **Laage** (7900 Einw.) malerisch am Talhang der Recknitz. Der 1216 erstmals urkundlich genannte Ort entstand dort, wo zwei nach Rostock führende Landstraßen – eine aus Demmin, die andere aus Güstrow – zusammentrafen. Die gedrungen wirkende dreischiffige Backsteinkirche westlich des dreieckigen Marktes wurde Mitte des 13. Jh. im frühgotischen Stil begonnen, der massige Westturm kam im 15. Jh. hinzu.

Nachdem wir 13 km in dem von flachen Hügelketten eingefaßten Tal der Recknitz in nordöstlicher Richtung gefahren sind, erreichen wir **Tessin** (4200 Einw.) mit seinen überwiegend ein- und zweigeschossigen Fachwerk- und Massivhäusern aus dem 18. und 19. Jh. Der älteste Teil der Stadtkirche St. Johannis, der spätromanische Chor, stammt aus dem 13. Jh.; im 14. und 18. Jh. erfolgten gotische und barocke Veränderungen. Die westliche Vorhalle baute Gotthilf Ludwig Möckel 1896–98; von ihm stammt auch die neogotische Innengestaltung.

Am Westrand der breiten Recknitzniederung liegt die vermutlich von Rostocker Kaufleuten im 13. Jh. gegründete Stadt **Bad Sülze** (2700 Einw.), deren Geschichte zum Teil im Stadtwappen ablesbar ist, dem vermutlich ältesten Mecklenburgs. Es geht auf das Stadtsiegel von 1289 zurück. Der Stierkopf war das Wappentier der mecklenburgischen Fürsten, die Wellen-linie darunter bezieht sich auf das Flüßchen Recknitz, und die Salzastern darstellenden Blattstengel weisen auf die Solequellen in den Recknitzwiesen. Bereits vor 1229 ist hier eine Saline bezeugt; 1243 erhielt das Kloster Doberan das Recht zum Salzsieden. Nach wechselvoller Geschichte ging die Nutzung der Salzquelle schließlich 1744 an die mecklenburgischen Herzöge über, bis der Salinenbetrieb 1907 eingestellt wurde. Das Gradierwerk von 1774, der sog. Friedrichsbau, brannte 1944 ab.

Großherzog Friedrich Franz I. gründete auf Betreiben seines Doberaner Badearztes Samuel Gottlieb Vogel 1822 das Solbad, Landesbaumeister Carl Theodor Severin entwarf das zweigeschossige Kur- und Logierhaus (1822–24), heute eine Rehabilitationsklinik für Orthopädie und Rheumatologie, im klassizistischen Stil. Das ehemalige Salineamt, ein zweigeschossiges Traufenhaus von 1759, dessen Fachwerk nur noch an der Rückfront zu sehen ist, beherbergt das Heimatmuseum. Das bescheidene Rathaus (Mitte 19. Jh.) am dreieckigen Marktplatz schmückt ein von Pilastern gegliedertes Portal mit bekrönendem Dreieckgiebel. Die meist eingeschossigen Häuser stammen überwiegend aus dem 18. und 19. Jh. In der Salinestraße stehen noch mehrere einst für Salzarbeiter erbaute Fachwerktraufenhäuser mit Krüppelwalmdach. Die backsteinerne spätromanische Stadtkirche des 13. Jh. mit reich geschmücktem Chorgiebel und spätgotischem Sterngewölbe im Langhaus bekam 1892 den neogotischen Turmabschluß.

Die Holländerwindmühle am westlichen Stadtausgang wurde zu Wohnzwecken ausgebaut, diejenige auf dem Krähenberg östlich der Stadt ist eine Gaststätte. Dort steht auch das Denkmal für die Befreiungskriege, ein baldachinartiges Gebäude von 1913 mit zinnenbekröntem Dach.

Nördlich von Bad Sülze, ebenfalls am Westrand der weiten Talaue der Recknitz, liegt die von Wäldern, Wiesen und Ackerfluren umgebene Kleinstadt **Marlow** (2300 Einw.). Am dreieckigen Marktplatz und den wenigen Nebenstraßen stehen überwiegend ein- und zweigeschossige Giebel- und Traufenhäuser aus dem 18. und 19. Jh. Die Gewölbeformen der backsteinernen spätromanischen Stadtkirche weisen – wie auch die in der Kirche des benachbarten Bad Sülze – auf westfälische Einwanderer hin: Der Scheitelring des achtrippigen Kuppelgewölbes im Chor ist von zwei weiteren konzentrischen

Ringen umgeben, die beiden Joche des Langhauses besitzen vierrippige Kuppelgewölbe mit Scheitelringen.

3 km von der Recknitz entfernt, dem früheren Grenzfluß zwischen Mecklenburg und Vorpommern, bestand im Mittelalter eine Burg, die Pommern sichern sollte. Wo sie sich in dem Dorf **Semlow** einst erhob, steht seit etwa 1830 ein zweigeschossiges, klassizistisches Schloß, das heute wesentlich schlichter aussieht, als es Friedrich Wilhelm Buttel entworfen hat: das flache Giebeldreieck über dem Mittelrisalit und der Fassadendekor wurden nach 1945 beseitigt. Den Landschaftsgarten legte der Lenné-Mitarbeiter Gustav Meyer 1851–55 an.

In der spätromanischen Feldsteinkirche (Mitte 13. Jh.) westlich vom Schloß beeindruckt die reiche Ausstattung. Der barocke Altaraufsatz mit der Kreuzigungsgruppe im Hauptfeld (1723) stammt von Elias Keßler. Die Kanzel mit Bildreliefs am achtseitigen Korb und die Taufe mit reich gestaltetem Fuß, beides Renaissancearbeiten, entstanden Ende des 16. Jh. Zwei Sandsteinwandgräber für die Familie Behr mit prachtvollen figürlichen Darstellungen der Verstorbenen fertigte vermutlich die Werkstatt von Claus Midow um 1600. Die Ausmalung des Schiffes besorgte 1861 Carl Julius Milde aus Lübeck; ihm werden auch die Porträts pommerscher Missionare und Reformatoren an der Brüstung der Westempore zugeschrieben.

Ribnitz-Damgarten (17 400 Einw.) liegt zur einen Hälfte in Mecklenburg, zur anderen in Vorpommern; Jahrhunderte bildete die Recknitz die Grenze zwischen den seit 1950 vereinten Orten Ribnitz und Damgarten. Von einst fünf Toren der spätgotischen Stadtbefestigung blieb nur das Rostocker Tor an der B105 stehen, das sein heutiges Aussehen mit der reichen Blendbogengliederung in der ersten Hälfte des 15. Jh. erhielt. Der Backsteinbau gehört zu den schönsten Stadttoren an der Küste. Im Stadtzentrum erhebt sich wuchtig die mehrfach veränderte dreischiffige Backsteinhalle St. Marien, deren älteste Teile aus dem 13. Jh. stammen. Das Gemälde im Altaraufsatz (1781) stammt vom Ludwigsluster Hofmaler Johann Heinrich Suhrlandt. Gegenüber, an der Ostseite des weiträumigen Marktplatzes, wurde 1834 das klassizistische Rathaus nach einem Entwurf von Johann Georg Barca fertiggestellt.

1323 stiftete Herzog Heinrich II. von Mecklenburg ein Klarissinnenkloster, das nach der Reformation als Damenstift für unverheiratete Töchter des Adels diente. Die einschiffige Backsteinkirche aus der Zeit um 1400 birgt eine der besten Renaissancearbeiten ihrer Art: das Steingrabmal der 1586 verstorbenen Äbtissin Ursula aus der Werkstatt von Philipp Brandin. Kunsthistorisch wertvoll sind auch die als ›Ribnitzer Madonnen‹ bekannten spätgotischen Holzplastiken, darunter die Löwenmadonna und die Statue der hl. Klara, beide aus dem 14. Jh. Die ehemalige Kirche ist heute dem Bernsteinmuseum angegliedert, das einen Einblick in die Natur- und Kulturgeschichte des Bernsteins vermittelt. Zu sehen sind Ringe, Broschen und Ketten aus dem in der Stadt beheimateten Unternehmen ›Ostsee-Schmuck‹, meisterhafte Bernsteinarbeiten und ein 81 cm hoher Hausaltar aus dem 18. Jh. mit hinterlegten Goldplättchen. Seltenheitswert besitzen die Bernsteinstücke mit eingeschlossenen Pflanzenresten und Insekten, Inklusen genannt.

Was im Freilichtmuseum von **Klockenhagen** westlich von Ribnitz-Damgarten steht, sind fast alles ›zugezogene‹ Gebäude: Sie wurden in Dörfern aufgespürt, wo keine rechte Verwendung mehr für sie bestand, und hierher versetzt. Einzige Ausnahme ist das aus niederdeutschem Hallenhaus (um 1700), Scheune (um 1800) und Ziehbrunnen bestehende Gehöft IX, das der letzte Besitzer 1970 als Museum zur Verfügung stellte (s. Farbabb. 6). Das aus Strassen umgesetzte Hallenhaus besitzt einen Schaugiebel, der zu den schönsten seiner Art in Mecklenburg-Vorpommern gehört. Die Inschrift über dem Tor lautet: »Hans Margwart, Maria Margwart Anno 1671«. Eine Rarität stellt das ›Tweipott‹ genannte Hallenhaus dar, das fast 200 Jahre in Stäbelow bei Rostock stand. In der Regel waren kleine Landarbeiterhäuser längsgeteilt – links und rechts wohnte je eine Familie. Die Stäbelower Kate, die letzte ihrer Art, besitzt eine Querteilung, sie gleicht somit zwei mit dem Rücken aneinandergestellten kleinen Hallenhäusern.

☐ **Fischland, Darß und Zingst**

Nirgendwo liegen Steil- und Flachküste sowie Bodden so dicht beieinander wie auf der Halbinselkette Fischland, Darß und Zingst, die mit einer Breite von 1,2 km hinter dem Ostseebad Dierhagen beginnt. Der Darß war noch bis ins 15. Jh., Zingst bis zur Abriege-lung des Prerowstroms 1874 eine Insel. Die Landschaft, zugänglich über Ribnitz-Dam-garten oder Barth, gilt als Natur- und Ferienparadies; hier gibt es noch Gegenden, die von Menschenhand nahezu unberührt sind wie der Darßer Weststrand mit seinen von Stürmen pittoresk geformten Kiefern, ›Windflüchter‹ genannt. In den Dörfern erfreuen eingeschossige, rohrgedeckte Häuschen, von blumenreichen Vorgärten umgeben, das Auge.

Kleinstädtischen Charakter hat mittlerweile das **Ostseebad Wustrow** angenommen, die älteste Fischlandsiedlung. Jahrhunderte bildeten der Fischfang und die Seefahrt die Erwerbsquelle der Menschen, und so lag es nahe, hier 1846 die ›Großherzoglich-Mecklenburgische Navigationsschule‹ zu gründen (die bis 1992 als Teil der Hochschule für Seefahrt Warnemünde-Wustrow bestand). Im rohrgedeckten ›Fischlandhaus‹ in der Neue Straße 38, um 1740 als Büdnerei entstanden, infomiert ein kleines Museum über diese Schule und die Anfänge des hiesigen Badelebens. Die backsteinerne Dorf-kirche (1869–73) mit achtseitigem Spitzhelm, auf einem künstlichen Hügel thronend, entwarf Theodor Krüger in neogotischen Formen. Vom Turm bietet sich ein weiter Blick auf Bodden, Meer und Land, auch zum Ortsteil Barnstorf, in dem vier Bauern-gehöfte, darunter ein niederdeutsches Hallenhaus aus der ersten Hälfte des 18. Jh., zu den besterhaltenen ihrer Art auf dem Fischland gehören.

Tradition als Künstlerkolonie hat das **Ostseebad Ahrenshoop**, wenngleich ihm nie solche Berühmtheit wie Worpswede bei Bremen beschieden war (s. Abb. 27). Nach 1880 entdeckten Maler den kleinen Ort, in dem im Osten die Schiffer und im Westen die Fischer wohnten. Berühmte Logiergäste waren u. a. Albert Einstein, Gerhart Hauptmann und auch der Autor und DDR-Kulturminister Johannes R. Becher (1891–1958), dessen schriftstellerische Entwicklung vom Expressionisten zum Verfechter des sozialistischen Realismus verlief. Zu literarischen Streitgesprächen holte er sogar Bertolt Brecht nach Ahrenshoop, und bis heute blieb der Ort sommerlicher Anziehungspunkt für Künstler und Wissenschaftler.

Auf Initiative der Maler Paul Müller-Kaempff und Theobald Schorn entstand 1909 in traditioneller Bauweise der ›Kunstkaten‹ als ständige Austellungsmöglichkeit für die Angehörigen der Künstlerkolonie. 1974 hatte ein Brand das rohrgedeckte Gebäude vernichtet, das indes drei Jahre später im ursprünglichen Zustand wieder entstand (Strandweg 2). Weit bekannt wurde die ›Bunte Stube‹ in der Dorfstraße 24, ein seit 1922 in Familienbesitz befindliches Geschäft für Kunsthandwerk, Bücher und Antiquitäten, das auch Ausstellungen durchführt. Den kreisrunden Holzbau (1929) der Bunten Stube mit einem langgestreckten, gerundeten Vorgebäude und einer arkadenartigen Passage in kräftigem Rot entwarf der Bauhaus-Architekt Walter Butzek. Ahrens-

Der ›Kunstkaten‹ im Ostseebad Ahrenshoop, 1909 in Anlehnung an die traditionelle Bauweise entstanden

178

hoop besteht wegen der zahlreichen Ansiedlungen Auswärtiger aus einem Gemisch unterschiedlicher Baustile. Oberhalb der Steilküste durften zu DDR-Zeiten privilegierte Wissenschaftler, Ärzte und Künstler ihre Häuser erbauen – ›Millionenhügel‹ nennen die Einheimischen diese Ferienhauskolonie.

Ihre Ursprünglichkeit bewahrt haben sich noch die historisch gewachsenen Ortsteile Niehagen und Althagen. In einem der rohrgedeckten Häuser der Althagener Dorfstraße wohnte von 1939 bis zu ihrem Tod 1961 die Heimatschriftstellerin Käthe Miethe, deren Bücher, z. B. »Auf großer Fahrt« und »Bark Magdalene«, vom Leben der Fischländer erzählen. Der Bildhauer und Grafiker Gerhard Marcks lebte und arbeitete von 1930 bis 1946 am Niehagener Boddenweg.

Als architektonisches Kleinod gilt die moderne Dorfkirche (1951), von einheimischen Handwerkern nach einem Entwurf von Hardt-Walter Hämer in Form eines kieloben liegenden Bootes erbaut. Die Innenausstattung mit Taufbecken und Kanzel stammt von der Ahrenshooper Bildhauerin Doris Oberländer, die überwiegend das Holz jener großen Pappel verwendete, die dem Kirchenbau weichen mußte. Auf dem Friedhof neben der Kirche kann man neben bekannten Namen von Künstlern, Ärzten und Wissenschaftlern auch alte Kapitänsgrabsteine entdecken. Der Friedhof wurde erst nach der Sturmflut von 1872 angelegt, bis dahin mußten die Toten ins mecklenburgische Wustrow gebracht werden – ins ›Ausland‹, wie die Ahrenshooper sagten, denn zwischen dem alten Ahrenshoop und dem heutigen Ortsteil Althagen verlief die Grenze zwischen Mecklenburg und Vorpommern.

Am nördlichen Ortsausgang befindet sich das Naturschutzgebiet Ahrenshooper Holz, in dem Hunderte immergrüner Stechpalmen wachsen, die eine Höhe bis zu 4 m erreichen – das größte Vorkommen dieser Baumart im Osten Deutschlands. Kurz darauf beginnt der 1990 gebildete Nationalpark Vorpommersche Boddenlandschaft, zu dem Darß und Zingst – mit Ausnahme der Ortschaften – gehören. In dieser Landschaft veranstalteten die Hohenzollern, Hermann Göring und zuletzt SED-Politprominenz ihre Jagden.

Unbarmherzig greift die anrollende Brandung die Küste der Halbinselkette Fischland, Darß, Zingst an: Besonders gut kann man am Steilufer vom Altdarß und am Hohen Ufer von Ahrenshoop, am südlichen Ortsrand, beobachten, wie die Natur ständig Sand abträgt, um ihn am Darßer Ort und in der Prerower Bucht wieder anzulanden. Durch diese Ablagerungen ist im Laufe von 7000 Jahren der heutige Neudarß entstanden. Der Landverlust bei Ahrenshoop beträgt im Jahresdurchschnitt etwa 60 cm, in manchen Jahren sind es aber auch mehrere Meter.

Born und **Wieck**, einst bedeutende Segelschiffahrts- und Fischerdörfer, liegen an der Darßer Boddenküste. In Wieck gibt es zahlreiche, meist rohrgedeckte Fachwerktraufenhäuser aus dem 18. und 19. Jh. zu sehen, aber auch niederdeutsche Hallenhäuser. In Born ist die rohrgedeckte Holzkirche von 1934/35 mit Tonnengewölbe beachtenswert. Schön anzusehen sind die von den Besitzern selbst entworfenen und hergestellten Haustüren mit kunstvoll geschnitzten und farbig bemalten Auflagen. Auch in den anderen Darßdörfern trifft man sie an. Ihr Ursprung liegt in jener Zeit, als die Männer dieser Region noch zur See fuhren: Die aufgehende Sonne, das Symbol für den glücklichen Augenblick der Heimkehr, bildet das meistverwendete Motiv, dazu kommen Motive aus der Seefahrt sowie pflanzliche Ornamente als Zeichen der Lebensfreude. Auch die auffallende Farbigkeit läßt sich so erklären: Auf seinen Reisen ließ der Schiffer Quast und Farbtopf nicht aus der Hand, denn ständig mußte sein Gefährt durch einen neuen Anstrich vor Wasser und Salz geschützt werden. Wieder an Land, griff der Seemann erneut zur Blechbüchse mit der selbst angerührten Ölfarbe – zur Zierde und zum Schutz seines Hauses.

›Seebad im Grünen‹ wird **Prerow** oft genannt, ein Ort, der weiträumig in Ost-West-Richtung angelegt wurde. Nach dem Niedergang der Segelschiffahrt um 1880 mußten sich die Menschen hier nach neuen Erwerbsquellen umsehen: Erfolg versprach allein der Badebetrieb. Nicht mehr als 100 Gäste wurden Ende des vorigen Jahrhunderts jährlich gezählt – zu DDR-Zeiten waren es über 80 000! Heute ist Prerow nicht mehr so überlaufen, und wer hierher kommt, kann einen naturnahen Urlaub verleben. Rund 60 km lang sind die ausgeschilderten Wege durch den umliegenden Nationalpark; einer von ihnen führt zum 35 m hohen Leuchtturm von 1848, einem der ältesten noch in Funktion verbliebenen an der Ostseeküste. Zu den Sehenswürdigkeiten des Ortes gehört die 1726–28 entstandene Kirche, das älteste Gotteshaus auf dem Darß. Im Kirchenschiff hängen von Prerower Kapitänen gestiftete Schiffsmodelle aus dem 18. und 19. Jh., darunter als ältestes eine Fregatte, die der nach England ausgewanderte Prerower Peter Kraeft dort schnitzte und 1780 in die Heimat schickte. Die alten Grabsteine rings um die Kirche zeigen als bildhauerischen Schmuck oft Segelschiffe.

Das **Ostseebad Zingst** entstand 1823 aus den Dörfern Pahlen und Hanshagen. Im neogotischen Stil erbaute Friedrich August Stüler, der mit dem Titel ›Architekt des Königs‹ Geehrte, Dorfkirche, Pfarrhaus und Kirchhofportal in den Jahren 1860–62. Interessante Wirkungen er-

Prerow, eine der typischen buntbemalten Haustüren

180

zielte er mit aus rotem Backstein gefügten Bändern, die er in die gelben Backstein-fassaden einfügte. Auf dem Kirchhof fand die im nahen Barth 1876 geborene Hei-matdichterin Martha Müller-Grählert ihre letzte Ruhestätte; sie ist die Verfasserin des von Simon Krannig vertonten Gedichtes »Mine Heimat« (»Wo de Ostseewellen trecken an den Strand...«), das in vielen Variationen an der gesamten Küste gesungen wird. Erst nach Jahren des Prozessierens bekamen beide die Urheberrechte zugespro-chen.

Bis weit ins 19. Jh. hinein galt Zingst als ›fernes Land‹. Kam ein Reisender vom pommerschen Festland herüber, mußte er auf einem schwankenden Kahn bei Brese-witz über den Bodden setzen (s. Farbabb. 20) – die Brücke über den Bodden entstand erst 1909. Wer von Mecklenburg her anreiste, der hatte das Fischland und den unweg-samen Darß zu durchqueren. Die Fischlandchaussee zwischen Ribnitz und Wustrow wurde 1929 gebaut, der Weg von Ahrenshoop über Born und Wieck nach Prerow erst 1959 zur Straße ausgebaut.

Als westliches Tor zur Halbinsel Fischland, Darß und Zingst gilt Ribnitz-Damgarten, das östliche bildet die Stadt **Barth** (12 500 Einw.) am gleichnamigen Bodden. Ein Kup-ferstich von 1652 zeigt das bis heute erhaltene gitterförmige Straßennetz und vier Tore, von denen das backsteinerne, 35 m hohe Dammtor (Mitte 15. Jh.) und der runde Backsteinturm (14. Jh.) im Nordosten noch stehen. In der zweiten Hälfte des 16. Jh. machten die Pommernherzöge Barth zu ihrer Nebenresidenz. An der Stelle des von ihnen 1573 errichteten Renaissanceschlosses gründete König Friedrich I. von Schwe-den 1733 das Adlige-Fräulein-Stift, einen dreiflügligen barocken Gebäudekomplex aus eingeschossigen Backsteinbauten. An die Zeiten, als Barther Segelschiffe – 1877 waren es allein 172 – über die Weltmeere fuhren, erinnert ein dreigeschossiger Speicher aus der Zeit um 1800 in der Badstübnerstraße.

Die Westseite des Marktes beherrscht die gotische Hallenkirche St. Marien (1325–1400), ein stattlicher Backsteinbau mit 87 m hohem Turm. In einer ständigen Ausstellung ist eines der letzten Exemplare der 1588 in Barth gedruckten niederdeut-schen Bibel zu sehen; die Vorlage hatte Luther selbst korrigiert. Die Bibel aus der bedeutenden Kirchenbibliothek, die u. a. rund 4000 Inkunabeln besitzt, enthält das Alte und Neue Testament und 99 zum Teil farbige Holzschnitte des Hamburgers Jacob Mores. Die neogotische Innengestaltung der Kirche geht auf die Restaurierung von 1856–63 unter Friedrich August Stüler zurück, von dem auch das Altarziborium stammt.

Zur Besichtigung kann auch die backsteinerne spätgotische Dorfkirche aus der ersten Hälfte des 15. Jh. in **Kenz** empfohlen werden. In dem geräumigen, lichten Inneren mit ornamentaler und figürlicher Gewölbemalerei, die um 1895 aus vorhan-denen Resten des 15. Jh. entstand, beeindruckt das hölzerne Grabdenkmal des 1405 verstorbenen Herzogs Barnim VI. von Pommern-Wolgast. Die Liegefigur des Verstor-benen in zeitgenössischer Tracht ist etwas überlebensgroß dargestellt. Aus der Erbau-ungszeit stammen die Glasmalereien in den Chorfenstern.

Mecklenburgische Großseenlandschaft

☐ **Vom Krakower See nach Goldberg**
Große und kleine Seen, die einen heute schilfbewachsen oder mit sandigen Ufern, die anderen von Wäldern umsäumt, hat die Eiszeit im mittleren Mecklenburg hinterlassen. An die 1000 sollen es sein. Diese landschaftlich so reizvolle Region, die ›Mecklenburgische Seenplatte‹, durchzieht von Nordwesten nach Südosten ein ›Wasserband‹: die Mecklenburger Großseen. Einer von ihnen ist der buchten- und inselreiche Krakower See. Fritz Reuter weilte oft in der »lieblichen Krakowschen Gegend«, und in seiner »Urgeschicht von Meckelnborg« schreibt er, das Paradies sei für ihn nur »bi Groten-Baebelin, Serrahn un Krakow, so recht middwarts in Meckelnborg« vorstellbar. Die Einwohner von **Krakow am See** (4000 Einw.) dankten ihrem großen Dichter diese netten Worte mit einem Findling am Lehmwerder, einer Halbinsel zwischen Gruber- und Stadtsee.

Krakow am See entstand in der Nähe einer slawischen Burg, vermutlich vor 1200, um 1275 erhielt es Stadtrecht. Da mehrere Brände, zuletzt 1759, das Städtchen verheerten, datiert die im wesentlichen barocke Stadtkirche ›nur‹ von 1762; aus dem Vorgängerbau stammen der Altaraufsatz und die Kanzel mit den vier Evangelisten am Korb (beide 1705). An die frühere jüdische Gemeinde erinnert die neogotische ehemalige Synagoge (um 1865) am Schulplatz, die als Turnhalle die Zeit des Nationalsozialismus überstand: Nachdem sich die Zahl der Gemeindemitglieder stark verringert hatte, wurde sie 1921 dem Arbeiter-Turn- und Sportbund zur kostenlosen Nutzung übergeben. Als Turnhalle diente das heute leerstehende gelbe Backsteingebäude bis in die achtziger Jahre.

Krakows wahre Sehenswürdigkeiten sind landschaftliche Perlen, denn seine Umgebung gehört zu den reizvollsten der Mecklenburgischen Seenplatte. Die Höhen östlich und westlich des Sees gewähren einen weiten Blick auf die Landschaft, besonders der Jörnberg (78 m) und der Mäkelberg (81 m). Weitere Attraktionen sind die jungsteinzeitlichen Megalithgräber in **Reimershagen** und im Belliner Ortsteil **Marienhof** sowie die bronzezeitlichen Hügelgräber im Charlottenthaler Ortsteil **Groß Grabow** und im Reimershagener Ortsteil **Groß Tessin.** Am Wadehäng, nördlich der Straße nach Waren, können am Ostufer des Sees Grundmauerreste einer wahrscheinlich 1347 zerstörten Burg der Fürsten von Werle-Güstrow, das sog. Alte Schloß, entdeckt werden.

5 km nördlich von Krakow am See, in **Charlottenthal**, entstand 1843 das Schloß im neogotischen Stil, dessen Entwurf der bekannte Schweriner Architekt Theodor Krüger lieferte. Schmale Türmchen setzen die beherrschenden Akzente an der Südseite, die bei der Restaurierung um 1987 leider manches von ihrem Schmuck verlor. Der östliche Anbau entstand ursprünglich als Wintergarten, die beiden westlichen enthielten Woh-

Bootshäuser am Krakower See ▷

182

nungen für Bedienstete, Küchen- und Waschräume sowie die Molkerei. Der sich nördlich vom Schloß erstreckende Park kann leider nur noch in Grundzügen ausgemacht werden.

In der spätromanischen Feldsteinkirche (um 1240) von **Bellin** sind umfangreiche spätgotische Wand- und Gewölbemalereien aus dem 14./15. Jh. und in den Seitenflügeln des Altaraufsatzes Schnitzfiguren aus der zweiten Hälfte des 15. Jh. zu sehen. Der Steinsarkophag des 1770 verstorbenen Grafen von Sala erinnert noch an den Bauherrn des Belliner Barockschlosses (1746), von dem zwei eingeschossige Anbauten übrigblieben; alles andere mußte 1910–12 einem neobarocken Bauwerk mit prunkvollem Hauptportal weichen. Bei der Erneuerung des Daches 1989/90 haben die Denkmalpfleger offensichtlich weggeschaut, denn anstelle der sechs Fledermausgauben wurden moderne Kippfenster eingebaut.

Westlich von Kuchelmiß durchbricht die Nebel einen Moränenzug. In diesem bewaldeten Durchbruchtal hat sich der Wildbachcharakter in aller Ursprünglichkeit erhalten. Bachflora und -fauna sind weitgehend intakt geblieben; so liebt die skandinavische Wasseramsel diese reizvolle Landschaft als Winterquartier.

Südwestlich von Krakow am See entstand im Zuge der deutschen Ostsiedlung **Goldberg** (5200 Einw.), das seinen Namen von dem alten wendischen Dorf Glocze übernahm und 1248 Stadtrecht erhielt. Seltsamerweise besitzt Goldberg, als einzige der mittelalterlichen Stadtgründungen, keinen Marktplatz. Bis heute konnte nicht geklärt werden, wie es dazu kam. Von der für die mecklenburgischen Fürsten 1316 erbauten Burg, die zum überwiegenden Teil 1842 abgetragen wurde, sind Teile im ehemaligen Amtshaus in der Amtsstraße enthalten. Die backsteinerne, im Kern frühgotische Stadtkirche (13./14. Jh.) mit neogotischer Innenausstattung ist ein wuchtiger Saalbau mit vorgesetztem Westturm; nach einem Blitzschlag 1643 und 1843 wurde sie stark verändert. In der ehemaligen Wassermühle (Müllerweg 2) an der Mildenitz, die bis 1848 produzierte, befindet sich das sehenswerte Heimatmuseum.

Das kleine **Mestlin** besteht aus zwei Ortsteilen: Neben der historischen Dorfanlage entstand um 1955 ein ›sozialistisches Musterdorf‹ mit Kulturhaus, Schule, Poliklinik (heute Seniorenheim) und zweigeschossigen Wohnhäusern. Die zweischiffige gotische Backsteinhallenkirche des 14. Jh. mit ihrem ein Jahrhundert früher errichteten Feldsteinchor belegt eindringlich das wirtschaftliche Wohlergehen des Dorfes im Mittelalter. Der massive Westturm erhielt erst im 18. Jh. sein Obergeschoß aus Fachwerk. Im Inneren, wo hohe und schlanke Pfeiler auf achteckigem Grundriß die Kreuzrippengewölbe tragen, fällt inmitten der barocken Ausstattung die qualitätvolle spätgotische Kreuzigungsgruppe ins Auge.

Am Nordufer des Dobbertiner Sees erbauten Benediktinermönche 1220 ein Kloster, das bereits 14 Jahre später in ein Nonnenkloster des gleichen Ordens umgewandelt wurde. Die langgestreckte einschiffige Klosterkirche von **Dobbertin** mit ihren weithin sichtbaren Doppeltürmen, im Kern ein gotischer Backsteinbau aus dem 14. Jh., bekam

1828–37 eine von Karl Friedrich Schinkel entworfene und vom Schweriner Hofbaumeister Georg Adolph Demmler ausgeführte neogotische Steinummantelung. Schinkel lehnte sich hier an seinen Entwurf für die Friedrichwerdersche Kirche in Berlin an. Das kreuzrippengewölbte Innere blieb weitgehend unverändert, so auch die Nonnenempore und Oberkirche im Westen. Als ältestes Stück verblieb in der Kirche ein Taufstein in Vasenform von 1586, den vermutlich Philipp Brandin schuf. Im schlichten gotischen Kreuzgang des Klosters, der mitsamt des Refektoriums erhalten blieb, fällt das Licht durch Fenster in die ebenfalls kreuzrippengewölbten, zum Innenhof vermauerten vier Flügel. Nach der Reformation wandelte man das Kloster 1572 in ein adliges Damenstift um (bis 1945), wovon noch die ein- und zweigeschossigen Wohnbauten im Stil des Spätbarock und Klassizismus um den Klosterhof zeugen.

Dobbertin, Konventsiegel des Benediktinerinnenklosters aus dem 14. Jh.: Unter der Marienkrönung steht betend die Äbtissin zwischen zwei mecklenburgischen Stierköpfen

□ **Plauer See, Fleesensee und Kölpinsee**

Vom zum Teil bewaldeten Ufer des Plauer Sees, das bis zu 25 m hoch ansteigt, bieten sich dem Auge immer wieder reizvolle Bilder. Wo die Elde den drittgrößten See Mecklenburg-Vorpommerns verläßt, entstand an der im Mittelalter wichtigen Handelsstraße von Brandenburg nach Rostock die Stadt **Plau** (6500 Einw.). Die schon 1448/49 bezeugte Burg zog immer wieder Fremde an, die dort Reichtum vermuteten und die die strategisch günstige Lage lockte. Den Einwohnern bescherten die Überfälle Plünderungen und Brandschatzungen. Nach 1660 durften sie deshalb mit Genehmigung von Herzog Gustav Adolph von Mecklenburg-Güstrow die Burg schleifen: Die Steine wurden zum Hausbau verwendet. Stehen blieb der 23 m hohe Turm von 1448/49 mit seinen 3 m starken Mauern (heute Heimatstube) und einem 11 m tiefen Verlies.

1845 überquerte das erste Dampfschiff mit dem Namen ›Alban‹ den Plauer See, benannt nach Dr. Ernst Alban, dem Erfinder der Hochdruckdampfmaschine und Konstrukteur des Schiffes. Alban hatte 1840 in Plau eine Maschinenfabrik und Eisengießerei eröffnet, die sich bis zum Ende des Ersten Weltkriegs in der Nähe der eldeabwärts gelegenen Wassermühle befand. Plau blieb bis heute eine liebenswerte, idyllische Kleinstadt mit schlichten Fachwerkbauten, die meist nach dem letzten großen Stadtbrand 1758 entstanden. Das Rathaus im Neorenaissancestil am Marktplatz wurde

1888/89 erbaut. Die ehemalige Synagoge in der Strandstraße dient seit 1922 als katholische Kirche. Der Jüdische Friedhof am Klüschenberg, auf dem 1936 die letzte Beisetzung erfolgte, ist heute eine Gedenkstätte.

Mit dem Bau der dreischiffigen Halle begannen die Kolonisatoren in der zweiten Hälfte des 13. Jh., als sie den slawischen Ort Plawe zur Stadt ausbauten. Wuchtige, gemauerte Bündelpfeiler mit Trapezkapitellen tragen in dem weitausladenden Mittelschiff die imposanten Kreuzrippengewölbe, die einen dezenten ornamentalen Malschmuck besitzen. Im Inneren sind drei Schnitzreliefs eines um 1500 in Lübeck gefertigten spätgotischen Hochaltars und die Renaissancetaufe von 1570 mit einem Schriftband in Niederdeutsch beachtenswert.

In **Bad Stuer** (sprich Stur), einem Ortsteil von Stuer an der Südspitze des Plauer Sees, bestand von 1845 bis etwa 1910 eine Kaltwasser-Badeanstalt. Wie im vorigen Jahrhundert der Kuralltag in dieser ›Waterkunst‹ ablief, kann man in Fritz Reuters »Ut mine Stromtid« nachlesen – sofern das Plattdeutsche keine Mühe bereitet. Fritz Reuter weilte in den Wintern 1847/48 und 1868/69 in Bad Stuer zur Kur. Bei seinem letzten Aufenthalt wohnte er im Haus von Badearzt Gustav Bardey am Seeufer 11, das seitdem mehrfach verändert wurde. Vom damaligen Kursaal und den Unterkünften der Badegäste existiert nichts mehr. In der langgestreckten, 1750 errichteten Dorfkirche von **Stuer** steht ein bedeutender vielfiguriger Schnitzaltar aus der Zeit um 1500 mit Gemälden auf den Flügelrückseiten, der vermutlich aus dem Umfeld des Hamburgers Hinrik Bornemann stammt.

Wie es in Mecklenburgs Dörfern in der Vergangenheit aussah, wie die Menschen dort lebten, kann man im Agrarmuseum in **Alt Schwerin** in Augenschein nehmen. Das Museum entstand 1963, als etliche Gebäude im Dorf ihre Funktion verloren hatten und ungenutzt standen. Als Museumsgebäude laden sie nun zum Besuch ein, darunter die eingeschossige Schnitterkaserne an der B 192, in der die Schnitter genannten ausländischen Wanderarbeiter untergebracht waren. Mecklenburgs Junker handelten mit dieser ›Menschenware‹ noch vor 100 Jahren so, als seien es ihre Sklaven, was Zeitungsausschnitte belegen: »Herrschaften, die noch nicht mit Schnittern versehen sind, bitte, sich an mich zu wenden; ich habe noch 15 bis 20 Pasch Arbeiter zu vergeben.« Oder: »Welches Gut gibt 6 bis 10 Schnittermädels ab gegen Erstattung der Unkosten...«

Gegenüber der Schnitterkaserne steht eine Tagelöhnerkate von der Mitte des 19. Jh., unweit davon kann im 1878 eingerichteten Klassenraum Platz genommen werden, in dem alle Kinder der ersten bis achten Klasse saßen, um von einem Lehrer unterrichtet zu werden. ›Holzpantinengymnasium‹ nannte man diese Dorfschulen, die ersten entstanden im 17. Jh. Unterrichtet wurde zunächst nur im Winter, ab Mitte des 19. Jh. auch im Sommer drei Stunden am Vormittag. 1906 gab es in Mecklenburg-Schwerin 473 ritterschaftliche Schulen mit 482 Klassen – fast jede Schule war somit eine einklassige Dorfschule. Das Schulwesen gliederte sich in landschaftliche Schulen (Städte), Domanialschulen (herzögliche Güter und Bauerndörfer) und ritterschaftliche Schulen (Güter der Rittergutsbesitzer).

Vor dem Herrenhaus von 1733, einem schlichten barocken Backsteinbau mit Mansardgeschoß, erhielt das schmiedeeiserne neobarocke Tor vom Gutshaus Vollratsruhe einen neuen Platz. Auf der Weltausstellung 1893 in Chicago hatte dieses Prunkstück mecklenburgischer Handwerksmeister einen Sonderpreis für handwerkliches Können erhalten.

Das schön gelegene **Malchow** (8200 Einw.), das bereits 1235 Stadtrecht bekam, entstand auf einer Insel im Malchower See, einer Ausbuchtung des Fleesensees (s. Farbabb. 7). Über 200 Jahre war Malchow eine reine Inselstadt, bis im 15. Jh. eine 800 m lange Holzbrücke und 1844–46 der heutige Straßendamm entstanden. Das Stadtbild prägen ein- und zweigeschossige, in den letzten Jahrzehnten meist verputzte Fachwerkhäuser (18./19. Jh.). Am Rande der Altstadt wurde 1298 ein Nonnenkloster errichtet, das nach der Säkularisierung wie dasjenige von Dobbertin als Damenstift, also als Versorgungsinstitut für unverheiratete oder verwitwete Adlige, diente. Von den mittelalterlichen Klostergebäuden blieb nichts erhalten. Die neogotische Klosterkirche wurde 1844–49 nach einem Entwurf von Friedrich Wilhelm Buttel erbaut und nach einem Brand 1888 unter Georg Daniel erneuert. Aus dieser Zeit stammt die reiche neogotische Innenausstattung, die u. a. fünf Chorfenster mit figürlicher Glasmalerei aufweist, eine Innsbrucker Arbeit vom Ende des 19. Jh. Der Klosterpark mit seinem ehrwürdigen Baumbestand an Eichen, Pappeln und Linden wird auch ›Engelischer Garten‹ genannt, da ihn Klosterhauptmann Engel ab 1803 anlegte.

Im heutigen **Göhren-Lebbin** ließ der Freiherr von Thiele-Winkler zu Beginn des Ersten Weltkriegs das in der ersten Hälfte des 19. Jh. erbaute Schloß Blücher abreißen und auf den alten Feldsteinmauern ein neues langgestrecktes Neobarockschloß errichten. Es diente nach umfangreicher Restaurierung ab 1986 einem volkseigenen Betrieb als Ferienheim, seit 1990 steht es als Hotel zahlungskräftigen Gästen offen. Göhren-Lebbin gegenüber, auf der Halbinsel **Damerower Werder** zwischen dem Jabelschen See und Kölpinsee, leben etwa 30 Wisente. In einem Schaugatter kann stets ein Teil der Herde, deren Stammeltern 1957 aus dem polnischen Urwald bei Bialowieza geholt wurden, von einer Trübüne aus beobachtet und fotografiert werden. **Jabel** mußte nach einem Großbrand 1859 fast völlig neu erbaut werden, darunter auch das backsteinerne Pfarrhaus. Im Vorgängerbau hatte Fritz Reuter 1841 bei seinem Onkel gewohnt. Vom Feuer verschont blieb indes die beeindruckende 250 Jahre alte Eibe in der Nähe der Kirche, mit stolzen 4,35 m Stammumfang das Rekordexemplar in Mecklenburg-Vorpommern.

□ **Am Mecklenburger Meer – Um die Müritz**
Nach dem Bodensee ist die Müritz mit 116,8 km^2 Deutschlands zweitgrößtes Binnengewässer. Theodor Fontane schrieb 1896 begeistert:

»Die Müritz ist nämlich so was wie ein Meer, wie der Viktoria-Njanza oder der Tanganjika.«

Die Umgebung von Waren bezeichnete er als ein »prächtiges Stückchen Erde«. Östlich der Müritz, deren Name vom slawischen Wort *Morcze*, kleines Meer, abgeleitet ist, erstreckt sich der 310 km^2 umfassende Müritz-Nationalpark mit seinem Wander- und Radwegenetz, das viele Möglichkeiten bietet, die landschaftlichen Schönheiten zu erkunden und die hier noch vorkommenden Seeadler, Fischadler und Kraniche zu beobachten.

Waren (24000 Einw.), eine deutsche Gründung aus der ersten Hälfte des 13. Jh., diente schon Ende des 19. Jh. als Sommerfrische für das nahe Berlin. Theodor Fontane schwärmte auch hier: von der ihn umfächelnden ›feuchten Seebrise‹ und dem von der Waldseite kommenden ›Tannenduft‹. Die Straße, in der er 1896 im Haus Nr. 4 wohnte, trägt heute seinen Namen. Das historistische Rathaus am Neuen Markt entstand um die Mitte des 19. Jh. im Stile der englischen Tudorgotik. An der Westseite des Platzes trifft man auf einige der für Waren typischen Giebel- und Traufenhäuser, wie sie in der zweiten Hälfte des 18. und im 19. Jh. gebaut wurden, darunter das Fachwerkhaus Nr. 21 (um 1800), in dem sich die Löwen-Apotheke befindet. Von der mittelalterlichen Bebauung haben verheerende Stadtbrände im 16. und 17. Jh. kaum etwas übriggelassen. Zu dem wenigen Erhaltenen gehört als ältestes Profangebäude das spätgotische, backsteinerne Alte Rathaus am Alten Markt mit seinen 1 m dicken Mauern, das im Kern aus dem 15. Jh. stammt.

Anfang des 14. Jh. wurde die Georgenkirche, eine dreischiffige, kreuzrippengewölbte Backsteinbasilika mit massigem Westturm, als Pfarrkirche der Altstadt erbaut. Die einheitliche neogotische Ausstattung stammt, ebenso wie der Chor, von einer umfassenden Erneuerung in der Mitte des 19. Jh. Die einschiffige gotische Marienkirche (14. Jh.), die Pfarrkirche der Neustadt, ging aus der Burgkapelle der Fürsten von Werle-Waren hervor: 1637, im Dreißigjährigen Krieg, brannte sie aus und stand über 100 Jahre als Ruine. 1790–92 erfolgte nach den Plänen des Barockbaumeisters Johann Joachim Busch der Wiederaufbau der Kirche, deren 54 m hoher Turm seitdem Warens Stadtbild prägt. Die einheitliche klassizistische Innenausstattung stammt ebenfalls von Busch, der in Waren vermutlich noch das zweigeschossige Fachwerkhaus in der Lange Straße 22 entwarf.

In dem 1869 als altsprachliches Gymnasium eröffneten Schulgebäude in der Güstrower Straße erinnert eine Gedenktafel an den 1939 verstorbenen bedeutendsten Brauchtums- und Sprachforscher Mecklenburgs, Richard Wossidlo, der hier von 1886 bis 1923 als Lehrer wirkte: Über 30 000 Sagentexte trug er zusammen und schrieb sie in der Mundart des jeweiligen Erzählers auf. Erwähnenswert ist das spätklassizistische Gebäude darüber hinaus, weil es nach Plänen des Schweriner Hofbaumeisters Georg Adolph Demmler entstand.

188

Am ›Mecklenburger Meer‹ – Bootsvergnügen auf der Wasserverbindung zwischen Müritz und Kölpinsee bei Waren

189

Östlich von Waren, in **Ankershagen**, arbeitete Johann Heinrich Voß 1769–72 als Hauslehrer auf dem hiesigen Gut. Das Gutshaus aus der ersten Hälfte des 16. Jh., ein mehrfach veränderter zweigeschossiger Putzbau, steht vermutlich auf den Fundamenten einer mittelalterlichen Wasserburg. Über die Landesgrenzen bekannt wurde Ankershagen durch Heinrich Schliemann (s. S. 99), der im ehemaligen Pfarrhaus als Pastorensohn einen Teil seiner Kindheit verbrachte. Heute befindet sich in diesem Fachwerkhaus aus dem 18. Jh. das Heinrich-Schliemann-Museum, das über den Lebensweg und die Grabungen des Archäologen informiert. Seit einigen Jahren gibt es in Ankershagen auch wieder das von Schliemann in seiner Autobiographie erwähnte ›Silberschälchen‹, was nichts anderes als ein Teich hinter dem Pfarrhaus ist. In der im Kern frühgotischen Dorfkirche, die im 15. Jh. zu einer zweischiffigen Hallenkirche umgebaut wurde, hat Schliemanns Vater gepredigt.

Im Ortsteil **Rumpshagen** lohnt die Besichtigung des zweigeschossigen rechteckigen Barockschlosses von 1830–32, dessen Bauherr Friedrich Ernst von Voß war. Sein Vater besaß im Dorf die Glashütte. Von dem dort reichlich anfallenden Bruchglas wurden blaue und grüne Scherben in den frischen Putz des Schlosses gedrückt, was zu einer in Mecklenburg-Vorpommern einmaligen Fassadengestaltung führte. Südlich von Ankershagen (Feldweg nach Dambeck und Kratzeburg) liegen die fast völlig vermoorten Quellseen der Havel, der Middersee und der Große Diekseen.

In **Klink** ließ sich Arthur von Schnitzler 1897/98 ein Neorenaissanceschloß mit runden Ecktürmen, Erkerausbauten und Fassadenschmuck aus Terrakottaplatten erbauen, das, ebenso wie sein großes Vorbild in Schwerin, an die Loireschlösser des 16. Jh. erinnert. Nördlich des Dorfes eröffnete der FDGB 1962 eine in den folgenden Jahren erweiterte Feriensiedlung, das heutige ›Müritz-Hotel‹. Unter dem Namen ›Völkerfreundschaft‹ gehörte sie in der DDR zu den begehrtesten Urlaubsadressen.

Im Südwesten der Müritz, in einer Bucht gelegen, wurde Anfang des 13. Jh. Alt-Röbel mit der Marienkirche gegründet, wenig später südöstlich davon Neu-Röbel mit der Nikolaikirche planmäßig angelegt. Mitten durch das später vereinte **Röbel** (6700 Einw.) verlief bis zum 16. Jh. die Grenze zwischen den Bistümern Schwerin, wozu die Marienkirche, und Havelberg, wozu die Nikolaikirche gehörte.

Die Pfarrkirche St. Marien, ein frühgotischer Backsteinbau von der Mitte des 13. Jh. mit Kreuzrippen- und im 15. Jh. eingefügten Sterngewölben, erhielt 1848–51 das neogotische Turmobergeschoß mit Spitzhelm. Von hier bietet sich ein weiter Blick über Röbel auf die Müritz. (Den Schlüssel zum Turm gibt es im Pfarrhaus, Straße der Deutschen Einheit 14.) Im Kircheninneren fallen die ungewöhnlichen, eingestellten Halbsäulenbündel am Vierungspfeiler auf, deren seltsamer Abschluß an islamische oder russische Bauformen denken läßt. Inmitten der weitgehend neogotischen Innenausstattung entdeckt man zwei spätgotische Schnitzkunstwerke: eine Kreuzigungsgruppe und einen Flügelaltar, dessen Figuren – eine Mondsichelmadonna, flankiert von Heiligen – sich durch derbe, bäuerlich wirkende Gesichter auszeichnen.

Nur wenig später entstand die Nikolaikirche, auch sie eine frühgotische, dreischiffige Backsteinhalle mit neogotischer Innenausstattung. Die deutliche Staffelung des Baukörpers fällt auf: den rechteckigen Chor überragt das Mittelschiff und dieses wiederum der spätgotische Westturm. An ihm und den Schaugiebeln der Kirche lassen sich die geometrischen, dezenten Schmuckformen der Backsteingotik bewundern: vorgeblendete Staffelgiebel, elegante Lanzettfenster, Rundbogen-, Zahn- und Dreipaßfriese. Das vierteilige spätgotische Chorgestühl mit Schnitzereien an seinen Seitenwangen stammt aus der nicht erhaltenen Kirche des 1285 gegründeten Dominikaner-

»Derbe, bäuerlich wirkende Gesichter« – die hl. Katharina und der Apostel Jakobus der Ältere auf dem Schnitzaltar der Pfarrkirche von Röbel

Ludorf, Dorfkirche in der unüblichen Form des Zentralbaus

klosters. Man beachte auch den wohlgerundeten, blendbogengeschmückten romanischen Taufstein.

Im Stadtbild von Röbel sind zahlreiche ein- und zweigeschossige, nachträglich oft verputzte Fachwerktraufenhäuser aus dem 18. und 19. Jh. zu sehen. Das vermutlich älteste Haus des Städtchens – um 1770 erbaut und gegenwärtig unbewohnbar – steht in der Straße des Friedens Nr. 4. Reste der Stadtmauer befinden sich z. B. noch am Töpferwall.

In **Ludorf**, 4 km östlich von Röbel gelegen, steht eine Rarität unter den mittelalterlichen Backsteinkirchen von Mecklenburg: der 1346 geweihte achteckige Zen-

191

tralbau mit einer dreiviertelkreisförmigen Apsis, zwei sechseckigen seitlichen Anbauten und einer quadratischen Vorhalle, die vermutlich als Untergeschoß für den geplanten Westturm entstand. Die ursprünglichen Zeltbedachungen sind nur noch über dem Zentralraum und der Apsis vorhanden. Empfehlenswert ist es, hinter dem Herrenhaus von 1698 durch den Gutspark zur Müritz zu spazieren. Von dort bietet sich ein herrlicher Blick über das Wasser auf das zum Nationalpark gehörende Ostufer.

In **Wredenhagen** besaßen die Fürsten von Werle-Waren eine 1280 erstmals erwähnte Burg, die sich von zeitgleichen Burgen insofern unterscheidet, als sie keine Vorburg besaß. Deshalb wohl hat die Hauptburg den beachtlichen Durchmesser von über 100 m, während er sonst nur etwa 50–60 m betrug. Gut erhalten blieben Teile der Umfassungsmauer und zwei mittelalterliche, danach jedoch mehrfach veränderte Gebäude. Innerhalb der Ringmauer wurden im 18. Jh. das Gutshaus und einige Fachwerkwohnhäuser errichtet.

Das um 1800 erbaute klassizistische Herrenhaus in **Fincken**, das um 1855 einen Anbau im Stile der englischen Tudorgotik erhielt, dient seit 1991 als Hotel. Ein Blick in die klassizistische Dorfkirche lohnt wegen des Kanzelaltars mit vier großen Evangelistenfiguren. In den Ortsteil **Knüppeldamm** führt eine der vielgerühmten mecklenburgischen Alleen. Im Sommer bilden die Zweige und Blätter der etwa 85 alten Winterlinden auf einer Länge von 800 m ein regelrechtes Dach. Die stärksten Bäume haben einen Stammumfang von über 5 m.

Eine Allee aus Eichen und Linden führt, wenn man die von Waren über Rügeband kommende Straße verlassen hat, nach **Torgelow**. Das Gutshaus dort hatten aufgebrachte Landarbeiter im Revolutionsjahr 1848 niedergebrannt, ein neues, als Schloß bezeichnetes enstand erst 1905/06. Otto March entwarf es mit geschweiften Giebeln und Säulenportikus im Stile des Neobarock. Das Schloß liegt inmitten eines Parks, von dessen Seemauer man weit über den Torgelower See blickt.

Reizvolle Aussichten eröffnet auch der Waldweg nach **Groß Gievitz**. Die stattliche frühgotische Feldsteinkirche des 13. Jh. im Dorf besitzt schöne Schmuckdetails aus Backstein, besonders am blendenverzierten Giebel des Chors und am Südportal. Bei der Restaurierung im Jahre 1964 traten Wandmalereien aus der Zeit um 1300 in dem gedrungenen Chor und im Schiff zutage. Der thronende Christus, einander bekämpfende, skurrile Fabelwesen, vegetabile Ranken und Ornamente sind zu erkennen – ein wahres Pandämonium, das uns einen Blick in die Glaubenswelt der mittelalterlichen Dorfbewohner werfen läßt. Die barocke Ausstattung mit Kanzel, Altar, Patronatsloge und Orgelprospekt stammt aus dem 18. Jh., ältestes Stück ist der gotische Taufstein aus dem 14. Jh.

Der **Torgelower See**, durch den die Ostpeene fließt, ist Zentrum eines rund 30 km^2 großen Landschaftsschutzgebietes. Den Wald südwestlich von Groß Gievitz haben sich Fischreiher zur Kolonie erwählt, in manchen Jahren brüten rund 50 Paare hier. Auf der kleinen vorgelagerten Insel befindet sich seit 1972 eine Kormorankolonie, neben Niederhof bei Stralsund die zweitgrößte in Mecklenburg-Vorpommern. Etwa 200

192

Paare horsten hier jährlich. Vom Seeufer südlich der Kirche kann man die Vögel gut beobachten. Nördlich von Groß Gievitz, am Waldweg nach Hungerstorf, stehen vier prachtvolle Stieleichen, deren Stammumfang jeweils etwa 8 m beträgt; etwas weiter gelangt man zu einer Silberweide mit einem Stammumfang von 5,50 m und einer Höhe von 20 m. Der schon 1937 als stärkste Buche Deutschlands genannte Baum im Ortsteil Klein Gievitz steht nicht mehr – ein Sturm hat ihn 1983 entwurzelt.

Mecklenburgische Schweiz

☐ **Von Teterow nordwärts**
Sanft geschwungene Hügelketten und malerisch gelegene Seen, ausgedehnte Buchenwälder und knorrige alte Eichen – das ist die Mecklenburgische Schweiz, eine Landschaft, die ein wenig an ein Mittelgebirge erinnert: Immerhin erheben sich ihre ›Berge‹, unüblich für die norddeutsche Tiefebene, bis zu 123 m (Hardtberg). Die Gletscher der letzten Eiszeit formten bei ihrem Rückzug die End- und Stauchmoränen und schufen die Becken des Malchiner, Kummerower und Teterower Sees. Die Mecklenburgische Schweiz erstreckt sich streng genommen zwischen Teterow im Westen und Malchow im Osten, zwischen Burg Schlitz im Süden und Neukalen im Norden. In der Regel werden jedoch auch die Reuterstadt Stavenhagen und ihre Umgebung sowie der gesamte Kummerower See zu dieser von der Industrie nahezu unberührten Region gerechnet.

Das Wahrzeichen von **Teterow** (11 300 Einw.) steht auf dem Marktplatz: der 1914 enthüllte Hechtbrunnen mit einer Bronzefigur von Wilhelm Wandschneider. Mit der Inschrift verraten die Teterower Humor:

»Weck Lüd sünd klauk, un weck sünd daesig. Un weck dei sünd wat aewernäsig. Lat't ehr spijöken, Kinning lat't: Dei Klock hatt lürrd, dei Häkt is fat't!« (»Manche Leute sind klug, und andere sind dumm. Und andere sind etwas überheblich. Laßt sie spotten, Kinder, laßt sie: Die Glocke hat geläutet, der Hecht ist gefangen!«)

Um die Brunneninschrift verstehen zu können, muß die Vorgeschichte erzählt werden, ein wahrer Schildbürgerstreich: Der Legende nach fingen zwei Teterower Fischer einen riesigen Hecht. Bis zum Schützenfest, so beschlossen die Ratsherren, sei er in den See zu setzen. Um ihn wieder einfangen zu können, bekam er eine Glocke umgebunden, und zusätzlich schnitten die Fischer an der Stelle eine Kerbe in ihr Boot, an der sie den Fisch ins Wasser gelassen hatten!

Von der mittelalterlichen Stadtbefestigung blieben an der Rostocker und der Malchiner Straße die gleichnamigen spätgotischen Tortürme stehen, mit ihrer Blendbogengliederung schöne Beispiele der Backsteingotik und des Repräsentationswillens der Stadt, dic 1235 Stadtrecht erhielt (s. Abb. 30). Im Torschreiberhaus des Malchiner Turms befindet sich seit 1990 das Heimatmuseum.

Nach 1250 erfolgte die Grundsteinlegung für die Pfarrkirche St. Peter und Paul, um 1500 war die dreischiffige Backsteinbasilika fertiggestellt. Schmuckstücke sind der vier-

flüglige spätgotische Schnitzaltar mit seinen schlanken, eleganten Figuren (um 1430) und die Deckenmalereien (um 1350) im Chor.

Von der Straße in Richtung Rostock zweigt rechts der Weg zur Burgwallinsel im Teterower See ab. Die Überreste der slawischen Inselburg dort gehören zu den am besten erhaltenen Anlagen dieser Art in Mecklenburg-Vorpommern. Die Burg diente vom 9. bis 12. Jh. als Siedlungs- und Zufluchtsstätte. Auf dem Südgipfel der Heidberge (90 m) entstand 1927 ein Turm, der einem mit der Spitze in die Erde gesteckten Schwert ähnelt. Er ist Mahnmal für die Gefallenen des Ersten Weltkriegs und Aussichtsturm zugleich. Über die Landesgrenzen hinaus haben aber weder Burgwall noch Schnitzaltar Teterow bekannt gemacht, sondern das Teterower Bergrennen. Seit 1930 findet das internationale Motorradrennen jährlich zu Pfingsten auf der angeblich am schönsten gelegenen Grasrennbahn Europas statt.

Nördlich von Teterow halten die Dörfer sehenswerte Schlösser, Herrenhäuser und Kirchen bereit. Das zweigeschossige Neorenaissanceschloß (1852–56) in **Matgendorf** hat einen berühmten Baumeister: Schwerins Hofbaurat Hermann Willebrand. Besonderes Augenmerk hat er den drei Risaliten geschenkt: die Giebelaufsätze zieren Ornamente, Lisenen gliedern sie senkrecht, die Fenster sind – im Gegensatz zu den anderen des Bauwerks – als Rundbogen konzipiert. Zum Matgendorfer Schloß gehörte einst ein prachtvoller, in der ersten Hälfte des 19. Jh. angelegter englischer Landschaftspark. Heute sind davon nur noch spärliche Reste auszumachen.

Im Nachbardorf **Tellow,** einem Ortsteil von Warnkenhagen, erwarb 1810 Johann Heinrich von Thünen das Gut. Das um 1800 gebaute klassizistische Herrenhaus gehört heute zum Thünen-Museum, in dem der ehemalige Besitzer als Agrarwissenschaftler und Musterlandwirt vorgestellt wird. Thünen gilt als Begründer der landwirtschaftlichen Betriebswirtschaftslehre; er starb 1850 auf seinem Besitz. Nordöstlich von Tellow liegt **Groß Wüstenfelde** mit seinem um 1700 erbauten barocken Fachwerkherrenhaus. Vermutlich steht es auf den Grundmauern einer Burg aus der frühen Phase der deutschen Ostsiedlung, an die noch der bis zu 6 m hohe Ringwall mit einem Durchmesser von etwa 120 m erinnert.

Die frühgotische Backsteinkirche in **Walkendorf** weist reiche Wandmalereien aus dem 14. Jh. auf. Aufmerksamkeit verdient auch der spätgotische vielfigurige Schnitzaltar aus der Zeit um 1450. Das Herrenhaus in **Boddin** erhielt sein klassizistisches Aussehen bei einem Umbau um 1840, dahinter liegt der dazugehörende Park, genau wie in **Prebberede.** Dort umgibt das zweigeschossige Barockschloß (1772–78) mit Pilastergliederung und Mittelrisalit ein weitläufiger, im englischen Stil angelegter Park, in dessen Ostteil die neogotische Gutskapelle mit einem kleinen achteckigen Turm steht. Die beiden langgestreckten Backsteingebäude von 1768 an der Nordseite des ehemaligen

◁ Teterow: An der Pfarrkirche ist die Staffelung der Baukörper – Chor, Schiff und Turm – gut zu erkennen

195

Gutshofes dienten als Marställe. Die Gutsschmiede vom Anfang des 19. Jh. ist an der von Holzsäulen getragenen Vorlaube und dem Zeltdach zu erkennen.

In der spätgotischen Dorfkirche im Ortsteil **Belitz**, einer dreischiffigen Backsteinbasilika des 15. Jh., befindet sich eine der besten Bildhauerarbeiten der Renaissance in Mecklenburg, ein vermutlich in der Werkstatt von Claus Midow 1602 entstandenes Epitaph mit reichem Figurenschmuck und Alabasterreliefs für den 1596 verstorbenen M. Schmecker. Im Stile der englischen Tudorgotik zeigen sich die Schlösser in **Wardow** (um 1840) und im Neu Heinder Ortsteil **Schwiessel** (zweite Hälfte 19. Jh.).

Zwischen dem Radener und dem Warinsee, in **Wattmannshagen**, fällt die stattliche Kirche des 13. Jh. auf, deren spätromanischer Chor aus Feldsteinen, das frühgotische Schiff und der Westturm aber aus Backsteinen bestehen. Das Südportal weist reichen vegetabilen Bauschmuck auf.

Die großzügige gotische Backsteinkirche in **Reinshagen**, um 1270 erbaut, stellt gleichsam den Prototyp der mecklenburgisch-vorpommerschen Hallenkirche dar: massiver Westturm, drei Schiffe und drei Joche, im Prinzip also ein Vierstützenraum. Baudetails wie die Blattkapitelle der Pfeiler, die Dienstbündel, die Fensterrosette oder die Strebepfeiler machen deutlich, daß in dieser Dorfkirche der Versuch unternommen wurde, größeren Vorbildern wie der Greifswalder Marienkirche nachzueifern. Die zweigeschossige Wassermühle westlich der Kirche gehört zu den wenigen in Mecklenburg-Vorpommern, in der die Ausstattung des 19. Jh. vollständig erhalten blieb. Die seit dem 17. Jh. nachweisbare Mühle, die zu einer musealen Schauanlage ausgebaut werden soll, erhielt ihr heutiges Aussehen im späten 18. und frühen 19. Jh.

In **Vietgest** entstand 1792–94 der letzte barocke Schloßbau Mecklenburgs (heute Hotel; s. Abb. 45). An das Haupthaus schließen sich beiderseits eingeschossige Trakte und zweigeschossige Pavillons an. 1985–90 wurde das Schloß mit großem Aufwand restauriert, denn die CDU der DDR wollte in ihm ein Schulungs- und Ferienzentrum einrichten. Zwischen Schloß und See erstreckt sich ein Landschaftspark aus dem 18. Jh.

☐ **Malchin und Umgebung**

Malchin (10 700 Einw.), in der ersten Hälfte des 13. Jh. gegründet, gilt als Zentrum der Mecklenburgischen Schweiz. Kampfhandlungen am Ende des Zweiten Weltkriegs zerstörten fast die gesamte Innenstadt. Ein Besuch lohnt aber schon der dreischiffigen gotischen Backsteinbasilika St. Maria und St. Johannes (14./15. Jh.) wegen. Das mächtige Bauwerk besitzt die Ausmaße und die Raumwirkung einer Kathedrale (s. Abb. 33). Der lichte Chor mit seinen großen Fenstern kontrastiert mit dem eher massigen Schiff, das ein schönes Sterngewölbe besitzt. Auch die Kirchenausstattung wird in dieser Fülle und Qualität im mittleren Mecklenburg nur von der Güstrower Pfarrkirche übertroffen. Genannt seien der spätgotische Schnitzaltar vom Anfang des 15. Jh. mit der Marienkrönung im Schrein und Tafelmalereien zur Passion auf den Rückseiten der Innen- und Außenflügel, die Renaissancekanzel (1571) von Hans Boeckler und der

Peter Joseph Lenné

Englische Gartenbaukunst
in Mecklenburg-Vorpommern

geb. 1789 in Bonn, gest. 1866 in Potsdam

Seine großartigen Potsdamer Parks sind weithin bekannt, weniger aber diejenigen in Mecklenburg-Vorpommern. Dort entstand der größte Schloßpark, der von Ludwigslust, nach Lennés Plänen, in Schwerin ein Teil des Schloßgartens. Rund 30 Anlagen lassen sich in Mecklenburg-Vorpommern nachweisen, an deren Entwurf oder Veränderung Lenné oder seine Mitarbeiter mitgewirkt haben. »Es ist kaum eine Landschaft, geschweige eine Feldmark denkbar, welche unter der ordnenden Hand des Künstlers der ästhetischen Ausschmückung und der ökonomischen Verbesserung durch Anpflanzung unfähig wäre«, urteilte Lenné, der die Ideen des englischen Gartens in Deutschland propagierte, im Jahre 1824.

Lenné war seit Kindesbeinen eng mit der Natur verbunden. Er entstammte einer Familie, die väterlicherseits seit Generationen Hofgärtner im Köln-Bonner-Raum stellte. Der preußische König Friedrich Wilhelm IV. ernannte den seit 1816 im Staatsdienst Stehenden 1854 zum General-Gartendirektor, ein Jahr später wurde er zum Ehrenmitglied der Königlichen Akademie der Künste zu Berlin berufen; Mecklenburg-Strelitz ehrte ihn mit dem Titel eines ›Großherzoglich Mecklenburgischen Gartendirektors‹, obwohl er hier nie einem Schloß- oder Gutspark vorgestanden hatte.

Ein Nervenschlag beendete am 23. Januar 1866 das Leben des Gartenzauberers. Dem Trauerzug vorangetragen wurde ein silberner Lorbeerkranz mit 50 vergoldeten Blättern: Auf jedem stand der Name einer von ihm geschaffenen Anlage. Freunde und Mitarbeiter hatten Peter Joseph Lenné diesen Kranz zum 50jährigen Dienstjubiläum am 23. Januar überreichen wollen – der sein Todestag wurde.

197

Malchin, Dornenkrönung in den typischen expressiven Gesten der spätgotischen Malerei, Seitenflügel des Schnitzaltars

barocke Orgelprospekt (1780) von Paul Schmidt. In der anstelle des Südturms erbauten Marienkapelle befindet sich eine Kreuzigungsgruppe aus der Zeit um 1400.

Im Malchiner Rathaus tagte von 1621 bis 1916 im Wechsel mit Sternberg der Mecklenburger Landtag, das Tagungsgebäude existiert aber nicht mehr. Von der Stadtbefestigung kann man vom Steintor das Vortor und einen Mauerturm und vom Kalenschen Tor das Vortor, beide aus dem 15. Jh. stammend und mit Spitzbogenblenden geschmückt, besichtigen. In dem Malchin eingemeindeten Dorf **Scharpzow** trafen sich zwischen 1840 und 1848 Fritz Reuter, Hoffmann von Fallersleben und der Herausgeber der »Berliner Blätter«, Karl Neuwerck, um über die gesellschaftlichen Verhältnisse in Mecklenburg zu diskutieren. Gesprächsort war das eingeschossige backsteinerne Gutshaus mit Krüppelwalmdach vom Ende des 18. Jh.

Das nordwestlich von Malchin an der B104 gelegene Dorf **Remplin** gehörte ab 1405 der Familie von Hahn, die zu den einflußreichsten mecklenburgischen Adelsgeschlechtern zählte. Zwei Mitglieder dieser Familie machten Remplin auf dem Gebiet der Wissenschaft und Kunst bekannt: Friedrich von Hahn ließ ab 1792 in der südöstlichsten Parkecke die erste Sternwarte in Mecklenburg erbauen. Mit über 50 Instrumenten betrieb der Graf ab 1802 seine astronomischen Studien. Von der Sternwarte blieb der Turm als Ruine stehen; Restaurierungsarbeiten finden bereits seit längerer Zeit statt.

In seinem Barockschloß hatte Friedrich von Hahn ein chemisches Laboratorium und eine umfangreiche Bibliothek eingerichtet, die sein Sohn Karl Friedrich Graf von Hahn als Theaterraum nutzte. Dessen Theateraufführungen waren bald berühmt, denn er unterhielt nicht nur eine eigene Truppe, sondern verpflichtete auch namhafte auswärtige Schauspieler wie August Wilhelm Iffland. Die Familie schaute dieser ›Verschwendung‹ nicht lange zu: Karl Friedrich wurde enterbt und zog als ›Theatergraf‹ mit einer Schauspieltruppe durch Deutschland, bis er 1857 verarmt in Altona starb.

Zu dieser Zeit gehörte Remplin schon nicht mehr den Hahns; nach mehreren Besitzerwechseln erwarb Herzog Georg von Mecklenburg-Strelitz das Schloß. Nach Plänen von Friedrich Hitzig ließ dieser die Dreiflügelanlage 1851/52 im Stile der französischen Renaissance zu einem der prachtvollsten Schlösser Mecklenburgs umbauen. Am 10. April 1940 brannte das Schloß bis auf den unmittelbar an der B 104 stehenden Nordflügel ab. Der Schloßpark mit sieben 200jährigen Lindenalleen gehört zu den schönsten Barockanlagen Mecklenburgs. Die östliche Erweiterung im Stile des englischen Landschaftsparks nahm ab 1851 Peter Joseph Lenné vor.

Stammsitz der Familie von Hahn war **Basedow**, östlich vom Malchiner See gelegen. 1349 bereits hatten die Hahns den Ort erworben, vier Jahre vor dem 600. Jahrestag der Inbesitznahme erfolgte die Enteignung durch die Bodenreform. Das Schloß, eine unregelmäßige Dreiflügelanlage, entstand vom 16. bis 19. Jh. auf den Resten einer mittelalterlichen Burg (s. Abb. 46); ältester Teil ist der Renaissancetreppenturm von 1552. Nach einem Brand 1891 wurde der prunkvolle Südwestflügel errichtet, der eine gelungene historistische Wiederbelebung des Johann-Albrecht-Stils darstellt. Die gartenseitig vorgelagerte Orangerie und die Schaugiebel des neuen Flügels zieren Nachbildungen von Terrakotten aus der Werkstatt des Statius von Düren. Friedrich August Stüler entwarf u. a. das 1945 zerstörte Torhaus und den Marstall (1835–39), Zentrum des seit 1479 bestehenden Gestüts, in dem bis 1920 die in Europa bekannten Basedower Renner gezüchtet wurden.

Eine reiche und künstlerisch wertvolle Renaissanceausstattung, die sich dem Patronat der Familie von Hahn verdankt, birgt die Dorfkirche mit dem spätromanischen Feldsteinchor und dem spätgotischen Langhaus aus Backstein (13./15. Jh.). Genannt seien der über die gesamte Chorbreite reichende Altaraufsatz (1592) aus Sandstein und Marmor mit herrlichem Beschlagwerk sowie die mit 1680 datierte barocke Orgel von Samuel Gerke und Heinrich Herbst. Einige der Epitaphe entstanden vermutlich in den Güstrower Werkstätten von Philipp Brandin und Claus Midow. Der Schloßpark, in den letzten Jahren wieder im Stil eines englischen Landschaftsgartens hergerichtet, gilt als eine der bedeutendsten Schöpfungen Peter Joseph Lennés.

Am Südrand der Mecklenburgischen Schweiz, im Klocksiner Ortsteil **Blücherhof**, blieben das Schloß mit dem Park und der Gutshof mit Stallungen, Wirtschafts- und Wohngebäuden sowie Schnitterkaserne in einer in Mecklenburg-Vorpommern nur selten noch anzutreffenden Geschlossenheit erhalten. Die Initialen AMK am Schloßportal stehen für Alexander und Margarethe Koenig, die 1904 Gut Blücherhof kauften und das Gutshaus vom Architekten Gustav Holland in ein neobarockes Schloß umbauen ließen. Den 1986–89 rekonstruierten Park legte der Schloßbesitzer gemeinsam mit dem ehemaligen Rigaer Stadtgartendirektor Kuphalt als Arboretum an. Mit rund 120 verschiedenen Koniferen- und Laubholzarten gehört er zu den bedeutendsten seiner Art in Mecklenburg-Vorpommern.

Ein weiteres interessantes Schloß bietet **Moltzow**. Der stattliche Bau mit zinnenbekrönten Giebeln, Eck- und Treppentürmen entstand in der zweiten Hälfte des 19. Jh. im Stile der Tudorgotik, von dem zeitgleich angelegten Landschaftspark blieb jedoch kaum etwas erhalten. Sehenswert ist die hinter dem Schloß beginnende, 300 m lange Allee. Beiderseits der nur 2,50 m breiten Straße stehen die Kastanien so dicht, daß das Gefühl entsteht, man durchschreite oder durchfahre einen Tunnel.

Das 3 km entfernte Schloß in **Ulrichshusen**, landschaftlich reizvoll am Südufer des gleichnamigen Sees gelegen, entstand 1562 unter Einbeziehung von Bauteilen einer mittelalterlichen Burg. Noch vor einem Jahrzehnt galt es als eines der »wenigen erhaltenen Landschlösser der Renaissance in Mecklenburg«. Das ›erhalten‹ muß nun gestrichen werden: Das Bauwerk steht leer, das Dach ist eingestürzt, die Erdgeschoßfenster sind zugemauert... Schloß Ulrichshusen ist heute eine Ruine!

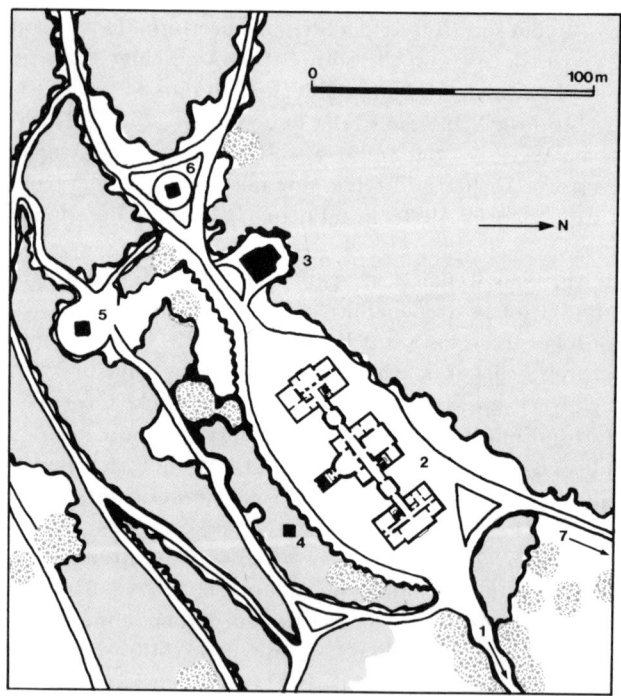

Hohen Demzin, Park Burg Schlitz:
1 Lindenallee, führt zum Eingangsobelisken, Museum und Gaststätte
2 Schloß
3 Kapelle
4 Blücher-Denkmal
5 Regensburger Kriegerdenkmal
6 Nymphenbrunnen
7 Erbbegräbnis

Mecklenburgs bedeutendste klassizistische Schloßanlage kann **Burg Schlitz,** ein Ortsteil von Hohen Demzin, vorweisen. Das kleine (leider fast immer geschlossene) Museum in der bis 1965 betriebenen Gutsschmiede an der B 108 informiert über die Geschichte der Anlage, die Baron Hans von Labes alias Graf von Schlitz schuf. Wer sich vor dem Spaziergang durch den ausgedehnten Landschaftspark von 6 km² stärken möchte, tue dies neben dem Museum in der historischen Gaststätte ›Zum goldenen Frieden‹ von 1819.

Eine prachtvolle, für Autos gesperrte Lindenallee führt zum Schloß, in das der Graf 1823 einzog. Galerien verbinden die pavillonartigen Seitenflügel mit dem Mittelbau, dessen Räume einst für Empfänge dienten; im südwestlichen Flügel wohnte die Familie des Bauherrn, im nordöstlichen logierten die Gäste. Die Pläne für das Schloß stammen vom Berliner Hofrat Otto Hirth, der Graf selbst nahm auf Formgebung und Ausstattung maßgeblichen Einfluß.

An der neogotischen Kapelle (1822) westlich vom Schloß sollte der Rundgang durch den Park und den angrenzenden Wald beginnen, in dem der Graf rund drei Dutzend Obelisken, Säulen und Findlinge aufstellen ließ, darunter das Blücher-Denkmal zur Erinnerung an den Sieg über Napoleon bei Waterloo 1815. Der Nymphenbrunnen, ein hervorragendes Werk des Jugendstils, kam um 1930 in den Park. Die drei reigentanzenden Bronzedamen hatte Walter Schott 1903 für das Kaufhaus Wertheim in Berlin geschaffen. Gut beraten ist, wer zum Abschied auf den nahen, 96 m hohen Röthelberg steigt, zu dessen Füßen sich die anmutige Landschaft um Burg Schlitz ausbreitet. Weit kann das Auge über das hügel- und waldreiche Gebiet der Mecklenburgischen Schweiz schweifen und neue Reiseziele ausmachen. Hier, in Burg Schlitz, soll im Sommer 1811 erstmals von der Mecklenburgischen Schweiz die Rede gewesen sein. Graf von Schlitz, so weiß man zu erzählen, habe in fröhlicher Runde von seinen Wanderungen durch die Bergwelt der Schweiz berichtet und diese mit seiner neuen Heimat verglichen. Der spätere Herzog Georg II. soll daraufhin von der ›Schweiz Mecklenburgs‹ gesprochen haben.

Östlich von Burg Schlitz, in **Bristow,** steht am Dorfteich ein in Mecklenburg-Vorpommern in dieser Art einmaliges Kleinviehhaus (1891): ein runder Backsteinbau mit einem als Turm aufgesetzten Taubenschlag. Das Gotteshaus mit der Jahreszahl 1597 am Chorgiebel entstand als Gutskirche für Hans von Hahn; sie gilt als erster protestantischer Sakralbau Mecklenburgs. Das Innere mit dem stuckierten Tonnengewölbe hält eine reiche Renaissanceausstattung aus der Erbauungszeit bereit.

Das zweigeschossige Schloß (1730–40) im Bülower Ortsteil **Schorssow** verdankt seine heutige klassizistische Gestalt einem Umbau im Jahre 1808. Der stattliche Bau steht leer und verkommt langsam zur Ruine. Wie die einfachen Menschen wohnten, zeigt unweit des Schlosses das sog. Fischerhaus, ein eingeschossiger, verputzter Fachwerkbau mit Rohrdach. Doch so ansprechend, wie die heutigen Bewohner das Häuschen – unter Beachtung denkmalpflegerischer Gesichtspunkte – hergerichtet haben, dürfte es bei seiner Fertigstellung vor etwa 300 Jahren nicht ausgesehen haben.

☐ **Um den Kummerower See**

Kalen westlich des Kummerower Sees blickt auf eine eigenwillige Namensgeschichte zurück: Ab 1244 ließ Fürst Heinrich Borwin III. von Mecklenburg das Dorf **Altkalen** unter dem Namen Neukalen zur Stadt ausbauen. Die Lage soll dem Herrscher aber nicht zugesagt haben, jedenfalls verlegte er die Stadt 1281 kurzerhand 9 km südlich in das Dorf Bugelmast, das nun den Namen Neukalen zu übernehmen hatte. Das ehemalige Neukalen durfte sich daraufhin wieder Altkalen nennen und wurde vom Rang einer Stadt zum Dorf zurückgestuft. Die Stadt- wurde wieder Dorfkirche, was den Betrachtern der frühgotischen Wandmalereien aus der Zeit um 1280 allerdings gleich sein dürfte. **Neukalen** (3200 Einw.) besitzt das für planmäßige Gründungen typische gitterförmige Straßennetz. Zu den qualitätvollsten barocken Altaraufsätzen (1610) im mittleren Mecklenburg gehört derjenige in der spätgotischen Backsteinkirche St. Johannes (15. Jh.).

Am nördlichen Rand der liegt **Dargun** (4700 Einw.), bis heute jedoch einen dörf- wichtigsten Stationen der dem Stadtwappen abgelesen weist auf das 1171 gegründe- sterzienserkloster, das sich Greif – unter der Herrschaft fand, bis es – der Stierkopf soll burg fiel.

Mecklenburgischen Schweiz das 1936 Stadtrecht bekam, lichen Charakter besitzt. Die Ortsgeschichte können aus werden: Der Abtstab verte und 1552 säkularisierte Zizunächst – dafür steht der der Fürsten von Pommern bees belegen – 1236 an Mecklen-

Das Schweriner Herzogshaus ließ die Klostergebäude zu einem vierflügligen Renaissanceschloß umbauen, das zeitweise als Witwen- und Prinzessinnensitz diente. 1873 zog die erste Ackerbauschule Mecklenburgs in das Gebäude ein, das ferner Verwaltungen und Wohnungen beherbergte. Ein Großfeuer vernichtete 1945 Schloß und Klosterkirche (13./15. Jh.) bis auf die Grundmauern. Gegenwärtig werden die Ruinen (s. Abb. 28) mit großem Aufwand gesichert. Aus der Klosterkirche gelangten Glasmalereien von 1479 und Grabplatten des 14./15. Jh. in die Darguner Stadtkirche (13./18. Jh.), in der noch ein Schnitzaltar aus der Zeit um 1500 mit figurenreichen Schrein sehenswert ist.

Am Kummerower See entstand 1269 das erste Nonnenkloster Pommerns. Von der Anlage der Benediktinerinnen am Westrand des Dorfes **Verchen** blieb die einschiffige frühgotische Kirche mit hohen, spitzbogigen Fenstern und Glasmalereien der Kreuzigung und verschiedener Heiliger im Chor (nach 1461) erhalten. Der bedeutende spätgotische Schnitzaltar, um 1420 hergestellt, zeigt die Verkündigung. Dem See gab das romantisch an seinem Ufer gelegene, verträumte Dorf **Kummerow** den Namen, in dem eine 2 km lange Allee auf das Barockschloß von 1725−33 zuführt. Der stattliche Bau besitzt große Ähnlichkeit mit dem schon bekannten Schloß Vietgest westlich von Teterow. Bei beiden Schlössern verbinden eingeschossige Trakte – ganz wie bei Schloß Bothmer – das zweigeschossige Hauptgebäude mit quadratischen, ebenfalls zweige-

202

schossigen Pavillons. Der sich zum See hin erstreckende ausgedehnte Landschaftspark entstand gegen Ende des 18. Jh.

☐ **Stavenhagen und die ›Reuter-Dörfer‹**
Stavenhagen (9000 Einw.) trägt seit 1949 offiziell den Beinamen ›Reuterstadt‹, denn hier kam 1810 im Rathaus Mecklenburgs ›Nationaldichter‹ zur Welt. Fritz Reuters Vater war Bürgermeister, was den zunächst ungewöhnlich erscheinenden Geburtsort erklärt. 1960 wurde das Rathaus zum Reuter-Literaturmuseum, das nicht nur Sammlungen zu Stavenhagens berühmtestem Sohn besitzt, sondern sich zu einer Forschungsstelle für die niederdeutsche Literatur ab dem 19. Jh. entwickelt hat. Das Denkmal davor schuf Wilhelm Wandschneider; der Großherzog von Mecklenburg-Schwerin enthüllte es am 12. Juli 1911. Unter 92 auf eine Ausschreibung eingereichten Entwürfen wurde der von Wandschneider ausgewählt. Die Bronzefigur Reuters ist in einem Bauernstuhl sitzend in doppelter Lebensgröße dargestellt. In die Lehne der aus Granit gefertigten monumentalen Sitzbank zu beiden Seiten der Plastik sind acht durchbrochene Bronzereliefs mit Szenen aus Reuters Hauptwerken eingearbeitet.

Das Stavenhagener Reuter-Denkmal: Mecklenburgs sinnierender ›Nationaldichter‹

Handlungen und Figuren seiner Werke hat Reuter oft in und um Stavenhagen angesiedelt, so den Roman »Ut de Franzosentid« (1859), der die Nöte der ›Sternhäger‹ während der napoleonischen Besatzung und ihren pfiffig-sturen Widerstand schwankhaft und eindringlich schildert. An zahlreichen Häusern der Stadt sind in Niederdeutsch Gedenktafeln angebracht, die an einst hier wohnende und in Reuters Werken eine Rolle spielende Personen erinnern, so am Markt 4 und 6 und in der Neubrandenburger Straße 2, 9 und 20. Auf einer Anhöhe am Ortsausgang in Richtung Neubrandenburg steht die Reuter-Eiche. Der Baum wurde der Überlieferung nach 1849 gepflanzt, ging aber ein. Die heutige Eiche stammt aus dem Jahr 1859. Aus ihrem Laub flocht man 1874 den Kranz, den eine Abordnung Stavenhagener Bürger dem verstorbenen Dichter in Eisenach auf den Sarg legte.

Fritz Reuter

Mecklenburgs ›Nationaldichter‹

geb. 1810 in Stavenhagen, gest. 1874 in Eisenach

»Wegen Teilnahme an hochverräterischen burschenschaftlichen Verbindungen in Jena und wegen Majestätsbeleidigung...« sei Fritz Reuter »mit dem Beil vom Leben zum Tode zu bringen.« Zusammen mit diesem vom Berliner Kammergericht gefällten Urteil bekam Fritz Reuter die ›Begnadigung‹ auf 30 Jahre Festungshaft überreicht, von denen er sieben – auf der Festung Dömitz (s. S. 110) – verbüßen mußte. »Ut mine Festungstid« (1862), das wohl persönlichste Werk Reuters, beschreibt diese Leidenszeit. 30 Jahre nach diesem Urteil beauftragte der Großherzog von Mecklenburg-Schwerin seinen Hofmaler Theodor Schloepke, eben diesen Mann für die Schweriner Galerie zu malen. Und die Universität Rostock verlieh ihm, der einst nicht den erwünschten juristischen Universitätsabschluß erreicht hatte, 1863 die Ehrendoktorwürde. Denn Fritz Reuter war im Laufe seines Lebens zu Mecklenburgs ›Nationaldichter‹ und Mecklenburg zum großen Thema von Reuters Romanen geworden.

Seine erste niederdeutsche Dichtung, die schwankreiche Anekdote »Läuschen un Rimels«, entstand 1853 in Altentreptow. Die schaffensreichsten Jahre verlebte Reuter in Neubrandenburg, wo er sein engagiertestes Werk schrieb, die sozialkritische Versdichtung »Kein Hüsung« (1858). ›Keine Bleibe‹ gesteht der Gutsherr dem geknechteten Landarbeiter Johann Schütt zu – eine flammende Anklageschrift gegen die sozialen Mißstände in Mecklenburg zu Beginn des 19. Jh. Als Reuters Hauptwerk gilt der Gesellschaftsroman »Ut mine Stromtid« (1862–64), die wohl volkstümlichste Schöpfung der niederdeutschen mecklenbur-

Wilhelm Wandschneiders Relief zu Reuters Romanen am Reuter-Denkmal in Stavenhagen

204

gischen Literatur. Getreu seiner Maxime, nur über das zu schreiben, was er selbst erlebt hat, entwickelt Reuter hier Alltag und Probleme des mecklenburgischen Landstandes, immer lebendig und realistisch beobachtet, manchmal anekdotenhaft und etwas sentimental. Die zentrale Gestalt des Romans ist der Inspektor Zacharias Brœsig, die Verkörperung moralischer Vollkommenheit. »Daß du die Nas' ins Gesicht behältst«, lautet Brœsigs leitmotivisch verwendeter Standardsatz.

1863 ließ sich Reuter, durch seine literarischen Werke ein wohlhabender Mann geworden, in Eisenach eine Villa bauen und siedelte in die Wartburgstadt über. 1864 arbeitete er hier noch einmal an seiner »Urgeschicht von Meckelnborg«, die er bereits 1847–50 geschrieben hatte. Sie bringt eine kritische Darstellung der sozialen Verhältnisse in Mecklenburg zu Reuters Zeit; einige Forderungen, wie die nach Aufteilung der großen Güter, klingen nahezu radikaldemokratisch. Warum das Werk, das seinen reformerischen Impetus vielleicht den Ereignissen der Revolution von 1848 verdankt, Fragment blieb, konnte nicht eindeutig geklärt werden. Mecklenburg besuchte Reuter letztmalig im Winter 1868/69, ein Schlaganfall fünf Jahre später fesselte ihn an den Rollstuhl.

Nach dem Tod des Erzählers gab sein Verleger Detloff Carl Hinstorff eine Volksausgabe der Reuter-Werke heraus. Die Auflage betrug über 1 Mio. – kein anderer Autor des 19. Jh. kann eine nur annähernd so hohe vorweisen. Als Beweis seiner Popularität mag man die Tatsache nehmen, daß fast alle Städte Mecklenburgs eine Straße nach dem Dichter benannten. In Jena (1888), Neubrandenburg (1893), Stavenhagen (1911) und Chicago (durch deutsche Auswanderer 1893) wurden Reuter-Denkmäler enthüllt, die Werke des Mecklenburgers in fast alle europäischen Sprachen übersetzt, nach dem Zweiten Weltkrieg sogar ins Japanische. Lachen mache stärker und besser, hatte der ›Goethe des Niederdeutschen‹ einmal gesagt…

205

Die seit etwa 1250 bestehende Burg, die nach dem Dreißigjährigen Krieg verfiel, mußte um 1606 einem Barockschloß weichen, das sein heutiges Aussehen nach einem Brand von 1740 erhielt; der runde Treppenturm in der östlichen Hofecke wurde der Dreiflügelanlage allerdings erst um 1890 hinzugefügt. Die Stadtkirche, ein kreuzförmiger Backsteinbau mit zweigeschossigen Emporen, den ein quadratischer Westturm mit geschweifter Haube überragt, entstand 1782 als jüngste der wenigen barocken Stadtkirchen Mecklenburgs.

In der Umgebung von Stavenhagen steht mancher Ort in Verbindung mit Fritz Reuter und pflegt dessen Andenken. In **Faulenrost** war es der einstmals schöne Gutspark, der es dem Dichter angetan hatte.»Fuhlenrosser Dirgoren« (»Faulenroster Tiergarten«) nennt er ihn in einer Anekdote im zweiten Kapitel der »Urgeschicht von Mecklnborg«. Das Barockschloß existiert nicht mehr, ein Brand vernichtete es im Januar 1969. Die barocken Kavalierhäuser und die beiden zweigeschossigen Torhäuser blieben so erhalten, wie Reuter sie sah. Im Ortsteil **Rittermannshagen** lernte Fritz Reuter seine spätere Frau Luise Kuntze kennen, die Erzieherin der Pastorenkinder war. Die turmlose Dorfkirche ist ein frühgotischer Backsteinbau aus dem 13. Jh. mit einem schönen blendengeschmückten Ostgiebel. Im ehemaligen Gutshaus des Ortsteils **Demzin** wohnte Fritz Reuter von Ostern 1842 bis Weihnachten 1845 als landwirtschaftlicher Volontär. Das Rittergut Demzin gehörte wie diejenigen von Basedow und Remplin der schon genannten Familie von Hahn.

Das zweigeschossige barocke Gutshaus (Mitte 18. Jh.) in **Zettemin** weist eine seltene Grundrißgestaltung auf: Die Seitenflügel sind auf jeweils viertelkreisförmigem Grundriß an das Hauptgebäude angebaut. Ein freundlicheres Bild dürfte dieses Gutshaus dem Betrachter wieder bieten, wenn wie einst die weiß gestrichenen Fensterumrahmungen und die Putzfelder der Hauptecken mit dem Rot des Backsteins kontrastieren. Vielleicht werden auch wieder zwölf Linden gepflanzt werden, wie sie zu Reuters Zeiten bogenförmig vor den Seitenflügeln standen. Viel Mühe dürfte es kosten, den nur noch in Teilen erkennbaren Park so herzurichten, wie ihn Peter Joseph Lenné im 19. Jh. gestaltet hatte. Die frühgotische Dorfkirche des 13. Jh. besteht, wie viele Bauten dieser frühen Zeit, aus Feldstein, in den lediglich einige dekorative Backsteinelemente eingesetzt wurden.

Die reiche Ausstattung der frühgotischen Feldsteinkirche (um 1250/Westturm 15. Jh., s. Abb. 58) von **Kittendorf** geht auf die Familien von Maltzan und ab 1751 von Oertzen zurück, unter deren Patronat die Kirche stand. Eine der Glocken im Turm gilt als die älteste in Mecklenburg-Vorpommern – 1288 wurde sie gegossen. Die Kirche mit ihrem kurzen Schiff und dem eingezogenen Chor darf als typisch für die Bauten des 13. Jh. gelten. Die Backsteinblenden an den Giebeln und das ungewöhnliche Kreuz am Choraußengiebel wurden vermutlich später hinzugefügt. Östlich vom Wirtschaftshof ließ sich Hans Friedrich von Oertzen 1848–53 ein Schloß erbauen, für das Friedrich Hitzig den damals zeitgemäßen historistischen Tudorstil mit seinen Türmchen und Zinnenkränzen wählte. Von der Innenausstattung blieb in dem seit 1990 leerstehenden Schloß überraschenderweise viel erhalten, so die Bibliothek mit ihren hölzernen, verglasten Bücherschränken. Der an das Schloß grenzende Park, in dem die Ostpeene zu einem Teich aufgestaut wird, wurde 1988/89 erneuert.

Kaum noch zu erkennen ist dagegen der um die Mitte des 19. Jh. von Peter Joseph Lenné angelegte Park in **Bredenfelde**. Aus dem dortigen Schloß, das Friedrich Hitzig 1853–55 erbaute, zogen 1968 die letzten Bewohner aus, danach kümmerte sich niemand um den zweigeschossigen Bau mit seinem dominierenden achteckigen Turm, so daß er zur Ruine verkam.

Ivenack wurde durch seine Eichen berühmt, von denen schon Fritz Reuter in »Meine Vaterstadt Stavenhagen« schwärmte: »… in der Ferne das liebste, was ich auf Erden kannte…, den Tiergarten zu Ivenack mit seinen stattlichen Hirschen, seinen tausendjährigen Eichen und einem Baumwuchs, wie er in Deutschland nicht ein zweites Mal gefunden werden dürfte.« Die Eichen – heute sind es noch sechs – inmitten der parkähnlich gestalteten Landschaft gelten als die ältesten in Europa. Ein etwa 140 Tiere umfassendes Damwildrudel sorgt für niedriges Unterholz. Das Schloß enstand um 1590 am Ufer des Ivenacker Sees, zum Teil nutzte man die Grundmauern des 1252 gestifteten und 1555 säkularisierten Zisterzienserinnenklosters. Nach Umbauten in der ersten Hälfte des 18. Jh. und im Jahre 1810 präsentiert es sich heute im Neorenaissancestil. Die rechteckige barocke Orangerie entstand Mitte des 18. Jh., das spätklassizistische Teehaus mit Wandsäulengängen am See im 19. Jh. Der Park wurde um 1800 in einen englischen Landschaftsgarten umgestaltet.

Neubrandenburg und Umgebung

☐ **Stadt der vier Tore**
Neubrandenburg (91 000 Einw.) trägt den Beinamen ›Stadt der vier Tore‹, denn seine vier mittelalterlichen Toranlagen im Stile der Backsteingotik gehören zu den schönsten Profanbauten im norddeutschen Raum. Johann Markgraf von Brandenburg gab 1248 in Spandau seinem »getreuen Herbord« (Ritter Herbord von Raven) den Auftrag, am Ufer des Tollensesees eine Stadt zu erbauen. In diesem Dokument, der Gründungsurkunde von Neubrandenburg, stattete der Markgraf die Neugründung mit den gleichen Rechten wie die alte Stadt Brandenburg westlich von Potsdam aus. Wer sich hier niederließ und am Bau der Stadtmauer mitarbeitete, genoß fünf Jahre lang völlige Abgabenfreiheit.

Im Großherzogtum Mecklenburg-Strelitz war Neubrandenburg die ökonomisch und kulturell bedeutendste Stadt. In den letzten Tagen des Zweiten Weltkriegs fiel das Zentrum bis auf die Befestigungen nahezu vollständig in Schutt und Asche. Vom 56 m hohen **Haus der Kultur und Bildung (1;** 1963–65), im Volksmund ›Kulturfinger‹

Auf einen Blick

Neubrandenburgs vier Stadttore

Friedländer Tor (2): Torturm, zweigeschossig, erbaut nach 1300 im romanisch/gotischen Übergangsstil mit dezentem Rundbogen- und Friesdekor; Stadtseite zusammen mit dem polygonalen Treppenturm an der Südseite in der zweiten Hälfte des 15. Jh. Gotisches Vortor aus der ersten Hälfte des 15. Jh. mit großer Durchfahrtöffnung. Dem Tor vorgelagert ein 8 m hohes, halbkreisförmiges und dreigeschossiges Vorwerk mit 4 m starken Mauern, der Zingel, in der ersten Hälfte des 16. Jh. zur strategischen Verstärkung der Toranlage errichtet. Fachwerkbauten an den Zwingermauern zwischen Vortor und Torturm für den Torschreiber bzw. Zolleinnehmer.

Neues Tor (3): Torturm, dreigeschossig, zweite Hälfte des 15. Jh., heute Sitz der Fritz-Reuter-Gesellschaft; Maßwerkrosetten und Wimpergaufsätze auf den Giebelstaffeln erst Mitte des 19. Jh.;

Treptower Torturm von der Feldseite

Friedländer Torturm von der Stadtseite

genannt, läßt sich der noch erhaltene mittelalterliche Plan, der gitterförmig angelegte Stadtkern von 700 m Durchmesser, gut überschauen. Umschlossen wird er von einer der besterhaltenen mittelalterlichen Stadtbefestigungen im Gebiet des Backsteinbaus, bestehend aus einem Mauerring mit den sog. Wiekhäusern, dem Fangelturm und vier Stadttoren (s. Farbabb. 16). Um 1300 begannen die Neubrandenburger, den ihre Stadt umgebenden Palisadenzaun durch eine

208

Neues Tor von der Stadtseite

Stargarder Torturm von der Stadtseite

Stadtseite durch acht überlebensgroße weibliche Terrakottafiguren belebt, in steifen Plisseegewändern mit ausgestreckten Armen. Vortor im Stil der Renaissance erbaut, zusammen mit seinem Vorwerk bei der Erstürmung der Stadt im Dreißigjährigen Krieg 1631 zerstört, 1852 abgetragen.

Stargarder Tor (4): Torturm, dreigeschossig, Mitte des 14. Jh.; zur Stadtseite in schmalen, durchgehenden Blendbogen neun weibliche Steinfiguren, sog. Adorantinnen; die rätselhaften, verschieden großen Damen, ebenfalls in steifen Plisseegewändern, strecken ihre Arme grüßend der Stadt entgegen. Zweigeschossiges Vortor, Mitte des 15. Jh. mit Satteldach errichtet, Feldseite mit vier Ziergiebeln in reichem, filigranem Blendenschmuck und Rosetten.

Treptower Tor (5): Torturm, viergeschossig, um 1400; reiche Blendengliederung und Staffelgiebel, Maßwerk zum Teil frei vor die Wand gestellt, im Inneren Regionalmuseum. Vortor zweigeschossig, etwa Mitte des 15. Jh., Satteldach, Obergeschoß der Feldseite in reicher Schaufassade mit Wimpergen und Pfeilern ausklingend (s. Abb. 60).

Mauer aus Feldsteinen mit ›Kampfhäusern‹ zu ersetzen. Die Stadteingänge sicherten sie im 14. und 15. Jh. durch steinerne Toranlagen, die sie als Ausdruck des gewachsenen Repräsentationsbedürfnisses reich verzierten. »Die vier Tore sind wunderbare Proben der Backsteingotik, im Vergleich zu anderen elegant, als wären sie mehr zur Zier als zur Wehr da«, schrieb Ricarda Huch 1930 in ihrem Buch »Im Alten Reich. Lebensbilder deutscher Städte« (1933/34).

209

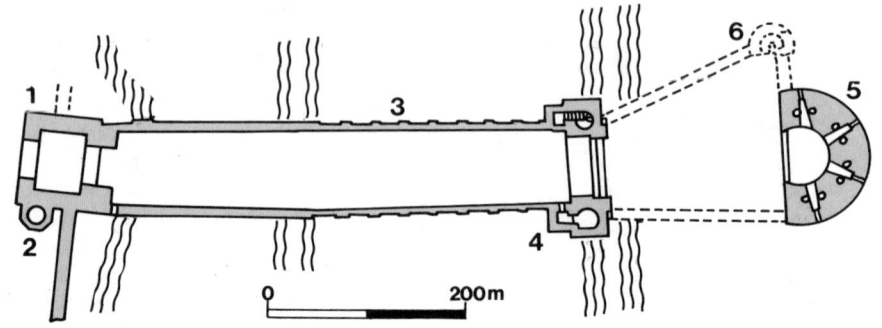

Neubrandenburg, Friedländer Tor: 1 Torturm 2 Treppenturm 3 Zwingermauern 4 Vortor mit Durchfahrt 5 Zingel 6 nicht mehr erhaltene Verteidigungsmauern

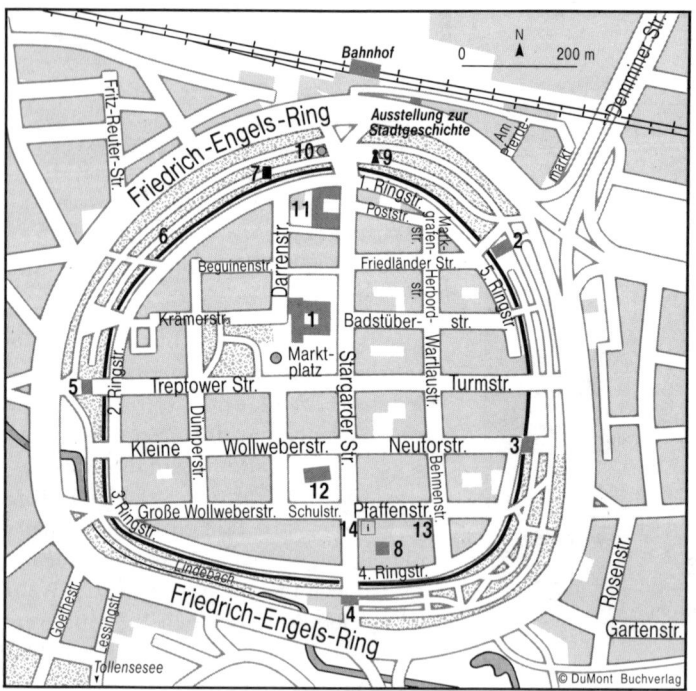

Neubrandenburg:
1 Haus der Kultur und Bildung
2 Friedländer Tor
3 Neues Tor
4 Stargarder Tor
5 Treptower Tor
6 Stadtmauer mit Wiekhäusern
7 Fangelturm
8 ehemalige Reuter-Woh- nung
9 Reuter-Denkmal
10 Mudder-Schul- ten-Brunnen
11 ehemalige Klosterkirche St. Johannis
12 Marienkirche
13 ehemaliges Schauspielhaus
14 Tourist-Informa- tion

210

Alle Toranlagen besitzen das gleiche Grundschema: Das größere, mehrgeschossige Innentor ist in die Stadtmauer eingefügt, zu seiner Verstärkung dient ein vorgelagertes, niedrigeres Vortor; beide sind durch Zwingermauern miteinander verbunden. Bei den Innentoren konzentriert sich der Schmuck auf der Stadt-, bei den Vortoren auf der Feldseite. Ein ausgeklügeltes Wall- und Grabensystem, heute der ›grüne Gürtel‹ Neubrandenburgs, bildete die äußere Verteidigungslinie.

Die 2,3 km lange **Stadtmauer (6)** aus sorgfältig verarbeiteten Feldsteinen und einer Backsteinkrone blieb weitgehend in der ursprünglichen Höhe von 7,5 m erhalten. Im Abstand von etwa 30 m waren in die Stadtmauer als rechteckige oder halbrunde Ausbauten sog. Wiekhäuser eingefügt, von denen aus die Verteidigung erfolgte. Wehrfähigen Bürgern wurde ein solches Wiekhaus zugewiesen. Im 16. Jh. gab es 53 dieser Kampfhäuser. Nach und nach verfielen sie und wurden abgerissen. 26 der in den oberen Geschossen vorkragenden Bauten hat man bis heute rekonstruiert, eines Tages soll es wieder, wie im 16. Jh., 53 geben. Nach dem Dreißigjährigen Krieg hatten die Befestigungen ihre strategische Bedeutung verloren, und in vielen Städten wurden sie abgetragen. Der Neubrandenburger Stadtrat erkannte jedoch die kulturgeschichtliche Bedeutung der Anlage und beauftragte den herzoglichen Oberbaurat Friedrich Wilhelm Buttel mit der Restaurierung. Der spätgotische **Fangelturm (7)** mit seinem Zinnenkranz erhielt 1845 einen kegelförmigen Helm.

In Neubrandenburg verbrachte Fritz Reuter 1856–63 seine schaffensreichsten Jahre. Von seinen vier Wohnungen blieb die in der **Stargarder Straße 35 (8)** erhalten, zu DDR-Zeiten eine Gedenkstätte. Das **Denkmal für Reuter (9)** mit der bronzenen Sitzfigur des Dichters steht am anderen Ende der Stargarder Straße, geschaffen 1893 von Martin Wolff. Gegenüber steht der aus Muschelkalkstein gefertigte **Mudder-Schulten-Brunnen (10;** 1923) von Wilhelm Jäger, dessen Bekrönung eine Szene aus Reuters »Dörchläuchting« darstellt: die Auseinandersetzung zwischen Mudder Schulten (hochdeutsch: Mutter Schulz) und Herzog Adolf Friedrich IV., genannt Dörchläuchting. 1766 und 1767 hatte dieser bei der Bäckersfrau Brot bezogen, ohne es zu bezahlen. Im Sockel steht der zahlungsunwilligen Durchlaucht empörter Ausruf aus Reuters Roman zu lesen: »Impertinentes Frauenmensch! rep hei un stödd ehr de Reknung ut de Hand« (»Impertinentes Frauenmensch! rief er und stieß ihr die Rechnung aus der Hand«).

In der **Franziskanerklosterkirche St. Johannis (11;** 13./14. Jh.), einem gotischen Backsteinbau, erfolgten bei der Restaurierung 1891–94 durch Carl Schäfer und Hugo Hartung zahlreiche Veränderungen. Unter den Ausstattungsstücken ragt die Renaissancekanzel von 1588 aus Kalkstein mit Alabasterreliefs heraus. Von den Gebäuden des um 1260 geweihten Klosters hat sich der nördliche Flügel mit dem kreuzrippengewölbten Kreuzgang aus der Zeit um 1300 erhalten.

Die **Stadtkirche St. Marien (12)**, eine dreischiffige Backsteinhalle von neun Jochen, brannte 1945 aus; die Restaurierungsarbeiten dauern seit 1978 an. Zur 750-Jahr-Feier Neubrandenburgs im Jahre 1998 soll die Kirche sich als Konzerthalle und Kunstgalerie

211

Brigitte Reimann in Neubrandenburg

»[...] Sie haben nicht die richtige Optik, nein, nicht die richtige Optik. Sie sehen unsere Erfolge nicht, Wohnungen für unsere Werktätigen, die niedrigsten Mieten in Europa, mit der Zahl von Krippenplätzen und Kindergärten liegen wir an der Weltspitze... das muß man doch sehen«, sagte er fast beschwörend. »Wir haben ein für alle Male mit den vom Profitstreben diktierten Praktiken des Kapitalismus Schluß gemacht, das ist eine historische Leistung, Häuser ohne Hinterhöfe, die Wohnsiedlung im Grünen –
»Ihr habt die Straße zertrümmert!« rief Franziska. (Warum können wir uns nicht verständigen?) Die Siedlung im Grünen, spottete sie, ein menschenfreundlicher Traum vor hundert Jahren, heute ausgeträumt, eine untaugliche Idee, das werde ich Ihnen beweisen. [...]«

Als Brigitte Reimann, 1933 in Burg bei Magdeburg geboren, im Winter 1968 nach Neubrandenburg kam, war sie eine bekannte und mit mehreren Staatspreisen geehrte Autorin. Ihre Erzählung »Ankunft im Alltag« (1961) hatte einer ganzen Literaturgattung den Namen gegeben, der ›Ankunftsliteratur‹ des sog. Bitterfelder Weges – eine Ziel- und Standortbestimmung, mit der DDR-Autoren 1959 sozialistische Arbeitswelt und sozialistische Literatur programmatisch zu verzahnen gedachten.

Das unfertige – und nie vollendete – Manuskript, mit dem Brigitte Reimann in die ›Stadt der vier Tore‹ zog, sprengte indes den engen Rahmen dieser Literaturgattung. In der »Franziska Linkerhand« überwiegen die kritischen, wohl auch pessimistischen Töne, ist der Zweifel, ob denn im ›real existierenden Sozialismus‹ die angestrebte gerechte Gesellschaft der Zukunft zu verwirklichen wäre, eigentlich zur Gewißheit geworden. Die »Franziska Linkerhand« ist ein Liebesroman, ein Frauenroman, ein Bildungsroman, vor allem aber der Roman der DDR-Gesellschaft in den ersten drei Jahrzehnten der Nachkriegszeit: In Neustadt (= Hoyerswerda) erlebt die Architektin Franziska Linkerhand, wie ihre Ideen und Träume von einem humanen Städtebau für eine humane Gesellschaft scheitern – an der Bürokratie, am Geldmangel, am Planerfüllungssoll und an der Visionslosigkeit der Funktionäre.

Wer einmal durch ein solches in industrieller Plattenbauweise ›im Grünen‹ produziertes Neubauviertel gegangen ist, ob hier in Mecklenburg-Vorpommern oder andernorts in der

wieder in alter Schönheit präsentieren. Der im 14. Jh. beendete Monumentalbau zählt zu den bedeutendsten Werken norddeutscher Baukunst; der reich mit Wimpergen und Maßwerk geschmückte Ostgiebel – die Kirche besitzt einen geraden Chorabschluß – entstand um 1300 und gilt als eines der Hauptwerke der Backsteingotik (s. Abb. S. 28).

ehemaligen DDR, der wird mit den in diesem Roman aufgeworfenen Problemen hautnah konfrontiert. Und wer die Romanpartien liest, in denen von Mord und Schlägereien, Vergewaltigungen und stumpfsinnigem Alkoholismus in diesen ›Arbeiterschließfächern‹ die Rede ist, der kommt nicht umhin, die tagespolitische Aktualität von Neustadt/Hoyerswerda zu fürchten.

Parallelen zwischen Christa Wolf und Brigitte Reimann sind unübersehbar. Beide entwickelten sich von gläubigen zu kritischen Sozialistinnen, traten am Ende in wohl nicht mehr überbrückbaren Abstand zur Staatsdoktrin. Und um beide bildete sich ein Künstlerkreis, hier in Neubrandenburg etwa der in Mecklenburg gebürtige Uwe Saeger oder Helmut Sakowski, um nur einige zu nennen.

Das Literaturzentrum von Neubrandenburg verfügt mittlerweile über ein Brigitte-Reimann-Archiv aus Briefen und Manuskripten, und aus dem Haus in der Garten-

B. Reimann, Porträt von Erika Max-Stürmer (1965)

straße 6, wo die Autorin bis zu ihrem Tod 1973 lebte, soll ein Literaturhaus und -café werden. Bis diese Pläne sich verwirklichen lassen, kann der Spurensucher schon einmal seinen Kaffee im Turmcafé des ›Kulturfingers‹, des Hauses der Kultur und Bildung, zu sich nehmen. Hier saß Brigitte Reimann und arbeitete an der »Franziska Linkerhand«, in Kontakt mit ihren potentiellen Lesern und mit weitem Ausblick durch die Glasfronten auf das umliegende Land.

Das Zitat stammt aus Brigitte Reimann: Franziska Linkerhand   Helga Lehmkuhl

Das **ehemalige Schauspielhaus (13)** diente nur von 1780 bis 1870 als Theater. Bei der gegenwärtigen Restaurierung soll der zweigeschossige Fachwerkbau im Inneren weitestgehend sein ursprüngliches barockes Aussehen zurückerhalten. Ab 1970 dehnte sich Neubrandenburg aus und wuchs mit den Neubaugebieten Ost, Lindenberg, Datzeberg und Nord auf die umliegenden Hügel. In der Oststadt montierten die Bauarbeiter

213

1972 aus industriell vorgefertigten Platten das erste fünfgeschossige Haus der ›Wohnungsbauserie 70‹, die zum vorherrschenden Typ von Wismar bis Suhl wurde.

Das unrühmlichste Kapitel in der Stadtgeschichte ist mit ›Fünfeichen‹ überschrieben. Von 1945 bis 1948 bestand hier am südöstlichen Stadtrand ein Internierungslager.

☐ **Um den Tollensesee**
Südlich von Neubrandenburg zieht sich auf mehr als 10 km Länge der **Tollensesee** hin, auf dem um 1830 die ›Lustfahrten‹ mit einem herzoglichen Segelboot begannen. Zu seinen schönsten Bereichen mit herrlichen Buchen- und Mischwäldern und steilen Ufern zählt das Brodaer Holz am Westufer mit dem heute ungenutzten Belvedere von 1823, einst Ausflugsstätte des herzoglichen Hofes. Reuter hat das von Hofbaumeister Buttel in den Formen eines griechischen Tempels entworfene Gebäude in seinem Roman »Dörchläuchting« mehrfach genannt.

Wenige hundert Meter vom Westufer des Tollensesees lohnt **Alt Rehse** einen Besuch, das die Nationalsozialisten 1934–36 schleiften und als ›Musterdorf‹ wieder aufbauten. Nach einheitlichem Plan entstanden 19 rohrgedeckte Fachwerkhäuser mit Backsteinausfachung. Im Fachwerk sind die Namen der Häuser und das Baujahr eingekerbt, z. B. »Hessen, im 5. Jahr«: Die Zählung beginnt mit 1933, der Machtübernahme der Nationalsozialisten.

Penzlin (2900 Einw.), neben einer slawischen Siedlung planmäßig angelegt, entwikkelte sich im Schutz einer bereits im 13. Jh. nachweisbaren Burg. An der von Ost nach West verlaufenden Hauptstraße befindet sich der rechtwinklige Marktplatz mit der backsteinernen Pfarrkirche St. Marien. Ihr ältester Teil, die frühgotische Südkapelle, entstand vermutlich in jenen Jahren, als Fürst Nikolaus von Werle-Waren Penzlin Stadtrecht verlieh (1263). Die dreischiffige Hallenkirche besitzt seit der umfassenden Instandsetzung 1877 eine einheitliche neogotische Ausstattung.

In Penzlin verlebte der 1751 geborene Johann Heinrich Voß einen Teil seiner Kindheit und Schulzeit. Voß übersetzte Homers »Ilias« und »Odyssee« ins Deutsche und machte die Geschichtensammlung »Tausend und eine Nacht« in Deutschland bekannt. Durch sein Versepos »Luise. Ein ländliches Gedicht in drei Idyllen« (1783) erlangte er ebenso Berühmtheit wie als Wegbereiter des Niederdeutschen als Literatursprache. Der Enkel eines freigelassenen Leibeigenen, ein überzeugter Demokrat und Verfechter der Ideen der Französischen Revolution, engagierte sich besonders gegen die Leibeigenschaft und die feudale Rückständigkeit in Mecklenburg. Das Haus in der Große Straße, in dem er als Kind wohnte, steht seit den letzten Tagen des Zweiten Weltkriegs nicht mehr; an dieser Stelle wurde 1982 eine von Walter Preik geschaffene Büste des Dichters und Übersetzers enthüllt.

Über Penzlin schrieb Voß: »... ein artiges Städtchen mit alter Mauer, bebuschtem Wall und einer verfallenen Burg; ein weites sanfthügeliges Stadtgebiet...«. Viel scheint sich in dem einstigen Ackerbürgerstädtchen bis heute nicht verändert zu haben: ›Artigkeit‹ strahlen die ein- und zweigeschossigen, später vielfach verputzten Fachwerkhäuser (18./19. Jh.) aus, die ›alte Mauer‹ ist – wenn auch nur noch in Resten – im Süden der Stadt zu sehen, die ›verfallene Burg‹ wird seit 1990 saniert. Von diesem mittelalterlichen Bauwerk blieben zwei im rechten Winkel aneinandergesetzte Backsteingebäude des 16. Jh. erhalten, die zwei nicht nur für Mecklenburg-Vorpommern seltene Bauformen aufweisen: einen schwalbennestartig angebauten Aborterker am Nordgiebel und zwei übereinanderliegende, gewölbte Keller, in die man nur durch eine Falltür und über steile, enge Treppen gelangt. Es sind die nach 1560 entstandenen Penzliner Hexenkeller mit Steinsitzen in drei Nischen, an die die angeblichen Hexen gekettet wurden. Wahrscheinlich 1697 fand in Penzlin die letzte Hexenverfolgung statt.

Im schlichten, 1746–51 erbauten Barockschloß von **Hohenzieritz** verstarb am 19. Juli 1810 im Alter von nur 34 Jahren die preußische Königin Luise im Beisein ihres aus Berlin-Charlottenburg herbeigeeilten Gatten König Friedrich Wilhelms III. (s. Abb. 43). Zum Andenken an die schöne, beliebte Königin, die Tochter des Herzogs von Mecklenburg-Strelitz, entstand 1815 südwestlich des Schlosses der Luisentempel, ein offener dorischer Rundtempel mit Kuppeldach, von Christian Philipp Wolff erbaut. Die einst darin aufgestellte Marmorbüste der Königin befindet sich jetzt in der kleinen Schloßkirche, einem klassizistischen, runden Kuppelbau von Friedrich Wilhelm Dunkelberg.

Die Alte Burg von Penzlin, Stahlstich von J. Gottheil aus dem 18. Jh.

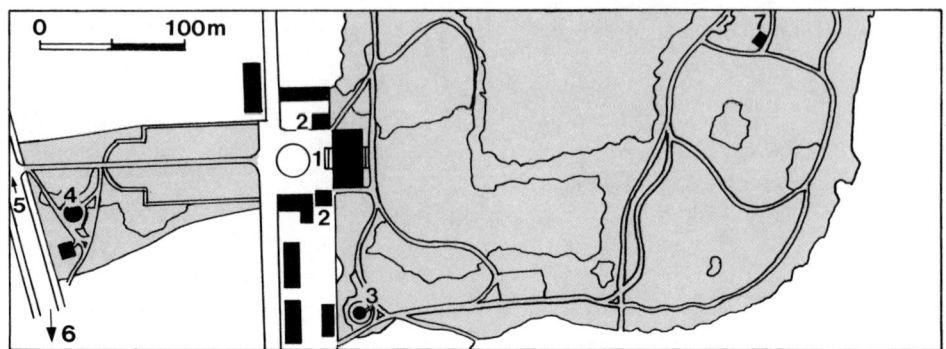

Hohenzieritz, Schloß und Park: 1 Schloß   2 Kavalierhäuser   3 Luisentempel   4 Schloßkirche
5 Gasthof   6 Schmiede   7 Denkmal für die beiden Frauen von Herzog Carl

Ein Spaziergang durch Hohenzieritz hält viel Sehenswertes bereit: Die Kavalierhäuser links und rechts der Hofseite entstanden 1776 nach Plänen des herzoglichen Leibmedikus Verpoorten, des Baumeisters der Neustrelitzer Stadtkirche. Den Gasthof entwarf Dunkelberg 1804, dessen Schwiegersohn Friedrich Wilhelm Buttel 1823 die rechteckige, einem griechischen Prostylos (Tempel mit giebeltragender Säulenreihe an der Front) ähnelnde Schmiede. Hohenzieritz war eine beliebte Sommerfrische der Herzöge von Mecklenburg-Strelitz, von der nahen Residenzstadt mit der Kutsche schnell erreichbar. Den weiträumigen Park gestaltete der englische Gartenarchitekt Thomson ab 1771 mit einheimischen Laubholzarten. Im Südteil steht ein Denkmal für die beiden sehr jung verstorbenen Ehefrauen von Herzog Carl, eine Figurengruppe aus Sandstein (1789), die vermutlich der uns schon von Ludwigslust bekannte Rudolf Kaplunger fertigte. Von den östlichen Parkwegen bietet sich ein schöner Blick über das Becken des Tollensesees, dessen Wasser hier und da durch die Bäume schimmert.

Am Ufer des kleinen vorgelagerten Sees namens Lieps liegt **Prillwitz**, ein Ortsteil von Hohenzieritz, das ab 1795 ebenfalls Herzog Carl gehörte. Im schlichten barocken Herrenhaus (um 1690) am östlichen Dorfrand ließ er einen seiner Sommersitze einrichten, am Seeufer einen Park anlegen. In späteren Jahren genügte das Herrenhaus aber den gestiegenen Ansprüchen nicht mehr, und so wurde zwischen 1887 und 1889 für Herzog Adolf Friedrich V. ein zweigeschossiges Schloß erbaut.

Während die Schlösser in Hohenzieritz und Prillwitz sich in einem verhältnismäßig guten Zustand befinden, bieten die beiden Herrenhäuser in **Peckatel**, einem Ortsteil von Klein Vielen, ein erschreckendes Bild: Die aneinandergebauten Gebäude, ein Fachwerkhaus aus dem 18. Jh. und ein Backsteingebäude aus dem 19. Jh., befinden

24   Bad Doberan, Beinhaus ▷

25　Heiligendamm, Kurhaus und ›Haus Mecklenburg‹

26　Strand von Kühlungsborn

28 Dargun, Klosterruine ▷

27 Ahrenshoop

29   Friedland, Feldseite des Anklamer Torturms   30   Teterow, Stadtseite des Rostocker Torturms

31   Sternberg

32 Neukloster, Inneres der Klosterkirche

33 Malchin, Inneres der Pfarrkirche

35 Landschaft bei Sternberg
◁ 34 Blick über den Inselsee auf Güstrow
36 Landschaft bei Basedow

37 Güstrow, Nordgiebel der westlichen Schloßfront

38 Güstrow, Blick auf die Galerie im Schloß ▷

40 Güstrow, Marktplatz mit Rathaus, im Hintergrund die Pfarrkirche
39 Güstrow, Fachwerkidylle vor dem Domturm
41 Güstrow, Gertrudenkapelle mit Barlach-Gedenkstätte

42 Schloß Tützpatz

43 Schloß Hohenzieritz

44 Schloß Mirow

45 Schloß Vietgest

sich in desolatem Zustand. Die ›Notkirche‹, ein winziger Fachwerkbau, entstand als Provisorium, nachdem die Dorfkirche im Dreißigjährigen Krieg zerstört worden war.

Im Blumenholzer Ortsteil **Weisdin** entstand 1747–49 nach einem Brand die einheitlich barocke Dorfanlage, zu der die achteckige Kirche, ein Zentralbau mit reicher Ausstattung, ebenso gehört wie Wirtschaftsgebäude und das schlichte zweigeschossige Schloß mit seinem übergiebelten Mittelrisalit. Auf dem Schloßberg, einem Höhenrücken südlich des Dorfes, sind noch Grundmauern einer Burg zu sehen, die im Mittelalter die alte Landstraße kontrollierte.

Am Ostufer des Tollensesees, im Groß Nemerower Ortsteil **Klein Nemerow,** weist ein zum Naturdenkmal erklärter Baum den Weg zu einer historischen Stätte: Nahe einer 18 m hohen Roßkastanie befindet sich die aus dem 14. Jh. stammende Ruine der Feldsteinscheune der 1298 gegründeten Johanniterkomturei. Unter der Kastanie wurde aus der nicht mehr vorhandenen Kirche die kalksteinerne Grabfigur des 1620 verstorbenen Komturs Ludwig von der Gröben in einer Backsteinrahmung aufgestellt.

4 km sind es von der am Ostufer des Tollensesees entlangführenden B 96 nach **Burg Stargard** (4000 Einw.), einer in hügliger, waldreicher Landschaft erbauten Stadt. 1236 fiel das Land Stargard an Brandenburg, und Markgraf Joachim I. ließ auf einer Anhöhe eine Burg erbauen. Durch die Heirat von Heinrich II. von Mecklenburg mit Beatrix von Brandenburg gelangte Stargard 1299 an Mecklenburg. In dem Ort zu Füßen der Burg mit seinen schmalen, idyllischen Gassen hat sich viel vom Flair der früheren Ackerbürger- und Handwerkerstadt erhalten. Der jetzige Stadtgrundriß mit den sich rechtwinklig kreuzenden Straßen entstand nach einem Stadtbrand 1758, von den danach meist in Fachwerk erbauten Traufenhäusern blieben einige erhalten.

In der im Kern frühgotischen Stadtkirche (um 1250) mit ihrem neogotischen Backsteinturm steht ein qualitätvoller barocker Kanzelaltar von 1770. Die vor 700 Jahren erbaute Kapelle des ehemaligen Hospitals zum Heiligen Geist in der Kurzen Straße 1, die ihr heutiges Aussehen im 16. Jh. erhielt, beherbergt das Heimatmuseum. Es zeigt u. a. Gemälde, Scherenschnitte und Grafiken aus der Stargarder Malerschule (1890–1920), die zahlreiche Landschafts- und Städtemaler hervorbrachte. Auf einem Plateau über der Stadt und dem Lindenbach erhebt sich die Burg, von 1352 bis 1603 Residenz mecklenburgischer Herzöge. Man betritt sie durch die Torhausruine der Vorburg, die wie der benachbarte Marstall noch aus dem 13. Jh. stammt. Der 17 m hohe Bergfried mit seinen fast 4 m dicken Mauern entstand um 1200, seine kegelförmige Spitze und der Zinnenkranz sind Zugaben der Jahre 1821–23, als Friedrich Wilhelm Buttel den runden Turm restaurierte.

Das Schloß von **Cölpin** ließ sich Stephan Werner von Dewitz 1778–85 erbauen, der bei Adolf Friedrich IV. von Mecklenburg-Strelitz und später bei Friedrich Franz I. von

◁ 46   Schloß Basedow

233

Mecklenburg-Schwerin Minister war. An das Barockschloß schließt sich ein englischer Park vom Beginn des 19. Jh. an. In der frühgotischen Dorfkirche, die 1792 ihre barocke Innenausstattung erhielt, verdienen die schmiedeeisernen Beschläge an den Türen des Südportals, der Sakristei und zweier Sakramentsnischen aus dem 15. Jh. Beachtung.

☐ **Von Altentreptow nach Friedland**
Im Tal der Tollense entstand auf einem flachen Hügel um 1245 **Altentreptow** (8000 Einw.). Der ovale Grundriß und die gitterförmige Straßenführung, die sich bis heute erhalten haben, weisen auf eine planmäßige Stadtgründung hin. Die fast einheitliche Bebauung mit zweigeschossigen Fachwerktraufenhäusern entstand nach mehreren Stadtbränden Ende des 18. und Anfang des 19. Jh. Der Ortsname hat sich im Laufe der Jahrhunderte mehrfach geändert, zuletzt 1939 von ›Treptow an der Tollense‹ zu Altentreptow – von da an hörte die ständige Verwechslung mit Treptow an der Rega (heute Trzebiatów, Polen) auf.

Das Stadtbild wird von der auf der höchsten Erhebung errichteten gotischen Pfarrkirche St. Petri beherrscht, einer stattlichen dreischiffigen Backsteinhalle mit polygonal

Treptow an der Tollense, das heutige Altentreptow, in der Großen Pommernkarte des Eilhard Lubin, Teil 1, Amsterdam 1618

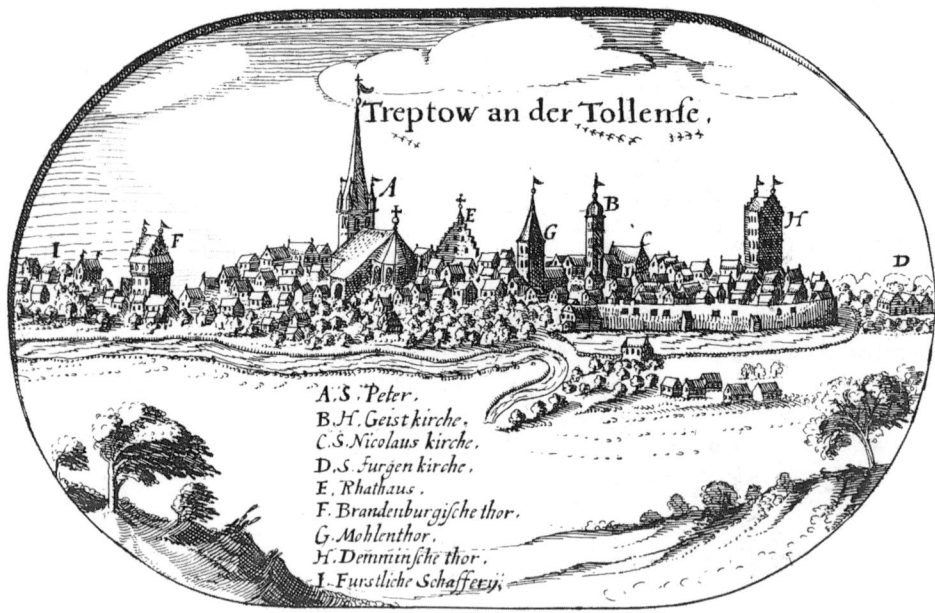

234

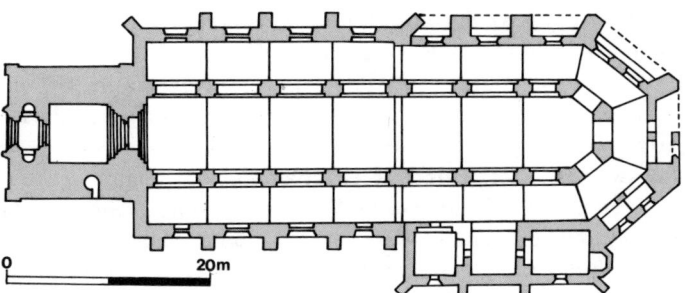

Altentreptow,
Grundriß der
Petrikirche

0   20m

geschlossenem Umgangschor und quadratischem, massigem Westturm (14./15. Jh.). Die umfassendste Restaurierung erfolgte 1865 nach Plänen von Friedrich August Stüler. Ein Schmuckstück in der Kirche bildet der große Schnitzaltar aus der zweiten Hälfte des 15. Jh. mit Maria und Christus im Mittelschrein sowie 40 Heiligenfiguren unter Maßwerkbaldachinen und Szenen der Passionsgeschichte auf dem Untersatz. Man beachte auch das spätgotische Chorgestühl und den romanischen Taufstein mit seinen archaisch wirkenden Atlanten am Sockel und seltsam maskenartigen Gesichtern am Becken.

Von der Stadtbefestigung haben von den einst drei spätmittelalterlichen Backsteintoren zwei überdauert: der um 1450 erbaute Neubrandenburger Torturm mit Staffelgiebel und reichem Blendenschmuck im Südwesten und der Demminer Torturm im Norden, dessen turmartige Aufsätze an den Ecken von 1865 stammen. Das nahe Torhaus in der Unterbaustraße beherbergt das Stadtmuseum.

Altentreptow könnte sich mit gutem Recht ebenfalls Reuterstadt nennen, denn hier erinnern kaum weniger Stätten als in Stavenhagen an Mecklenburgs ›Nationaldichter‹. In der Oberbaustraße 59 ist eine gußeiserne Gedenktafel angebracht: »In diesem Hause wohnte 1849–1851 der Turn- und Zeichenlehrer Fritz Reuter. Hier schuf er seine ersten Dichtungen Läuschen und Rimels.« Die Inschrift stimmt nicht ganz, denn Reuter zog erst Anfang April 1850 nach Treptow an der Tollense. An Reuter erinnert des weiteren eine Tafel aus Granit in der Clara-Zetkin-Straße 12. In dem schlichten Putzbau vom Anfang des 19. Jh. wohnte Reuter nach seiner am 16. Juni 1851 vollzogenen Hochzeit mit Luise Kuntze. Seinen Stammtisch besuchte er im Hotel ›Deutsches Haus‹ in der Oberbaustraße 10, das damals ›Hotel zur Post‹ hieß, weil in einem Vorderzimmer die Poststube untergebracht war. An der Nordseite des Klosterberges richtete Reuter einen Turnplatz für die Treptower Jugend ein, an den ein Gedenkstein erinnert: Der Große Stein am Fuße des Klosterberges, der zu zwei Dritteln im Erdreich steckt, ist mit einem Umfang von 27 m der größte eiszeitliche Findling auf dem Festland von Mecklenburg-Vorpommern. Eine wohl einmalige Gedenkstätte befindet sich auf dem westlich vom Großen Stein gelegenen Friedhof. 1935 trug man die Grabsteine der mit Fritz Reuter befreundeten Treptower Bürger zusammen und stellte sie in einer rondellartigen Anlage auf. ›Reuter-Ecke‹ hat der Volksmund die auf halber Höhe des Hauptweges gelegene Erinnerungsstätte getauft.

In der Umgebung von Altentreptow ließen sich im 18. und 19. Jh. zu Wohlstand gelangte adlige Grundherren – die, wie man annehmen darf, Stoff für Reuters sozialkritische Romanmotive boten – repräsentative Wohnsitze erbauen. Das Schloß im Röckwitzer Ortsteil **Gützkow**, ein spätbarocker, langgestreckter Bau, war, wie am Portal zu lesen ist, 1777 fertiggestellt. Vermutlich vom gleichen – unbekannten – Architekten stammt das stattliche spätbarocke Schloß im 2 km entfernten **Tützpatz** (1779; s. Abb. 42). Von der mecklenburgischen Standard-Schloßform wich der Architekt durch den eleganten Dekor an den Fenstern, die Bekrönung des Mittelrisalits durch einen halbkreisförmigen Giebel sowie durch die Tatsache ab, daß zwei Eckrisalite die Fassade zusätzlich rhythmisieren. In Tützpatz blieb das im 19. Jh. angelegte Gutsdorf weitgehend in seiner ursprünglichen Gestalt erhalten; dominierend sind schlichte, eingeschossige Traufenhäuser aus Fachwerk und Backstein. Die große Dorfkirche, ein überputzter spätgotischer Feldsteinbau aus dem 15. Jh., weist einen schönen Westturm aus Fachwerk auf.

Von den Dorfkirchen in der Gegend gefällt die im Wildberger Ortsteil **Wolkow** wegen ihres reich gegliederten Südportals und der abwechslungsreich gestalteten Ostwand mit Ecklisenen und Rundbogenfriesen. Dem frühgotischen Backsteinchor des Gotteshauses aus dem 13. Jh. wurde 300 Jahre später ein Schiff aus Feldsteinen angefügt. Der verbretterte Westturm ist eine Zugabe des 18. Jh.

Wie die meisten Schlösser und Herrenhäuser besitzt auch das hervorragend restaurierte von **Gültz** (1868–72) einen Park: Den englischen Landschaftsgarten soll Peter Joseph Lenné geschaffen haben. Ein schöner Blick auf den Südflügel des spätklassizistischen Schlosses bietet sich von der südöstlichen Parkecke, wo zwölf große Winterlinden stehen.

In **Siedenbollentin** schließlich stößt man erneut auf Fritz Reuter. Im Park hinter dem Herrenhaus erinnert eine Grotte an ihn, in der ein steinernes Relief das Porträt des Dichters zeigt. In dem schlichten zweiflügligen Herrenhaus vom Anfang des 19. Jh. weilte das Ehepaar Reuter mehrfach bei befreundeten Rittergutsbesitzern, der Familie Peter. Im 30. Kapitel von »Ut mine Stromtid« schildert Reuter ein Weihnachtsfest bei den – positiv dargestellten – Peters.

Im 9 km entfernten **Beseritz** hat Baumeister Georg Daniel seine Handschrift hinterlassen. Von ihm stammt das gotisierende backsteinerne Herrenhaus aus der Zeit um 1880, das an allen vier Seiten Mittelrisalite mit Zinnengiebeln besitzt. Für die frühgotische Dorfkirche lieferte er 1881 nach einem Brand den Entwurf für den quadratischen Westturm.

Den Brunner Ortsteil **Ganzkow** sollte man besuchen, weil auch hier ein bekannter Baumeister gewirkt hat. Dem Mittelflügel des eingeschossigen Herrenhauses gab Hofbaumeister Friedrich Wilhelm Buttel um 1820 sein heutiges klassizistisches Aussehen: beidseitige zweigeschossige Mittelrisalite mit Dreieckgiebel, Altan an der Hof- und

236

Gartenseite sowie ausgebautes Mansarddach. Die frühgotische Dorfkirche aus dem 13. Jh. weist einen reich gegliederten Ostgiebel mit verputzten Ziegelblenden und einen im Barock hinzugefügten Westturm mit Doppelhaubendach auf. Mit dem hölzernen Altaraufsatz, 1626 von Johann und Michael Adler geschaffen, birgt sie eine schöne Arbeit aus der Spätrenaissance.

Das Stadtwappen von **Friedland** (8800 Einw.) – identisch mit dem Stadtsiegel um 1343 – zeigt die Markgrafen Johann I. und Otto III. von Brandenburg im Brustbild sowie drei zinnenbewehrte Türme. Die beiden Herrscher stellten 1244 die Gründungsurkunde der Stadt ›Vredeland‹ aus, die drei Türme im Wappenbild weisen auf die Anfang des 14. Jh. angelegte Stadtbefestigung hin, die zum Teil erhalten blieb. Vom Anklamer Tor steht noch der Steintor genannte Turm (14. Jh.) mit einer mächtigen vorwerkartigen Erweiterung und spitzbogiger Durchfahrt. Er ist zwischen Elbe und Oder einmalig, besitzt er doch an den Mauerseiten angesetzte, kräftige Rundtürme, wie es sie sonst nur in den ehemaligen Römerstädten am Niederrhein gibt (s. Abb. 29). Vom Neubrandenburger Tor blieb der als Burgtor bezeichnete Turm aus dem 15. Jh. stehen. Mit seinem Blendenschmuck, seinem Staffelgiebel und den vier Ecktürmen stellt er ein herrliches Bauwerk der norddeutschen Backsteingotik dar.

Die im Abstand von etwa 50 m in die Mauer eingefügten Wiekhäuser, die wir schon in Neubrandenburg kennengelernt haben, sind fast alle Ruinen oder wurden gar vollständig abgetragen. Eines von ihnen baute man im 15. Jh. zur backsteinernen Fischerburg mit blendengeschmücktem Staffelgiebel an der Feldseite um (Industriestraße). Der runde Fangelturm vom Anfang des 14. Jh. war einst als Kampfturm in die Stadtmauer einbezogen: Als er 1920 zum Wasserturm umgebaut wurde, erhielt er Zinnenkranz und Kegelhelm.

Acht Städte gab es im Großherzogtum Mecklenburg-Strelitz; nach Neubrandenburg und Neustrelitz war Friedland die drittgrößte. Am Ende des Zweiten Weltkriegs kam es zur fast völligen Zerstörung des Zentrums, so daß von der einst typischen Bebauung mit ein- und zweigeschossigen Traufenhäusern aus Fachwerk kaum noch etwas zu sehen ist. In einem der stehengebliebenen verputzten Fachwerktraufenhäuser vom Anfang des 18. Jh. befindet sich das Heimatmuseum (Karl-Liebknecht-Straße 1).

Das ehemalige Gymnasium entstand 1605–07 auf den Grundmauern des Schulhauses von 1429 als zweigeschossi-

Die beiden Markgrafen und ihre Stadt – Friedländer Stadtsiegel von 1343

ger barocker Putzbau mit Mittelrisalit und Dreieckgiebel. An der Giebelseite dieses mehrfach umgebauten Hauses in der Rudolf-Breitscheid-Straße brachte der Friedländer Plattdeutsche Verein »Uns' Muddersprak« eine gußeiserne Tafel an, die daran erinnert, daß Fritz Reuter das Gymnasium von 1824 bis 1828 besuchte. Als »alte gute stille Stadt« hat Reuter Friedland später bezeichnet. In der Nachbarschaft dieses Hauses steht die Pfarrkirche St. Marien, eine dreischiffige gotische Backsteinhalle des 14./ 15. Jh. mit Kreuzrippengewölben. Die barocke Ausstattung in dem weiträumigen Innenraum stammt im wesentlichen aus dem 18. Jh. Die Pfarrkirche St. Nikolaus aus der zweiten Hälfte des 13. Jh., ein frühgotischer, in einigen Partien noch romanischer Bau, ist seit dem Zweiten Weltkrieg eine Ruine.

Wer Friedland auf der B 197 in nördlicher Richtung verläßt, sollte am Nordrand von **Kavelpaß**, einem Ortsteil von Zinzow, auf den sog. Blücher-Stein achten, der in einer ehemaligen Kiesgrube liegt. Bei diesem enormen Findling sei, so die Legende, am 29. August 1760 der spätere preußische Feldmarschall Gebhard Leberecht von Blücher (s. S. 119) im Siebenjährigen Krieg gefangengenommen worden – damals diente er noch bei den Schweden.

Östlich von Friedland dehnt sich weiträumig ein Niederungsmoor aus, die **Große Friedländer Wiese** (156 km^2), die in den Jahren 1958–62 entwässert und so einer besseren landwirtschaftlichen Nutzung erschlossen wurde. Durch dieses Gebiet verläuft die historische Grenze zwischen Mecklenburg und Vorpommern, im Mittelalter beiderseits von Burgen gesichert. Eine Grenzfeste stand beim mecklenburgischen **Galenbeck**, einem Ortsteil von Wittenborn, am sumpfigen Südufer des gleichnamigen Sees; 1453 wurde sie zerstört. Übrig blieb der wohl einzige schiefe Turm von Mecklenburg-Vorpommern – der Rest des Bergfrieds dürfte in bezug auf seinen Neigungswinkel selbst den berühmten Turm von Pisa übertreffen. Heimatfreunde haben in den vergangenen zwei Jahrzehnten die verbliebenen 9 m des Bergfrieds mit seinen 3,3 m starken Mauern gesichert sowie die Fundamente des Palas, der Wälle und Gräben freigelegt.

Neustrelitz-Feldberger-Kleinseengebiet

☐ Neustrelitz

320 Seen soll es um Neustrelitz geben – da sie alle nicht groß sind, wird das Gebiet ›Neustrelitzer Kleinseenplatte‹ genannt. Beeren- und Pilzsammler rühmen die ausgedehnten Mischwälder als wahre Fundgrube. Die eigentliche Geschichte von Neustrelitz (27 000 Einw.) begann im Jahre 1701, als der sog. Hamburger Vergleich Mecklenburg in die Herzogtümer Mecklenburg-Schwerin und Mecklenburg-Strelitz teilte (s. S. 32). Residenz des neugegründeten Mecklenburg-Strelitz wurde die Ackerbürgerstadt Stre-

litz. Als dort das Schloß abbrannte, ließ Herzog Adolf Friedrich III. 1726–31 das nahe Jagdschloß Glieneke von seinem aus Braunschweig stammenden Kunstgärtner Christoph Julius Löwe zum Residenzschloß umbauen. Es steht jedoch nicht mehr: Am 30. April 1945 brannte es völlig aus, und die Trümmer wurden bis 1950 abgetragen. Der Schloßpark indes gehört zu den schönsten Anlagen in Mecklenburg-Vorpommern. Im Gegensatz zu fast allen anderen fürstlichen Parks in Deutschland stand er schon Anfang des 19. Jh. der Bevölkerung offen. Christoph Julius Löwe legte ihn im Barockstil an, nach 1820 wurde er – bis auf die auf das Schloß ausgerichtete Hauptachse – in einen englischen Landschaftsgarten umgestaltet. Noch in der jüngsten Vergangenheit glaubte man fälschlicherweise, die Pläne hierzu habe Peter Joseph Lenné geliefert.

Das Zentrum der Hauptachse zieren drei interessante Plastiken. Die marmorne **Ildefonso-Gruppe** entstand vermutlich nach der Kopie von Schloß Charlottenhof in Potsdam. Gegenüber dem Original, einer Plastik des Pasiteles aus dem 1. Jh. v. Chr., und

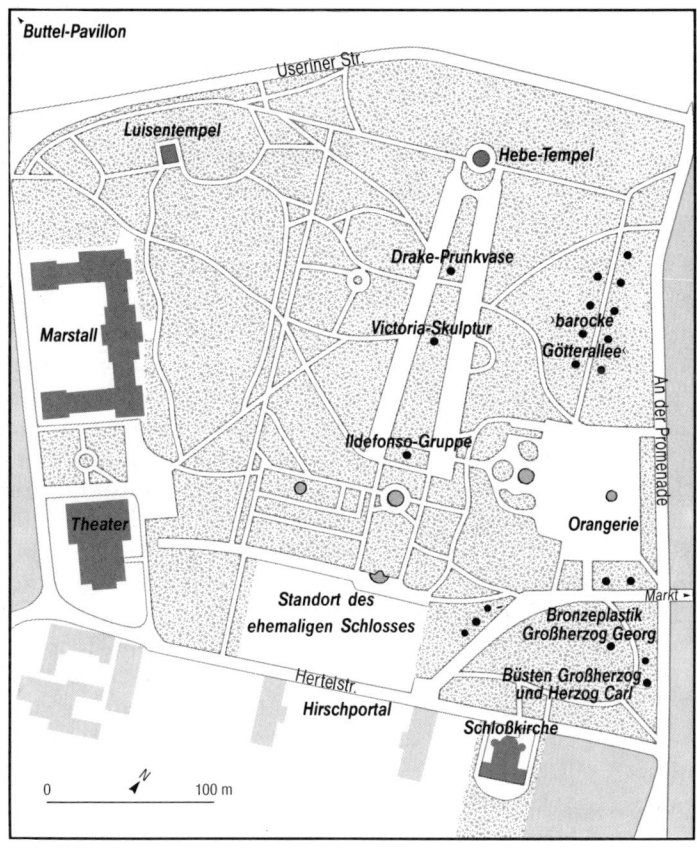

Neustrelitz, Schloßpark

239

Das Residenzschloß zu Neustrelitz, nach einem Stahlstich um 1830

den zahlreichen Kopien weist die Neustrelitzer Arbeit einen Unterschied auf: Bei der um 1980 notwendig gewordenen Nachbildung erhielten die beiden an einem Altar stehenden Jünglinge Feigenblätter! Hinter dieser Gruppe steht die 3 m hohe Zinkgußkopie (1854) der römischen Siegesgöttin **Victoria**, die Christian Daniel Rauch – einer der gefragtesten Bildhauer seiner Zeit in Deutschland – für das Schlachtfeld von Leuthen geschaffen hatte. Die folgende **Prunkvase** ist eine Marmorkopie von 1850 nach Johann Friedrich Drake. Das Ende der Hauptachse bildet der in der Form eines Monopteros um 1840 vom großherzoglichen Oberbaurat Friedrich Wilhelm Buttel erbaute **Hebe-Tempel.** Solche von einer Säulenreihe umgebenen cellalosen Rundtempel dienten in Barock und Klassizismus oft als Gartenarchitekturen. In seinem Inneren befindet sich eine Kopie der berühmten Hebe-Statue (1796) von Antonio Canova, die die Berliner Nationalgalerie besitzt.

Auf einer künstlichen Anhöhe bekam 1891 die antikisierende Gedenkhalle für die preußische Königin Luise, ein griechischer Tempel mit säulengetragener Giebelfront (Prostylos), seinen Platz. Im Inneren, das nur bei Stadtführungen zugänglich ist, steht eine Nachbildung des Sarkophags mit der Grabfigur der Verstorbenen, eine Kopie von Albert Wolff nach der zweiten Fassung von Rauch. Vom **Luisentempel** nicht weit entfernt, direkt am Zierker See, baute Buttel 1821 einen hölzernen **Pavillon**, der als Wäschespülhaus diente. Er ist neben den beiden Pavillons auf dem Kamp in Bad

240

Doberan das einzige in Mecklenburg-Vorpommern erhaltene Bauwerk im Stile der Chinoiserie. Der dreiflüglige neogotische **Marstall** von 1870 stammt wiederum von Buttel.

Neun Sandsteinskulpturen des 18. Jh., 1961 durch Kopien ersetzt, stehen als Reste der sog. **barocken Götterallee** heute in der Nähe der Orangerie, geschaffen von zwei unbekannten Bildhauern. Die **Orangerie** von 1755 ließ Großherzog Georg 1842 zur Aufbewahrung seiner Antikensammlung in einen Gartensalon umwandeln. Karl Friedrich Schinkel und Christian Daniel Rauch standen Buttel, der den Umbau leitete, mit Anregungen zur Seite. Die eleganten klassizistischen Räume mit pompejanischer Wand- und Deckenmalerei und Abgüssen antiker Statuen blieben in dem 1986–91 restaurierten Gebäude erhalten. Der Blaue und Rote Saal werden, schon seit 1920, als Gaststätte genutzt, im Gelben Saal finden Kammerkonzerte statt.

Von Buttel stammt auch das **Hirschportal** zum Tiergarten, benannt nach zwei Bronzehirschen auf den Pfeilern, die nach Entwürfen von Rauch entstanden. Nahe dem Tiergarten, dem ehemaligen herzoglichen Jagdrevier und heutigen Wildgatter, steht Buttels wohl bedeutendste Schöpfung, die 1855–59 auf kreuzförmigem Grundriß errichtete **Schloßkirche** im neogotischen Stil mit vier Evangelistenfiguren (1859) vom Rauch-Schüler Albert Wolff an der Hauptfassade. Die Ausstattung des stattlichen Baus mit seinem filigranen Blenden- und Turmschmuck stammt zum größten Teil aus der Erbauungszeit. Nach den gegenwärtigen Restaurierungsarbeiten soll die Kirche als Konzerthalle dienen.

In der Nähe der Schloßkirche fanden die 1863 geschaffenen Marmorbüsten des **Großherzogs Carl** von Christian Philipp Wolff und die seines Sohnes, **Herzog Carls,** von Albert Wolff Aufstellung. In der Nähe hat seit 1989 wieder die nach 1945 entfernte überlebensgroße **Bronzeplastik Großherzog Georgs,** 1866 von Albert Wolff geschaffen, ihren Platz. An der ehem. Schloßauffahrt stehen drei Zinkgußstatuen.

Im ehemaligen Hoftheater südlich des Marstalls spielte seit 1840 als ›erste Liebhaberin‹ Adele Peroni, die Frau des Publizisten und politischen Schriftstellers Adolf Glaßbrenner. Der radikale Demokrat, dessen satirische Kritik an Adel, Klerus und Obrigkeit ihn in Preußen zur persona non grata hatte werden lassen, suchte sich mit seiner Frau acht Jahre lang in der provinziellen Enge des Neustrelitzer Hofes einzurichten, bis ihn die Revolution von 1848 wieder nach Berlin zog.

Nordöstlich des Residenzschlosses wurde ab 1733 das ›neue Strelitz‹ planmäßig erbaut, dessen historisches Stadtbild im 18. Jh. besonders Christoph Julius Löwe und im 19. Jh. Friedrich Wilhelm Buttel prägten. Löwe entwarf eine barocke Anlage mit quadratischem Markt, von dem aus acht Straßen sternförmig abgehen. Die dominierenden Bauwerke sind das klassizistische **Rathaus** (1841) von Buttel mit einer durch rundbogige Arkaden geöffneten Vorhalle samt Balustrade und gegenüber die barocke **Stadtkirche** (1768–78). Den wegen Geldmangels nicht vollendeten Turm stellte Buttel 50 Jahre später im klassizistischen Stil fertig; für die vielfach behauptete Mitwirkung Karl Friedrich Schinkels gibt es keine Beweise.

☐ Von Mirow nach Wesenberg

Als westliches Tor ins Neustrelitzer Kleinseengebiet gilt **Mirow** (4500 Einw.), das erst 1919 Stadtrecht erhielt. Von 1227 bis zur Reformation befand sich auf einer Halbinsel im Mirower See eine Komturei des Johanniterordens, die ab 1564 die Mecklenburger Herzöge übernahmen, befestigten und als Residenz nutzten. Aus dieser Zeit stammt das gut erhaltene Renaissancetorhaus (1588). Nachdem durch Blitzschlag die Komturei abgebrannt war, wurde 1749–52 das barocke Schloß über H-förmigem Grundriß erbaut (s. Abb. 44). Architekt war Christoph Julius Löwe, der auch die Schlösser in Neustrelitz und in dem jetzt zu Brandenburg gehörenden Fürstenberg entwarf. Die seit 1984 stattfindenden Restaurierungsarbeiten werden noch einige Jahre andauern, danach soll das Schloß, das mehrere Räume mit überbordendem Stuckdekor umfaßt, als Museum öffnen. Das zweigeschossige, langgestreckte Barockgebäude (1756–58) dem Schloß gegenüber war das Küchen- und Kavalierhaus.

Die einschiffige, schlichte Johanniterkirche, 1945 bis auf die Grundmauern zerstört, wurde 1951 wieder aufgebaut; vom ursprünglichen Bau stammt noch der Turm. In der großherzoglichen Familiengruft liegt der mumifizierte Leichnam des durch Fritz Reuters »Dörchläuchting« bekanntgewordenen Großherzogs Adolf Friedrich IV. Durch eine Glasscheibe wird man ihn bald im Sarg anschauen können, denn die ›touristische Erschließung‹ der Gruft ist vorgesehen.

Eine Brücke mit Vasen aus Muschelkalkstein führt zum Grabmal von Großherzog Adolf Friedrich VI. auf der ›Liebesinsel‹ im englischen Landschaftspark. Der letzte regierende Großherzog von Mecklenburg-Strelitz hatte sich im Februar 1918 in Mirow das Leben genommen. Über den Freitod des damals 36jährigen wird bis heute spekuliert – die einen behaupten, eine unglückliche Liebe sei der Grund gewesen, andere wollen von einer Spionageaffäre wissen. Das sog. Untere Schloß in der Mühlenstraße 34/35 entstand anläßlich der Hochzeit von Prinz Carl mit Elisabeth Albertine von Sachsen-

Verschlungene Ornamente, putzige Löwen und weinselige Putten – Stuckdekor im Mirower Barockschloß

242

Hildburghausen im Jahre 1735, Umbauten erfolgten 1765 und 1848. Das heute als Gymnasium genutzte barocke Bauwerk beherbergte von 1820 bis 1925 das Großherzogliche Landes-Lehrerseminar von Mecklenburg-Strelitz.

Naturfreunden sei der Forstgarten ›Erbsland‹, nördlich von **Granzow** an der Straße nach Qualzow gelegen, empfohlen. Ab 1887 pflanzte Oberforstinspektor Friedrich Scharenberg hier ausländische Baumarten, um deren Eignung für die deutsche Forstwirtschaft zu prüfen. Zu Prachtexemplaren von 47 m Höhe sind in dem Arboretum Küstentannen aus Nordamerika herangewachsen.

Im Schutz einer Burg entstand Ende des 13. Jh. **Wesenberg** (3400 Einw.), auf dessen planmäßige Anlage der ovale Grundriß mit gitterförmigem Straßennetz und ausgespartem Marktplatz hinweist. Von der Burg am Ufer des Wöblitzsees blieben Reste des Bergfrieds erhalten. Die ältesten Teile der Kirche sind der frühgotische Feldsteinchor und der Unterbau des Westturms (um 1300), aus spätgotischer Zeit stammen das Sterngewölbe im Chor und die südliche Vorhalle mit Staffelgiebel. Die Linde neben der Kirche, als Naturdenkmal geschützt, hat einen Umfang von 8 m und dürfte an die 600 Jahre alt sein.

☐ **Feldberger Seenlandschaft**

Die Feldberger Seenlandschaft bilden acht verschiedenartig geformte Hauptgewässer, die alle miteinander verbunden sind: Breiter Luzin – mit 59 m der tiefste See in Mecklenburg-Vorpommern –, Lütte See, Schmaler Luzin, Carwitzer See, Zansen, Wootzen, Dreetz und der Haussee, an dessen Westufer die Stadt **Feldberg** (3200 Einw.) liegt. Sie entstand im 13. Jh. auf einer Insel im Haussee, erst in der zweiten Hälfte des 18. Jh. dehnte sie sich auf das Festland aus. 1919 bekam Feldberg das Stadtrecht verliehen – mit rund 1500 Einwohnern war es die kleinste Stadt in Mecklenburg. Über ihre Geschichte informiert das Museum im ehemaligen Spritzenhaus am Amtsplatz, dem früheren Dorfanger. In der Nähe steht das aus Fachwerk erbaute, aber verputzte Drostenhaus von 1781/82, bis 1918 Sitz des Landdrostes. Im historistischen Stil wurde 1873–75 die Stadtkirche mit ihrem

Hans Fallada

»Kleiner Mann – was nun?«

geb. 1893 in Greifswald,
gest. 1947 in Berlin

Hans Fallada, Karikatur von E. O. Plauen von 1943

Als Rudolf Ditzen kennt ihn kaum einer. Als Hans Fallada schrieb er in einem Zeitraum von nur 17 Jahren fast 20 Bücher: Kinderbücher, Selbstdarstellungen, Erzählungen und Romane. Auf das Pseudonym kam er als 25jähriger beim Lesen des Märchens von der Gänsemagd mit dem nie lügenden Pferd Falada: »Dem treuen Schimmelpferd, das da hanget, legte ich noch ein 'l' zu, und der Fallada war da.« Seine bekanntesten, oft verfilmten Romane schildern, streng naturalistisch und mit deutlich vernehmbaren sozialkritischen Tönen, das kleinbürgerliche Milieu zwischen den beiden Weltkriegen: der Arbeitslosenroman »Kleiner Mann – was nun« (1932); »Wer einmal aus dem Blechnapf frißt« (1934), die Geschichte einer scheiternden Resozialisierung; »Wolf unter Wölfen« (1937), der Roman des Inflationsjahres 1923 und der ›verlorenen Generation‹ ehemaliger Weltkriegssoldaten.

Sowjetische Offiziere hörten im Mai 1945 in Feldberg von einem Mann, der der Zwangsarbeiterin Tanja Salz geschenkt hatte, als es ihr im Geschäft verweigert worden war und der sie gegrüßt hatte, als das mehr als nur unerwünscht gewesen war. Sie setzten diesen Mann als Bürgermeister ein: Es war Hans Fallada, den diese Aufgabe jedoch überforderte – er kämpfte schon seit geraumer Zeit gegen tiefe Depressionen, gegen seine Alkohol- und Rauschmittelsucht. Nach seiner Entpflichtung zog er nach Berlin und schrieb innerhalb von 24 Arbeitstagen den Roman »Jeder stirbt für sich allein« (1947).

weithin sichtbaren, 54 m hohen Turm erbaut. Nordöstlich des Ortes, auf dem Schloß-berg, sieht man noch bis zu 3 m hohe Erdwälle, die zu der vom 7. bis zum 9. Jh. bewohnten Burg der slawischen Redarier gehören. Phantastisch ist der Blick vom 145 m hohen Reiherberg über den Haussee auf Feldberg. Keiner der genannten Haupt-seen mit zum Teil steilen, bewaldeten Uferpartien besitzt einen oberirdischen Ablauf; alle entwässern unterirdisch.

Im Juli 1933 reisten der Schriftsteller Hans Fallada und sein Freund und Lektor Peter Zingler durch Mecklenburg, um sich in verschiedenen Dörfern zum Verkauf anstehende Häuser anzusehen. Da Fallada seiner zeitkritischen Töne wegen von der SA verhaftet und verhört worden war, hatte ihm sein Verleger Ernst Rowohlt zu diesem ›Rückzug in die Provinz‹ geraten. Im Fischerdorf **Carwitz**, heute ein Ortsteil von Feld-berg, fand man ein Grundstück. Fallada erwarb das Landhaus mit sechs Zimmern, die ›Büdnerei Nummer 17‹, dazu ein großes Stallgebäude und sechseinhalb Morgen Land. Von 1933 bis 1944 lebte Fallada in dem Haus; die Jahre in Carwitz waren, obwohl die Nationalsozialisten ihm nur das Verfassen von ›Unterhaltungsliteratur‹ genehmigen wollten, seine schaffensreichsten. Das Arbeitszimmer, in dem u. a. »Wer einmal aus dem Blechnapf frißt« und »Wolf unter Wölfen« entstanden, kann besichtigt werden. Die Urne des 1947 in Berlin verstorbenen Schriftstellers wurde im November 1981 nach Carwitz überführt.

Holprige Straßen führen von Feldberg in Dörfer mit interessanten Kirchen: nach **Wittenhagen**, einem Ortsteil von Conow, mit einem achteckigen barocken Zentralbau (1758); nach **Dolgen** mit seiner 1806 über kreuzförmigem Grundriß nach einem Ent-wurf von Friedrich Wilhelm Dunkelberg erbauten klassizistischen Dorfkirche; nach **Mechow** schließlich, einem Ortsteil von Triepkendorf, in dem die frühgotische Feld-steinkirche aus dem 13. Jh. wegen ihres querrechteckigen Westturms beeindruckt.

Von Stralsund nach Rügen und Hiddensee

☐ **Hansestadt Stralsund**
Stralsund (75 000 Einw.) wollte seit jeher vom Wasser aus gesehen werden, auf das es ausgerichtet war und auch heute mit Werft und Hafen noch ist (s. Abb. 48). Die beein-druckendste Silhouette bietet sich von Rügen aus über den Strelasund – heute wie schon 1796, als Wilhelm von Humboldt in seinem Tagebuch notierte:

»Ein schöner Anblick ist Stralsund von Rügen aus mit seinen hohen und goti-schen Türmen, dem wunderbar gebauten Rathaus und den vielen spitzen Gie-beln mit durchbrochenem Mauerwerk.«

245

Die 1234 von Fürst Witzlaw I. gegründete Stadt blühte bald aufgrund ihrer für den Handel so günstigen Lage auf. Die Schiffe Stralsunder Kaufleute, während der Hansezeit bis zu 300, fuhren bis Frankreich und Spanien und beteiligten sich vor allem am lukrativen Zwischenhandel mit russischen und skandinavischen ›Rohprodukten‹.

»Meerstadt ist Stralsund«, schrieb Ricarda Huch 1927 treffend in ihrem Buch »Im Alten Reich. Lebensbilder deutscher Städte«, »vom Meer erzeugt, dem Meere ähnlich, auf das Meer ist sie bezogen in ihrer Erscheinung und in ihrer Geschichte.« Das Ensemble der Altstadt wurde als internationales Flächenbaudenkmal in die UNESCO-Liste aufgenommen. Im Zweiten Weltkrieg vernichteten Bomben über ein Drittel aller Wohnungen und unersetzbare Bausubstanz, in den vier Jahrzehnten danach mußten unzählige Häuser wegen Baufälligkeit abgerissen werden. Dennoch bietet die Stadt auch heute noch eine Fülle von Sehenswürdigkeiten.

Stralsund war eine der einflußreichsten Hansestädte; im gotischen **Rathaus (1)** zwang 1370 die Hanse den dänischen König nach erbittertem Krieg in die Knie. Dieses Rathaus, entstanden auf dem Höhepunkt städtischer und hansischer Macht, wird oft als das schönste seiner Art in Norddeutschland bezeichnet. Seine ältesten, bereits im 13. Jh. errichteten und heute von den jüngeren Vorbauten verdeckten Teile sind zwei nebeneinanderliegende Giebelhäuser, die im späten 13. Jh. durch einen Querbau im Süden verbunden wurden. Die faszinierende (nördliche) Schaufassade an der

Francken   Teich

Marktseite, wohl um 1400 geschaffen, gliedern im oberen Bereich sieben schlanke Pfeilervorlagen mit Spitzhelmen; die Wandfelder dazwischen, in drei übereinanderliegenden Reihen mit kleeblattförmigen Blendbogenpaaren geschmückt, enden in krabbenbesetzten Dreieckgiebeln, in denen sich Rosetten mit Kupferblechsternen befinden (s. Abb. 49). Im Untergeschoß öffnen sich Spitzbogenarkaden vor der zweischiffigen spätgotischen Laube, in der Gerichtsverhandlungen stattfanden. Der Lübecker Einfluß macht sich an der Fassadengliederung ebenso deutlich bemerkbar wie an der nahen Nikolaikirche (s. historisches Foto S. 24).

Im Laufe der Jahrhunderte erfuhr das Rathaus manche Veränderung; so entstanden das Renaissancetreppenhaus im nördlichen Durchgang 1579, die von hölzernen Säulen getragene Barockgalerie im langgestreckten Innenhof im 17. Jh. und der Barockrisalit an der Ossenreyerstraße mit dem Stadtwappen im 18. Jh. Unter der Galerie im Westflügel steht eine Bronzebüste des schwedischen Königs Gustav II. Adolf, der am 26. Juni 1630 mit 15000 Mann auf Usedom gelandet war, um in den Dreißigjährigen Krieg einzugreifen; die Stralsunder hatten ihn am 10. September 1630 begrüßt und sich definitiv auf die schwedische Seite gestellt. 200 Jahre lang, von 1648 bis 1815, gehörte die Stadt zusammen mit Vorpommern und Rügen dann zu Schweden. Die Zeiten der unabhängigen Handelsrepublik waren damit endgültig vorbei.

»Ein schöner Anblick ist Stralsund«, hier in einem Kupferstich von Matthäus Merian, Frankfurt am Main 1652

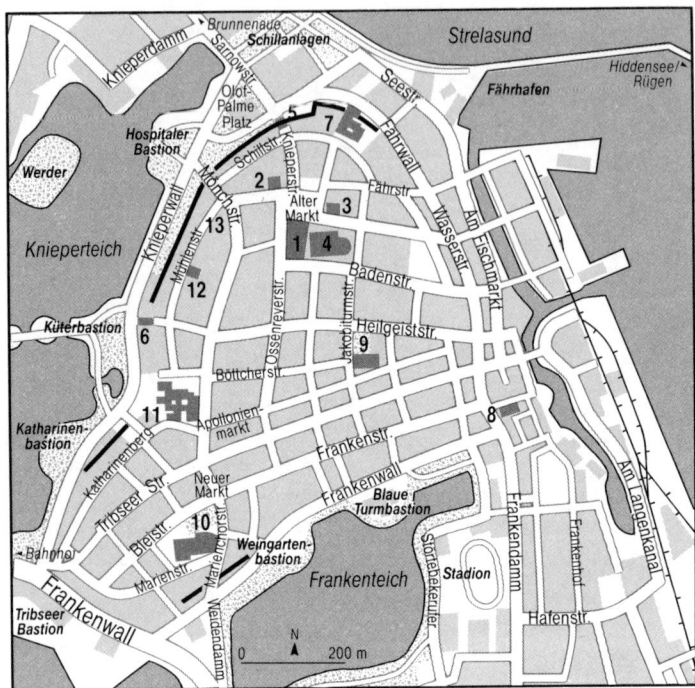

Stralsund:
1 Rathaus
2 Wulflam-Haus
3 ›Commandan-
 ten-Hus‹
4 Nikolaikirche
5 Kniepertor
6 Kütertor
7 ehemaliges
 Johanniskloster
8 Heilgeist-
 hospital
9 Jakobikirche
10 Marienkirche
11 ehemaliges
 Katharinenklo-
 ster/Kulturhisto-
 risches Museum/
 Meeresmuseum
12 Kampischer Hof
13 Mühlenstraße 3

Den Alten Markt säumen Häuser aus verschiedenen Stilepochen. Eines der schönsten und ältesten spätgotischen Wohnhäuser mit dem für Stralsund typischen reich gegliederten Pfeilergiebel ist das **Wulflam-Haus (2**; s. Abb. 51), das sich vermutlich der Stralsunder Bürgermeister Bertram Wulflam um 1370 erbauen ließ. Bei der 1991 abgeschlossenen Restaurierung führte man das Untergeschoß auf seine ursprüngliche

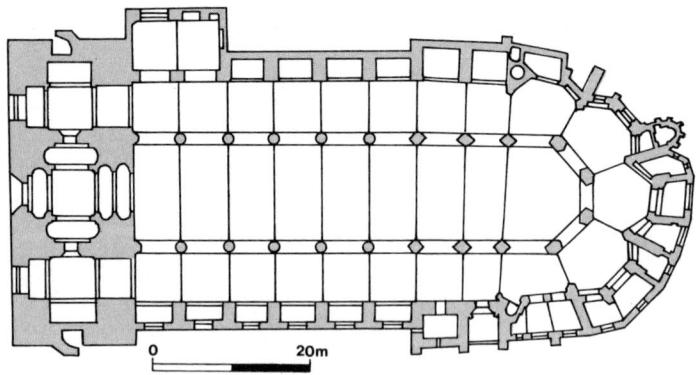

Stralsund, Grundriß
der Nikolaikirche

248

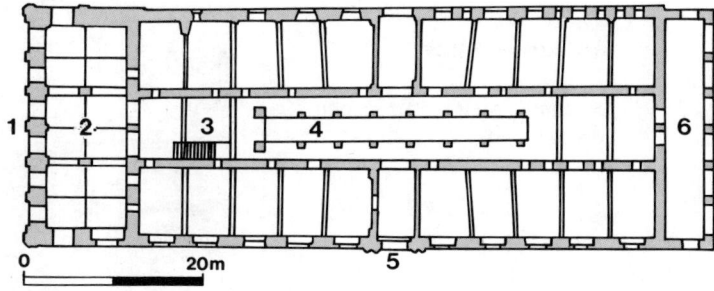

Stralsund, Rathaus:
1 nördliche Schaufassade
2 zweischiffige Laube
3 Renaissancetreppenturm
4 Barockgalerie im Innenhof
5 Barockrisalit
6 südliche Vorhalle

Gestalt zurück. Aus der Schwedenzeit stammt das barocke ›**Commandanten-Hus**‹ (3), eines der ersten Traufenhäuser in der Stadt.

Wuchtig erhebt sich am Markt die älteste der drei großen Stralsunder Pfarrkirchen: **St. Nikolai (4),** um 1270 begonnen und 1360 beendet, der erste Nachfolgebau der Lübecker Marienkirche, weist deutliche Einflüsse der nordfranzösischen Kathedralgotik auf, die sich neben dem basilikalen Grundriß ohne Querschiff in dem eleganten Strebewerk dokumentieren. Kein Bischof oder Fürst ließ die Kirche errichten, sondern die Bürgerschaft der selbstbewußten Hansestadt; Patrizier und Ratsherren gingen in der Nikolaikirche zur Messe. Die Backsteinbasilika mit drei Schiffen, Langhauskapellen, Chorumgang und Kapellenkranz erhielt im 14. Jh. ihre reich durch ineinander gestaffelte Spitzbogenblenden gegliederte, mächtige Doppelturmfront. Die Turmspitzen brannten 1662 ab, fünf Jahre später erhielt der Südturm den barocken Helm, der Nordturm das noch heute vorhandene Notdach – für zwei Helme fehlte in den schweren Jahren des städtischen Niedergangs nach dem Dreißigjährigen Krieg das Geld. Die Kunstwerke im beeindruckend weiten, kreuzrippengewölbten Innenraum mit gotischer Ausmalung aus dem 14. und 15. Jh. gehören zu den reichhaltigsten und künstlerisch wertvollsten Ausstattungen, die eine Kirche an der Ostseeküste vorweisen kann (s. Abb. 48, 52).

Das **Kniepertor (5)** vom Anfang des 15. Jh. war Teil der spätmittelalterlichen Stadtbefestigung. Polnische Spezialisten rekonstruierten den von mehreren Wiekhäusern unterbrochenen Verlauf der alten Stadtmauer von hier bis zum **Kütertor (6;** 1446). Der kaiserliche Feldherr Albrecht von Wallenstein belagerte 1628 mit seinem Heer die Stadt, die allein an der Ostseeküste noch Widerstand leistete und von den protestantischen Herrschern Dänemarks und Schwedens Unterstützung erhielt. Die Stadt müßte herunter, und sei sie mit Ketten an den Himmel geschmiedet, soll Wallenstein gedroht haben. Am 9. Juli hatten seine Truppen mit enormen Verlusten die Verteidigungsringe bis auf die **Stadtmauer** erobert, doch aus unerklärlichen Gründen nahm der kaiserliche Oberbefehlshaber von einer Erstürmung Stralsunds Abstand und mußte gegen Ende des Monats dann abziehen. Wer den Schaden hat, braucht für Spottgedichte nicht zu sorgen:

249

Auf einen Blick

Stralsund: Kunstwerke in den Kirchen

■ **Heilig-Geist-Hospitalkirche**
Altaraufsatz: Mit hölzernem Pilaster- und Säulenaufbau; Schnitzfiguren der vier Evangelisten und Gemälde der Himmelfahrt und der Ausgießung des Heiligen Geistes um 1770 vom Stralsunder Jakob Freese.

■ **Marienkirche**
Drei spätgotische Heiligenfiguren: Maria mit dem Kind, Petrus und Paulus, fast lebensgroß, um 1430 vermutlich in einer Stralsunder Werkstatt geschnitzt.
Messingkronleuchter: Von 1557, 1639 und 1649, letzterer eine dreiarmige Krone mit einem Durchmesser von 2,13 m.
Orgel: 1653–59 von Friedrich Stellwagen aus Lübeck, letzte Arbeit dieses ›Silbermanns des Nordens‹, eine der bedeutendsten Orgeln im Ostseeraum mit reichem, wahrscheinlich aus einer Stralsunder Werkstatt stammenden Figurenwerk am barocken Prospekt.
Grabdenkmal des Grafen Johannes von Lilljenstedt: Vom Niederländer Jan Baptist Xavery; auf dem Prunksarkophag aus schwarzem Marmor die Liegefigur des 1732 Verstorbenen.
Barockes Taufgehäuse: Um 1740, achteckig aus Holz, mit einem Taufstein aus Marmor.
Barockes Erbbegräbnis von Küssow: Als Kapellenloge mit zahlreichen Schnitzereien, 1742 aus der Werkstatt von Michael Müller.

Während der Belagerung Stralsunds durch Wallenstein tagt der städtische ›Krisenrat‹, Stahlstich des 19. Jh. nach einem Gemälde von Karl Haeberlin

Nach Güstrow hin stand sein Begier
Die Zeit ward ihm gar lange:
Er sprach: Ach helf mir bald von hier,
Mir wird gar angst und bange …

Das nahegelegene ehemalige **Johanniskloster (7)** zeugt – neben dem Katharinenkloster – vom großen Einfluß der Prediger- oder Bettelmönchsorden in Stralsund. Die um die Mitte des 13. Jh. erfolgte

Gründung der Franziskaner entstand, wie in den mittelalterlichen Städten üblich, ebenfalls in Nähe der Stadtmauer. Nach der Aufhebung der Orden in der Reformation übernahm die Stadt die Anlage und nutzte sie als Armenhaus, was zu baulichen Veränderungen führte. So entstanden im Obergeschoß des Westflügels beidseitig kleine Wohnungen. ›Räucherboden‹ wird diese Etage genannt, weil die Rauchabzüge der Herde unterhalb des Daches endeten.

Die frühgotische Hallenkirche brannte 1624 aus, den wiederaufgebauten Chor vernichteten 1944 Bomben. In der Kir-

■ **Nikolaikirche**

Anna Selbdritt: Um 1290 entstandene Stuckplastik von 2,25 m Höhe, eines der bedeutendsten Werke seiner Art in Norddeutschland.

Gemalte Kreuzigungsgruppe: In südlicher Nebenkapelle des Chorumgangs, um 1335, gotisch, schwungvolle, expressive Figurenzeichnung.

Gotisches Kruzifix: Über dem Hochaltar, über 5 m hoch (um 1360).

Reste des Nowgorodfahrer-Gestühls: Auf ihm saßen einst die Stralsunder Fernhändler; Holzpaneele mit flachen Reliefs, Jagdszenen in Rußland und von den Handelsreisen darstellend, spätes 14. Jh.

Astronomische Uhr: Lateinische Inschrift unter dem Ziffernblatt, die übersetzt lautet: »Im Jahre 1394, am Tage des Heiligen Nicolaus, wurde dieses Werk von Nicolaus Lilienfeld vollendet. Betet für die Verfertiger und Stifter, welche es mit Fleiß geschaffen haben.«

Spätgotischer Hochaltar: Schnitzwerk vom Ende des 15. Jh. mit vielfiguriger Kreuzigungsdarstellung in dem Schrein, in den Flügeln sechs Passionsreliefs mit bewegten, ausdrucksstarken Figuren.

Spätgotischer Bergenfahrer-Altar: Schnitzwerk mit der Kreuzigung im Schrein und vier Passionsszenen in den Innenflügeln, um 1500.

Renaissancekanzel: Von 1611, aus Sandstein und Marmor mit sechs Alabasterreliefs und den vier Evangelisten an der Treppenbrüstung, hölzerner Schalldeckel von 1678.

Barocker Hauptaltar: Nach einem Entwurf von Andreas Schlüter 1708 vollendet; prachtvoller architektonischer Aufbau mit dem Auge Gottes im Haupt-

251

teil und einem Relief des Abendmahls zwischen Segmentbogengiebeln, überragt von einem hohen Kranz.

Barockes Taufgehäuse: Mit prunkvollem, tempelartigem hölzernem Aufbau, hergestellt 1710–14 vom Bildhauer Elias Keßler und Tischlermeister Habermeyer; von Keßler auch das Epitaph für den 1723 verstorbenen Chr. von Staude.

chenruine bekam die Nachbildung von Ernst Barlachs »Pietà« ihren Platz – im Sockel die Worte des Künstlers: »Ich gebe wieder, das, was ist, das Wirkliche und Wahrhaftige.« Als Ehrenmal für die Gefallenen des Ersten Weltkriegs gedacht, hatte die Plastik 1932 keine Zustimmung gefunden. Von diesem abgelehnten Modell stellte Hans-Peter Jaeger 1988 die Bronzeplastik her, die eine Mutter mit ihrem im Krieg getöteten Sohn zeigt.

Das **Heilgeisthospital (8),** eine städtische Gründung für Arme und Kranke, liegt weiter südlich, ebenfalls in der Nähe der einstigen Stadtmauer. Erhalten blieben die dreischiffige spätgotische Hallenkirche, das ehemalige Hospital an der Ostseite der Kirche, der Innenhof mit hölzernen Galerien und das sog. Elendhaus aus dem 17. Jh.

Die zweite der drei großen Backsteinkirchen Stralsunds, **St. Jakobi (10),** war ursprünglich, wie auch die beiden anderen Pfarrkirchen, als Halle errichtet worden. Dies mag den eigentlich dem Raumgefühl der Hallenkirche entsprechenden platten Chorabschluß erklären. Um 1400 begann der Umbau zur dreischiffigen Basilika. Der 68 m hohe Westturm gilt durch seinen ornamentalen Schmuck aus Blenden und Maßwerk als der prachtvollste aller drei Kirchen (s. Abb. 50). Die Jakobikirche trafen im Dreißigjährigen Krieg fast 40 Geschosse, viel schwerer noch beschädigte sie ein Bombenangriff 1944. Bis zum heutigen Tag wartet sie auf die Restaurierung und eine Entscheidung über die weitere Nutzung.

Am Neuen Markt erhebt sich das mächtige Bollwerk der dritten und vielleicht schönsten der drei Stadtkirchen, **St. Marien (11;** s. Abb. 47), die sich seit dem 15. Jh. nach einem Umbau als dreischiffige Basilika mit Querhaus, Chorumgang und hochaufra-

Stralsund, Nikolaikirche, Holzpaneel aus dem Gestühl der Nowgorodfahrer mit Darstellungen der Zobeljagd

252

Stralsund, ehemaliges Katharinenkloster:
1 Klosterkirche
2 Kreuzgang
3 Remter (Kapitelsaal)
4 Priorsaal
5 Speisesaal
6 Brüdersaal
7 Schulsaal
8 Bibliothek

gendem Westbau präsentiert. Das quadratische Untergeschoß des Westturms und dessen Seitenhallen werden von nadelartig emporgereckten Treppentürmen flankiert, um sich im oberen Teil zu einem achteckigen, mit lanzettartigen Blenden geschmückten Abschluß zu verjüngen. Die filigrane, geometrisch wirkende Form dieser Blendengliederung findet sich in den hohen, in acht schmale Maßwerkfelder unterteilten Spitzbogenfenstern des Westbaus wieder, und eben diese Baugesinnung charakterisiert auch den Chor: Ein feines Netz aus gebündelten Diensten und Blenden überzieht hier die kräftigen Achteckpfeiler und die Chorwand und bildet einen wohlkomponierten Gegenakzent zur Monumentalität des Innenraums (s. Farbabb. 12).

Mit 99 m Länge und 32,5 m Höhe gehört das Hauptschiff zu den größten, die uns die norddeutsche Backsteingotik hinterlassen hat. Von der reichen Ausstattung – allein etwa 40 Altäre gab es zu Beginn des 16. Jh. – blieb nur ein geringer Teil erhalten. Besonders Napoleons Truppen, unter denen die Stralsunder schwer zu leiden hatten, setzten der Kirche arg zu: Sie nutzten den Sakralbau als Heumagazin und dann als Kaserne. Die danach erforderliche Restaurierung übertrug der Stadtrat 1842–47 dem Rostocker Maler Johann Wilhelm Brüggemann; den von Caspar David Friedrich eingereichten Entwurf hatte er abgelehnt, den von Karl Friedrich Schinkel empfahl er zu berücksichtigen. 345 Stufen führen auf den 104 m hohen Turm mit barocker Haube (1708). Der beschwerliche Aufstieg lohnt – wie eine Spielzeugstadt liegt dem Besucher Stralsund zu Füßen. Der Blick schweift vom Strelasund über den im 13. Jh. als Fisch- und Stausee angelegten Frankenteich zum Knieperteich.

Die Gebäude des ehemaligen **Katharinenklosters (11),** eine Niederlassung der Dominikaner, stammen im wesentlichen aus dem 15. Jh. Die Anlage ist eine der größten an der Ostseeküste und fast vollständig erhalten. Nach der Reformation, die hier wie andernorts den Einfluß der Predigerorden beendete, erlitt das Katharinenkloster ein

253

wechselvolles Schicksal, bis 1924 das bereits 1858 als ›Provinzialmuseum für Neuvorpommern und Rügen‹ gegründete **Kulturhistorische Museum** in seinen Ostteil zog. Hier belegt es nun neben dem Refektorium und einigen schönen Räumen mit Sterngewölben den spätgotischen Kapitelsaal (Remter), dessen drei Schiffe elegante Kreuzrippengewölbe, mit zeitgenössischen, teils skurrilen Malereien geschmückt, auf schlanken Säulen abschließen. Neben vorgeschichtlichen Funden, mittelalterlicher Sakralkunst und Dokumenten zur Stadtgeschichte wird hier der kostbare Hiddenseer Goldschatz im Tresor aufbewahrt, zu sehen ist eine originalgetreue Nachbildung (s. S. 277). Das 73 m lange Schiff der turmlosen und schlichten, für die Predigerorden typischen Hallenkirche nahm 1974 nach dem Einbau einer Stabgerüstkonstruktion das in Deutschland einzigartige **Meeresmuseum** auf, das jährlich rund eine halbe Million Besucher zählt. Berühmt ist vor allem das 16 m lange Skelett eines Finnwals.

Der **Kampische Hof (12),** ein spätgotischer Speicherbau, gehörte einst den Zisterziensern des Klosters Neuenkamp – daher der Name. Selbst dieser backsteinerne Zweckbau ist noch, allerdings recht grob, mit Blenden und Giebel geschmückt. In der Mühlen-, Semlower-, Mönch- und Badstraße blieb besonders viel von der historischen Bausubstanz erhalten. Im Haus **Mühlenstraße 3 (13)** kann man neben dem spätmittelalterlichen, blendengeschmückten Giebel das 1977–79 rekonstruierte ›Innenleben‹ besichtigen (s. a. S. 26). In der zum Hafen führenden Fährstraße wurden die Häuser 2 bis 6 nach alten Vorlagen rekonstruiert. Hervorragend restauriert zeigt sich das barocke Haus Nr. 24, dessen Staffelgiebel von 1637 flache Putzstreifen in rechteckige Felder teilen. Im benachbarten Haus Nr. 23 mit seiner Fassade aus der Spätrenaissance (um 1660) wurde 1742 der Naturwissenschaftler Carl Wilhelm Scheele geboren, weltbekannt als Entdecker des Sauerstoffs. In der Fährstraße 21 erinnert eine Gedenktafel an Ferdinand von Schill, der am 31. Mai 1809 im Kampf gegen die Franzosen fiel; eine Gedenkplatte im Bürgersteig kennzeichnet die Todesstelle. Schills abgetrennter Kopf ist in Braunschweig beigesetzt, sein Rumpf auf dem Knieperfriedhof in der Hainholzstraße.

Zu den lohnenden Besichtigungsobjekten vor den Toren Stralsunds gehört die auffällig große gotische Backsteinkirche (13./14. Jh.) in **Prohn.** Sie birgt zahlreiche Arbeiten des Barockbildhauers Elias Keßler, der seinerzeit in Urkunden als »der berühmte Bildhauer aus Stralsund« bezeichnet wurde. Aus seiner Hand oder zumindest aus seiner Werkstatt stammen Kanzel, Taufengel, Lesepult, Pultengel und Betstübchen, alle um 1725 entstanden. Im benachbarten **Groß Mohrdorf** beeindruckt in der reich dekorierten frühgotischen Backsteinhalle die Barockausstattung, ein hoher hölzerner Altaraufsatz und eine ebenso schöne ornamentierte Kanzel, beides Arbeiten von Johannes Wendt vom Beginn des 18. Jh.

In **Brandshagen** können in der frühgotischen Backsteinhalle Reste von Wandmalereien aus dem 14. Jh. betrachtet werden, die sich auf Motive aus dem Bereich der Seefahrt beziehen und u. a. Schiffsbilder zeigen. Im Ortsteil **Niederhof** wurde der ehemalige Gutspark des 18. Jh., direkt am Strelasund gelegen, unter Naturschutz gestellt. 1954 ließen sich die ersten 49 Kormoranpaare zum Nisten nieder, mittlerweile befindet sich hier mit über 200 Paaren die größte Kormorankolonie Mecklenburg-Vorpommerns; dazu kommen noch über 100 Graureiherpaare. Der alte jüdische Friedhof wurde 1776 bis 1854 belegt, denn erst 1855 gestattete Stralsund die Anlage einer Begräbnisstätte auf seinem Territorium.

☐ **Rügen, Deutschlands größte Insel**
Der Strelasund, ein knapp 3 km breiter Meeresarm, trennt Rügen (84 000 Einw.) vom Festland. Deutschlands größte und wohl auch schönste Insel haben in den vergangenen zwei Jahrhunderten viele besungen und beschrieben: Wilhelm von Humboldt, Ernst Moritz Arndt, Caspar David Friedrich, Johannes Brahms, Theodor Fontane... Alle waren begeistert von dem Eiland, »wo der stille Ernst des Meeres von den freundlichen Halbinseln und Tälern, Hügeln und Felsen auf mannigfaltige Art unterbrochen wird«, wie es der Maler Philipp Otto Runge in einem Brief an Goethe schrieb. Den Inselkern umgeben große und kleine Halbinseln: Im Norden das fast waldlose Wittow, im Nordosten das durch die Kreidefelsen berühmte Jasmund, im Osten die waldreiche Granitz mit den bekannten Badeorten Binz und Sellin sowie Mönchgut und im Süden Zudar. Im Westen verbindet eine Brücke die Insel Ummanz mit Rügen. Bodden und Wieken zerklüften die 570 km lange Küste, das Meer ist allgegenwärtig, kein Ort Rügens weiter als 7 km vom Wasser entfernt. Steilaufragende Hochufer und kilometerlange weiße Sandstrände, Feuersteinwälle, schattige Wälder und verträumte Buchten bietet Rügen seinen Gästen.
Rügen ist seit etwa 8000 v. Chr. besiedelt; damals bedeckten Wälder den größten Teil der Insel, heute sind es nur noch etwa 15%. Megalithgräber aus der Jungsteinzeit und Hügelgräber aus der Bronzezeit häufen sich hier in seltener Konzentration und bezeugen die durchgehende Besiedlung Rügens in der Vorzeit (s. S. 18). Nach der Völkerwanderung siedelten hier die slawischen Ranen, bis Dänemark im 12. Jh. sein Einflußgebiet auf die Insel ausdehnte: Die Eroberung der slawischen Tempelburg Arkona 1168 und die Gründung des Zisterzienserinnenklosters in Bergen 1193 bilden die Eckdaten der slawischen Unterwerfung, die mit einer durchgreifenden Christianisierung einherging. Erst 1325 kam Rügen zu Pommern, noch zwei Jahrhunderte länger blieben die Kirchen dem dänischen Bistum Roskilde unterstellt. Mit Beginn der Neuzeit vermochten die adligen Grundbesitzer immer mehr Land in ihren Händen zu konzentrieren, und nach dem Dreißigjährigen Krieg, als die Insel an Schweden fiel, nahm das Bauernlegen hier besonders krasse Formen an. Schweden, Dänemark und Preußen stritten sich um den Besitz Rügens, das im Kreuzungspunkt ihrer Interessensphären lag, bis die Insel 1815 zu Preußen kam.

Die einzige feste Verbindung zwischen der Insel und dem Festland bildet der Rügendamm (1933–36). Der eigentliche Damm mißt 1,8 km, dazu kommen die 140 m lange

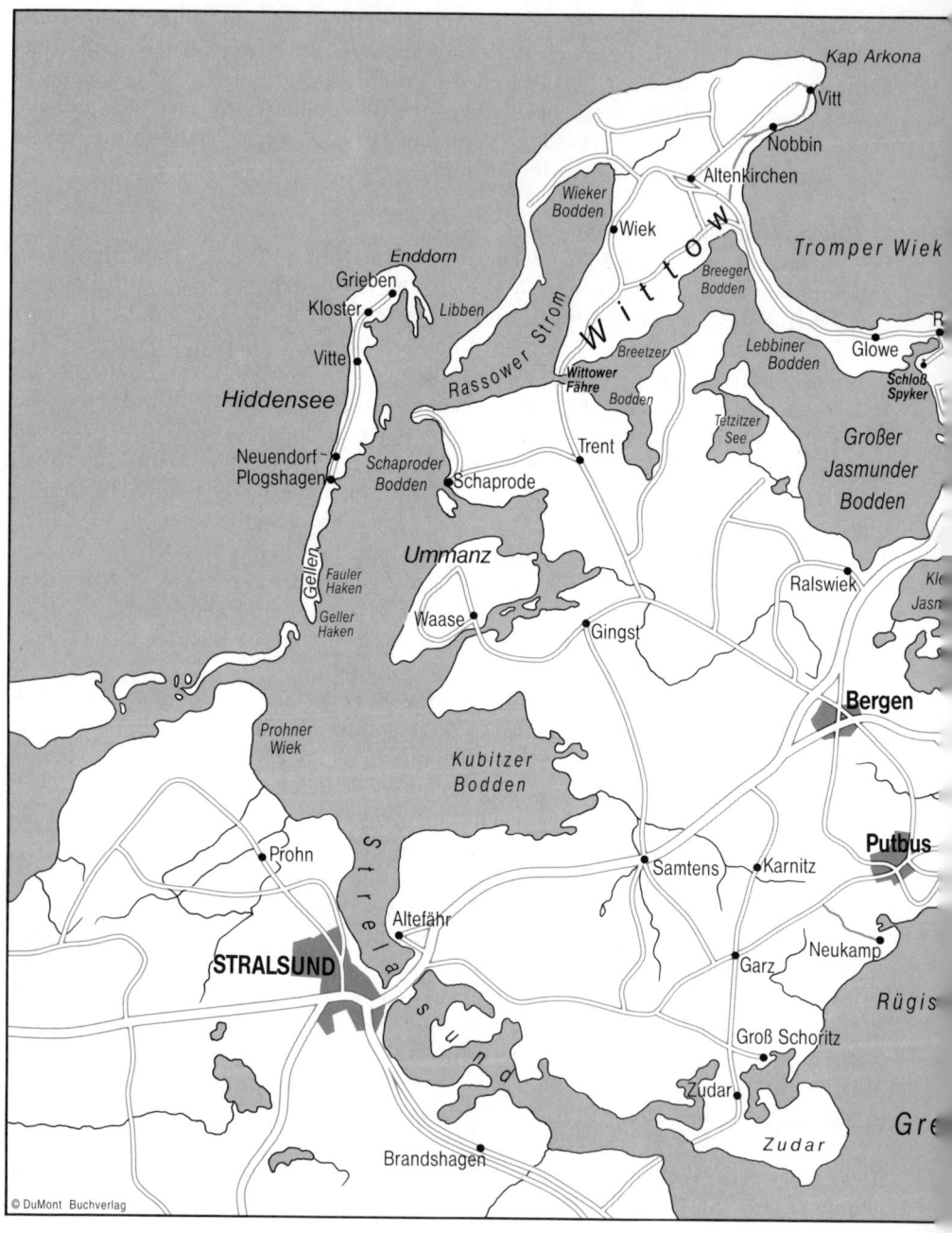

© DuMont Buchverlag

Ernst Moritz Arndt

Heimweh nach Rügen

O Land der dunklen Haine,
O Glanz der blauen See,
O Eiland, das ich meine,
Wie tut's nach dir mir weh!
Nach Fluchten und nach Zügen
Weit über Land und Meer,
Mein trautes Ländchen Rügen,
Wie mahnst du mich so sehr!

O Eiland grüner Küsten!
O bunter Himmelschein!
Wie schlief an deinen Brüsten
Der Knabe selig ein!
Die Wiegenlieder sangen
Die Wellen aus der See
Und Engelharfen klangen
Hernieder aus der Höh.

Fern, fern vom Heimatlande
Liegt Haus und Grab am Rhein.
Nie werd' an deinem Strande
Ich wieder Pilger sein.
Drum grüß' ich aus der Ferne
Dich, Eiland lieb und grün:
Sollst unterm besten Sterne
Des Himmels ewig blüh'n!

(1842)

Karte von Rügen und Hiddensee

257

Ernst Moritz Arndt

*Wortführer
der deutschen Einheit*

geb. 1769 in Groß Schoritz/Rügen,
gest. 1860 in Bonn

Unermüdlich bekannte sich Arndt zur deutschen Einheit, so 1848 in der Frankfurter Nationalversammlung, deren Abgeordneter er war. Aber auch für die Bauernbefreiung in dem damals noch schwedischen Vorpommern und auf Rügen setzte er sich ein. Aufsehen hatte sein 1803 erschienenes Werk »Versuch einer Geschichte der Leibeigenschaft in Pommern und Rügen« erregt, in dem er schrieb, daß »die Bauern und andere auf dem Gute wohnenden unterthänigen Leute nicht mit Geldstrafen belegt werden dürfen, sondern es meist auf ihren Rücken losgeht.« Arndt kannte die schlimme Situation unter der vorpommerschen Junkerknute aus eigener Anschauung, war er doch der Sohn eines zum Gutspächter aufgestiegenen Leibeigenen.

In den Rügenschen Dörfern Groß Schoritz, Dumsevitz, Grabitz und Breesen verlebte Ernst Moritz Arndt seine Kindheit, in Stralsund besuchte er das Gymnasium, in Greifswald und Jena studierte er Theologie und Geschichte. Weil er offen gegen die napoleonische Fremdherrschaft auftrat, verlor er 1806 seine Professur an der Universität Greifswald, als ›Demagoge‹ wurde er während der Zeit der Restauration 1820 seines Amtes als Professor für Geschichte an der Universität Bonn enthoben. 45 Jahre später errichteten die Bonner für Arndt ein Denkmal, und die Einwohner von Rügen legten anläßlich seines 100. Geburtstages auf dem Rugard in Bergen den Grundstein für den Arndt-Turm. Wie erklärt sich dieser Sinneswandel von Öffentlichkeit und Obrigkeit? Arndt hatte sich auf seine späten Tage zum Rechtskonservativen gewandelt und setzte sich nunmehr für die deutsche Einigung unter der Führung eines preußischen Erbkaisertums ein.

258

Ziegelgrabenbrücke zwischen Stralsund und der Insel Dänholm und die 540 m lange Strelasundbrücke, einstmals Europas größte durchgängig geschweißte Brücke. Das Eingangstor zur Insel ist das Dorf **Altefähr,** dessen Name auf die ›alte Fähre‹ hinweist, die schon im 13. Jh. von hier zum Festland verkehrte. 1856 tuckerte der erste Raddampfer über den Sund und ab 1883 der Dampfer ›Prinz Heinrich‹, der drei Eisenbahnwaggons und 250 Passagiere an Bord nehmen konnte.

In **Samtens,** in dessen Backsteinkirche vom Anfang des 15. Jh. sich Reste spätgotischer Wandmalereien erhalten haben, zweigt die Straße nach **Garz** (2400 Einw.) ab, Rügens ältester Stadt. Seit 1316/17 besitzt Garz Stadtrecht. Das Stadtbild prägen meist eingeschossige Giebel- und Traufenhäuser mit Krüppelwalmdach, die nach dem Stadtbrand von 1765 entstanden. Heraus ragen das um 1750 erbaute rohrgedeckte Pfarrhaus in der Wendorfer Straße 17 und das älteste Haus von Garz, ein zweigeschossiger Fachwerkbau aus dem 17. Jh. in der Lange Straße 13. In der spätgotischen Backsteinkirche St. Petri des 14./15. Jh. stehen ein barocker Altaraufsatz mit figürlichem Dekor (1724) aus der Werkstatt von Elias Keßler und ein romanischer Taufstein. Der südlich gelegene Burgwall erinnert an die slawische Burg Charenza, auf der die Rügenfürsten residierten. Das Garzer Museum (An den Anlagen 1) informiert über den Dichter und Patrioten Ernst Moritz Arndt, der im Gutshaus des 5 km südlich gelegenen **Groß Schoritz** geboren wurde. Am Giebel des schlichten eingeschossigen Putzbaus befindet sich seit 1913 eine gußeiserne Tafel mit einer Reliefdarstellung von Arndt.

Im 6 km entfernten Zudaer Ortsteil **Losentitz** ließ Moritz von Dycke 1794–1811 in einem Park über 130 verschiedene Gehölze anpflanzen, darunter Trompetenbaum, Ginkgo und Tulpenbaum. Das im 19. Jh. bekannte Arboretum ist stark verwildert und fast völlig in Vergessenheit geraten. Nicht viel anders erging es dem Park des Schlosses in **Karnitz,** von dem kaum etwas erhalten blieb. Das zinnenbekrönte Schloß besitzt eine elegant gegliederte neogotische Fassade und zwei achteckige Türme. Graf von Usedom, 1872 zum Generaldirektor der Königlichen Museen in Berlin berufen, ließ es sich um 1840 als Jagdschloß erbauen.

Zwischen Garz und Putbus, an der Boddenküste bei **Neukamp,** stand seit 1854 auf einer mächtigen Säule die Bronzeskulptur des brandenburgischen Kurfürsten Friedrich Wilhelm I. Das Denkmal erinnert an die gemeinsame Landung des Großen Kurfürsten und des dänischen Königs Christian I. auf der schwedisch besetzten Insel Rügen am 18. September 1678. Sein Enkel, König Friedrich Wilhelm I. von Preußen, landete mit dem dänischen König Friedrich IV. am 15. November 1715 bei **Groß Stresow,** um die schwedische Vormachtstellung zu brechen. Die Statue des preußischen Königs wurde 1855 auf eine 15 m hohe Säule gehoben. Im November 1991 entfernte man beide Denkmale, um sie zu restaurieren; ihr desolater Zustand läßt das jedoch nicht zu. Gegenwärtig werden Kopien hergestellt.

Putbus (5000 Einw.) verdankt seinen Namen der hier einst ansässigen Familie von Putbus, einem Nebenzweig der alten Rügenfürsten. Das auf dem Reißbrett im spätklas-

Szenen aus Rügen, Illustrierte Zeitung Leipzig, 1856

sizistischen Stil konzipierte Putbus gilt als die letzte planmäßig angelegte Residenz im norddeutschen Raum (1808–23). Als Vorbild diente dem kunstsinnigen Fürst Wilhelm Malte I. die Sommerresidenz des Herzogs von Mecklenburg-Schwerin, Doberan-Heiligendamm, und wie dort auch sollte die Neugründung zugleich die Funktion eines Badeortes übernehmen. Den Mittelpunkt des Ortes bildet der weite, Circus genannte

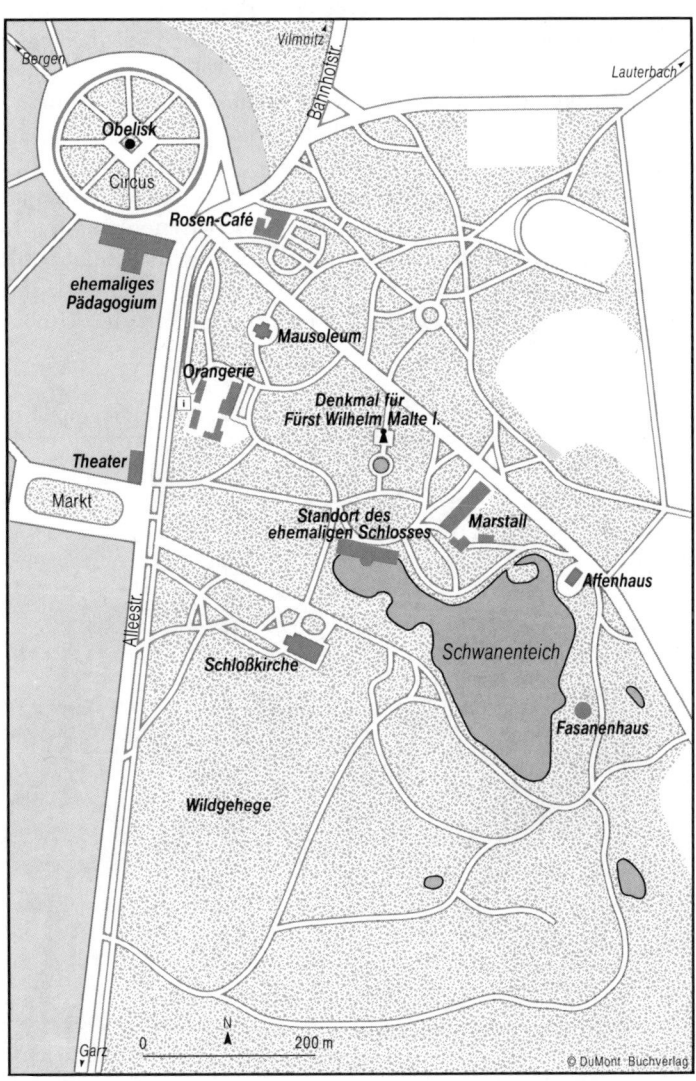

Putbus, Schloßpark

261

kreisrunde Platz, den zwei- und dreigeschossige weiße Häuser säumen. In der Mitte des Platzes erinnert ein schlanker **Obelisk** (s. Abb. 55) von 1845 an die Residenzgründung.

Das 1827–32 durch den Berliner Architekten Johann Gottfried Steinmeyer klassizistisch umgebaute und erweiterte Barockschloß diente bis 1945 als Wohnsitz der Fürstenfamilie. Bei Kriegsende beschädigt und danach baufällig geworden, wurde es 1962 abgetragen; die zum Schwanenteich hingewendete Terrasse im Park verrät seinen einstigen Standort. In dem 1805–25 im englischen Stil angelegten, 7,5 km^2 großen Park wachsen zahlreiche dendrologische Kostbarkeiten.

Das **Denkmal für Fürst Wilhelm Malte I.** an der Kastanienallee schuf Friedrich Drake1859; eines der vier szenischen Sockelreliefs zeigt den Baumeister Karl Friedrich Schinkel, wie er Pläne des Jagdschlosses Granitz erläutert (s. Abb. S. 265). Zu den Parkbauten gehören das **Affenhaus** von 1830, in dem schon lange keine Affen mehr gehalten werden, und das Ruine gewordene **Fasanenhaus** von 1835.

Nicht gerade alltäglich ist die Entstehungsgeschichte der **Schloßkirche,** war sie doch einst ein Kursalon mit Tanzsaal. Die Pläne für den spätklassizistischen Kursalon stammten von den Architekten Stüler und Steinmeyer, der Umbau zur Kirche erfolgte

Das klassizistisch umgestaltete Residenzschloß zu Putbus, Lithographie um 1840

262

1891–93. Die **Orangerie** im Neorenaissancestil erhielt ihre heutige Form mit der fast durchgehend verglasten Fassade 1853. Die beiden Löwen vor dem Eingang der Parkseite stammen vom Hauptportal des abgetragenen Schlosses. Für das **Theater** in der Alleestraße 9a mit seinem bis heute weitgehend unveränderten Zuschauerraum lieferte Wilhelm Steinbach die Pläne (1819–21). Zeitweise hatte das im klassizistischen Stil erbaute Haus mit seinem vorgelagerten, tempelartigen Mittelrisalit sogar ein festes Ensemble. Im **Mausoleum** von 1850 stehen die Sarkophage von Mitgliedern des Fürstenhauses, die zwischen 1868 und 1927 verstarben.

Das heutige **Rosen-Café,** im Volksmund ›Villa Löwenstein‹ genannt, entstand 1828/29 als Wohnhaus für den Gärtner des Fürsten. Otto von Bismarck wohnte hier 1866 für mehrere Wochen, um in Ruhe an der Verfassung des Norddeutschen Bundes zu arbeiten.

Vom 17. bis zur Mitte des 19. Jh. diente die Dorfkirche im heutigen Putbusser Ortsteil **Vilmnitz** als Grablege der Putbusser Herrscher. Von den Grabdenkmälern verdienen zwei reich geschmückte Renaissance-Epitaphe im Ostteil des Chores Erwähnung, die wohl wie der sandsteinerne, viergeschossige Altaraufsatz von 1603 aus der Güstrower Werkstatt des Claus Midow stammen.

Eine Fahrt mit der Schmalspurbahn ›Rasender Roland‹

Von Putbus zum Ostseebad Göhren

Südlich vom Circus, dem kreisrunden Platz in der Stadtmitte von **Putbus,** liegt der Bahnhof, der größte des einst 98 km langen 750-mm-Schmalspur-Bahnnetzes von Rügen. Mit etwa 30 km/h rattert der ›Rasender Roland‹ genannte Zug an den Sendeanlagen von Radio Mecklenburg-Vorpommern vorbei zum Haltepunkt **Posewald** (3,5 km) und von dort zum Haltepunkt **Seelvitz** (6 km), Endstation für all jene, die zur Stresower Bucht möchten, einer landschaftlichen Perle Rügens. Nach etwa 2 km per pedes bietet sich ein herrlicher Blick auf den Rügischen Bodden mit der vorgelagerten Insel Vilm. Rund um Seelvitz gibt es zahlreiche Megalith- und Hügelgräber. Die Denkmäler der Vorzeit häufen sich hier auf engstem Raum wie nirgendwo sonst in Deutschland.

Serams (8,1 km) ist der nächste Haltepunkt. Durch Buchenwald schnauft der Zug anschließend am Schilfufer des verlandenden Schmachter Sees vorbei, der einst eine Bucht der Ostsee war. Eine Pommernkarte aus dem Jahr 1760, die das Kulturhistorische Museum Stralsund aufbewahrt, zeigt ihn noch als Ostseebucht.

Der Bahnhof **Binz-Ost** (10,9 km) ist nur Haltepunkt der Schmalspurbahn. Der Bahnhof für die Normalspur, so für den hier endenden IC ›Rügen‹ aus Köln, befindet sich 3 km entfernt am Nordende des Ostseebades. 15 Jahre lang, von 1901 bis 1916, verkehrten von Binz nach

Putbus sog. Theaterzüge, die Kurgäste von den Badeorten ins Theater und wieder zurück brachten. Sogar ein Küchenwagen wurde angehängt; der ›Rasende Roland‹ ist somit die einzige Schmalspurbahn in Deutschland, in der während der Fahrt warmes Essen serviert wurde.

Der ›Rasende Roland‹
dampft durch die Granitz

Von Binz schlängelt sich der Zug um die Höhen der Granitz herum und hält dann unweit des **Jagdschlosses** (13,2 km), das gut sichtbar auf dem Tempelberg thront. Die Schmalspurbahn befürworteten Ende des 19. Jh. die Land- und Forstwirtschaft betreibenden Grundbesitzer ebenso wie die Aktiengesellschaften der Rügenschen Seebäder Binz, Sellin, Baabe und Göhren. Fürst Malte von Veltheim zu Putbus, einer der Hauptaktionäre, ließ sich gar einen eigenen Salonwagen bauen, um damit besser von Putbus zu seinem Jagdschloß Granitz zu gelangen. Um sich ihm genehme Abfahrtszeiten zu sichern, hatte er in der Konzession festlegen lassen, daß kein Fahrplan ohne seine Zustimmung verabschiedet werden dürfe.

Durch einen der größten Buchenforste im Norden Deutschlands strebt die Bahn dem Haltepunkt **Garftitz** (14,6 km) und von dort **Sellin** (19,1 km) zu, dessen Empfangsgebäude als einziges an der Strecke sein Aussehen aus der Erbauungszeit (1896) behielt. In Sellin kreuzen sich die Züge beider Richtungen, der Aufenthalt bietet also ideale Möglichkeiten zum Fotografieren der Dampflokomotiven. Weitergefahren wird erst – zumindest in der Touristensaison –, wenn auch der letzte Fotoamateur wieder eingestiegen ist.

Hinter Sellin passiert man den Mönchgraben, einst die Grenze zwischen dem Fürstentum Rügen und der zum Greifswalder Kloster Eldena gehörenden Halbinsel Mönchgut. Der Überlieferung nach soll der Graben im Jahre 1295 auf Veranlassung des Eldener Abtes angelegt worden sein, tatsächlich war er jedoch Teil eines slawischen Befestigungswerkes.

Parallel zur B 196 geht es **Baabe** (20,4 km) entgegen. Der nächste Haltepunkt, **Philippshagen** (22,1 km), liegt mitten im Wald. Endstation ist – wenn der Fahrplan eingehalten wurde – nach 66 Minuten der Bahnhof des Ostseebades **Göhren** (24,4 km) mit seinem Empfangsgebäude aus Fachwerk. Fünf Minuten Fußweg sind es von hier bis zum Strand, zehn Minuten bis zum Zentrum des Ortes. Einst konnte man sich schon in Altefähr in die Kleinbahn setzen, um in die ostrügenschen Bäder zu gelangen. Die Strecke von Altefähr nach Putbus wurde jedoch 1967 stillgelegt, die von Bergen über die Wittower Fähre nach Altenkirchen 1970. Der Rest der rügenschen Schmalspurstrecken steht seit 1975 unter Denkmalschutz.

Schinkel erläutert seinen Entwurf für den zentralen Rundturm im Jagdschloß Granitz: Relief vom Denkmal für Fürst Wilhelm Malte I. in Putbus

Im nahen Ortsteil **Lauterbach** ließ Fürst Wilhelm Malte I. ein Badehaus erbauen, das bei der Einweihung 1818 den Namen ›Friedrich-Wilhelm-Bad‹ erhielt. Das zweige-schossige klassizistische Gebäude mit einer monumentalen Säulenkolonnade gilt als eines der schönsten seiner Art an der Ostseeküste. Vom Strand aus ist die **Insel Vilm** zu sehen. Auf der unter Naturschutz stehenden Insel hatten sich Honecker & Co. luxuriöse Ferienhäuser errichten lassen. Auf Vilm, deren erste urkundliche Erwähnung 1249 erfolgte, wurde Mitte des 16. Jh. zum letzten Mal Holz geschlagen – seitdem blieb der Wald sich selbst überlassen. Die Insel soll weiterhin ein nahezu unberührtes Eiland bleiben, ihre urwüchsige Schönheit nicht Touristenscharen geopfert werden.

Putbus-Lauterbach verlor als Bad schnell seine Anziehungskraft, weil hier nicht in der offenen See gebadet werden konnte. Als neuen ›Badeort‹ erkor Fürst Wilhelm Malte I. deshalb den steinfreien Strand gegenüber dem Schmachter See. Dort, wo sich heute das Ostseebad Binz erstreckt, ließ er Badekarren aufstellen. Für die Unterbringung seiner fürstlichen Gäste entstand auf der höchsten Erhebung der Granitz, dem Tempelberg (107 m), 1836–46 das **Jagdschloß Granitz** (s. Farbabb. 15). Architekt des historistischen Vierflügelbaus aus verputztem Backstein, der auf quadratischem Grundriß um einen Innenhof errichtet wurde, war Johann Gottfried Steinmeyer. Den burgähnlichen Cha-rakter verstärkt der 38 m hohe, runde Aussichtsturm, der nach einem Entwurf Karl

265

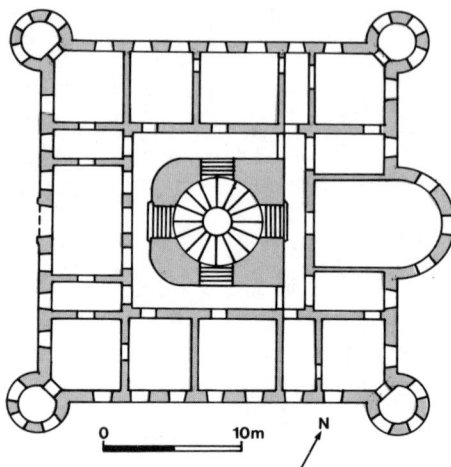

Rügen, Grundriß des Jagdschlosses Granitz

Friedrich Schinkels 1844 in den Innenhof eingefügt wurde. Er harmoniert vorzüglich mit den zinnenbekrönten Ecktürmen, die er weit überragt. Im Turm schraubt sich eine Wendeltreppe mit 154 Stufen nach oben, ein hervorragendes Beispiel des Eisenkunstgusses des 19. Jh. (s. Abb. 57). Bei schönem Wetter lohnt der Aufstieg, denn es bietet sich ein großartiger Rundblick.

Vom Jagdschloß ließen sich die Gäste an den Strand des **Ostseebades Binz** (6500 Einw.) fahren, das damals noch Aalbeck hieß und nur aus einigen Fischerkaten bestand. Von 1870 bis etwa 1910 entwickelte sich Binz zum bedeutendsten und elegantesten Bad Rügens. Besonders an der Strandpromenade (1897; s. Abb. S. 40) haben sich Hotels und Pensionen mit den für die Bäderarchitektur typischen reich gegliederten Fassaden erhalten. Noch heute verbreitet das dominierende, nach Plänen von Otto Spalding 1906–08 errichtete dreiflüglige Kurhaus mit einem repräsentativen Mitteleingang und turmartigen Pavillons an den Seitenflügeln ein wenig englische Atmosphäre à la Brighton. Hier traf sich in den zwanziger und dreißiger Jahren die Schickeria, knallten Champagnerkorken, erklangen Walzertakte. Am westlichen Ende der Promenade, im Kiefernwald versteckt, entstanden 1972–83 in Plattenbauweise Ferienheime für den DDR-Gewerkschaftsbund, die zwischenzeitlich vielfach zu modernen Hotels umgestaltet wurden. Dahinter erstreckt sich **Prora,** das auf Geheiß Hitlers Europas größte Ferienanlage werden sollte. 1936 begann die nationalsozialistische Organisation ›Kraft durch Freude‹, das gigantische ›Seebad der Zwanzigtausend‹ zu errichten. 1942/43 waren die Bauarbeiten beendet. Einige der Unterkunftshäuser baute man nach Kriegsende für die militärische Nutzung aus, andere stehen als Ruinen gespensterhaft am Strand. Jahrzehnte gelangten nur spärlich Informationen über das Großprojekt der NS-Architektur an die Öffentlichkeit, denn Prora war bis zur Einigung Deutschlands 1990 militärisches Sperrgebiet.

Die Badeorte Binz, Sellin, Baabe und Göhren verbindet seit 1895 die in Putbus startende Kleinbahn ›Rasender Roland‹, vor Jahrzehnten abwertend als ›Rübenexpress‹ bezeichnet. Eng mit der Bahn einher ging die Entwicklung **Sellins;** das Fischerdorf wurde Seebad, als der ›Rasende Roland‹ die Feriengäste antransportierte. Das benachbarte **Baabe** dagegen blieb bis zum Ende des Zweiten Weltkriegs ein Fischer- und Bauerndorf. Baabe liegt bereits auf der Halbinsel Mönchgut, so benannt, weil die südöstlichste Spitze von Rügen zum Besitz des Klosters Eldena bei Greifswald gehörte.

266

Der bekannteste Badeort auf Mönchgut ist das **Ostseebad Göhren** (1500 Einw.), in dem sich noch viel vom Charme der Jahrhundertwende erhalten hat. ›Rookhus‹ wird das älteste Haus Göhrens genannt, das seit spätestens 1770 an der heutigen Thiessower Straße steht. Das schornsteinlose Fischer- und Kleinbauernhaus mit tief herabgezogenem Walmdach im rügenschen Zuckerhutstil kann besichtigt werden. In einem 150 Jahre alten, rohrgedeckten Bauern-, Fischer- und Schifferhaus informiert das Heimatmuseum über die Geschichte Göhrens und der Halbinsel Mönchgut; hier sorgten geographische Abgeschiedenheit und ökonomische Rückständigkeit dafür, daß das Brauchtum bis ins 20. Jh. hinein bewahrt blieb. In einer etwa 200 m entfernten bäuerlichen Hofanlage aus dem 18. und 19. Jh. zeigt das Museum eine agrarhistorische Ausstellung.

Etwas 200 m vor der Nordküste Mönchguts ragt der größte Findling Mecklenburg-Vorpommerns aus dem Wasser. Der ›Buskam‹ genannte Stein hat einen Umfang von 40 m. Vor Jahrzehnten war es bei Hochzeitsfeiern noch üblich, mit Booten zum Buskam zu rudern und darauf einen Rundtanz zu vollführen.

In **Middelhagen** können im ehemaligen Küsterhaus (heute Schulmuseum), einem um 1825 errichteten rohrgedeckten Fachwerkbau, Küsterwohnung und Klassenraum besichtigt werden. Bis 1946 wurden in diesem Raum etwa 60 Mädchen und Jungen der ersten bis achten Klasse gemeinsam unterrichtet. In der Dorfkirche daneben, im 15. Jh. aus Back- und Feldsteinen erbaut, ist der spätgotische Schnitzaltar aus dem Jahre 1480 mit der hl. Katharina im Schrein zu bewundern.

Charakteristisch für den Gager Ortsteil **Groß Zicker** sind mehrere Dreiseitgehöfte: Stall und Scheune, die mit dem Giebel zur Straße stehen, verbindet das quergestellte Wohnhaus auf der Feldseite. Das Dorf kann auch das wohl besterhaltene Zuckerhuthaus Rügens vorweisen, das ehemalige Pfarrwitwenhaus, ein 1723 erbautes niederdeutsches Hallenhaus. Die gotische Backsteinkirche, vor 1360 errichtet, ist das älteste erhaltene Gebäude von Mönchgut.

Im Herzen von Rügen liegt der Hauptort **Bergen** (19000 Einw.), von dem sternförmig die Hauptverkehrsstraßen in alle Inselteile führen. Die Marienkirche wurde 1193 als

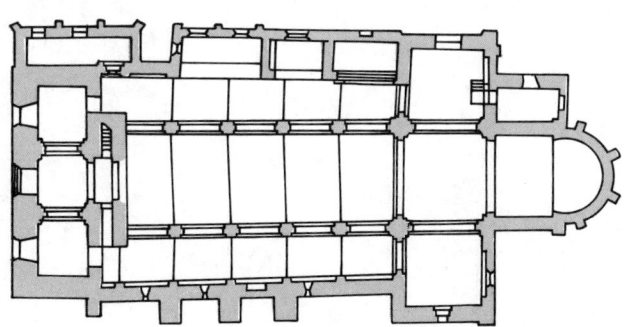

Bergen,
Grundriß der Marienkirche

267

Gotteshaus der Zisterzienserinnen geweiht, die sich im Zuge der deutschen Ostsiedlung hier niedergelassen hatten. Die Kirche weist in den romanischen Partien von Chor, Querhaus, südlicher Langhauswand und in den unteren Partien des Westturms romanische Formen auf. Bauleute aus Dänemark, wo man um 1150 erstmalig Backsteinkirchen errichtet hatte, dürften hier tätig gewesen sein. Im Chor befinden sich spätromanische Fresken, die den Gläubigen in expressiven, bewegten Bildern die Schrecken der Hölle und die Freuden des Paradieses vor Augen stellten. Im 19. Jh. wurden die Fresken und die übrige ornamentale Raumausmalung der Kirche leider nach dem historistischen Geschmack der Zeit ergänzt und neugestaltet. Das restliche Langhaus und die schönen spätgotischen Kreuzrippengewölbe stammen aus dem 14. Jh. In die westliche Außenmauer des imposanten Baus mit seinem hohen Turmhelm wurde ein slawischer Grabstein eingemauert, der angeblich den Ranengott Swantewit darstellen soll (s. Abb. S. 20).

Von den übrigen Klostergebäuden blieb ebensowenig wie vom Renaissanceschloß (1505–11) erhalten, in dem die Pommernherzöge bei ihren Rügenaufenthalten wohnten. Wie der schon um 1730 nicht mehr vorhandene Bau aussah, hat uns Eilhard Lubin auf seiner Pommernkarte aus dem Jahre 1618 überliefert:

Lohnend ist ein Spaziergang zum **Rugard,** einem 91 m hohen Berg, auf dem schon im 9. Jh. eine slawische Burg thronte. Heute steht auf ihm der 27 m hohe Ernst-Moritz-Arndt-Turm. Der historische Backsteinturm wurde aus Spenden des Volkes 1869–71 nach einem Entwurf von Hermann Eggert errichtet. Bei guter Sicht reicht der Blick von hier über die gesamte Insel bis zu den Kirchtürmen von Stralsund.

Die **Halbinsel Jasmund** erreicht man auf zwei Wegen: Über die Schmale Heide mit den Feuersteinfeldern, die in Europa nicht ihresgleichen haben und von Sturmfluten vor etwa 2000 Jahren hier zu Steindünen angespült wurden, oder über den Damm, der den Großen und Kleinen Jasmunder Bodden voneinander trennt. Am Südufer des Großen Jasmunder Boddens, in **Ralswiek,** legten Archäologen den vermutlich größten Handelsplatz der Ranenzeit (s. S. 19) frei. In Ralswiek schauten erstmals 1959 Tausende den Abenteuern von Klaus Störtebeker zu; nach zwölfjähriger Pause findet 1993 wieder

◁ Die Schrecken der Hölle: Fresken in der Bergener Marienkirche

auf einer der größten Freilichtbühnen Europas (10 000 Sitzplätze) das Störtebeker-Festival statt. Die Bühne befindet sich unterhalb des Schlosses, das 1893/94 im Stil der Renaissanceschlösser der Loire entstand. Am Straßenrand wurde 1907 die kleine hölzerne ›Schwedenkapelle‹ erbaut. Das Kirchlein unter hohen Bäumen, wie aus dem Bilderbuch, trägt über der Pforte den geschnitzten Spruch:»Die Liebe höret nimmer auf.«

Den Damm zwischen dem Großen und Kleinen Jasmunder Bodden gibt es seit 1868; in jenem Jahr entstand in **Lietzow** auch das nicht zu übersehende Schlößchen, hoch an einem Hang als Wohnhaus des leitenden Dammbauingenieurs errichtet. Es stellt eine getreue Kopie des historistischen Schlosses Lichtenstein (1840–42) südlich von Reutlingen dar.

Saßnitz (14 000 Einw.), 1906 durch den Zusammenschluß von zwei Dörfern entstanden, ist die nördlichste Stadt des Bundeslandes Mecklenburg-Vorpommern. Bis etwa 1920 gehörte es zu Rügens bekanntesten Badeorten (s. Abb. S. 40); Johannes Brahms und Theodor Fontane waren seine prominentesten Gäste. An diese glanzvolle Badeortzeit erinnern im Osten der Stadt noch kleine Hotels und Pensionen. In einem plombierten Eisenbahnwaggon reiste Lenin im April 1917 von der Schweiz über Saßnitz und Schweden nach St. Petersburg, wo er bekanntlich die Oktoberrevolution einleitete. Heute ist Saßnitz bekannt durch den Fährhafen für die 1897 als Postdampferlinie eröffnete Eisenbahnfährroute Saßnitz–Trelleborg und als Ausgangspunkt für Wanderungen in nördlicher Richtung zu den Wäldern der Stubnitz mit den berühmten Kreidefelsen.

Der drei bis vier Stunden dauernde Hochuferweg von Saßnitz nach Stubbenkammer bietet großartige Ausblicke auf die Steilküste und das Meer (s. Farbabb. Umschlaginnenklappe). Den **Großen Wissower Klinken** – eigentlich, *Klinter*, schwedisch für Felsspitzen – hat Caspar David Friedrich durch sein Bild»Kreidefelsen auf Rügen« (1825) zu Berühmtheit verholfen (s. Abb. 53). Die ganze Schönheit des berühmten **Königsstuhls** mit einer der bekanntesten Aussichtsplattformen Deutschlands bietet sich vom Strand aus; einer der Abstiege befindet sich südlich davon. Im Hinterland des Königsstuhls, das sich gut zu Spaziergängen eignet, liegen der **Herthasee** mit der gleichnamigen slawischen Wallanlage und dem ›Penningskasten‹, einem offenen Megalithgrab.

Auf Jasmund steht auch das zu Glowe gehörende **Schloß Spyker,** ein verputzter Backsteinbau der Renaissance mit vier runden Ecktürmen (s. Abb. 56). 1649 schenkte Königin Christine von Schweden das Schloß ihrem legendären Feldmarschall Carl Gustav von Wrangel. Im ersten Obergeschoß befinden sich reich skulpierte Stuckdecken aus der Erbauungszeit, dem Ende des 16. Jh. Im Glower Ortsteil **Bobbin** erhebt sich die um 1400 aus Feldsteinen erbaute spätgotische Dorfkirche mit Backsteindetails auf einer Anhöhe. Mit diesem altehrwürdigen Bau kontrastiert die nahe Glower Kirche, die einzige, die zu DDR-Zeiten auf der Insel entstand; 1982 wurde sie geweiht.

Zwölf Städte und Dörfer beanspruchen Klaus Störtebeker für sich, den wohl berühmtesten Anführer der Vitalienbrüder, auch Likedeeler (›Gleichteiler‹) genannt, die um 1400 in der Ost- und Nordsee als Freibeuter operierten. Einer Sage zufolge soll der Pirat, den die Legende zu einem Robin Hood der Ostsee verklärte, in **Ruschvitz,** einem Ortsteil von Glowe, zur Welt gekommen sein. Die Menschen Rügens sagen über ›ihren‹ Volkshelden, der 1401 in Hamburg hingerichtet wurde:

»Störtebeker is'n fein Kirl. Arm Lüd hett he wat gewen. Riek Lüd wat namen.«

Die Schaabe, eine etwa 10 km lange und teilweise 800 m breite Nehrung, verbindet die Halbinseln **Wittow** und Jasmund. Der Strand hier gehört zu den schönsten auf Rügen und ist fest in den Händen der FKK-Anhänger. Die Dorfkirche von **Altenkirchen** gilt als Kleinod unter den norddeutschen Backsteinkirchen (s. Abb. 59). Der Chor, außen mit Zahnschnitt- und Rautenfriesen und archaisch wirkenden Konsolenmasken geschmückt, stammt ebenso wie die Innenausmalung in der Apsis und am Triumphbogen aus der Erbauungszeit vor 1200; im 14. Jh. entstand das Schiff mit seinen Kreuzrippengewölben. In der östlichen Vorhallenwand wurde, wie in der Marienkirche in Bergen, ein slawischer Grabstein, wohl aus dem 12. Jh. stammend, eingemauert. In der dreischiffigen Basilika steht ein 1724 von Elias Keßler geschaffener Altaraufsatz; die Kalksteintaufe mit vier vorspringenden Männerköpfen, die eine feine, wellenförmige Haar- und Barttracht aufweisen, schufen gotländische Bildhauer um 1240.

Neben der Kirche liegt der 1818 verstorbene Theologe und Dichter Ludwig Gotthard Kosegarten begraben. Bevor Kosegarten als Geschichtsprofessor an die Universität Greifswald ging, wirkte er als Pfarrer in Altenkirchen. Zu seiner Zeit war der mit Goethe, Schiller und Herder korrespondierende Kosegarten ein vielgelesener Schriftsteller und zudem eine der einflußreichsten Persönlichkeiten des norddeutschen Geisteslebens um die Jahrhundertwende. Der Entdecker der Naturschönheiten Rügens hat auch auf Caspar David Friedrich und dessen Rügen-Begeisterung nachhaltigen Einfluß ausgeübt. Friedrichs Inselreisen verdanken wir nicht nur die berühmten »Kreidefelsen«, sondern auch zahlreiche Gemälde und Skizzen zu den hiesigen prähistorischen Denkmälern. Bei **Nobbin** steht in der Nähe der Küste ein solches jungsteinzeitliches Megalithgrab, der ›Riesenberg‹.

Am Strand des Putgartener Ortsteils **Vitt** (s. Farbabb. 17), das sich in einen tiefen Einschnitt des Hochufers schmiegt, predigte Kosegarten in den Sommermonaten, doch bei schlechtem Wetter blieben die Gläubigen weg. Deshalb gab er 1806 den Auftrag für eine schlichte achteckige Kapelle, die 1816 geweiht wurde. Der aus Feldsteinen errichtete Zentralbau entstand aus Spendengeldern, die von weither kamen und für den Bekanntheitsgrad von Kosegarten sprechen. Seit 1990 schmückt den weiß geschlemmten Innenraum das Wandgemälde »Menschen im Sturm« des italienischen Realisten Gabriele Mucchi.

271

»Häringsfang auf Rügen«, Stich nach einer Zeichnung von E. Heyn, 1884

›Vitt‹ war einst die Bezeichnung für nur während der Heringszeit benutzte Niederlassungen. Auch hier, bei Arkona, brachten die Fischer ihren Fang an Land, salzten ihn ein und lagerten ihn. Fischeinkäufer kamen zur Vitt, aber auch Kaufleute, die die Fischer mit dem Lebensnotwendigen versorgten. Die Vitten waren schon während der Hansezeit bedeutende Handelsplätze. Am Ende der Fangzeit blieb mancher Fischer am Lagerplatz zurück, der so nach und nach ein ›richtiger‹ Ort wurde.

Etwas mehr als 1 km ist es von Vitt bis zum **Kap Arkona,** auf dem vor 800 Jahren die slawische Jaromarsburg mit einem Tempel für den Gott Swantewit stand; Reste des teils schon vom Meer ›gefressenen‹ Burgwalls sind noch zu sehen (s. a. S. 19 f.). Der viereckige, knapp 20 m hohe Leuchtturm von 1826/27, heute der älteste an der Küste Mecklenburg-Vorpommerns, entstand nach Plänen von Karl Friedrich Schinkel. 75 Jahre lang funkte das Leuchtfeuer in der verglasten Laterne des dreigeschossigen Backsteinturms (s. Farbabb. 1). Die ineinandergestellten Rahmungen der Fenster und die Simse zeugen davon, daß Schinkel in der geometrischen, flächigen Fassadenbehandlung Dekor- und Gliederungsformen der Backsteingotik mit den rechteckigen Formen des Klassizismus zu verbinden wußte. 1902 nahm der daneben erbaute, 35 m hohe runde

Leuchtturm den Betrieb auf. Zu DDR-Zeiten war Kap Arkona nur zum Teil zugänglich: Grenztruppen überwachten von dieser Höhe aus weite Teile der Ostsee.

Die alte Straße von Arkona zur Wittower Fähre führt durch **Wiek,** nach Dranske der zweitgrößte Ort Wittows. Die spätgotische Backsteinhalle aus der Zeit um 1400 birgt im kreuzrippengewölbten Innenraum eine reiche Ausstattung; am bemerkenswertesten sind der barocke Altaraufsatz (1747/48) von Michael Müller, der spätromanische Taufstein, die Triumphkreuzgruppe des 14./15. Jh. und der hl. Georg zu Pferde aus dem 15. Jh. Das Kinderkurheim am Ufer des Wieker Boddens bekam sein heutiges Aussehen um 1930 vom Bauhaus-Schüler Waldo Wenzel im Auftrag einer sächsischen Versicherungsgesellschaft. Es besteht aus 26 zweistöckigen, weiß gestrichenen Holzhäusern. Der denkmalgeschützte Komplex ist das größte Kinderkurheim im Osten Deutschlands.

Die Wittower Fähre hält die Verbindung zwischen Wittow und dem 250 m entfernten Hauptteil der Insel. In dieser Ecke Rügens verdient **Gingst** mit den ›Historischen Handwerkerstuben‹ einen Besuch. In einem efeuumrankten, rohrgedeckten Haus vom Beginn des 18. Jh. und einem Nebengebäude werden 33 einst in Gingst ansässige Handwerke vorgestellt. Am Ostrand des Platzes steht die Backsteinhalle St. Jakobi (13./ 14. Jh.) mit einer geschwungenen barocken Haube auf dem imposanten Westturm. Von Stralsunder Künstlern stammen die barocken Ausstattungsstücke von Kanzel und Taufstein (beide 1735) sowie der Altar (1776), die Orgel (1790) baute Christian Kindt, ein Schüler des berühmten sächsischen Orgelbaumeisters Gottfried Silbermann. In den Sommermonaten finden in der Kirche Orgelkonzerte statt.

Rügen und die **Insel Ummanz** verbindet seit 1901 eine Brücke. Ein Abstecher nach Ummanz lohnt wegen des spätgotischen Flügelaltars in der 1991 restaurierten Dorfkirche von **Waase,** die einen frühgotischen Backsteinchor mit einem Fachwerklanghaus des 16./17. Jh. verbindet. Der reich geschnitzte und mit bemalten Flügeln (Abendmahl und Gefangennahme Christi) versehene Altar entstand um 1520 in einer Antwerpener Werkstatt und stellt Szenen der Passion und aus dem Leben des hl. Thomas Becket von Canterbury dar. Nach Stralsund verkauft, kam er in die Nikolaikirche, danach in die Heilig-Geist-Kirche. In das schlichte Gotteshaus von Waase gelangte das kostbare Stück, weil das Dorf der reichen Stadt Stralsund gehörte. Bemerkenswert sind ferner die spätgotischen Ausstattungsstücke des backsteinernen Sakramentshauses und des bronzenen Marienleuchters. In Waase selbst hat sich das Ortsbild eines alten Rügener Fischerdorfes, wie es sich auch schon im vorigen Jahrhundert geboten haben könnte, fast unverändert erhalten.

In **Schaprode** fahren die Fähren zur Insel Hiddensee ab – auch von Stralsund besteht eine Fährverbindung. Wer vorzeitig da ist, dem sei ein Besuch der in Teilen spätromanischen Backsteinkirche (Chor 13./Langhaus 15. Jh.) empfohlen, zu deren bedeutendsten Ausstattungsstücken eine bemalte spätgotische Triumphkreuzgruppe (um 1500), die Barockkanzel (1723) von Hans Broder und der zweigeschossige barocke Altaraufsatz (um 1720) gehören.

273

☐ »Dat söte Länneken« – Die Insel Hiddensee

Wie ein Wellenbrecher liegt die 16,5 km lange und 125 – 3750 m breite Insel Hiddensee (1300 Einw.) vor dem größeren Rügen – und bekommt dadurch die Naturkräfte besonders zu spüren. In den letzten Jahrzehnten konnte durch Deiche, Steinwälle und Anpflanzungen dem Wirken von Wind und Wasser teilweise Einhalt geboten werden. Hiddensee, von den Einheimischen »dat söte Länneken« (»das süße Ländchen«) genannt, gehört zum Naturschutzpark Vorpommersche Boddenlandschaft.

In der Abgeschiedenheit der Insel hat sich manches ursprünglich und bescheiden erhalten. Kurpromenaden, Großdiskotheken und Superhotels gibt es nicht. Wer Gespräche sucht, geht in den Orten Kloster, Vitte oder Neuendorf zum ›Bollwerk‹, wie die Häfen genannt werden. Kein Motorenlärm stört die Ruhe, keine Abgase verpesten die Luft, denn private Autos sind nicht zugelassen, und auf der schmalen Betonpiste von Kloster über Vitte nach Neuendorf rollen nur einige Nutzfahrzeuge. Hoch im Kurs stehen deshalb Fahrräder – und Pferde, die im Sommer die Wagen und im Winter die Schlitten ziehen.

1296 gründeten Mönche des Klosters Neuenkamp (heute Franzburg) auf dem nördlichen Inselkopf die Abtei zum hl. Nikolaus. Mit der Säkularisierung 1536 wurde das Ordenshaus geschlossen und bereits 1648, als die Schweden die Insel übernahmen, soll von den Klostergebäuden kaum noch etwas vorhanden gewesen sein. Die spätgotische

Katja, Monika, Michael, Elisabeth, Thomas, Klaus und Erika Mann im Urlaub auf Hiddensee

274

Dorfkirche in **Kloster**, das im Namen noch auf die ehemalige Zisterze hinweist, ist ein weißgetünchter rechteckiger Backsteinbau aus der Zeit um 1400. Sie ist das älteste Bauwerk auf der Insel. Die Rosenwolken am hölzernen Tonnengewölbe im Inneren wurden 1921 angebracht.

Jahrhunderte lebten die Bewohner Hiddensees von der Fischerei und Landwirtschaft, bis nach 1880 die ersten Feriengäste kamen. Es waren vor allem Künstler und Wissenschaftler, die die Ruhe zur schöpferischen Pause nutzten: Thomas Mann, Albert Einstein, Gustav Gründgens, Sigmund Freud, Hans Fallada, Joachim Ringelnatz... Besonders eng mit Hiddensee ist der Dichter Gerhart Hauptmann verbunden. Im Juli 1885 setzte er das erste Mal seine Füße auf die Insel, neunzehn weitere Aufenthalte folgten. Hauptmann wohnte in Kloster u. a. in der Lietzenburg, die sich der Maler Oskar Kruse hatte erbauen lassen und die später seiner Schwägerin Käthe Kruse gehörte, deren Puppen Berühmtheit erlangten. Das massige Backsteingebäude im Stil eines englischen Landhauses entstand 1904/05 nach einem Entwurf von Otto W. Spalding und Alfred Granander.

1930 erwarb Hauptmann das um 1920 erbaute ›Haus Seedorn‹ und ließ Kreuzgang, Arbeitszimmer und Speiseraum nach einem Entwurf des Dresdner Architekten Arnulf Schleicher anbauen. Die Einrichtung blieb in fünf Räumen original erhalten. Im Durchgang zum Anbau hängt das letzte authentische Hauptmann-Bild, ein Ölgemälde von Charlotte E. Pauly. Im April/Mai 1946 hat sie es in Agnetendorf geschaffen; wenige Wochen später nahm dort Ernst Rülke die Totenmaske von dem Dichter ab. In der Gedenkstätte befindet sich ein eigenhändiger Bronzeabguß des Künstlers. 1932 hatte Hauptmann mit seiner Frau den Landsitz des ersten amerikanischen Präsidenten George Washington (1732–1799) besucht. Dort bekamen sie den Ableger eines von diesem gepflanzten Efeus geschenkt, den sie an der Terrasse ihres Hiddenseer Hauses – seit 1956 Gedenkstätte – einsetzten. Der Efeu rankt auch auf Gerhart Hauptmanns Grab auf dem Friedhof von Kloster. Seine sterblichen Überreste wurden nach Hiddensee überführt und hier am 28. Juli 1946 beigesetzt.

Nördlich hinter Kloster steigt der Dornbusch an, eine zauberhafte Hügellandschaft mit Ginsterbüschen und wild rankenden Brombeeren. Auf die höchste Erhebung, den Schluckswiek (72 m), setzte man 1888 den Leuchtturm; 1927 bekam er einen Eisenbetonmantel, weil sich durch die Senkung des Baugrundes Risse im Mauerwerk gebildet hatten. Von der Hucke bis zum Enddorn, wo das Kliff über 60 m tief ins Meer stürzt, bieten sich faszinierende Ausblicke bis zu den Kirchtürmen von Stralsund.

In **Vitte** sitzt die Obrigkeit der ›Gemeinde Hiddensee‹. Den ursprünglichen Charakter einer Fischersiedlung zeigen heute nur noch kleine Bereiche von ›Norderende‹ und ›Süderende‹, wie die Einheimischen sagen. Die meisten Häuser gelten als stilwidrig, weil sie architektonisch nicht zum ›söten Länneken‹ passen wie das Haus von 1922 mit der Aufschrift »Karusel«, das der in der Frühzeit des Stummfilms berühmten dänischen Schauspielerin Asta Nielsen gehörte. Ein Beispiel für die stilechte Erhaltung hiddenseetypischer Häuser bietet die etwa 200 Jahre alte, rohrgedeckte ›Blaue Scheune‹, in der ein

Gerhart Hauptmann

Literatur-Nobelpreisträger von 1912

geb. 1862 in Bad Ober-Salzbrunn (heute Szczawno Zdrój, Polen), gest. 1946 in Agnetendorf (heute Jagniatków, Polen)

Während seiner ersten Besuche auf Hiddensee begegneten Hauptmann kaum Badegäste. Die Insel sei eines der »lieblichsten Eilande«, schrieb er 1899 an Otto Brahm, »nur stille, stille, daß es nicht etwa ein Weltbad werde«. Einige Jahre später äußerte er: »...als ich nach längerer Unterbrechung wieder auf die Insel kam und Strandkörbe vorfand, wollte ich eigentlich sofort fliehen!« Hiddensee bot dem Dichter aber immer wieder Ruhepunkte, die sein Schaffen anregten. Auf der Insel arbeitete Hauptmann, der 1912 den Nobelpreis für Literatur erhalten hatte und dessen Werke in 43 Sprachen übersetzt wurden, u. a. an dem Drama »Vor Sonnenuntergang« und den Iphigenie-Dramen.

Der alte Dichter und das Meer – Gerhard Hauptmann am Strand von Hiddensee, um 1930

Wie der Tagesablauf von Hauptmann auf Hiddensee ablief, schilderte der Inselpastor und Hauptmann-Freund Arnold Gustavs: »Frühmorgens zwischen sechs und sieben ging er an den Strand zum Baden, meist von seiner Gattin begleitet. Nach dem Frühstück ein langer Spaziergang durch den Wald oder über die Hügel, mit einem Notizbuch in der Hand, sein Produktivspaziergang, bei dem er meditierend das Nachmittagsdiktat überlegte. Nach dem Mittagessen ein langer Mittagsschlaf. Um 5 Uhr war Teestunde, wobei Hauptmann Kaffee trank, der seine Gedanken besser ins Rollen brachte. Dann arbeitete Hauptmann etwa zwei bis drei Stunden ununterbrochen. Unterdessen mußte absolute Ruhe im Hause herrschen... Der Abend gehörte der Geselligkeit. Kaum ein Tag verging, an dem nicht des Abends Gäste bei Hauptmann versammelt waren. Dann wurde in dem kleinen intimen Raum vor dem Arbeitszimmer, in dem auch gegessen wurde, bei einem guten Glas Wein geplaudert...«

Maler wohnt und seine Bilder zeigt. Zwei auf der Insel lebende Malerinnen hatten das ehemalige Wohnhaus des Müllers um 1935 blau angemalt. Hinter dem ›Süderende‹ von Vitte beginnt die Dünenheide, die sich bis Neuendorf erstreckt und besonders im August, wenn die Heidekrautpflanzen violett blühen, ein schönes Bild bietet.

Neuendorf hat sich das Aussehen eines Fischerdorfes authentisch bewahrt. Es besteht aus meist weißgetünchten, rohrgedeckten Häusern. Über den Türen sind vielfach Hausmarken angebracht, die man auch an manchen Grabsteinen auf dem Friedhof in Kloster entdecken kann. Mit diesen Runen markierten und vererbten die Menschen in der Vergangenheit ihren beweglichen Besitz.

Die schwere Sturmflut von 1872, die die armseligen Räucherkaten von Neuendorf wegriß, spülte den **Hiddenseer Goldschatz** an den Strand: einen Halsring aus drei gezwirnten Golddrähten, eine flach gewölbte Buckelscheibenfibel und 14 Anhänger einer Kette, teilweise mit vogelkopfähnlichen Tragösen. Die reiche Verwendung von Filigran und Granulation, von Flechtband- und Tierornamentik weisen diesen am Ende des 10. Jh. in Dänemark hergestellten Schmuck als eine der qualitätvollsten Arbeiten wikingischer Handwerkskunst aus. Er gehörte wohl einer sehr reichen Dame, vielleicht einer Angehörigen des dänischen Königshauses. Die Form der Anhänger, ein Mittelding zwischen Kreuz und Thorshammer, könnte bedeuten, daß die Besitzerin bereits Christin war. Wikinger auf Beutefahrt oder slawische Piraten, die wiederum die dänischen Küsten heimzusuchen pflegten, könnten den Schatz wohl zu Beginn des 11. Jh. am Hiddenseer Strand vergraben haben. Das Museum in Kloster zeigt – neben Exponaten zur Inselgeschichte – eine verkleinerte Kopie. Das Original besitzt das Kulturhistorische Museum in Stralsund.

Der Hiddenseer Goldschatz: Tragöse und Buckelscheibenfibel

277

Wie ein langer Zeigefinger erstreckt sich südlich von Neuendorf der Gellen (s. Abb. 54). Der größte Teil davon, auch die östlich vorgelagerte Insel Gänsewerder, ist Vogelschutzgebiet. Zaun und Schilder weisen darauf hin, daß hier das »Betreten verboten« ist.

An Trebel, Ryck und Peene

☐ **Hansestadt Greifswald und Umgebung**
Die Silhouette des 1248 erstmals genannten Greifswald (68 000 Einw.), das bereits Ende des 13. Jh. der Hanse angehörte und sich seit 1990 wieder Hansestadt nennt, blieb so erhalten, wie sie Caspar David Friedrich oft gemalt hat, z. B. in dem 1820–22 entstandenen Ölgemälde »Wiesen bei Greifswald« (Hamburger Kunsthalle). Bestimmend sind die drei großen Gotteshäuser mit ihren unterschiedlichen Türmen: die Pfarrkirche der Altstadt, St. Marien, ›dicke Marie‹ genannt, die Pfarrkirche der Neustadt, St. Jakobi oder der ›kleine Jakob‹, und der Dom St. Nikolai, der ›lange Nikolaus‹. Greifswald

Greifswald: 1 Marienkirche   2 Rathaus   3 Giebelhaus Markt 11   4 Giebelhaus Markt 13
5 Renaissancehaus Steinbecker Straße 31   6 Klassizistisches Haus Steinbecker Straße 30

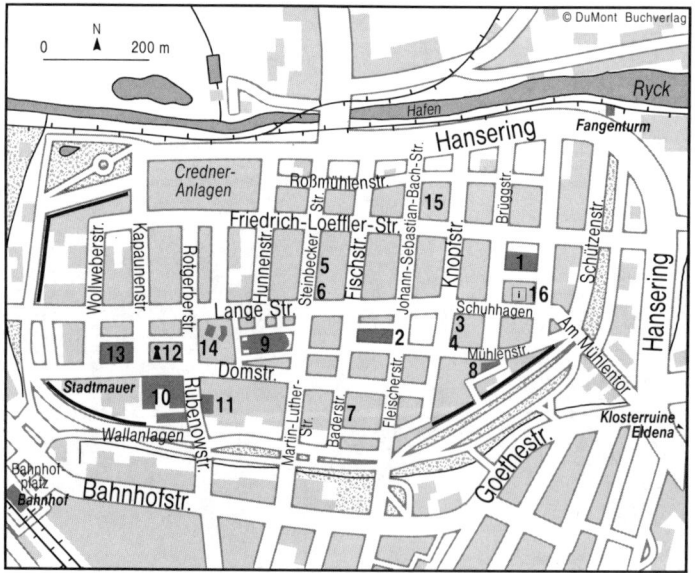

7 Barockhaus Baderstraße 25
8 Franziskanerkloster/Stadtmuseum
9 Dom St. Nikolai
10 Ernst-Moritz-Arndt-Universität
11 Universitätsbibliothek
12 Rubenow-Denkmal
13 Jakobikirche
14 ehemaliges Hospital St. Spiritus
15 ›Rekonstruktionsviertel‹
16 Tourist-Information

278

verdankt seine Entstehung den hiesigen Salzquellen, um die sich zu Beginn des 13. Jh. deutsche und dänische Einwanderer niederließen. Die planmäßige Anlage der Siedlung, die 1250 das lübische Stadtrecht erhielt, läßt sich noch heute an dem regelmäßigen Gitternetz der Straßenzüge erkennen.

Die im wesentlichen aus dem 14. Jh. stammende **Marienkirche (1;** s. Farbabb. 2), ein bedeutendes Beispiel der chorlosen, d. h. mit einer geraden Chorwand abgeschlossenen Hallenkirchen in Norddeutschland, wird in den Annalen gemeinsam mit den beiden anderen Kirchen erstmals genannt. Der gestaffelte Ostgiebel mit maßwerkverzierten, schmalen Spitzbogenblenden, Pfeilern und Fialen gehört zu den reifsten Leistungen, die die norddeutsche Backsteingotik hervorgebracht hat. Der gedrungene, ebenfalls blendenverzierte Turm und das Langhaus mit seinem hohen Satteldach und dem annähernd quadratischen Grundriß erklärt den Spitznamen ›dicke Marie‹. Die zierliche Annenkapelle im Süden wurde vermutlich um 1400 angebaut. Das dreischiffige Kircheninnere, dessen Höhe bis

Greifswald, Grundriß der Marienkirche

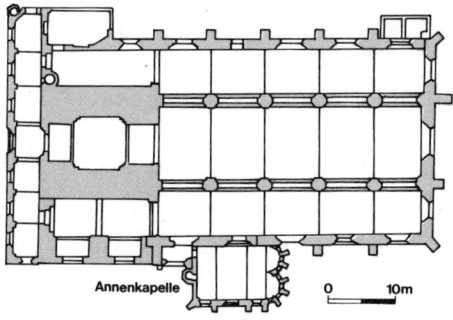

Annenkapelle   0   10m

Auf einen Blick

Greifswald: Kunstwerke in den Kirchen, der Universität und dem Museum

■ **Jakobikirche**
Spätromanische Taufe: Aus Granit, zweite Hälfte des 13. Jh.

■ **Ernst-Moritz-Arndt-Universität**
Gutenberg-Bibel: Die 36zeilige Bibel wurde 1458–61 von einem Gesellen Gutenbergs in Bamberg gedruckt; sie gilt als besterhaltenes der sieben noch vollständigen Exemplare der Welt.

Croy-Teppich: 6,90 m breiter und 4,46 m hoher Gobelin von Peter Heymans aus dem Jahre 1554; zu beiden Seiten Luthers das pommersche und das sächsische Herzogshaus; den Teppich bekam die Universität im 17. Jh. von Herzog Bogislaw von Croy mit der Auflage geschenkt, ihn alle zehn Jahre auszustellen; 1992 wurde er letztmalig öffentlich gezeigt.

Luther-Becher: Silbervergoldeter Pokal aus dem Nachlaß des 1712 verstorbenen Generalsuperintendenten Johann Friedrich Mayer; der Überlieferung nach ein Geschenk der Wittenberger Universität an Luther anläßlich dessen Hochzeit mit Katharina von Bora.

Porträtgalerie Greifswalder Professoren: 32 der 37 im Konzilsaal hängenden Bilder malte Wilhelm Titel 1831–50.

Rektorenmantel: Eines der schönsten Rektorornate aller deutschen Universitäten; Schöpfer der aus Gold-, Silber- und Seidenfadenstickereien bestehenden Wappen des pommerschen Herzogshauses ist Heinrich Möller; gestiftet von Herzog Philipp Julius von Pommern (1619).

■ **Marienkirche**
Grabstein Heinrich Rubenows: Bestattet wurde der 1462 ermordete Universitätsgründer in der Franziskanerkirche, nach deren Verfall kam der Stein mit einer an graphische Blätter erinnernden Ritzzeichnung 1702 in die Marienkirche. Über 300 weitere Grabplatten des 14.–18. Jh. sind am Fußboden oder in den Seitenschiffen erhalten, darunter der für den 1447 verstorbenen Abt Hartwig von Eldena mit einer ganzfigurigen Ritzzeichnung des Verstorbenen.
Grablegung Christi: Mittelschrein eines spätgotischen Flügelaltars aus der Zeit um 1500, vermutlich aus Mitteldeutschland.
Renaissancekanzel: Von 1587 mit figürlichen und ornamentalen Schnitzereien des Rostockers Joachim Mekelenborg und hölzernen Einlegebildern, die Heilige zeigen; an der Rückwand Bildnisse der Reformatoren Luther, Bugenhagen und Melanchthon.

■ **Nikolaidom**
Rubenow-Bild: 1460 von Heinrich Rubenow gestiftetes Gruppenporträt, eines der ältesten in Deutschland; es zeigt die ersten Professoren der Greifswalder Universität (ganz links Rubenow selbst) vor der Jungfrau Maria.

■ **Stadtmuseum**
Acht gotische Plastiken: Aus gebranntem Ton, 13. Jh., bei Rekonstruktionsarbeiten am Museumsgebäude gefunden.
Beweinung Mariä: Volkstümliche Schnitzerei aus Eiche, farbig bemalt, aus der Dorfkirche in Sassen, 16./17. Jh.

zum Gewölbescheitel 21 m beträgt, besitzt durch die hochaufsteigenden Bündelsäulen und die zarten Kreuzrippengewölbe eine gewaltige Raumwirkung. Bei der Restaurierung 1977–84 wurde die spätgotische Ausmalung von der Mitte des 14. Jh. freigelegt und ergänzt. Weitere Wandmalereien zeigen u. a. auf der nördlichen Turmwand einen 1545 im heutigen Stadtteil Wieck gestrandeten Walfisch.

An der Westseite des Marktes steht das **Rathaus (2)** mit einer seit 1936 wieder offenen Gerichtshalle. Der ursprünglich spätgotische Backsteinbau wurde recht spät, 1720–38, im Stil der Renaissance umgestaltet. Seine Haupteingangstür schmücken Bronzereliefs (1966) von Jo Jastram, die an die kampflose Übergabe der Stadt an die Rote Armee am 30. April 1945 erinnern. Dem mutigen Einsatz des damaligen Rektors der Universität, Carl Engel, und des Stadtkommandanten Rudolf Petershagen ist es zu danken, daß Greifswald nicht das Schicksal vieler anderer pommerscher Städte erlitt.

Greifswald hat trotz des überall sichtbaren Verfalls eine Reihe beachtlicher Wohnhäuser aus vergangenen Jahrhunderten vorzuweisen. Das spätgotische, backsteinerne **Giebelhaus Nr. 11 (3;** um 1425) am Markt ist ein hervorragendes Beispiel bürgerlicher Repräsentationsar-

47 Stralsund, Marienkirche ▷
48 Stralsund, Blick über Rathaus und Nikolaikirche auf den Strelasund ▷▷

280

49 Stralsund, Marktfassade des Rathauses

50 Stralsund, Jakobikirche

51 Stralsund, Wulflam-Haus

52 Stralsund, Inneres der Nikolaikirche [

53   Rügen, Wissower Klinken

54 Hiddensee, Leuchtfeuer auf dem Gellen

55 Putbus, Circus mit Obelisk

56 Rügen, Schloß Spyker

57 Rügen, Wendeltreppe im Jagdschloß Granitz ▷

59 Rügen, Dorfkirche von Altenkirchen

58 Dorfkirche von Kittendorf, Kreis Malchin   60 Neubrandenburg, Feldseite des Treptower Tors ▷

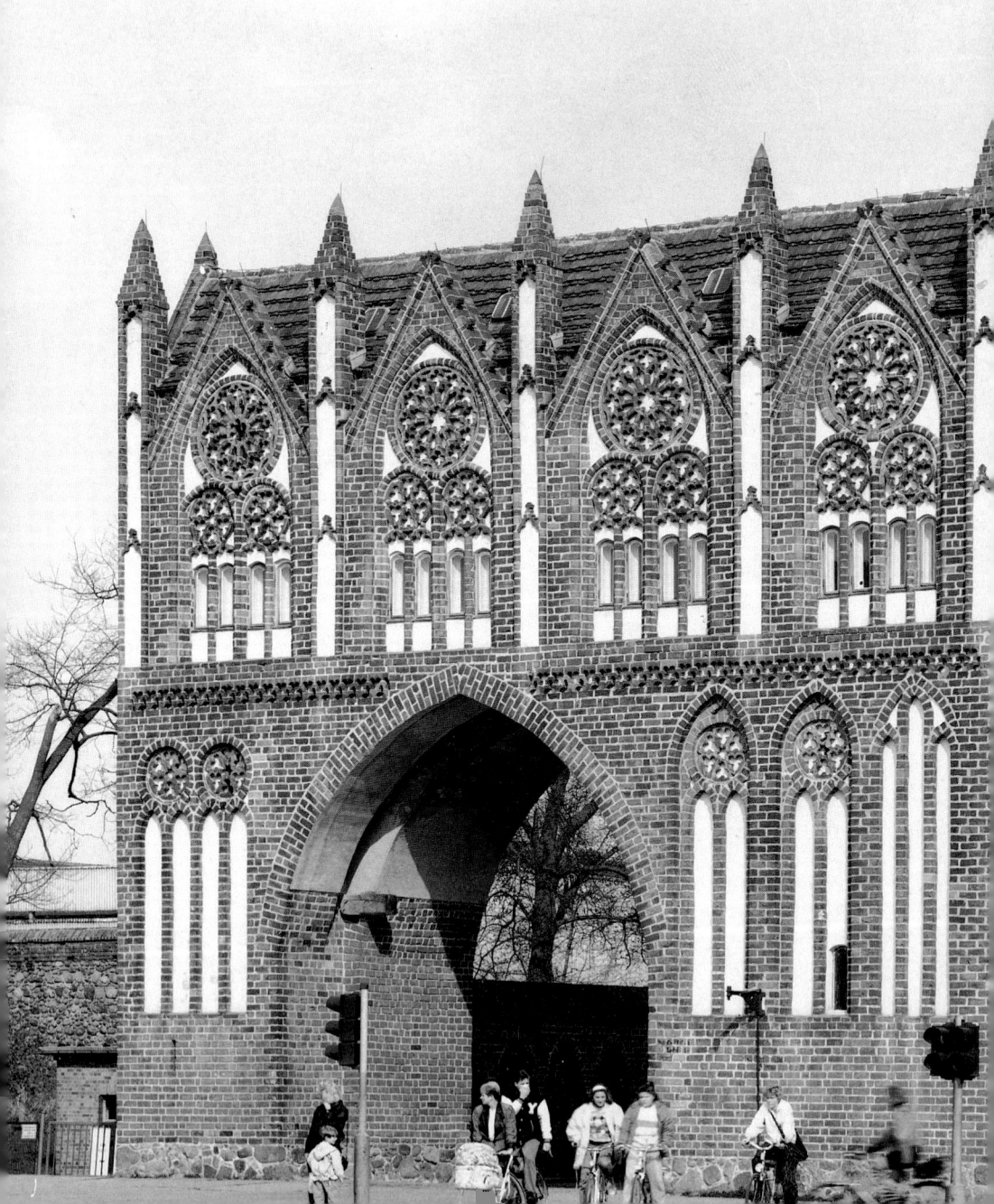

61 Anklam, Marienkirche

62 Anklam, Feldseite des Steintors

64 Greifswald, Hospital St. Spiritus und Domturm

63 Pasewalk, Marienkirche

chitektur; den Staffelgiebel aus glasierten und unglasierten Formsteinen gliedert reiches, filigran wirkendes Maßwerk, die acht Eckpfeilerchen bekrönen Kreuzblumen. Nicht minder beeindruckend ist das benachbarte **Haus Nr. 13 (4; um 1450),** das bei einer Rekonstruktion 1957 wieder den historischen Staffelgiebel mit schmaler Blendengliederung zwischen den Pfeilern bekam. Die Zeit der Renaissance wird durch das Haus in der **Steinbecker Straße 31** repräsentiert (5; um 1550), die des Klassizismus durch **Haus Nr. 30,** direkt neben dem vorigen (6; um 1830), und für die Zeit des Barock bietet das Haus in der **Baderstraße 25** ein typisches Beispiel (7; um 1650).

Vom **Franziskanerkloster (8;** 1242–46) blieb in der Theodor-Pyl-Straße das Haus des Guardians, des Vorstehers, aus dem 14. Jh. erhalten. In dem 1800 umgebauten dreigeschossigen Backsteinbau mit steilem Satteldach befindet sich seit 1929 das **Stadtmuseum.**

Der **Dom St. Nikolai (9),** einer der schönsten Sakralbauten Norddeutschlands, wurde Anfang des 15. Jh. zur langgestreckten Basilika umgebaut. In dieser Zeit entstand auch das achteckige Oberteil auf dem schlanken Turm, der sich in jedem Geschoß weiter verjüngt. Die von zwei Laternen durchbrochene Barockhaube, die bis zu 99,97 m aufsteigt, kam 1653 hinzu (s. Abb. 64). Den Innenraum gestalteten 1823–33 der Architekt und Maler Christian Johann Gottlieb Giese, ein Schinkel-Schüler, und der Kunsttischler Joachim Christian Friedrich, ein Bruder Caspar David Friedrichs, im neogotischen Stil um. Karl Friedrich Schinkel war als preußischer Oberlandesbaudirektor auch für Pommern zuständig. Als er sich in Greifswald die Arbeit seines heute fast vergessenen Schülers Giese betrachtete, soll er diesen umarmt und von der »schönsten Kirche, die ich kenne« gesprochen haben – so jedenfalls steht es in den Aufzeichnungen des damaligen Dompfarrers Finelius. Die jüngste grundlegende Erneuerung des Doms erfolgte 1978–89 unter der Leitung des Hamburgers Friedhelm Grundmann. Bei den Restaurierungsarbeiten konnten in den Seitenkapel-

»Greifswalder Marktplatz mit der Familie Friedrich«: Ölgemälde von Caspar David Friedrich um 1818; angeschnitten im linken Bildrand entdeckt man das Rathaus mit noch geschlossenem Untergeschoß (s. S. 280), im Vordergrund Greifswalder Verwandte des Malers. Das Museum besitzt zudem 50 Handzeichnungen Friedrichs, die alle Schaffensperioden dokumentieren.

»Ruine Eldena im Riesengebirge«: Ölgemälde von Caspar David Friedrich, um 1830/35; die oft von Friedrich gemalte Ruine, hier chiffrenhaft vereinfacht, ist von Westen gesehen und ins Riesengebirge versetzt – ein für den Maler typisches Verfahren, mit dem er Motive aus der Natur scheinbar willkürlich, nur dem eigenen Gefühl folgend, neu komponierte; eine milde Abendstimmung liegt über dem Bild, das in drei deutlich voneinander abgegrenzte Farbzonen gegliedert ist: Über dem bräunlichen Vordergrund erheben sich bläulich-violett die Berge und der schwefelgelbe Himmel.

◁ 65 Tribsees, Mühlenaltar in der Dorfkirche

297

len und im Altarumgang wertvolle spätgotische Fresken aus der Zeit um 1430 freigelegt werden.

Am 17. Oktober 1456 verlas Herzog Wartislaw IX. von Pommern in einem feierlichen Gottesdienst im Nikolaidom die Gründungsurkunde der ›alma mater gryphiswaldensis‹. Die **Universität (10)**, die seit 1933 den Namen ihres berühmtesten Professors Ernst Moritz Arndt trägt, ist die zweitälteste in Nordeuropa; lange Zeit bestimmte sie das Leben der Stadt. Das barocke Hauptgebäude der heutigen vorpommerschen Landesuniversität am Rubenowplatz entstand 1747–50 auf den Grundmauern eines Vorgängerbaus aus der Renaissance. Die Pläne für das langgestreckte Gebäude mit pilastergeschmücktem Mittelrisalit lieferte der Greifswalder Mathematikprofessor Andreas Meyer. Die über zwei Geschosse reichende Aula mit ihrer von ionischen Holzsäulen getragenen Balustrade gehört zu den schönsten spätbarocken Sälen Norddeutschlands.

Wenige Schritte entfernt, in der Rubenowstraße 4, erbauten die Berliner Architekten Martin Gropius und Heino Schmieder 1879–81 die **Universitätsbibliothek (11)** mit einer reich gegliederten Klinkerfassade im Stile des Historismus. Vor dem Universitätsgebäude steht seit 1856 das über 12 m hohe **Denkmal** ihres Gründers, **des Bürgermeisters Rubenow (12)**, nach einem Entwurf August Stülers im Zinkgußverfahren hergestellt.

Die nach 1250 begonnene **Jakobikirche (13)** wurde Mitte des 14. Jh. von einer zwei- zur dreischiffigen Halle umgebaut und erhielt den Choranbau und das blendengeschmückte Turmobergeschoß. Vom ältesten Teil der Kirche stammt noch das großartige, mehrfach abgestufte Turmportal, das profilierte Gurtbogen über Halbsäulen sowie das noch ganz romanisch wirkende, skulptierte Kapitellband rhythmisieren. Die mittelalterliche Farbigkeit des Innenraums wurde bei der Restaurierung 1956/57 wiederhergestellt.

Im Rücken des Doms liegt der Gebäudekomplex des **Hospitals St. Spiritus (14;** 1630–31), eines ehemaligen Altersheims, dessen Fachwerkhäuser im Hof zu den ältesten der Stadt gehören (18. Jh.; s. Abb. 64). In diesem idyllischen Innenhof finden in den Sommermonaten Konzerte statt.

Zu DDR-Zeiten erfolgten in der Innenstadt kaum Werterhaltungsmaßnahmen: Die Häuser ganzer Straßenzüge wurden ruinös und mußten schließlich abgetragen werden. An ihrer Stelle entstand zwischen Ryck und Friedrich-Loeffler-Straße in Plattenbauweise das ›**Rekonstruktionsviertel**‹ **(15)**, das im Vergleich mit anderen Beispielen zwischen Kap Arkona und Fichtelberg als eine im Ganzen recht gelungene städtebauliche Lösung bezeichnet werden kann.

Im Stadtteil **Eldena** steht inmitten einer romantischen Parkanlage die Ruine des 1199 gegründeten Zisterzienserklosters (s. Farbabb. 24). Teile des romanisch begonnenen Chors, des Querhauses, einige Pfeiler des Langhauses und die Westwand mit ihrem hochgezogenen, für die schlichte Zisterzienserarchitektur so typischen Spitzbogenfenster blieben von der Kirche erhalten, ebenso Partien der östlichen Klostergebäude.

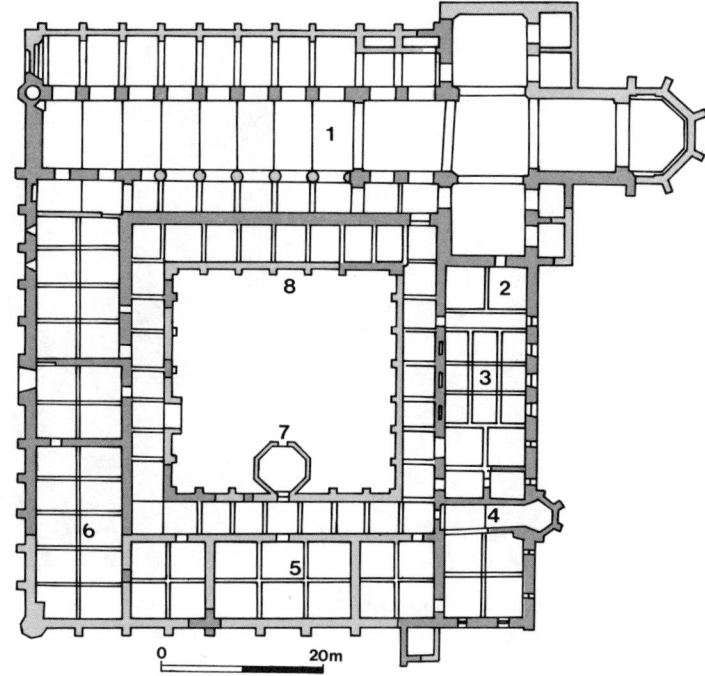

Greifswald, Kloster Eldena:
1 Klosterkirche
2 Sakristei
3 Kapitelsaal
4 Kapelle
5 Mönchsrefektorium
6 Konversenrefektorium
7 Brunnenhaus
8 Kreuzgang (nur die dunkler gezeichneten Baupartien sind heute noch auszumachen)

Weit über die Grenzen der Region hat Caspar David Friedrich diese Baureste bekannt gemacht, die er mehrfach in den Jahren 1790 bis 1836 als Ölgemälde, Sepiazeichnung oder Aquarell malte. Eine der bekanntesten Darstellungen ist das 1809/10 entstandene Ölgemälde »Abtei im Eichwald« (Berlin, Schloß Charlottenburg): Für die von unheimlich wirkenden, ihre kahlen Äste bizarr in den gelblichen Winterhimmel reckenden Bäumen umgebene Ruine stand zwar Eldena Modell, doch fügte der Maler das Maßwerk des Westfensters und die darunterliegende Tür nach seiner Phantasie ein. Im düsteren Vordergrund trägt eine Mönchsprozession einen Sarg zu Grabe. Goethe mißfiel die düstere Stimmung des Bildes, ein bei Friedrich oft anzutreffender malerischer Topos für die Vergänglichkeit des Lebens: »... schöne Arbeit, aber ich meinte immer, die Kunst solle das Leben erheitern; hier ist Kälte, Hastereien, Hinsterben, und Trostlosigkeit ...«

Eldena ist seit 1887 mit dem Stadtteil Wieck durch eine 30 m lange hölzerne Klappbrücke verbunden, die sich nach holländischem Vorbild über den Ryck spannt. Das Bild von **Wieck** prägen noch mit Rohr gedeckte Fischer- und kleine Kapitänshäuser aus dem 19. Jh., die an den Ziegeldächern zu erkennen sind.

Caspar David Friedrich

Landschaftsmaler von internationalem Rang

geb. 1774 in Greifswald,
gest. 1840 in Dresden

Caspar David Friedrich: Selbstbildnis im Alter von 62 Jahren

In seiner Heimatstadt verbrachte Caspar David Friedrich die ersten 20 Lebensjahre, dann ging er zum Studium nach Kopenhagen, von 1798 an lebte er in Dresden. Als 50jähriger bekam Friedrich eine außerordentliche Professur ohne Lehrberechtigung an der Dresdner Kunstakademie, doch die richtige Anerkennung fand er zeitlebens nicht – seit den zwanziger Jahren des 19. Jh., seit Realismus und Biedermeier mehr und mehr den Kunstgeschmack bestimmten, schienen Friedrichs von der Romantik geprägte Landschaftsbilder immer weniger in die ›moderne Zeit‹ zu passen.

Vielleicht lag dies auch daran, daß er kein Mann der Worte war. In einem seiner in eigenwilliger Orthographie verfaßten Briefe steht zu lesen: »Ich bin keiner von den sprechenden Malern davon es jetzt so viele gibt so im stande sind vierundzwanzigmal in einem Athen zu sagen was Kunst ist während sie nicht imstande gewesen in 24 Jahren ein einzig mal in ihren Bildwerken zu zeigen was Kunst ist.« Sein Malerfreund Wilhelm von Kügelgen beschreibt den bald kindlich-sensiblen, bald unwirschen und mißtrauischen Friedrich in seinen »Jugenderinnerungen eines alten Mannes« (1870): »Im allgemeinen war er menschenscheu, zog sich auf sich selbst zurück und hatte sich der Einsamkeit ergeben, die je länger, je mehr seine Vertraute ward und deren Reize er in seinen Bildern zu verherrlichen suchte.«

Die Ideen der literarischen Romantik, die Tieck, Novalis oder Schelling vertraten, prägten ihn stark. Herders Theorie vom Symbolgehalt der Naturerscheinungen, Hamanns Vorstellung von der Offenbarung Gottes in Natur und Schrift, der Pantheismus des predigtgewaltigen Gotthard Ludwig Kosegarten (s. S. 271) und des schwedischen Denkers Thomas Thorild (s. S. 301) bildeten weitere Einflüsse. »Ein Bild muß nicht erfunden, sondern empfunden sein« – dieser Satz Friedrichs umreißt sein subjektiv-romantisches Kunstprogramm, das dem Künstler die Aufgabe zuweist, Gottes Wirken in der Natur im Bilde darzustellen.

Nach tastenden ersten Versuchen, durchweg akademisch und dilettantisch, fand Friedrich bald nach der Jahrhundertwende zu seinem eigenen, symbolhaften und immer ein wenig melancholischen Stil. Die ersten Jahre übte er sich in der Sepia-Tuschzeichnung, um dann im Jahre 1807 zum Ölgemälde überzugehen. Der ›Mystiker mit dem Pinsel‹ war, obwohl er auch Porträts schuf, doch ein reiner Landschaftsmaler. Meist sind es einsame, statisch gesehene Rückenfiguren, die, gleichsam als Stellvertreter des Betrachters, ihre Blicke der Natur, dem eigentlichen Thema der Bilder, zuwenden. Ruinen, Kreuze, Schiffe, Gräber, fast allesamt Symbole für Tod und Vergänglichkeit bzw. deren Überwindung durch Christus, unterstützen die elegisch-lyrische Bildaussage. Obwohl Friedrich Skizzen nach der Natur anfertigte, wobei ihm seine mecklenburgische Heimat und Rügen oft Modell standen, ist seine Malweise doch alles andere als naturalistisch zu nennen. Oft fügte er Motive aus verschiedenen Landschaften frei in einen neuen, seiner Phantasie entsprungenen Zusammenhang, z. B. bei dem Ölgemälde »Ruine Eldena im Riesengebirge« (s. S. 297).

Auch liegt seinen Bildern eine strenge, geometrische Struktur zugrunde: Vertikale und horizontale Linien, Symmetrie, Dreieck und Diagonale bestimmen den Bildaufbau. Die subjektiv-romantische Aussage erscheint so in eine objektive Struktur, einen festen Rahmen eingebunden. Lassen wir dazu Friedrich selbst noch einmal zu Worte kommen: »Auch habe ich dir schon einmal geschrieben, daß ich gewiß glaube, die strenge Regularietät sey gerade bei den Kunstwerken, die recht aus der Imagination und Mystik der Seele entspringen, ohne äußeren Stoff oder Geschichte, am allernotwendigsten [...] Wir bedürfen bei dieser Prozedur aus uns etwas Festes, sonst würden wir zu Grunde gehen, oder wir müßten anfangen zu lügen...«

2 km nördlich von Greifswald, in **Neuenkirchen**, liegt der 1808 verstorbene Thomas Thorild begraben, der als der bedeutendste Vertreter der Aufklärung in Schweden, als der ›schwedische Lessing‹, gilt. Wegen angeblicher Verstrickung in den Mord an König Gustav III. lebte Thorild ab 1795 in Greifswald. Die Dorfkirche besitzt einen frühgotischen Backsteinchor mit blendengeschmücktem Ostgiebel und ein spätgotisches Langhaus.

Von Neuenkirchen lohnt es, die B 96 nordwärts bis **Reinberg** weiterzufahren, denn die Dorfkirche mit einem spätromanischen Feldsteinchor und einem gotischen Backsteinlanghaus aus der ersten Hälfte des 14. Jh. birgt einen Barockaltar, den Elias Keßler um 1730 fertigte. Vermutlich stammt von seiner Hand auch die Kanzel in der spätromanischen, mit Backsteindetails geschmückten Feldsteinkirche in **Stoltenhagen**.

Der älteste Teil der Dorfkirche von **Horst** ist der um 1300 entstandene rechteckige Chor mit seinen profilierten, mehrfach abgestuften Fensterlaibungen; der Ostgiebel wurde später durch einen solchen im Stile der Renaissance ersetzt. Im 15. Jh. baute man dem Chor dann ein niedrigeres Langhaus und den Westturm mit seiner spätgotischen Blendengliederung vor. Im Inneren lohnt vor allem die Besichtigung des vielfigurigen spätgotischen Schnitzaltars vom Beginn des 16. Jh.

301

Östlich von Greifswald ließ Ernst Ludwig von Pommern 1577–92 in dem damals Darsim genannten Ort für seine Gemahlin Hedwig Sophie ein Renaissanceschloß auf kreuzförmigem Grundriß erbauen, das diese aber nicht nutzte. Darsim wurde 1611 nach dem Pommernherzog in **Ludwigsburg**, heute ein Ortsteil von Loissin, umbenannt. Das schmucklose, dreigeschossige Schloß steht leer und war dem Verfall preisgegeben; seit 1992 sind Restaurierungsarbeiten im Gange. Zwei Seiten der weiträumigen Hofanlage werden von eingeschossigen Fachwerkhäusern des 18. Jh. gesäumt, der ausgedehnte Park nach englischem Vorbild westlich vom Schloß ist nur noch ansatzweise vorhanden.

Als Wiege der sog. Fischerteppiche gilt das Fischerdorf **Freest**, ein Ortsteil von Kröslin am Peenestrom. Was heute als Volkskunst mit Souvenircharakter betrieben wird, entstand in den Notzeiten der Weltwirtschaftskrise, als Boote und Netze verkamen, weil Geld für Farbe, Tauwerk und Teer fehlte. Der damalige Greifswalder Landrat beauftragte den Kunsthandwerker Rudolf Stundl, Fischerfrauen das Teppichknüpfen beizubringen. Was damals keiner für möglich hielt: Die Teppiche mit den der Lebenswelt der Fischer entlehnten Motiven verkauften sich gut.

Von Greifswald führt die Straße über Griebenow nach Grimmen. In **Griebenow** entstand 1708/09 für den Grafen Carl Gustav von Keffenbrinck-Rehnschild ein stattliches Barockschloß, an dessen Bau 80 russische Kriegsgefangene als Zwangsarbeiter beteiligt waren: Der Graf hatte sie vom schwedischen König Carl XII. für Kriegsverdienste ›erhalten‹. Die Wohn- und Wirtschaftsgebäude entstanden im 19. Jh., der weiträumige Park wurde Anfang des 19. Jh. in einen Landschaftsgarten umgestaltet. Die kleine barocke Dorfkirche stellt in Mecklenburg-Vorpommern eine Besonderheit dar: ein fünfzehnseitiger Zentralbau aus Fachwerk mit Ziegelfüllung. Die tragenden Holzsäulen im Inneren zieren Kapitelle und hölzerne Masken, die bedeutende Ausstattung mit reich geschmücktem Altaraufsatz und Kanzel stammt ebenfalls aus dem 17. Jh. Im hölzernen Glockenstuhl neben der Kirche hängen Glocken von 1625 und 1655.

Südlich von Griebenow, im Sassener Ortsteil **Pustow,** wurde 1730 die Barockkapelle, ebenfalls als Zentralbau, errichtet, doch weist diese nur acht Seiten auf. Zu dem um 1865 erbauten neogotischen Gutshaus aus gelbem Backstein führt eine von Linden gesäumte Straße. Durch Pustow fließt die Schwinge, die bei Loitz in die Peene mündet. Die reizvolle Landschaft um Pustow mit dem ginsterbewachsenen Trompetenberg steht seit 1989 unter Naturschutz.

☐ **Grimmen und Umgebung**

Im sumpfigen Gebiet am Zusammenfluß zweier Trebelarme entstand Mitte des 13. Jh. **Grimmen** (14400 Einw.). Der auf gitterförmigem Grundriß planmäßig erbaute Ort blieb Jahrhunderte eine Ackerbürger- und Handwerkerstadt. Einen spürbaren Aufschwung gab es nach 1961, als in der Nähe Erdgas gefunden wurde.

Das zweigeschossige Rathaus aus dem 14. Jh. mit prachtvollem siebenteiligem Staffelgiebel und Spitzhelmchen an der Marktseite zählt zu den schönsten Profanbauten der Backsteingotik. An die Schwedenzeit (1648–1815) erinnert das Haus in der Lange Straße 45, in dem am 10. Juli 1800 der schwedische König Gustav II. Adolf beim damaligen Bürgermeister übernachtete und das seitdem ›Königshaus‹ heißt. Das spätgotische, um 1450 erbaute Giebelhaus in der Schulstraße 5 diente von 1750 bis um 1900 als Schule, heute nutzt es die Neuapostolische Gemeinde.

Von der spätgotischen Stadtbefestigung stehen noch die quadratischen backsteinernen Tortürme des Stralsunder, Greifswalder und Mühltores mit ihren Staffelgiebeln, allesamt aus dem 15. Jh. Im Mühltor und dem sich anschließenden Torschließerhäuschen hat das Heimatmuseum seinen Platz, das der pommerschen und der Stadtgeschichte gewidmet

Das Rathaus von Grimmen, ein Prunkstück der Backsteingotik aus dem 14. Jh.; den siebenteiligen Staffelgiebel mit Spitzhelmchen bekrönt eine barocke Laterne

ist. Die Stadtkirche St. Marien entstand um 1280 als dreischiffige gotische Halle, der kreuzrippengewölbte Chor mit Umgang und der quadratische Westturm kamen im späten 15. Jh. hinzu. Beachtenswert von der Innenausstattung sind das Rats- und das Zunftgestühl mit geschnitzten Wangen aus dem 16. Jh., die reich geschmückte Barockkanzel von 1707 und eine frühgotische Kalksteintaufe.

Südlich vor Grimmen, an der Poggendorfer Trebel unweit des 21 m hohen Kikerbergs, erhob sich einst die vermutlich im Dreißigjährigen Krieg zerstörte mittelalterliche Burg **Klevenow**. 1848 setzte dort eine rege Bautätigkeit ein: Die beiden stehengebliebenen Türme und die Reste der Mauerwände wurden ergänzt, im Osten baute man einen verputzten Backsteinflügel an und im Norden einen aus Fachwerk – die Burgruine verwandelte sich in ein Schloß. Gleichzeitig ließen die Besitzer aus der Familie von der Lancken-Wakenitz einen Landschaftspark anlegen, von dem jedoch wenig erhalten blieb.

Das nördlich von Grimmen gelegene **Franzburg** (2400 Einw.) kann auf eine interessante Geschichte verweisen. 1231 war hier das Kloster Neuenkamp gegründet worden, schon im Namen erkenntlich eine Filiation des Kölner Zisterzienserklosters Kamp –

303

Zisterzienser spielten als Landkolonisatoren und Missionare eine herausragende Rolle bei der sog. deutschen Ostsiedlung. Nach der Säkularisierung 1535 übernahm der Pommernherzog Bogislaw XIII. den Komplex und ließ ihn 1580–87 durch Christoph Haubitz, den Baumeister des Gadebuscher Schlosses, zu einem vierflügligen Renaissanceschloß umbauen, nach Stettin und Wolgast das drittgrößte in Pommern. Die in der Nachbarschaft angelegte Handwerkersiedlung benannte er nach seinem Schwiegervater, Franz von Braunschweig-Lüneburg. Schon der Nachfolger des Bauherrn, der in Stettin residierende Bogislaw XIV., ab 1625 Herzog von ganz Pommern, zeigte am Franzburger Schloß kein Interesse; nach seinem Tod verfiel die Anlage zusehends. Stehen blieb lediglich ein Wirtschaftsflügel, heute Peterstraße 1/2.

Auch dem Städtchen war keine glückliche Entwicklung beschieden: Im Dreißigjährigen Krieg 1628 verwüstet und verlassen, erfolgte erst ab 1728 eine Neubesiedlung. Am Markt, zu dem sich die Hauptstraße mit ihren eingeschossigen Fachwerktraufenhäusern erweitert, steht das als königliches Amt in der zweiten Hälfte des 18. Jh. erbaute vierflüglige Barockrathaus mit Mansarddach. Von der gotischen Klosterkirche blieb der südliche Querschiffarm, 1280–1340 errichtet, erhalten, der ab 1583 zum Gotteshaus der Gemeinde ausgebaut wurde. Das große hölzerne Barockkruzifix schuf vermutlich Elias Keßler um 1720.

Das Franzburg benachbarte, langgestreckte Städtchen **Richtenberg** (1900 Einw.) entstand vor der Mitte des 13. Jh. am Nordufer des gleichnamigen Sees. Aus der Zeit der Ortsgründung stammt der spätromanische, quadratische Feldsteinchor der Stadtkirche St. Nikolai, der ein achtteiliges Kuppelgewölbe im Inneren und einen reich mit rundbogigen Backsteinblenden geschmückten Ostgiebel aufweist. Das Langhaus und der Turm mit dem Westportal entstanden Anfang des 15. Jh. Eine stattliche frühgotische Backsteinkirche aus dem 13. Jh. mit reich profiliertem Westportal hat das 6 km entfernte **Steinhagen** vorzuweisen.

Südwestlich von Grimmen, im Gransebiether Ortsteil **Kirch Baggendorf**, steht eine der ältesten frühgotischen Dorfkirchen Vorpommerns. Der sorgfältig gefügte Feldsteinbau mit blendenverzierten Giebeln und backsteinernen Fensterrahmungen entstand um 1250. Man beachte die achtteiligen Kuppelgewölbe, die wie hohe Zeltdächer Chor und Langhaus überspannen. Die überwiegend ornamentale gotische Innenausmalung erfolgte im 14. Jh., die barocke Ausstattung kam im wesentlichen im 18. Jh. in die Kirche.

Am Rande der Trebelniederung, auf einem Hügelzug am östlichen Ufer, kann man die kleine Ackerbürgerstadt **Tribsees** (3500 Einw.) besuchen, die 1285 lübisches Stadtrecht erhielt. Das gitterförmige Straßennetz weist Tribsees – wie so viele andere Orte der Region – als planmäßig angelegte Siedlung der sog. deutschen Ostkolonisation aus; Landwirtschaft, Fischerei und Handwerk ernährten die Einwohner. Die etwa 500 m lange Hauptstraße begrenzen im Osten der Mühltorturm des Stralsunder Stadttores und im Westen der Steintorturm des Grimmener Stadttores. Beide spätgotischen Türme aus dem 15. Jh. besitzen blendengeschmückte Staffelgiebel. Auf dem höchsten

Punkt der Stadt entstand im 14. Jh. die stattliche gotische Thomaskirche als dreischiffige Backsteinhalle mit Kreuzrippengewölben und quadratischem Westturm. Einbezogen wurden Reste einer älteren Basilika. Das Innere erhielt sein heutiges neogotisches Aussehen bei einer Restaurierung 1861–69.

Der im zweiten Viertel des 15. Jh. in einer Rostocker Werkstatt gefertigte spätgotische Schnitzaltar zeigt im Zentrum die Darstellung einer Sakramentsmühle (s. Abb. 65): im oberen Drittel Gottvater, flankiert von zwei Engeln sowie Sonne und Mond; in der Mitte die vier Evangelisten, die ihre Worte in die mystische Mühle schütten – eine seltene Kombination von menschlichen Körpern mit den Evangelistensymbolen als Köpfen erklärt die drei seltsamen Tierwesen; im unteren Bildregister kommt das fleischgewordene Christuskind im Abendmahlskelch aus der Mühle heraus, umgeben von den vier großen Kirchenlehrern Augustinus, Gregor dem Großen, Hieronymus und Ambrosius.

Im Trebeltal zwischen Tribsees und Demmin, einst die Grenze zwischen Mecklenburg und Pommern, stehen zahlreiche Denkmäler, die eine Besichtigung lohnen. An die Zeiten, als zwischen den heutigen Landesteilen noch keine Eintracht herrschte, erinnert im mecklenburgischen **Wasdow** der Rest eines Wehrturms aus dem 14. Jh. im Gutspark. Auch auf der anderen Seite der Trebel, im pommerschen **Nehringen,** stand eine Grenzburg, deren rechteckiger Turm ebenfalls nur als Ruine erhalten blieb. Von Nehringen führt eine herrliche, von Linden gesäumte Allee nach Keffenbrink. Nehringen ist seit dem Mittelalter ein bekannter Trebelübergang. Die heutige hölzerne Klappbrücke, die der von Greifswald-Eldena ähnelt, wurde 1913 erbaut. Nach jahrelanger Rekonstruktion kann sie seit Ende 1990 wieder passiert werden.

Die fruchtbaren Niederungen des Trebeltals waren bei den Slawen und danach bei den deutschen Kolonisatoren beliebtes Siedlungsgebiet: Den Beweis liefert **Behren-Lübchin**, wo eine der bedeutendsten slawischen Burgen stand (s. a. S. 19). Das Museum für Ur- und Frühgeschichte Schwerin (heute Archäologisches Landesmuseum) nahm 1957–61 Grabungen vor und konnte Funde einer Hauptburg aus dem 10. Jh. und einer

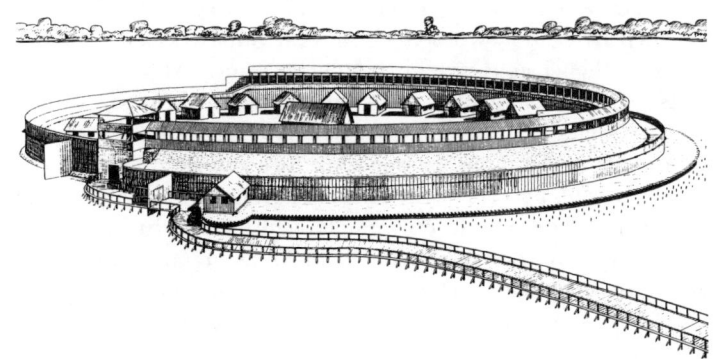

Rekonstruktionszeichnung der älteren Hauptburg in der slawischen Burganlage von Behren-Lübchin

305

jüngeren Burg aus dem 11./12. Jh. bergen. Mit der Axt bearbeitete Eichenplanken waren noch erhalten geblieben, was die Rekonstruktion der Burg ermöglichte. Nur ein Erdhügel weist 1 km nordwestlich des Dorfes auf diese geschichtsträchtige Stelle hin, einer von 231 in Mecklenburg-Vorpommern, die von slawischen Burgen künden. Ein Zeugnis früher deutscher Besiedlung stellt die spätromanische Dorfkirche aus unregelmäßig behauenen Granitquadern dar, die bereits um 1220 begonnen wurde. Der wuchtige Westturm, der sich zu einem achteckigen Obergeschoß und weiter zu der barocken Haube verjüngt, dominiert den Bau, dessen Langhaus und Chor im 18. Jh. weitgehend verändert wurden.

In dieser Grenzregion begannen deutsche Siedler um 1250, planmäßig eine Stadt zu errichten: **Gnoien** (4500 Einw.). Eine 1331 erwähnte Burg, später als fürstliches Schloß benannt, brannte 1522 ab und verfiel danach. Burg- und Schloßstraße erinnern noch im Namen an den einstigen Standort. Auch von der Stadtbefestigung blieb nichts erhalten – als letztes wurden im 19. Jh. die beiden Tortürme abgetragen. Ein gewaltiger Stadtbrand 1710 ließ außer der gotischen Pfarrkirche St. Marien nichts stehen.

Die zweischiffige Backsteinhalle des 13./14. Jh. mit einem 1445 fertiggestellten Westturm besitzt den für die Backsteingotik so typischen reichen Fries- und Blendenschmuck. An der Südseite befindet sich eine schmiedeeiserne Sonnenuhr aus dem Jahre 1853. Gotische Wandmalereien im Chorgewölbe aus der Zeit um 1300 zeigen Szenen aus dem Leben Jesu und Heilige. Im Zentrum des qualitätvollen spätgotischen Flügelaltars sieht man Maria auf der Mondsichel im Strahlenkranz, die zwölf Relieftafeln zum Marienleben flankieren. Gnoien, überwiegend aus einstöckigen Häusern bestehend, besitzt einen durchweg kleinstädtischen Charakter. Am südwestlichen Stadtrand steht eine Holländerwindmühle von 1890, in der sich die Gaststätte ›Zur Windmühle‹ befindet.

☐ Von Demmin die Peene entlang

Demmin (16000 Einw.) entstand nach 1236 planmäßig in der Nähe einer Grenzburg der Herzöge von Pommern, die zeitweise in der Stadt residierten. Von der im Dreißigjährigen Krieg zerstörten Burg sind im Gutspark beim Ansgar-Schultz-Weg Reste zu sehen. Nahebei steht das um 1850 nach Plänen Alexander von Podewils erbaute spätklassizistische Schloß, ›Haus Demmin‹ genannt. Der dreieinhalbgeschossige Putzbau mit zwei kleinen, zweigeschossigen Seitenflügeln steht gegenwärtig leer.

Von der Befestigung, zu der fünf Tore gehörten, blieb das Luisentor erhalten, ein Backsteinbau mit reich gegliedertem Staffelgiebel an Stadt- und Feldseite. Von 1283 bis 1607 Mitglied der Hanse, entwickelte sich Demmin zu einer der wohlhabendsten Städte Pommerns, doch davon ist heute kaum etwas zu sehen: 1676 kam es durch brandenburgische Belagerung zu schweren Zerstörungen, und in den letzten Tagen des Zweiten Weltkriegs sank die Altstadt zu mehr als 80% in Schutt und Asche. Einige der Fachwerktraufenhäuser aus dem 17./18. Jh. blieben am Kirchplatz stehen.

Die spätgotische Kirche St. Bartholomäus entstand im 14. Jh. als dreischiffige Backsteinhalle, der mächtige Westturm bekam seinen dominierenden neogotischen Oberbau bei einer umfassenden, nach Plänen von Friedrich August Stüler und Bartholomäus Weber erfolgten Restaurierung in den Jahren 1853–57. Völlig neu errichtet wurde bei diesen Arbeiten auch der Ostgiebel. Auf dem ehemaligen Marienfriedhof, dem heutigen Marienhain (Stadtpark zwischen Treptower- und Wollweberstraße), befinden sich interessante Grabstelen; die klassizistischen für das Ehepaar Lobeck schuf der Berliner Hofbildhauer Johann Gottfried Schadow um 1800.

Seit Jahrhunderten besteht an der schiffbaren Peene ein Binnenhafen, von dessen Bedeutung drei aneinandergereihte Speicher künden, die die Entwicklung des Speicherbaus in den letzten zwei Jahrhunderten veranschaulichen. Der Lübecker Speicher, ein Fachwerkbau aus der Zeit um 1800 mit vier Lagerböden und einer überdachten Kranluke, ist der älteste. Der danebenstehende Speicher, ein fünfgeschossiger Ziegelbau, verkörpert den historisierenden Baustil des 19. Jh., und der sich anschließende Stahlbetonbau mit Ziegelverkleidung entstand 1940.

Werden die Demminer nach der Lage ihrer Stadt gefragt, sprechen sie oft schmunzelnd vom ›Dreistromland‹, denn die Stadt liegt an der Mündung von Tollense und Trebel in die Peene; an ihrem linken Ufer – 11 km auf der B 194 nordostwärts – entstand aus einem slawischen Burgort die Stadt **Loitz** (5300 Einw.). Die Burg wurde vom Pommernherzog Philipp I. 1556/57 zu einem viergeschossigen Renaissanceschloß ausgebaut. Auf einem Merian-Stich von 1652 ist es noch in seiner ganzen Stattlichkeit zu sehen, doch danach verfiel es und wurde nach dem Stadtbrand von 1701 abgetragen. Aus den Resten entstand u. a. 1707 das zweigeschossige ehemalige Amtshaus am Markt 157. Das Schloß stand dort, wo 1906 der Bahnhof erbaut wurde.

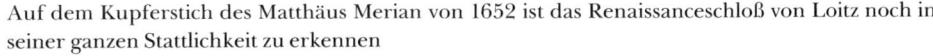

Auf dem Kupferstich des Matthäus Merian von 1652 ist das Renaissanceschloß von Loitz noch in seiner ganzen Stattlichkeit zu erkennen

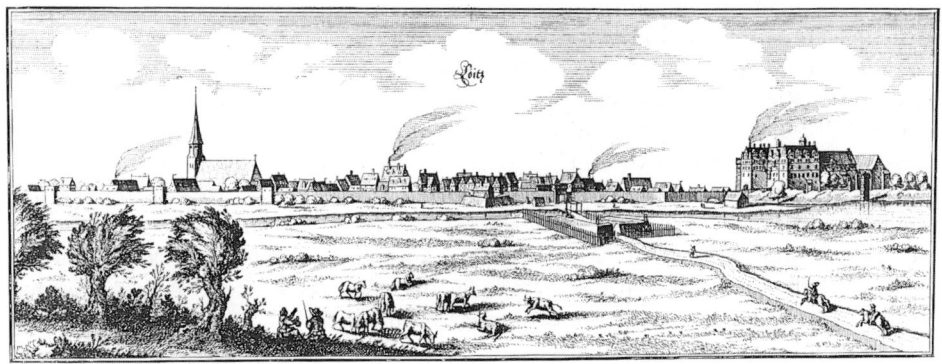

307

Loitz (gesprochen Lötz) besitzt noch heute die bei der Gründung angelegte ovale Form mit gitterförmigem Straßennetz und rechteckigem Marktplatz. An dessen Südseite steht das barocke Rathaus von 1787, ein zweigeschossiger Putzbau mit Mansarddach und übergiebeltem Mittelrisalit an der Frontseite. Bis 1787 diente die ehemalige Heilig-Geist-Kapelle in der Heiliggeiststraße 195 als Rathaus. In dem heute ältesten Haus der Stadt, einem rechteckigen Feldsteinbau mit Backsteindetails aus dem 15. Jh., befindet sich ein kleines Museum. Von der Stadtbefestigung blieb das schmucklose backsteinerne Steintor aus dem 14. Jh. erhalten.

Die im Kern aus dem 13. Jh. stammende Stadtkirche St. Marien, eine dreischiffige Hallenkirche, wurde im Laufe der Jahrhunderte mehrfach umgebaut, so zu Beginn des 17. und im 19. Jh. Ältestes Ausstattungsstück ist die spätromanische Granittaufe aus der ersten Hälfte des 13. Jh. mit vier plastischen Köpfen am Becken. Der barocke Altaraufsatz von 1725 stammt wiederum von Elias Keßler. Interessant sind 13 Tafeln mit Porträts auf der Empore, darunter die von Herzog Ernst Ludwig und seiner Gemahlin Hedwig Sophie, der das Loitzer Schloß von 1592 bis 1631 als Witwensitz diente. Auf dem aufgelassenen Friedhof steht die 1619 erbaute barocke Kapelle St. Jürgen.

Im Ortsteil **Rustow** am westlichen Peeneufer verbirgt sich hinter einer Lindenallee eines der wenigen klassizistischen Schlösser in Vorpommern. Im Dreieckgiebel sieht man das von Löwen gehaltene Doppelwappen derer von Baerenfels, der Bauherren des kleinen, um 1820 entstandenen Schlosses. 1928 kaufte die Stadt Loitz das Rustower Gut und siedelte das Land auf, was das einheitliche Architekturbild des Dorfes erklärt. Ein Spaziergang durch den gepflegten kleinen Schloßpark sollte zum Hügel in der Südostecke führen, von dem sich schöne Blicke auf die Peeneniederung bieten.

Die Kanzel und der reich geschnitzte Altaraufsatz in der Dorfkirche von **Görmin** stammen von Elias Keßler. Ein Blick in die Kirche, die wie so viele Bauten der Region einen spätromanischen Feldsteinchor mit einem gotischen Langhaus verbindet, lohnt auch wegen der spätgotischen Wandmalerei des 15. Jh. im Gewölbe. 400 m östlich der Kirche von **Tutow** erkennt man einen noch bis zu 10 m hohen slawischen Burgwall aus dem 11./12. Jh. mit einem Innendurchmesser von 40 x 50 m.

Im benachbarten **Zemmin**, einem Ortsteil von Bentzin, fällt die im Kern aus dem 15. Jh. stammende Dorfkirche durch ihr ansprechendes Äußeres und die Innenausstattung mit Kassettendecke, Patronatsloge und barockem Orgelprospekt auf. Am 4. September 1983 fand in der umfassend restaurierten Kirche wieder der erste Gottesdienst statt. Ermöglicht wurden die Arbeiten durch eine Spende des Großindustriellen Berthold Beitz. Aus dem Text der Gedenktafel am ehemaligen Statthalterhaus können die Gründe für die Beitz'sche Großzügigkeit entnommen werden: »In diesem Haus – 1865 erbaut und 1985 von der LPG Bentzin rekonstruiert – wurde am 26. Sept. 1913 Berthold Beitz geboren.« Ein Großvater von Beitz war Statthalter auf dem Gut der Familie von Sobek-Zemmin, deren achteckige spätklassizistische Gruft (1845) sich auf dem Kirchhof des Dorfes befindet.

Das neogotische Schloß (1866) in **Plötz** mit seinem weithin sichtbaren viergeschossigen Treppenturm steht schon Jahre leer und verfällt zusehends. Vom Park ist kaum noch etwas zu erkennen. Ein ähnliches Schicksal erleidet das 1773 in **Broock**, einem Ortsteil von Alt Tellin, erbaute Barockschloß, das Mitte des 19. Jh. im neogotischen Stil umgestaltet wurde. Im Gegensatz zu anderen neogotischen Schlössern, die meist flache Dächer haben, erhebt sich bei diesem stattlichen Bauwerk hinter der umlaufenden Zinnenkranzbekrönung ein hohes Vollwalmdach. Auch dieses zweigeschossige Schloß steht schon seit längerer Zeit leer.

Bei einer slawischen Burg, die Otto von Bamberg auf seiner Missionsreise (!) 1128 zerstören ließ, kam es im 13. Jh. zur Gründung von **Gützkow** (3400 Einw.). Das markanteste Bauwerk des Städtchens, das ein Stadtbrand 1729 fast völlig vernichtete, ist die Stadtkirche St. Nikolai, ein im Kern spätromanischer Feldsteinbau aus dem 13. Jh. Südlich von Gützkow erstreckt sich das Naturschutzgebiet Peenewiese, ein vorpommersches Talmoor mit artenreicher Pflanzenwelt.

Die B 110 von Jarmen nach Anklam führt durch **Neetzow**, dessen 1848–51 erbautes Schloß an einen englischen Landsitz erinnert. Den Entwurf für den aufwendigen Bau mit Türmen, Terrassen und Zinnenbekrönung im neogotischen Stil lieferte Friedrich Hitzig. Die gelben Klinker kamen aus der gutseigenen Ziegelei des Bauherrn Wilhelm von Kruse, den ornamentalen Terrakottafries und den reichen figürlichen Schmuck ließ er in Berlin anfertigen. Leider wurden bei der Restaurierung 1964 zahlreiche neogotische Schmuckelemente beseitigt. Von der ursprünglichen Innenraumgestaltung blieb im Gegensatz zu den meisten Landschlössern in Mecklenburg-Vorpommern viel erhalten, darunter die säulengeschmückte Eingangshalle und das Kaminzimmer mit Wand- und Deckenstukkaturen. Das Schloß umgibt ein gepflegter Landschaftspark nach englischem Vorbild mit einem Teich sowie einheimischen und fremdländischen Laub- und Nadelgehölzen; bei der Gestaltung soll Peter Joseph Lenné beteiligt gewesen sein. Südlich vom Park steht – wie das Schloß aus gelben Klinkern erbaut – die neogotische Reithalle.

Der Pommernherzog Ratibor I. stiftete 1153 in **Stolpe** am Ufer der Peene ein Benediktinerkloster – die erste Mönchsniederlassung im heutigen Mecklenburg-Vorpommern (s. S. 21). Der 1304 mit Zisterziensermönchen besetzte und 1553 säkularisierte Konvent wurde im Dreißigjährigen Krieg zerstört. Von der Anlage steht noch der Turmunterbau der romanischen Klosterkirche aus der Zeit um 1180. Um 1800, als noch eine Fähre über die Peene verkehrte, entstand das Fährhaus, ein eingeschossiges, rohrgedecktes Fachwerktraufenhaus, in dessen Gastwirtschaft Fritz Reuter wiederholt zu Gast war.

☐ **Anklam und der ›Grafenwinkel‹**

Die Peene verbindet **Anklam** (19 000 Einw.), das das typische gitterförmige Straßennetz der im Zuge der sog. deutschen Ostsiedlung planmäßig angelegten Städte aufweist, mit

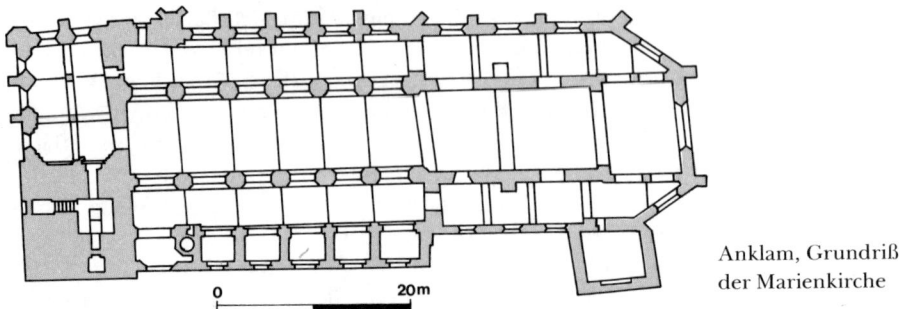

Anklam, Grundriß
der Marienkirche

der Ostsee. Diese günstige Lage verhalf der Stadt, die 1283 der Hanse beitrat, durch Binnen- und Fernhandel rasch zu Wohlstand. Der lockte jedoch auch Fremde an, die nicht immer mit den besten Absichten kamen. Aus diesem Grunde hatte sich Anklam schon frühzeitig mit der sog. Landwehr umgeben, einem System von Wällen, Gräben und Warttürmen (von wo ein Posten ständig Ausschau hielt) in der Stadtflur; einer der Warttürme, ein zylindrischer Baukörper mit Zinnenkranz und gemauertem Helm, steht an der B 109 in Richtung Pasewalk: der Hohe Stein von 1488. Reste der im 14. Jh. errichteten Stadtbefestigung sind der rund 20 m hohe Pulverturm an der Südseite des Marktes und als Wahrzeichen der Stadt das 32 m hohe spätgotische Steintor aus der Mitte des 15. Jh. mit blendengeschmücktem Staffelgiebel, das 1988 das Heimatmuseum aufnahm (s. Abb. 62). Anklam besaß einst sechs Tore, Eilhard Lubin hat sie 1618 auf der Randleiste seiner Pommernkarte gezeichnet, Merian auf einem Stich aus dem Jahre 1652.

Der Zweite Weltkrieg vernichtete viele der prachtvollen Bauwerke – mahnend erhebt sich am Nikolaikirchplatz die Ruine der durch deutsche Bomben zerstörten gotischen Backsteinhalle St. Nikolai aus der zweiten Hälfte des 14. Jh. Beide Anklamer Kirchen weisen mit der aus drei polygonal gerundeten Apsiden bestehenden Chorpartie eine Sonderform im Gebiet der Backsteingotik auf: die sog. triapsidiale Halle. Weitgehend vom Krieg verschont blieb die große Kirche St. Marien, eine im wesentlichen im 14./15. Jh. entstandene dreischiffige Backsteinhalle, in die Teile eines frühgotischen Vorgängers übernommen wurden (s. Abb. 61). Von der geplanten zweitürmigen Westfront wurde nur der Südturm errichtet, anstelle des Nordturms baute man 1488 die spätgotische Marienkapelle mit schönen Sterngewölben. Auf den Achteckpfeilern und den Laibungen der Arkadenbogen sieht man gotische Wandmalereien des 14. Jh. Die farbigen Figuren, elegant in der typischen gotischen S-Linie gebogen, sind stilistisch mit denen der Stralsunder Nikolaikirche verwandt und deuten auf lübischen Einfluß. Eine frühgotische Taufe, die spätgotische Marienfigur auf dem Hauptaltar und ein Renaissance-Epitaph von Philipp Brandin sind die wertvollsten Ausstattungsstücke.

1848 kam in Anklam Otto Lilienthal zur Welt. Über den Flugpionier informiert das 1991 eröffnete Otto-Lilienthal-Museum in der Ellenbogenstraße 1a; an ihn erinnern

310

ferner das Relief in der Rathaushalle von Bruno Giese, die Büste von Walter Howard an der Stelle seines nicht mehr vorhandenen Geburtshauses in der Peenestraße und das Otto-Lilienthal-Denkmal, 1982 von Walter Preik an der Südseite des Marktes geschaffen. Das dreigeschossige Wohnhaus vom Beginn des 16. Jh. in der Frauenstraße 12 blieb als einziges Zeugnis der spätmittelalterlichen Backsteinbürgerhäuser in Anklam erhalten.

›Grafenwinkel‹ wird der von Peene, Tollense und Landgraben eingefaßte Landkreis Anklam genannt, weil die Besitzungen sich meist in ›gräflichen‹ Händen, besonders in denen der Grafen von Schwerin, befanden. Bis zum 19. Jh. gehörte letzteren auch **Stretense**, heute ein Ortsteil von Pelsin. Als das Dorf an die Familie von Heyden-Linden verkauft wurde, entstand 1886 ein Schloß im Stile der Neogotik mit Treppengiebel, Erker und Türmchen. Im kleinen Park hinter dem Schloß wachsen prachtvolle Exemplare von Eiben, Linden und Tannen sowie eine Blutbuche.

Auch das benachbarte **Müggenburg**, ein Ortsteil von Neuenkirchen, gehörte eine Zeitlang den Grafen von Schwerin. In dem Ort fand der 25 m hohe Bergfried einer 1355 erwähnten Wasserburg eine neue Verwendung: Er wurde in das 1889–91 in neogotischen Formen erbaute Schloß einbezogen. Wer das seit Jahren leerstehende Gebäude besucht, sollte einen Blick in die Eingangshalle werfen, die mit ihrem Kreuzrippengewölbe und der farbigen Ausmalung einer gotischen Kirche ähnelt.

Die B 197 in Richtung Friedland führt durch **Sarnow** mit seiner langgestreckten Barockkirche von 1754, unter deren Dach sich auch das sog. Armenhaus befand, eine Stiftung der Grafen von Schwerin für alte, ehemalige Arbeiter ihres Besitztums. Es gab in diesem Teil der Kirche 16 Doppelzimmer für Ehepaare und 16 Einzelzimmer. Die darin lebenden Menschen wurden beköstigt, hatten einen kleinen Garten und erhielten etwas Geld. 1922/23 wurden in diesem ›Armenhaus‹ Schule und Lehrerwohnung eingerichtet; die Schule gab es bis 1948. Gegenwärtig ist die Kirche nicht nutzbar, eine Restaurierung vorgesehen. Wie die Landarbeiter einst in dieser Gegend wohnten, veranschaulicht die um 1680 gebaute Kate südöstlich der Kirche, ein eingeschossiges Traufenhaus mit rohrgedecktem Krüppelwalmdach, in dem früher sechs Familien lebten. 1938/39 erfolgten an dem heute von drei Familien bewohnten Haus umfangreiche Umbauten.

Der Besuch von **Spantekow** lohnt vor allem wegen der nach Dömitz an der Elbe zweiten Flachlandfestung in Mecklenburg-Vorpommern. Ulrich von Schwerin ließ sie 1558–67 als Stammsitz seiner Familie inmitten eines sumpfigen Wiesengeländes, neben einer mittelalterlichen Burg erbauen. Wassergräben, steile Festungsmauern und Kasematten mit etwa 4 m starken Erdwällen darüber boten sicheren Schutz. Selbst Wallensteins Truppen mußten im Dreißigjährigen Krieg unverrichteter Dinge abziehen. 1677, im schwedisch-brandenburgischen Krieg, eroberte jedoch der ›Große Kurfürst‹, Friedrich Wilhelm I. von Brandenburg, die in schwedischem Besitz befindliche Anlage und ließ die wichtigsten Festungswerke schleifen. Das rechteckige Renaissanceschloß auf dem Festungsgelände stand lange Zeit leer. Erst 1899–1901 fanden Erneuerungen

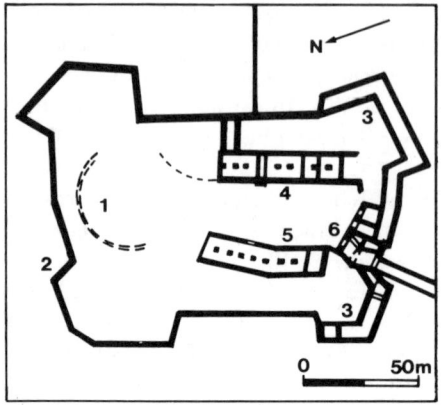

Spantekow, Festung:
1 Reste der mittelalterlichen Burg
2 Festungsmauern
3 Kasematten
4 Renaissanceschloß
5 Wirtschaftsgebäude
6 Südportal mit Relief Ulrichs von Schwerin

und Umbauten statt, bei denen das Bauwerk ein drittes Geschoß und der Turm eine barocke Haube bekamen. Dem Schloß gegenüber steht ein eingeschossiges, langgestrecktes Wirtschaftsgebäude aus der zweiten Hälfte des 16. Jh. Vom Parkplatz führt eine hölzerne Brücke über den Graben zur Festungsanlage; empfehlenswert ist der Gang durch das Südtor mit seinen eisenbeschlagenen hölzernen Torflügeln. Über dem Portal ließ sich der Bauherr mit seiner Frau Anna von Arnim um 1570 fast lebensgroß in einem Relief darstellen.

Kurz nachdem sich Ulrich von Schwerin in Spantekow eingerichtet hatte, ließ er im einst sumpfigen Tal des Großen Landgrabens 1576–79 die **Veste Landskron** erbauen. Ein baumbestandener, 2 km langer Weg führt von Janow in südlicher Richtung dorthin. Prachtvolle Eichen und Eschen verdecken die Anlage fast völlig, die ab 1700 verfiel und heute die wohl malerischste Burgruine in Vorpommern sein dürfte. Auf dem gut erhaltenen Wall läßt sich die Anlage umwandern. An den Resten des Hauptgebäudes ist noch zu erkennen, daß es einst dreigeschossig war. Die vier Rundtürme an den Ecken besitzen ein 80 cm starkes Mauerwerk. Verhältnismäßig gut erhalten blieb die Ruine des Torgebäudes, das Wachstube, Stallungen und andere Wirtschaftsgebäude beherbergte.

In **Ziethen**, 1136 erstmals in den Annalen genannt, befindet sich eine der ältesten Kirchen Vorpommerns. Der rechteckige spätromanische Feldsteinbau wurde 1257 geweiht, der wuchtige spätgotische Westturm kam etwa 200 Jahre später hinzu. Aus der Erbauungszeit stammt die große Taufe aus Kalkstein. Von Ziethen kann man einen kleinen Abstecher in das 7 km entfernte **Quilow** unternehmen. Auf einer Anhöhe, einst von Wasser umgeben, steht das in der zweiten Hälfte des 16. Jh. erbaute kleine Renaissancewasserschloß mit den typischen Volutengiebeln.

Karlsburg hieß bis 1771 Gnatzkow. Auf Wunsch des Schloßbesitzers Carl Julius Graf von Bohlen gestattete der schwedische König Gustav III. die Umbenennung in Carlsburg – das Dorf gehörte seinerzeit, wie ganz Vorpommern, zu Schweden. Das heutige Barockschloß, eines der bedeutendsten in Mecklenburg-Vorpommern, entstand nach einem Feuer 1732–39. Den Mittelpunkt bildet ein zweigeschossiger Hauptbau, dessen

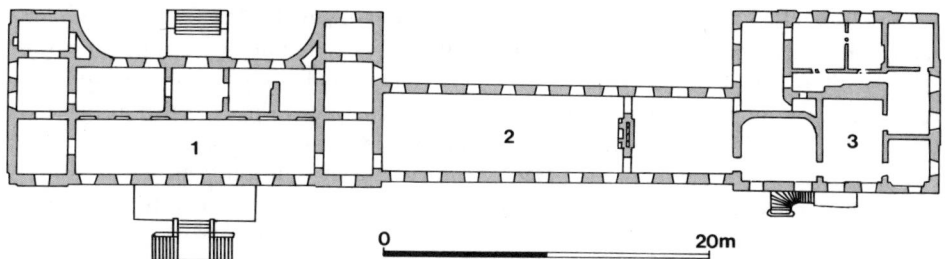

Karlsburg, Schloß: 1 Haupttrakt 2 eingeschossiger Verbindungstrakt 3 östlicher Pavillon

Die romantische Ruine der Veste Landskron

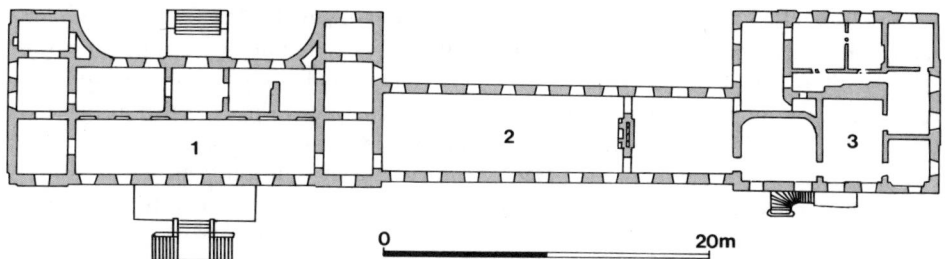

Eckrisalite an der Hofseite so vorgezogen wurden, daß eine leicht konkave Form entstand. Ein eingeschossiger Trakt verbindet den Hauptbau mit dem quadratischen östlichen Pavillon, der westliche Flügel wurde – wohl aus Geldmangel – nicht ausgeführt. Ebenfalls im Barockstil entstand der zweigeschossige Marstall nordöstlich des Hauptbaus. Das in Schloßnähe aufgestellte, prachtvolle schmiedeeiserne Rokokogitter begrenzte einst den Schloßbezirk. Der nördliche Teil des umfangreichen Parks hat seine barocke Gestalt mit Hauptallee und Wasserbassin behalten, der südliche wurde um 1848 im Stile eines englischen Landschaftsparks umgestaltet. In Karlsburg befindet sich das nach dem Zweiten Weltkrieg entstandene Zentralinstitut für Diabetesforschung, das auch das Schloß nutzt.

Wrangelsburg hieß bis zum Dreißigjährigen Krieg schlicht ›Vorwerk‹. Erst als das Dorf in den Besitz der Familie Wrangel gelangt war, entstand der heutige Ortsname. Der schwedische Generalgouverneur von Pommern, Carl Gustav Wrangel, ließ ein vorhandenes Gutshaus ab 1652 in ein Barockschloß umbauen, das er aber kaum nutzte. Wrangel wählte Schloß Spyker auf der Insel Rügen als Wohnsitz, wo er auch 1676 verstarb. Das heutige Wrangelsburger Schloß, in den letzten Jahrzehnten stark verändert, stammt aus dem Jahr 1880. Der Park wurde zeitgleich mit dem Schloß angelegt; er geht nahtlos in den sich nördlich erstreckenden Karbower Buchen- und Mischwald mit dem Forstgarten bei **Jägerhof** über, den 1841 Oberförster Bernuth anlegte. Zu Versuchszwecken pflanzte er u. a. zahlreiche Douglasien, von denen eine noch heute steht – sie gilt als die älteste in Deutschland.

Eine weitere Anlage wie bei Jägerhof findet sich südlich von **Murchin:** das ›Seeholz Murchin‹. Friedrich von Homeyer auf Murchin wollte nach dem Studium der Forstwissenschaften sein theoretisches Wissen hier praktisch erproben. 1855–65 pflanzte er zahlreiche ausländische Gehölze, um deren Gedeihen in unseren Breiten zu beobachten. Im April 1807 hielt sich Ferdinand von Schill mit seiner Freischar in diesem Wald auf; am angeblichen Lagerplatz steht ein 2 m hoher Stein, im Volksmund ›Schills Scheibenstand‹ genannt.

Das Herrenhaus in Murchin aus der Zeit um 1900 ist ein verhältnismäßig schlichter Bau, die kleine Renaissancekirche des Dorfes stammt von 1604. Protzig und nicht ins Dorfbild passend wirkt das im Stil stalinistischer Herrschaftsarchitektur gebaute und am ›Republiksgeburtstag‹ (7. Oktober) 1954 eröffnete Kulturhaus. Es entstand zu einer Zeit, als die SED die Maxime ausgegeben hatte, Stadt und Land wüchsen immer mehr zusammen. In Murchin dokumentiert die sog. Vierpottkate, wie die einfachen Menschen in der Vergangenheit wohnen mußten. Die Kate entstand vor über 200 Jahren aus rohrgedecktem Fachwerk mit einer zentralen Küche ohne Schornstein. Eine solche quadratische Kate steht auch im Ortsteil **Relzow**. Der Ortsteil **Libnow** hat ein eingeschossiges Backsteingutshaus (um 1850) im Stile der englischen Tudorgotik vorzuweisen, wie sie in Vorpommern zahlreich vorkommen.

In **Lassan** (2300 Einw.) kann man sich in der über 500 Jahre alten Wassermühle über die Geschichte des 1248 erstmals genannten Städtchens am Peenestrom informieren.

Die im wesentlichen spätgotische Stadtkirche St. Johannes mit einem spätromanischen Chor aus dem 13. Jh. beherbergt einen Altaraufsatz und eine Kanzel des Barockbildhauers Elias Keßler von 1737.

Mit dem Bau der Dorfkirche von **Bargischow** begann man um 1300. Der rechteckige Feldsteinbau mit schmalerem Rechteckchor und Westturm bekam erst 1861 das Westportal und das Fenstermaßwerk. Die Kirche besitzt einen vermutlich im 15. Jh. aufgemauerten Altar mit Spitzbogennischen und einen gotischen Taufstein aus dem 14. Jh. Das Pfarrhaus ist ein rohrgedecktes eingeschossiges Fachwerkgebäude aus der zweiten Hälfte des 18. Jh. Die große Linde vor der Kirche, die einen Stammumfang von 16 m aufweist, wird im Volksmund als ›Franzosenlinde‹ bezeichnet: Bereits 1807 soll der Baum hohl gewesen sein und den Soldaten Napoleons als Ausschank gedient haben. Das Alter der Linde schätzt man auf mindestens 500 Jahre.

Wolgast und die Insel Usedom

☐ **Wolgast**

Die Insel Usedom besitzt zwei Zugänge: im Südwesten die Hubbrücke bei Zecherin und im Nordwesten die Peenebrücke in Wolgast. Wenn beide Brücken hochgeklappt sind, dann wird Usedom mehrmals am Tag für kurze Zeit wieder zu einer wirklichen Insel. Wolgast (16 900 Einw.), das nördliche Inseltor, blickt auf eine bewegte Geschichte zurück, nachdem es im 12. Jh. im Schutze des heute nicht mehr vorhandenen Schlosses planmäßig angelegt worden war. Zentrale Ereignisse der Stadtgeschichte hat Kurt Beer 1936 in den zehn Bildern des **Brunnens** vor dem Rathaus dargestellt, so die Verleihung des lübischen Stadtrechts 1282, die Beschießung der Stadt durch die Schweden im Jahre 1675 und den großen Stadtbrand von 1713 – in jenem Jahr hatte Zar Peter I. im Nordischen Krieg den Befehl gegeben, Wolgast niederzubrennen. Das heutige Stadtbild entstand im wesentlichen in den Jahren nach dieser Katastrophe. Das **Rathaus** erhielt die seinen mittelalterlichen Kern verdeckende Barockfassade 1724–28. Es ist das älteste Gebäude am Markt, das jüngste das im Bauhaus-Stil nach einem Entwurf von Hans Poelzig 1932 errichtete **Bankhaus**.

Von der Zerstörung des Jahres 1713 blieb die spätgotische **Gertrudenkapelle** (1400–20) inmitten des Friedhofs an der Chausseestraße verschont, ein schlichter backsteinerner Zentralbau über zwölfeckigem Grundriß. Aus den 24 Gewölbegurten des mächtigen zentralen Rundpfeilers entwickelt sich ein prächtiges Sterngewölbe. An den Brüstungsfeldern der abgebrochenen Empore hatte man 1702 den aus 24 Bildern bestehenden Totentanz angebracht, eine 1698–1700 entstandene freie Kopie des berühmten Holzschnittes von Hans Holbein d. J. (1525). Unlängst konnte man auf-

Wolgast, Grundriß der Gertrudenkapelle mit den Rippen des Sterngewölbes

grund von Signaturen ermitteln, daß Caspar Sigmund Köppe die Gemälde geschaffen hat.

Heute befindet sich der Zyklus in der **Pfarrkirche St. Petri**, einer dreischiffigen Backsteinbasilika, mit deren Bau vermutlich Ende des 14. Jh. begonnen wurde. Die Seitenschiffe sind hinter dem Querhaus als Chorumgang weitergeführt, den spätgotische Wandmalereien zieren. Unter den Ausstattungsstücken ragt das Renaissance-Epitaph von 1560 für Herzog Philipp I. heraus, das von Wolf Hillinger aus dem sächsischen Freiberg stammt. In der gegenwärtig nicht zugänglichen Gruft der Pommernherzöge befinden sich sieben Särge, darunter der Prunksarkophag von Herzog Philipp Julius, mit dessen Tod 1625 die Linie Pommern-Wolgast ausstarb. Wolgast war von 1295 an Residenz. Das prachtvolle und weithin gerühmte Residenzschloß – auf dem Merian-Stich von 1653 hervorragend zu sehen – verfiel in den folgenden Jahrhunderten, 1863 wurden die letzten Ruinen abgetragen. Einige kostbare Ausstattungsstücke, darunter der Croy-Teppich, gehören heute zum Kunstbesitz der Universität Greifswald (s. S. 279).

In der **Burgstraße**, einst Zufahrtsweg der Herzöge zur Kirche, stehen noch einige barocke Kaufmannshäuser mit großen Lagerböden. Eindrucksvoll erhebt sich am Hafen der größte erhaltene Speicher Mecklenburg-Vorpommerns, 1836 in Fachwerk errichtet, nachdem Wolgast zum bedeutendsten Getreidehafen im Ostseeraum avanciert war. **Wasserspeicher** wird das 80 m lange und 18 m breite Bauwerk genannt, weil es auf 99 in die Erde gerammten Eichenpfählen steht. Die sechs Schüttböden haben eine Kapazität von 5000 t. Unweit davon, in der Kronwieckstraße 45, steht das **Geburtshaus Philipp Otto Runges**. In Wolgast war der Maler nach seinem Tod 1810 in Vergessenheit geraten, seine Werke befinden sich vornehmlich in der Hamburger Kunsthalle.

Das Wolgaster **Heimatmuseum** am Rathausplatz 6 besitzt von ihm vier Kupferstiche zu »Die Zeiten« (1803). Das Museum hat sein Domizil in einem fast quadratischen Fachwerkhaus, das einer Kaffeemühle ähnelt und im Volksmund deshalb auch so heißt. Anfang des 19. Jh. verlor das Gebäude seine Bedeutung als Lagerhaus, eine Gastwirtschaft zog ein, zahlreiche Umbauten erfolgten. Nach Rekonstruktionsarbeiten präsentiert sich die ›Kaffeemühle‹ wieder wie anno 1720: breite Diele mit Wirtschaftsräumen zu beiden Seiten, bemalte Balkendecke und Aufzug, der seinerzeit für das Hochhieven der Getreidesäcke benötigt wurde.

Der große Fachwerkspeicher am Hafen von Wolgast

Philipp Otto Runge

Begründer der romantischen Malerei

geb. 1777 in Wolgast,
gest. 1810 in Hamburg

Philipp Otto Runge: Selbstbildnis um 1802

Im Jahre 1798 bekam Philipp Otto Runge die Zustimmung seines Vaters, sich ganz der Malerei widmen zu dürfen. Glücklich schrieb er an seine Schwester: »Es ist erstaunlich schön, ein Künstler zu sein, so lebendig ist keinem anderen Menschen die ganze Welt, und ich bin doch erst am Anfang. Welche Seligkeit liegt mir in der Zukunft.« Nach erstem Zeichenunterricht in Hamburg besuchte Runge 1799 bis 1801 die Kopenhagener Akademie. 1801–03 lebte er in Dresden, wo er mit den Ideen der literarischen Romantik vertraut wurde. Gotthard Ludwig Kosegarten (s. S. 271) hat mit seinen naturmystischen Vorstellungen stark auf den angehenden Künstler gewirkt – wie ja auch auf Caspar David Friedrich, den Runge in Greifswald kennen- und schätzen gelernt hatte.

Von Hamburg, wo der Maler lebte und arbeitete, reiste er oft in seine Geburtsstadt Wolgast, um von dort aus Wanderungen nach Usedom und – hier spiegelt sich Kosegartens Einfluß – nach Rügen zu unternehmen. Der Skizzenblock war stets dabei, wie seine Bilder von Fischern und Bauern belegen. In zahlreichen grafischen Arbeiten bezog Runge auch Stellung gegen die napoleonische Fremdherrschaft – so hat er im Entwurf eines Kartenspiels dem Pik-Buben die Gesichtszüge des Majors von Schill verliehen.

»Mein Vater ist Kaufmann, der vorzüglich viele Schiffe baut«, hatte er am 23. August 1801 an Goethe geschrieben, mit dem er eine rege Korrespondenz pflegte. Beide beschäftigten sich mit dem Wesen und der Wirkung von Farbe; Ergebnis von Runges theoretischen Untersuchungen ist die 1810 erschienene »Farbenkugel«. Das Verhältnis zu dem großen Weimarianer, einem unerbittlichen Verfechter der klassizistischen Kunsttheorie, war ansonsten nicht frei von Irritationen: »Da sehen Sie, was das für Zeug ist, zum rasend werden, schön und toll zugleich«, lautete Goethes zugleich anerkennende und ablehnende Beurteilung von Runges romantischer Malkunst.

318

Gegenstand des Goetheschen Verdikts war Runges Hauptwerk, an dem dieser immer wieder arbeitete und von dem er verschiedene Versionen schuf: »Die Zeiten«, bestehend aus »Morgen«, »Abend«, »Nacht« und »Tag«. Die arabeskenhafte Rahmung, die verschlüsselten symbolisch-allegorischen Figuren und die tiefempfundene christliche Religiosität sind typisch für Runges Werk, das in einen hochfliegenden, die Ideen der literarischen Romantik aufgreifenden Welt- und Lebensentwurf eingebunden war. Darüber hinaus schuf er hauptsächlich Porträts, deren kraftvoller, herber Realismus die künftige Kunstentwicklung vorwegzunehmen scheint. Die Skizzen enthüllen die genaue Beobachtungsgabe und sichere zeichnerische Hand Runges, der sich im Gegensatz zu Caspar David Friedrich nie auf die Landschaftsmalerei spezialisierte. Mit diesem gilt er als der eigentliche Begründer und Hauptvertreter der deutschen Romantik.

Erst 33jährig starb Philipp Otto Runge, dessen »Zeiten«-Zyklus unvollendet blieb, an Lungentuberkulose. Seinem Bruder Daniel ist es zu danken, daß wir umfassend über sein Leben und seine Kunsttheorie informiert sind. Daniel Runge sammelte alle erreichbaren Briefe und schriftlichen Aufzeichnungen und gab sie 1840/41 unter dem Titel »Hinterlassene Schriften des Malers Philipp Otto Runge« heraus.

☐ Die Insel Usedom

Sandstrände, die Buchten des Achterwasser, Seen, Wälder, Wiesen... die Insel Usedom hat verträumte Fischerdörfer auf der Bodden- und betriebsame Badeorte auf der Seeseite zu bieten. Ein sanft geschwungener, 38 km langer Sandstrand erstreckt sich von Karlshagen im Norden bis Ahlbeck im Süden; die 164 km lange Binnenküste am Peenestrom, Krumminer Wiek und Achterwasser ist stark gegliedert. Swinemünde, seit 1945 zu Polen gehörend, eröffnete 1821 den Badebetrieb auf der Insel. ›Badewanne Berlins‹ nannte sich vor allem Ahlbeck, das Seebad des ›gehobenen Mittelstandes‹ – in gut zweieinhalb Stunden war (und ist) Usedom von Deutschlands Hauptstadt zu erreichen.

Eine der bekanntesten Sagen der mecklenburgisch-vorpommerschen Region, die von der untergegangenen Stadt Vineta, ist mit Usedom verknüpft (auch andere Orte erheben indes ›sagenhaften‹ Anspruch auf Vineta): Beim Ort Dammerow vor den Toren von Wolgast sieht man der Legende zufolge die Türme und Paläste der einstigen Metropole zu Ostern aus den Wassern emporsteigen. Das pommersche Atlantis soll des Hochmuts und der schlechten Taten seiner Bewohner wegen von Gott eigenhändig mit sintflutartigen Regenfällen versenkt worden sein.

1128 kam Bischof Otto von Bamberg auf seiner Missionsreise auch nach Usedom, um das Christentum zu predigen. Ihm folgten Prämonstratensermönche, die 1156 das Kloster Grobe erbauten, das sie 1307 nach **Pudagla** verlegten. Dort existierte es bis zur Reformation. Auf dem Klostergelände, herrlich zwischen Schmollensee und Achterwasser gelegen, ließ Pommernherzog Ernst Ludwig 1574 ein schlichtes zweigeschossi-

ges Renaissanceschloß als Witwensitz für seine Mutter Marie errichten, die noch von Martin Luther selbst getraut worden war. Ein bemerkenswertes Detail bildet über dem Hauptportal die Kalksteintafel mit dem von zwei ›Wilden Männern‹ und zwei Säulen flankierten Landeswappen der Herzöge von Pommern-Wolgast.

Fast zeitgleich entstand 1576–88 das Wasserschloß in **Mellenthin**, ein zweigeschossiger, verputzter Backsteinbau der Renaissance. Seine Fassade mit Treppenturm und Erkern wirkt zwar nicht gerade einladend, doch ein Blick in das Erdgeschoß lohnt wegen des restaurierten Kamins mit buntbemaltem Reliefdekor (1613), getragen von zwei vollplastischen Atlanten in antiken Rüstungen. Die beiden Seitenflügel des Mellenthiner Schlosses sind vermutlich im 17. Jh. entstanden; früher befanden sich hier Marstall, Fremdenzimmer und Kapelle. Vor etwa 200 Jahren wurden die mächtigen Eichen am Wassergraben gepflanzt.

Die spätgotische Dorfkirche (14./18. Jh.) mit einem blendengeschmückten Giebel aus Backstein besitzt eine überwiegend barocke Innenausstattung. Man beachte auch den romanischen Opferstock aus der Zeit um 1125. Auch wenn sie nicht zu besichtigen ist, sollte die Bronzeglocke von 1164 im Turm erwähnt werden, ein Geschenk des Landgrafen Friedrich von Hessen-Homburg und seiner schwedischen Frau Margarethe von Brahe, der Mellenthin bis 1669 gehörte. Der Graf wurde in Kleists Drama »Prinz Friedrich von Homburg« (1808–11) literarisch verewigt.

Eine weitere sehenswerte Kirche, ein spätgotischer Backsteinbau des 15. Jh., steht in **Morgenitz**. Die barocke Ausmalung besorgte 1777 der einheimische Maler Christoph Peter Hirt, von dem auch die Evangelisten an der Kanzel, die Altarbilder und die Blumen am Gestühl stammen. Der freistehende Glockenstuhl wurde 1820 errichtet, den großen Findling daneben zogen 16 Pferde vom Gothensee an diese Stelle. Auf dem Kirchhof finden sich schöne alte Grab- und Mahlsteine. Die Maulbeerbäume hinter der Kirche, vor Jahrzehnten neu angepflanzt, sollen an die unter König Friedrich dem Großen im 18. Jh. unternommenen Versuche erinnern, auf Usedom die Seidenraupenzucht einzuführen.

Als 1302 in **Krummin** ein Zisterzienserinnenkloster entstand, wurde die Dorf- zur Klosterkirche erweitert. In den folgenden Jahrhunderten erfolgten mehrere Veränderungen an dem gotischen Backsteinbau; so kam 1856/57 der Westturm hinzu. An dieser Kirche war 1827–44 Karl Wilhelm Meinhold als Pfarrer tätig. Meinhold schrieb den Roman »Maria Schweidler, die Bernsteinhexe. Der interessanteste aller bisher bekannten Hexenprozesse, nach einer defecten Handschrift ihres Vaters, des Pfarrers Abraham Schweidler in Coserow auf Usedom« (1843). Dieser historische Roman wurde aufgrund der täuschend echt nachgeahmten Sprache des 17. Jh. lange Zeit, u. a. von

◁ »Pommersche Ostseebäder: Herrenbad Swinemünde (1), Curhaus in Heringsdorf (2), Strand bei Zinnowitz (3), Misdroy (4), Einfahrt bei Swinemünde (5), Seeschloß Lindemann in Heringsdorf (6)«, nach einer Zeichnung von Hans Petersen, 1884

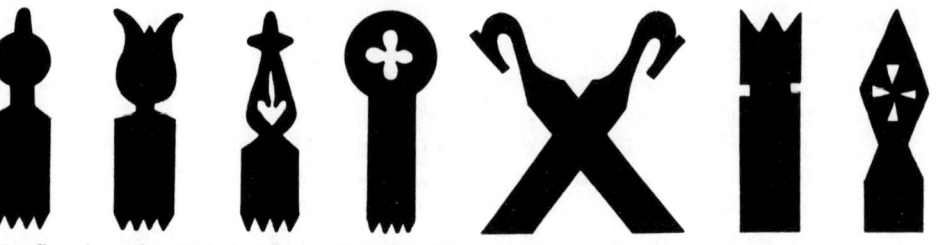

Häufig gebrauchte Giebelzeichen auf der Insel Usedom

Heinrich Heine, für einen authentischen Bericht gehalten. Obwohl Maria natürlich unschuldig ist und auch in letzter Sekunde gerettet wird, kommt es dem Autor doch darauf an, das Hexenwesen prinzipiell als möglich, als ernstzunehmendes Glaubensdogma darzustellen.

Auf den Dünen eben dieses **Koserow,** westlich des Ortes, stehen auf einem etwa $1200 \, m^2$ großen Gelände eingeschossige, rohrgedeckte Hütten, die sog. Salzhäuser. Nach 1820 begann der preußische Staat, die Fischerei zu fördern: Die Fischer bekamen steuerfreies Salz für die Konservierung der Fische. Die kleinen, in Fachwerk oder aus Backstein errichteten Häuser waren Verschlußlager für das Salz. Heute beherbergen sie eine Gaststätte, ein Museum und Geschäfte.

Am Rande von Koserow, am Achterwasser, der schmalsten Stelle Usedoms, lebte für mehr als 50 Jahre der Maler Otto Niemeyer-Holstein. Für 60,65 Mark hatte er sich 1932 in Berlin einen ausrangierten S-Bahn-Wagen gekauft, der zur ›Keimzelle‹ seines skurrilen Wohnsitzes wurde. Anbauten ließen indes bald nichts mehr von dem Waggon erkennen. Niemeyer-Holsteins Lebens- und Arbeitsstätte ist heute ein Museum. Im Garten, Wohnhaus und Atelier stehen Plastiken von Waldemar Grzimek, Wieland Förster, Fritz Cremer, Wilhelm Lehmbruck, Gustav Seitz und anderen namhaften Bildhauern. Im Raum neben dem ›Tabu‹, dem Mitte der sechziger Jahre eingerichteten Atelier, hängen Bilder von Niemeyer-Holstein, Max Schwimmer, Wilhelm Rudolph, Curt Stormer und anderen.

»Lüttenort/Usedom« steht fast überall als Adresse der Niemeyer-Holstein-Gedenkstätte verzeichnet, doch eine postalische Bezeichnung ist es nicht.

»Lüttenort heißt nicht Lüttenort, weil's ein lütter Ort ist. Lüttenort ist der Ort des Lütten. Und der Lütte war unser kleines Segelboot.«

So erklärte es der Künstler, der seinem Wunsch entsprechend 1984 auf dem Friedhof von **Benz** beigesetzt wurde, in jenem Ort, in dem er zu Beginn der siebziger Jahre die 1836 erbaute Holländerwindmühle gekauft hatte, um sie als kulturhistorisches Denkmal zu erhalten.

Otto Niemeyer-Holstein

Altmeister norddeutscher Landschaftsmalerei

geb. 1896 in Kiel, gest. 1984 in Koserow/Lüttenort

Um 1950 hingen in Zempin und Koserow auf der Insel Usedom Plakate mit der Aufschrift: »Mit dem Segler 'Orion' Gesellschaftsfahrten auf dem Achterwasser. Pro Person und Stunde eine Mark. Otto Niemeyer, Lüttenort.« Bilder waren in den Jahren nach dem Krieg Luxus und kaum gefragt – Otto Niemeyer-Holstein verkaufte selten eines, von der Kunst konnte er nicht leben. Also ließ er sich als ›Boddenschipper‹ registrieren. 1955 und 1956 fanden endlich eigene Ausstellungen statt, in Kassel, Lübeck, Halle, Berlin und Erfurt. Tausende konnten seine Landschaften, aber auch seine Menschen und Stilleben betrachten.

Niemeyer-Holstein schuf Ölgemälde und Aquarelle, dem Impressionismus verbunden und von empfindsamer Ausdruckskraft. Seit den sechziger Jahren beschäftigte sich der Künstler zunehmend mit Zeichnungen, Holzschnitt, Lithographie und Radierung. Ein immer wieder-kehrendes Motiv: der Strand. »Ich gehe jeden Morgen hin, und der Strand ist auch jeden Tag, jede Stunde anders«, sagte er 1982 in einem Fernsehfilm zu seiner Person. »Ich bin der Ansicht, wenn es mir gelingt, dazu beizutragen, daß der Strand neu gesehen wird, dann habe ich meine soziale Aufgabe erfüllt.«

Immer mehr Neugierige strebten vor allem in den Sommermonaten dem kleinen Anwesen am Koserower Achterwasser zu, um dem mittlerweile berühmten Künstler die Hand zu drük-ken. Ausweichen konnte er selten, denn das Atelier befand sich im Haus. Deshalb ließ er den Schuppen zum Atelier umbauen, ›Tabu‹ genannt: »Ich bin böse, wenn ich mit Nichtigkeiten aus der Konzentration gerissen werde, es stört mich, wenn jemand hereingeschneit kommt und was Belangloses fragt. Ich sage immer, wäre ich Arzt und würde operieren, käme nie-mand auf die Idee, einfach die Tür aufzureißen. Und wenn ich unwirsch werde, heißt's, der Alte hat schlechte Laune. Stimmt nicht, der Alte will nur in Ruhe arbeiten.«

Das ›Tabu‹ präsentiert sich heute noch so wie am Todestag Otto Niemeyer-Holsteins am 20. Februar 1984: Auf der Staffelei steht das unvollendete Selbstbildnis, und alles ist so, wie es der Altmeister der norddeutschen Landschaftsmalerei, von seinen Verehrern ›Picasso des Nordens‹ genannt, selbst bestimmt hatte: »Es sollen Bilder an den Wänden hängen, bestimmte Bilder, die ich festlegen will – für mich wichtige, oder die seit langem hier hängen oder die hierher gehören. Die Türen sollen für Besucher offen sein, und jeder soll denken: Gleich wird der Alte mit dem Stock auftauchen – und zum Eintreten einladen.«

Usedoms Seebäder reihen sich wie Perlen auf einer Schnur: Hier gibt es noch zwischen 1860 und 1910 erbaute Hotels, Pensionen und Villen im Stil der sog. Bäderarchitektur. ›Die drei Schwestern‹ werden Bansin, Heringsdorf und Ahlbeck genannt, da sie fast zusammengewachsen sind. Eine 10 km lange Strandpromenade führt von Bansin über Heringsdorf nach Ahlbeck: links das Wasser und der weiße, feine Sandstrand, rechts ein architektonisches Band, das nur selten ein ausdrucksloser Neubau stört. In Bansin

323

und Ahlbeck stehen Pensionen und Hotels im Stile der Bäderarchitektur, in Heringsdorf vor allem prunkvolle, von Gärten umgebene Villen.

Die jüngste Geschichte aller Seebäder auf Usedom hat **Bansin** vorzuweisen – 1887 erst wurde es als Bade-, Kur- und Erholungsort gegründet. Ein Jahr später entstand das Tanzrestaurant ›Café Asgard‹ an der Strandpromenade 15, in den zwanziger Jahren ›St. Pauli des Nordens‹ genannt. Der Tanzsaal mit Deckentäfelung und Stofftapeten im Obergeschoß blieb aus dieser Zeit erhalten.

Aus einer 1818 angelegten namenlosen Fischerkolonie ging Usedoms vornehmstes Seebad hervor: **Heringsdorf**; der an den einstigen Haupterwerb der Einheimischen erinnernde Name soll vom preußischen Kronprinzen Friedrich Wilhelm stammen. Der Badebetrieb begann, nachdem der Gutsbesitzer und Oberforstmeister von Bülow 1825 drei Logierhäuser hatte erbauen lassen, darunter für die eigene Familie das ›Weiße Schloß‹ auf dem Kulmhügel. Der Bau der Kirche erfolgte auf königlichen Wunsch. 1836 besuchte Friedrich Wilhelm IV., mit dem Schiff von Swinemünde nach Lauterbach auf Rügen unterwegs, kurz Heringsdorf und vermißte ein Gotteshaus. Des Königs Wunsch war anderen Befehl, und so erhielt Ludwig Persius den Auftrag, die Kirche zu entwerfen, eine dreischiffige Basilika aus Backstein im neogotischen Stil.

Logierhäuser in Heringsdorf, auf dem Hügel die neogotische Kirche, Lithographie des 19. Jh.

Heringsdorf wurde bald das Bad der Aristokratie und Hochfinanz. Im ›Weißen Schloß‹ wohnten 1866 Kronprinzessin Viktoria von Preußen und die späteren Kaiser Friedrich III. und Wilhelm II. Anfang unseres Jahrhunderts war der Kaiser mehrfach in der 1873 erbauten Villa der verwitweten Konsulgattin Elisabeth Staudt in der Delbrückstraße 6 zu Gast, einem zweigeschossigen, mondänen Bau mit Mittelrisalit und Eckturm an der Westseite.

Nach der berüchtigten ›Aktion Rose‹ im Jahre 1953, die den meisten Pensions- und Hotelbesitzern ihr Eigentum raubte, zogen SED-Parteifunktionäre in das ›Weiße Schloß‹ und die unter dem Namen ›Weißes Haus‹ zum Hotel gewordene Staudt-Villa (heute Hotel ›Interflug‹). Geheimdienstchef Mielke eignete sich die benachbarte Villa ›Mankewitz‹ an und ließ sich daneben aus Glas und Beton eine Sommerresidenz mit Schwimmhalle, Kegelbahn und Sauna erbauen – das heutige Hotel ›Strandidyll‹ an der Promenade.

Zu Ruhm gelangte die Villa ›Irmgard‹ in der Maxim-Gorki-Straße, die der in Berlin lebende Jurist Friedrich Becher 1922 an den großen russischen Dichter Maxim Gorki vermietete. Becher stellte dem Russen, der in Deutschland sein Lungenleiden kurieren wollte, sogar sein privates ›arabisches Zimmer‹ zur Verfügung. In dem Haus schrieb Gorki an seinem autobiographischen Roman »Meine Universitäten«, hier besuchte ihn u. a. der berühmte russische Sänger Fjodor Schaljapin. Beim Abschied am 25. September 1922 schrieb Gorki ins Gästebuch der Villa ›Irmgard‹: »Und dennoch und trotzdem werden die Menschen eines Tages wie Brüder leben.« Die Villa ist heute ein Museum, in dem weitere berühmte Heringsdorfer Gäste vorgestellt werden, z.B. Johann Strauß und Heinrich Mann.

Das ›Strandkasino‹ brannte im Juni 1945 ab; an seiner Stelle erbaute die Sowjetarmee, die nach dem Zweiten Weltkrieg große Teile von Heringsdorf als Sanatorium nutzte, das heutige eingeschossige Kulturhaus. Die Bismarck-Säule, auf dem Präsidentenberg 1906 nach einem Entwurf von Otto Rietz errichtet, wurde 1946 gesprengt, die 500 m lange Seebrücke von 1891/92 mit türmchenreichen Aufbauten, einstmals als eine der schönsten an der deuschen Küste gepriesen, 1958 Opfer eines Brandanschlags.

Ahlbeck hat seinen Ursprung in einem um 1800 gegründeten Fischerdörfchen. 1852 fand die erste Badesaison statt, 1922 gehörte Kurt Tucholsky zu den Badegästen. Wahrzeichen des Ortes ist die am 29. März 1898 eingeweihte Seebrücke, das einzige historische Bauwerk dieser Art an der Ostseeküste Mecklenburg-Vorpommerns (s. Farbabb. 19). 250 m schob sich ihr im Winter 1941/42 zerstörter Landungssteg ins Meer, übrig blieb die um 1900 entstandene Gaststätte, von der seit 1993 wieder ein Landungssteg ins Meer sticht. Das einst bräunlich gestrichene Gebäude war Drehort für das finale Familienessen in Loriots Film »Papa ante portas«, für dessen heiter-humoristische Atmosphäre es einen strahlend weißen Anstrich verpaßt bekam. Am Zugang zur Seebrücke steht eine 1910 aus Spendenmitteln errichtete, 3 m hohe Jugendstiluhr, die eine Wetterfahne in Gestalt einer Kogge bekrönt. Die neogotische Kirche von 1894/95 mit reichem Architekturdekor besitzt eine einheitliche Innenausstattung aus der Erbauungszeit. Durch eine Stiftung Kaiser Wilhelms II. öffnete 1913 das Kaiser-Wilhelm-Kinderheim in der Dünenstraße 2. Die aus hölzernen Fertigteilen errichtete bungalowähnliche Anlage, in der sich von Mai bis Oktober jährlich rund 900 Großstadtkinder erholten, blieb im wesentlichen bis heute unverändert.

Das größte Seebad im nördlichen Teil der Insel ist **Zinnowitz,** als Fischer- und Bauerndorf 1309 erstmals urkundlich genannt. 1880 empfing das ›Strandhotel‹, später unter dem Namen ›Kurhaus Preußen‹ bekanntgeworden, seine ersten Gäste. Zu DDR-Zeiten trug es den Namen ›Glück auf‹, von 1953–83 der gebräuchlichste Gruß in Zinnowitz, denn 1953 nahm die Industriegewerkschaft Wismut das gesamte Seebad in Besitz. Der Gewerkschaft gehörten die im Erzgebirge und Südostthüringen tätigen Bergleute der ›Sowjetisch-Deutschen-Aktiengesellschaft Wismut‹ an. Neubauten in Zinnowitz sind das im stalinistischen Stil 1953–56 errichtete Kulturhaus mit einem 900 Personen fassenden Kino- und Theatersaal und an der Strandpromenade der 950-Betten-Klotz ›Roter Oktober‹ (1975–77) mit einer Meeresschwimmhalle, das sich heute ›Hotel Baltic‹ nennt.

Wer einst die Straße von Zinnowitz in Richtung Norden fuhr, dem versperrte hinter Karlshagen ein Schlagbaum die Weiterfahrt: **Peenemünde** war militärisches Sperrgebiet, zunächst unter den Nationalsozialisten und später dann als Standort der DDR-Volksmarine. Heute widmet sich ein kleines ›Historisch-technisches Informationszentrum‹, das noch weiter ausgebaut werden soll, der Raumfahrttechnik und Ortsgeschichte.

Peenemünde, Kraftwerk und MIG 17 am Museum

1936 hatten die Nationalsozialisten in Peenemünde mit dem Aufbau der Heeresversuchsanstalt begonnen. Projektleiter war der erst 24jährige Freiherr Werner von Braun, aus altem pommerschen Adelsgeschlecht stammend. Ihm gelang hier die Entwicklung der ersten automatisch gesteuerten Flüssigkeitsgroßrakete, der A 4, später V 2. Etwa 500 dieser berüchtigten Raketen, deren Prototyp am 3. Oktober 1942 abgeschossen wurde, richteten vor allem in London ungeheure Verwüstungen an. Der britische Bombergroßangriff vom 18. August 1943 konnte jedoch nicht die Versuchsanlagen und den ersten Raketenbahnhof der Welt zerstören; getroffen wurden nur die Barakken der Wissenschaftler und vor allem der Zwangsarbeiter und Häftlinge – Peenemünde war eine Außenstelle des Konzentrationslagers Sachsenhausen. Die Rote Armee sprengte 1945 die Gebäude des Versuchsgeländes; übrig blieben im wesentlichen nur die Ruinen eines Bunkers und der Sauerstoffabrik. Wernher von Braun ging in die USA, wo er wesentlichen Anteil an der Entwicklung des amerikanischen Raumfahrtprogrammes nahm – Mondlandung und Fernsehsatelliten, aber auch die modernen Cruise Missiles wären ohne Brauns Arbeit nicht denkbar.

Wer Ruhe und Beschaulichkeit liebt, der wird sich in die malerischen Dörfer am Achterwasser oder Peenestrom zurückziehen, auf den Lieper Winkel beispielsweise, oder er wird an einem der Seen zwischen Achterwasser und Kleinem Haff spazierengehen, deren Ufer meist mit Röhricht bewachsen sind. Einen schönen Überblick über die abwechslungsreiche Seen- und Hügellandschaft bekommt man vom Kückelsberg (38 m) bei Benz oder vom Glaubensberg (29 m) bei Pudagla. ›Usedomer Schweiz‹ oder ›Usedomer Seenlandschaft‹ wird diese Region oft genannt, in der es insgesamt zehn Seen gibt.

Wer die Insel am südwestlichen Ende verläßt, der kommt an der Stadt **Usedom** (2500 Einw.) vorbei, deren Namen die Insel trägt (s. Farbabb. 18). Auf dem slawischen Burgwall (auch Schloßberg) im Südosten der Stadt predigte 1128 Bischof Otto von Bamberg. Ein Riesenkreuz aus weißem Granit erhebt sich seit 1928 an dieser Stelle, die Inschrift im mächtigen Sockel lautet: »An dieser Stätte nahmen zu Pfingsten 1128 die Führer der Wenden in Westpommern das Christentum an...«. Von der Usedomer Stadtbefestigung blieb der blendengegliederte, backsteinerne Anklamer Torturm von der Mitte des 15. Jh. stehen. Die spätgotische Marienkirche, ein hervorragend restaurierter dreischiffiger Hallenbau aus Backstein, entstand im wesentlichen nach dem großen Stadtbrand von 1475, umfangreiche Veränderungen erfolgten 1891–93. Um die Marienkirche und das schlichte Barockrathaus aus dem 18. Jh. gruppieren sich meist eingeschossige Häuser, zum Teil in Fachwerk errichtet. Beim Verlassen der Insel über die ›Bäderbrücke‹ bei **Zecherin** erwecken zwei hohe Stahltürme unser Interesse. Es sind Reste der einst größten und modernsten Eisenbahn-Hubbrücke Europas (1930–32); die 600 m lange Stahlbrücke sprengte ein deutsches Militärkommando auf dem Rückzug 1945.

Vom Oderhaff zur Uckermark

☐ **Ueckermünde und die Haffküste**

Eingebettet zwischen Haff und Ueckermünder Heide liegt **Ueckermünde** (12 000 Einw.), dessen Burg bereits 1178 in einer von den Pommernherzögen Bogislaw I. und Kasimir I. unterzeichneten Urkunde genannt wird. Baufällig geworden, mußte sie um 1540 einem Renaissanceschloß weichen, in das der mittelalterliche Bergfried einbezogen wurde. Aus dem Vorgängerbau stammt auch der spätmittelalterliche Treppenturm mit seinen schönen Vorhangbogen und dem Stabwerkportal. Über diesem zeigt eine Sandsteintafel Wappen und Relief des Bauherrn, Herzog Philipp I. Die Jahreszahl 1546 dürfte sich auf die Fertigstellung der Vierflügelanlage beziehen. Wallenstein, Zar Peter I., den preußischen König Friedrich Wilhelm I. und den sächsischen Kurfürst August den Starken hat das Schloß, genauer gesagt der dreigeschossige Flügel, in dem sich die Gästezimmer befanden, beherbergt. Dieser Flügel blieb allein neben dem Bergfried erhalten, die anderen Partien mußten nach 1720 abgebrochen werden.

An der barocken Stadtkirche St. Marien, 1753–66 anstelle eines spätgotischen Vorgängerbaus errichtet, dominiert der Backsteinturm in reichen neogotischen Formen mit offenem, achtseitigem Aufsatz. Die Wand- und Deckenmalereien im Inneren stammen aus der Erbauungszeit, den prunkvollen Kanzelaltar aus dem Rokoko zieren geschnitzte Evangelistenfiguren von 1775. Das Stadtbild von Ueckermünde bestimmen überwiegend ein- und zweigeschossige verputzte Fachwerktraufenhäuser des 18. und 19. Jh.; zu den schönsten gehört das Küsterhaus in der Ueckerstraße 84. Fachwerkspeicher in der Bergstraße/Ecke Wallstraße und am Bollwerk 13 erinnern an die kurze Blütezeit des Ueckermünder Hafens im 19. Jh.

Wer die Haffküste entlang in Richtung Osten fährt, kommt über Bellin nach **Vogelsang** mit einem neogotischen Schloß, das 1845–47 nach einem Entwurf Eduard Knoblauchs 400 m vom Haffufer entfernt entstand. Wenige Jahre später machte sich Knoblauch mit der im ›maurischen Stil‹ erbauten Neuen Synagoge in Berlin, seinem Hauptwerk, einen Namen unter den Architekten des Historismus. Im Park hinter dem Schloß, das bei einer Dachveränderung 1936/37 die alte Zinnenbekrönung verlor, steht auf einem unterkellerten Hügel ein kleiner hölzerner Pavillon. Solche im Stile der Chinoiserie erbauten oder ausgemalten Teehäuser, die im 18. und 19. Jh. zu vielen

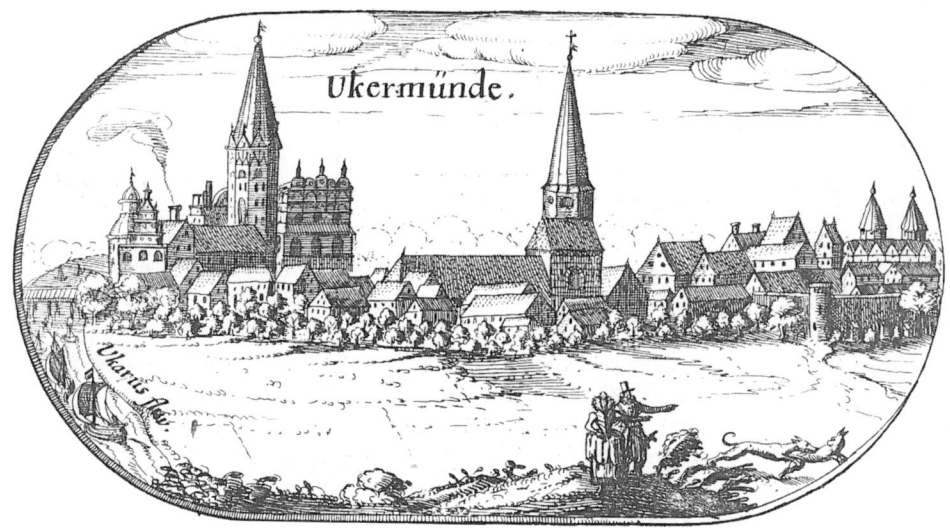

Ueckermünde in der Großen Pommernkarte des Eilhard Lubin, Teil 9, Amsterdam 1618

Parkanlagen gehörten, haben sich kaum erhalten – das in Vogelsang stellt also eine Rarität dar, auch wenn von der ›chinesischen‹ Deckenmalerei nichts mehr zu sehen ist. Eine Rarität sind auch die drei großen Kaukasischen Flügelnußbäume.

Weiter östlich, bei **Altwarp,** blieb eine nahezu unberührte Landschaft erhalten; die Altwarper Binnendünen und das Riether Werder stehen unter Naturschutz. In dieser abgeschiedenen Ecke Deutschlands, am Rande von **Luckow,** wächst der eindrucksvollste Eibenbestand Mecklenburg-Vorpommerns, etwa 100 Eiben, die hier auf engstem Raum grünen. Der Bestand wurde um 1825 erheblich dezimiert, weil das für Bauzwecke besonders geeignete Eibenholz beim Bau des Swinemünder Hafens Verwendung fand. Luckow selbst besitzt die wohl schönste Fachwerkkirche dieser Gegend, 1724–26 erbaut.

Über Ahlbeck – nicht mit dem bekannten Badeort auf Usedom zu verwechseln – erreicht man **Hintersee,** ein typisches Kolonistendorf, vom preußischen König Friedrich dem Großen 1746 auf dem Boden eines trockengelegten Sees gegründet. (Im Jahre 1720 war Vorpommern geteilt worden, und das hier behandelte Gebiet war an Brandenburg-Preußen gefallen.) Das größte Kolonisationsunternehmen des Preußenkönigs war die Trockenlegung des versumpften Oderbruchs, der heute zum Bundesland Brandenburg gehört. Die planmäßig angelegten Bauerndörfer – **Leopoldshagen** ist ein weiteres in unserem Reisegebiet – zeichnen sich durch einheitliche Gestaltung aus: links und rechts der Straße die Bauernhöfe, auf dem Anger Dorfkirche und Spritzenhaus.

329

Durch den Nadelwald der Ueckermünder Heide geht es nach **Torgelow** (14 000 Einw.), das erst 1945 Stadtrecht erhielt. Direkt an der Straßenbrücke über die Uecker steht die Ruine der mittelalterlichen Hasenburg. Der Name stammt von dem Rittergeschlecht der Hase von Torgelowen, das auf der Burg ab 1341 seinen Sitz hatte. Der Hügel war indes schon im 12./13. Jh., in der Frühphase der deutschen Besiedlung, Standort einer Burg (s. a. S. 20).

Das in der Umgebung reichlich vorkommende Raseneisenerz veranlaßte 1753 Friedrich den Großen zur Gründung der ›Königlich-Preußischen Eisenhüttenwerke‹. Die beiden in dem freistehenden Glockenstuhl hängenden Glocken am Hüttenwerkplatz sind Torgelower Erzeugnisse. Selbst die Abfälle der Hütte wußten die Torgelower sinnvoll zu verwenden: Die Umfassungsmauern des Alten Friedhofs an der Ueckermünder Straße bestehen teilweise aus Eisenschlacke. Ein typisches Gießereiarbeiterhaus vom Ende des 19. Jh. blieb mit dem zweigeschossigen Putzbau in der Karlsfelder Straße 2 erhalten. Im neogotischen Stil entstand um 1885 die Backsteinkirche mit dem 58 m hohen Turm.

☐ Am Rande der Uckermark

Uckermark bedeutet ›Grenzland der Ucker‹. Ab dem 15. Jh. wurde der aus dem Slawischen abgeleitete Name für ein zwischen dem späteren Mecklenburg-Strelitz und Pommern liegendes Gebiet gebraucht, durch das die Uecker fließt. Diese Landschaft war zwischen Mecklenburg, Brandenburg und Pommern heftig umkämpft, worunter auch die am Nordrand der Uckermark gelegene Stadt **Pasewalk** (16 000 Einw.) zu leiden hatte. Was diese Kriege und Brandschatzungen verschonten, vernichtete der Zweite Weltkrieg: Pasewalks Innenstadt, auf ellipsenförmigem Grundriß mit dem typischen gitterförmigen Straßennetz früher Siedlungsstädte planmäßig angelegt, wurde fast vollständig zerstört; der Neuaufbau erfolgte leider im anonymen DDR-Einheitsstil.

Von der einst 2488 m langen Befestigung, mit der sich die Stadt im 14. Jh. umgeben hatte, blieben noch vier spätgotische Backsteintürme aus dem 15. Jh. erhalten: auf quadratischem Grundriß der zylindrische ›Kiek in de Mark‹, der runde Pulverturm mit seinem Zinnenkranz, der Mühlentorturm, der sich vom mächtigen quadratischen Untergeschoß über den achteckigen Turmaufsatz bis zum gemauerten Spitzhelm stufenweise verjüngt, und schließlich der Prenzlauer Torturm mit seinen Spitzbogenblenden.

Die Pfarrkirche St. Marien, eine beeindruckend hohe dreischiffige Backsteinhalle aus dem 14. Jh., erneuerte Friedrich August Stüler 1841–63 (s. Abb. 63). Auch die Pfarrkirche St. Nikolai aus dem 13. Jh., im 16. Jh. zur dreischiffigen Halle umgebaut, besitzt nicht mehr ihre einstige Innenausstattung. Seit der Restaurierung 1824–28, an der Karl Friedrich Schinkel beteiligt war, präsentiert sie sich wie St. Marien im neogotischen Stil. Zu Beginn des 16. Jh. entstand das ehemalige Hospital St. Spiritus, ein Backsteingiebelhaus, das einst als Altersheim diente (Ueckerstraße 1).

Viele Dörfer in der Umgebung von Pasewalk sowie die Stadt Brüssow waren 1952 gegen ihren Willen von dem aufgelösten Land Brandenburg zum neugegründeten mecklenburgischen Bezirk Neubrandenburg gekommen. 1990 fanden sie sich plötzlich im neuen Bundesland Mecklenburg-Vorpommern wieder. Nach Volksbefragungen durften diejenigen Gemeinden, die sich Brandenburg anschließen wollten, schließlich dorthin zurückkehren.

Die Stadt **Strasburg** (7400 Einw.) verblieb bei Mecklenburg-Vorpommern, obwohl sie von 1478 an brandenburgisch gewesen war. Das im 13. Jh. planmäßig am Nordwestrand der Uckermark angelegte Strasburg wurde wie viele Städte dieser Region am Ende des Zweiten Weltkriegs schwer zerstört. Die Stadtkirche St. Marien, eine dreischiffige Hallenkirche, besitzt von einem 1250–80 entstandenen frühgotischen Feldsteinbau noch Chor und südlichen Westturm; das Langhaus aus Backstein mit Sterngewölben wurde Mitte des 15. Jh. errichtet. Am Markt, an der Ernst-Thälmann- und Falkenberger Straße stehen noch einige Häuser des 19. Jh. Zu den ältesten gehört die ehemalige Schule hinter der Stadtkirche, in der sich das Heimatmuseum befindet (Pfarrstraße 22a).

Im 5 km nördlich von Strasburg gelegenen **Schönhausen** zeigt sich das von Friedrich Wilhelm Buttel 1843 entworfene klassizistische Schloß seit 1990 wieder in alter Schönheit. Die kleine Dorfkirche aus Fachwerk birgt eine komplette barocke Inneneinrichtung. Der qualitätvolle spätgotische Schnitzaltar in der frühgotischen Feldsteinkirche von **Lindow** zeigt ebenso wie derjenige in der frühgotischen Dorfkirche von **Rattey** Maria im Strahlenkranz. In Rattey sollte man dem östlichen der backsteinernen Südportale einen Blick schenken: Die Einfassungen sind reich profiliert, in der spitzbogigen Schildblende ist eine Maßwerkrosette ausgespart. Gegenüber der Kirche steht auf der Pferdekoppel zu beiden Seiten des Gutsparks eine Gruppe von 15 alten Eichen mit gewaltigem Stammumfang.

Fünf Windmühlen in einem Ort – das kann in den fünf ostdeutschen Bundesländern nur **Woldegk** (4200 Einw.) vorweisen. Drei von ihnen stehen auf dem Mühlenberg am westlichen Stadtrand: eine zum Wohnhaus umgebaute Turmwindmühle und zwei Holländermühlen, von denen die 1883 erbaute zum Mühlenmuseum wurde. An der B 104 blieben zwei Turmwindmühlen vom Ende des 19. Jh. erhalten, eine am südlichen Stadtrand, die andere am östlichen. Das am Ende des Zweiten Weltkriegs fast vollständig zerstörte Woldegk war 1236 durch Fürst Heinrich II. von Mecklenburg planmäßig mit dem üblichen gitterförmigen Straßennetz angelegt worden. Die dreischiffige Pfarrkirche St. Petri aus dem 15. Jh. und Teile der um 1300 aufgeführten Befestigungsmauer aus Feldsteinen blieben von der mittelalterlichen Stadt erhalten. Nördlich der Kleinstadt, in den Helpter Bergen, gibt es mit 179 m die höchste Erhebung Mecklenburg-Vorpommerns.

Das Mausoleum in **Koblentz,** von Friedrich Hitzig 1872 für die Familie von Eichstadt in spätklassizistischen Formen entworfen, wurde zur Dorfkirche umgestaltet. Nachdem das Koblentzer Gotteshaus wegen Baufälligkeit abgetragen werden mußte, stellte die

Turmwindmühle in Woldegk

Familie von Eichstadt den Grabbau mit seinem säulengetragenen, übergiebelten Portikus 1895 als Kirche zur Verfügung. Von der um 1400 erbauten Burg in **Rothenklempenow** steht noch der backsteinerne Bergfried mit seinem Feldsteinsokkel. Unter der barocken Innenausstattung der Kirche fällt vor allem der Kanzelaltar wegen seiner reichen Akanthusblattschnitzerei auf. Von der Herrschaftsempore aus nahmen die adligen Grundbesitzer am Gottesdienst teil, schon räumlich über ihre bäuerlichen Untertanen erhoben. Der Grafiker Paul Holz, 1883 im benachbarten Riesenbrück geboren, wird in einer Gedenkstätte (Dorfstraße 34) im Ortsteil **Borken** gewürdigt, in der etwa 150 Reproduktionen seiner Zeichnungen sowie Fotos und Briefe gezeigt werden. Paul Holz, dessen Arbeiten sich u. a. im Staatlichen Museum Schwerin befinden, zählt zu den hervorragendsten Gestaltern des bäuerlichen Lebens in Mecklenburg.

Bereits 1212 wird die in der Flußniederung der Randow gelegene **Burg Löcknitz** erwähnt. Zunächst eine Fluchtburg der Slawen, wurde sie später zur Grenzfeste gegen die benachbarte Mark Brandenburg ausgebaut. Von dem mittelalterlichen Bau blieb aus dem 14. Jh. der backsteinerne achteckige Bergfried auf quadratischem Sockel stehen. Neben der Burg war um 1557 ein schlichtes Renaissanceschloß entstanden, das 1688 in den Besitz des brandenburgischen Kurfürsten gelangte. Nachdem das Bauwerk in unserem Jahrhundert fast drei Jahrzehnte leerstand, sprengte man es 1985. Der **Löcknitzsee** südlich des Dorfes gehört zu einem Landschaftsschutzgebiet, in dem eine artenreiche Vogelwelt beobachtet werden kann.

Im Nordosten der Uckermark erbauten die pommerschen Bischöfe eine weitere Grenzfeste zu Brandenburg, in deren Schutz sich das 1240 erstmals genannte **Penkun** (1700 Einw.) entwickelte. Auf den Resten der mittelalterlichen Burg entstand, vermutlich unter Leitung des Italieners Thaddäus Paglion, um 1600 ein großes Renaissanceschloß. Die unregelmäßige Dreiflügelanlage mit einem achtseitigen Eckturm im Nordosten ist weithin zu sehen. Der größte Brand in der Stadtgeschichte hatte 1854 auch die Kirche östlich des rechteckigen Marktplatzes vernichtet; 1860–62 wurde sie in neogotischen Formen neu erbaut, die Innenausstattung stammt ebenfalls aus dieser Zeit.

Ausgewählte Literatur

Adamiak, Josef: Schlösser und Gärten in Mecklenburg, Leipzig 1985

Albrecht, Wolfgang (Hrsg.): Exkursionsführer Mecklenburg-Vorpommern (Geographie), Braunschweig 1991

Arndt, Ernst Moritz: Kater Martinchen, Rostock 1992

ders.: Märchen aus dem Norden, Frankfurt/M. 1990

Barke, Norbert: Die Kirche in Altenkirchen und die Kapelle in Vitt, Berlin 1988

Barnewitz, Friedrich: Geschichte des Hafenorts Warnemünde, Rostock 1992

Baumgarten, K./Heim, A.: Landschaft und Bauernhaus in Mecklenburg, Berlin 1987

Betthausen, Peter: Philipp Otto Runge – Briefe und Schriften, Berlin 1983

Burkhardt, Albert: Mitten in Mecklenburg, Leipzig 1987

Buske, Norbert/Helms, Thomas: Greifswald – Innenansichten, Rostock 1992

Dehio, Georg: Handbuch der deutschen Kunstdenkmäler: Mecklenburg, München 1990

Die Bau- und Kunstdenkmale in der DDR – Bezirk Neubrandenburg, Berlin 1982

Die Bau- und Kunstdenkmale in der DDR – mecklenburgische Küstenregion, Berlin 1990

Die Revolution der Königin Luise. Geschichten aus Mecklenburg, Rostock 1990

Dressler/Kempowski/Borchert/Emersleben: Mecklenburg-Vorpommern, München 1991

Ewe, Anni und Herbert: Stralsund und Umgebung, Schwerin 1991

dies.: Hiddensee, Rostock 1984

dies.: Rostock, Rostock 1989

dies.: Rügen, Rostock 1987

Fait, Joachim: Die Marienkirche zu Greifswald, Berlin 1989

Folkers, Johann: Haus und Hof deutscher Bauern, Mecklenburg, Münster 1961

Fret, Rosemarie: Anklam – die Otto-Lilienthal-Stadt, Innenansichten, Rostock 1992

Friedland, Klaus: Die Hanse, Stuttgart 1991

Fründt, Edith: Zisterzienser-Kloster Doberan, München/Zürich 1991

Gärtner, Hannelore: Georg Friedrich Kersting, Wiesbaden 1989

Gerds, Peter/Gehrke, Wolf Dietrich: Vom Fischland in die Welt, Rostock 1987

Grambow, Jürgen/Kiesling, Gerhard: Wittow, Leipzig 1987

Hampel, Heide: Adolf Glaßbrenner und die Zeit seines Exils von 1841–1850 in Mecklenburg-Strelitz, Neubrandenburg 1990

Heim, Angelika/Hamer, Detlef: Fischland, Darß, Prerow und Zingst – Innenansichten, Rostock 1992

dies.: Rostock – Innenansichten, Rostock 1992

Heimkehr nach Mecklenburg. Eine Reise in die Vergangenheit, Rostock 1990

Helm, Thomas u.a.: Schwerin – Stadt zwischen Seen und Wäldern, Bremen 1990

Hermann-Winter, Renate: Kleines plattdeutsches Wörterbuch, Rostock 1990

Hofer, Klaus-Jürgen: Fischland, Darß, Zingst, Leipzig 1986

Huch, Ricarda: Im Alten Reich. Lebensbilder deutscher Städte, Berlin 1980

Hückstädt, Arnold: Reisen zu Reuter, Berlin/Leipzig 1990

Jensen, Jens Christian: Caspar David Friedrich, Köln 1988

Kälin, Ursel: Frühzeit des Ostslaventums, Darmstadt 1992

Karge, Wolf u.a.: Museumsführer Mecklenburg-Vorpommern, Schwerin 1991

Kempowski, Walter: In Rostock, Freiburg 1990

Kieling, Uwe/Priese, Gerd (Hrsg.): Historische Stadtkerne, Berlin/Leipzig 1990

Kirschner, Harald/Uhl, Heidrun: Neubrandenburg, Leipzig 1989

Koch, Ingo/Meuche, Brigitta (Hrsg.): Mecklenburg-Vorpommern, Berlin 1991

Kraatz, Dieter: Köstlichkeiten einer Inselküche, Leipzig 1990

Kraft, Ruth: Insel ohne Leuchtfeuer (Peenemünde-Roman), Berlin 1990

Krägenow, Peter/Wegner, Eginhard: Regionalführer Mecklenburg-Vorpommern, Berlin 1991

Krauß, Neidhardt/Fischer, Egon: Unterwegs zu Burgen, Schlössern und Parkanlagen in Vorpommern, Rostock 1991

dies.: Unterwegs zu Burgen, Schlössern und Parkanlagen in Mecklenburg, Rostock 1991

Krempien, Margot: Schweriner Schloßbaumeister G. A. Demmler 1804–1866. Eine Biographie, Schwerin 1991

Krüger, Renate: Ludwigslust, Rostock 1992

Krüger, Renate/Helm, Thomas: Schwerin und sein Schloß, Rostock 1992

Lemke, Karl/Müller, Hartmut: Tourist-Führer Naturdenkmale, Berlin/Leipzig 1988

Madaus, Christian: Sprichwörter und Redensarten aus Mecklenburg, Husum 1990

Martenstein, Harald/Peuckert, Tom: Rügen, Hiddensee und Stralsund, Berlin 1991

Meinhold, Wilhelm: Die Bernsteinhexe Maria Schweidler, Berlin 1992

Meyer-Scharffenberg, Fritz: Wismar, die Insel Poel und der Klützer Winkel, Rostock 1984

ders.: Zwischen Meer und Bodden, Rostock 1986

ders.: Zwischen Strom und Haff, Rostock 1987

Miethe, Käthe: Bark Magdalene, Rostock 1987

Müller, Hans: Tourist-Führer Dome, Kirchen, Klöster, Berlin 1986

Müller, Manfred/Große, Gerald: Die Mecklenburger Schweiz unter anderem, Leipzig 1990

Neumann, Siegfried: Sagen aus Pommern, München 1991

Ohff, Heinz: Peter Joseph Lenné, Berlin 1989

Peesch, Reinhold/Rudolph, Wolfgang: Mecklenburgische Volkskunde, Leipzig 1988

Peters/Marx/Frank/Kramer: Mecklenburg-Vorpommern Maritim, Rostock 1992

Prignitz, Horst: Vom Badekarren zum Strandkorb, Leipzig 1977

Probst, Lothar (Hrsg.): Rostock – Stadt an der Warnow, Bremen 1991

Reimann, Brigitte: Franziska Linkerhand, München 1990

Richter, Egon/Heim, Angelika: Die Insel Usedom, Rostock 1992

Sanders, Willy: Sachsensprache, Hansesprache, Plattdeutsch. Sprachgeschichtliche Grundzüge des Niederdeutschen, Göttingen 1982

Schorler, Vicke: Die wahrhaftige Abcontrafaktur der See- und Hansestadt Rostock des Krämers Vicke Schorler, repr. Rostock 1988

Schuldt, E.: Groß Raden – ein slawischer Tempelort des 9. und 10. Jahrhunderts in Mecklenburg, Berlin 1985

Seidel, Heinrich: Leberecht Hühnchen. Prosa-Idyllen, Frankfurt/M. 1990

Siegmund, Wolfgang: John Brinckman (1814–1870), Neubrandenburg 1990

Traeger, Jörg: Philipp Otto Runge und sein Werk. Monographie und kritischer Katalog, München 1975

Trost, Heinrich/Scheffler, Ingo: Rügen, Landschaft und Kultur der Insel, Berlin 1991

Vitense, Otto: Geschichte von Mecklenburg, repr. Würzburg 1990

Volster, Hanjo: Wismar, Rostock 1991

Voß, Johann Heinrich: Werke in einem Band, Berlin 1983

Welk, Ehm: Die Heiden von Kummerow. Die Gerechten von Kummerow. Die Lebensuhr des Gottlieb Grambauer, Rostock 1990

Westliches Mecklenburg, Bremen 1991

Wille, Hermann Heinz: Insel Usedom, Leipzig 1986

Wirth, Hermann: Tourist-Führer Technik, Berlin/Leipzig 1990

Witt, Horst: Rostock, Rostock 1991

Wolf, Christa: Sommerstück, Frankfurt/M. 1989

Wossidlo, Richard: Riemels un Lüüd's-nack. Mecklenburgische Volksüberlieferungen, Heide 1982

Wurlitzer, Bernd: Mecklenburger Seenplatte, Ostfildern 1993

Wurlitzer, Bernd: Ostseeküste Mecklenburg-Vorpommern, Ostfildern 1993

Wurlitzer, Bernd: Tourist-Führer Museen, Berlin 1990

Wurst, Werner: Die Insel Hiddensee, Leipzig 1979

Zaske, Nikolaus/Hardenberg, Harry: Stralsund, Leipzig 1986

Zimmerling, Dieter/Blase, Dieter: Mecklenburg-Vorpommern, Braunschweig 1991

Zschocke, Gerda/Drommer, Günther (Hrsg.): Mecklenburg – Ein Reiseverführer, Rudolstadt 1990

Die Werke von Hans Fallada, Gerhart Hauptmann, Uwe Johnson und Fritz Reuter liegen jeweils in verschiedenen Ausgaben im Buchhandel vor.

Erläuterung der Fachbegriffe (Glossar)

Anna Selbdritt Darstellung der hl. Anna mit ihrer Tochter Maria und dem Jesuskind

Apsis meist halbrunder, im Gebiet der → Backsteingotik auch flach abschließender Gebäudeteil im Osten der Kirche, mit dem → Chor zu einem Raum verschmolzen

Arkade Bogenstellung über → Säulen oder → Pfeilern

Atlant Steinfigur, meist männlich und nackt, die anstelle von Säulen oder Pfeilern Gebälk trägt

Attika brüstungsartiger Aufbau über dem Hauptgesims bzw. einer Säulen- oder Pfeilerordnung

Backstein gebrannter Ziegel aus Lehm

Backsteingotik Sonderstil der Gotik im norddeutschen Raum (s. a. S. 27 f.)

Barock Stil der europäischen Kunst von etwa 1600–1750

Basilika

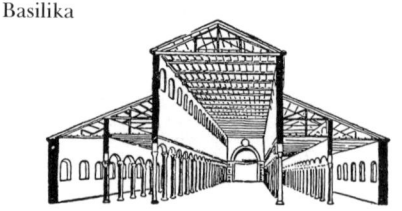

Basilika kirchliche Bauform, bei der das Mittelschiff die Seitenschiffe überragt; längsgerichteter, meist dreischiffiger Grundriß, in einer → Apsis schließend, oft mit Querschiff (s. a. S. 24)

Bauernlegen Bezeichnung für das vor allem im 17. Jh. erfolgte Verdrängen der Bauern von ihrem Grund und Boden durch den Gutsherrn, um das Bauernland selbst zu übernehmen

Benediktiner Mönchsorden, um 529 vom hl. Benedikt von Nursia gegründet

Bergfried Haupt- und Fluchtturm der mittelalterlichen Burg

Blende einem Baukörper eingefügte oder vorgeblendete, rein dekorative Scheinarchitektur, z. B. Blendbogen: der geschlossenen Wand aufgelegte Bogenstellung; Blendfenster: vorgeblendetes Fenster ohne dahinterliegende Öffnung

Bodden seichte Meeresbucht an der südlichen Ostseeküste mit meist zerlappten Uferrändern; durch Überflutung in der Nacheiszeit entstanden

Büdner Dorfbewohner, auch Häusler genannt, die ein eigenes kleines Haus mit Garten und etwas Vieh besaßen, jedoch kein ausreichendes Ackerland, weshalb sie in der Regel als Tagelöhner arbeiteten

Bündelpfeiler um einen → Pfeiler gelegte dünne Dreiviertelsäulen, die oft den Kern ganz verstecken können

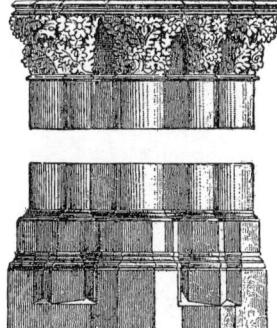

Chinoiserie europäische Nachbildungen chinesischer Kunst, besonders verbreitet im 18. Jh., z. B. Nachbauten von Pagoden als Gartenpavillons

Chor Altarraum einer Kirche, liegt oft einige Stufen höher als der Gemeinderaum

Dachreiter Türmchen auf dem Dachfirst

Deutsche Ostsiedlung Besiedlung des heutigen Osteuropa, u. a. auch Mecklenburg-Vorpommerns, durch Siedler aus den Kerngebieten des deutschen Reichs ab dem späten 12. Jh. (s. a. S. 21)

Diele Hauptraum des → niederdeutschen Hallenhauses

Dienst dünne Viertel- bis Dreiviertelsäule, die Gurte und Rippen gotischer Gewölbe stützt

Dominikaner Bettelmönchs- und Predigerorden, 1216 vom hl. Dominikus gegründet

Drost früher norddeutsche Bezeichnung für den Verwalter der Drostei, eines Verwaltungsbezirks

Ehrenhof nach vorne offener Hof des Barockschlosses, an drei Seiten von den Schloßgebäuden umgeben

Empire unter Napoleon I. entwickelter klassizistischer Stil mit Anklängen an römische Antike und altägyptische Kunst

Empore tribünenartige Aufbauten, in Kirchen z. B. über den Seitenschiffen oder im Westen als Orgel- oder Sängerempore

Epitaph an der Wand angebrachtes Gedächtnismal für einen Verstorbenen, meist nicht mit dem Grab verbunden

Fachwerk Hausbauweise aus einem in der Regel aus Holz hergestellten Stabwerk-Skelett, bei der die Zwischenräume (Gefache) mit Lehm oder Backsteinen ausgefüllt sind

FDGB Freier Deutscher Gewerkschaftsbund, dessen Vorsitzender stets dem obersten Parteigremium der → SED angehörte; der Feriendienst des FDGB besaß rund 700 Erholungsheime und verteilte jährlich 4,7 Mio. Reisen an Gewerkschaftsmitglieder und deren Angehörige

337

Fiale schlankes, spitzes Türmchen der Gotik als Bekrönung auf → Strebepfeilern oder → Wimpergen

Über dem Maßwerkfenster ein Wimperg, an den Außenseiten Fialen

Formstein besonders geformter Stein als wiederholbares Versatzstück in Zierfriesen, Portal- und Fensterrahmungen etc. (s. a. S. 29)

Franziskaner Bettelmönchsorden, im Jahre 1209 vom hl. Franziskus von Assisi gegründet

Fries horizontales schmales Band zur Gliederung und Dekoration von Wänden

Fries aus sich kreuzenden Rundbogen

Gaube größeres, aus einem Dach herausgebautes Fenster, oft mit eigenem Dach

Gotik Stil der europäischen Kunst, im deutschen Kunstraum etwa 1230–1500

Gründerzeit Zeit in Deutschland von etwa 1870–90, geprägt durch die Wachstumseuphorie nach dem Krieg 1870/71, als Baustil der → Historismus

Gurtbogen zwischen den → Jochen eines Gewölbes angebrachter Querbogen mit statischer und gliedernder Funktion

Haff von einer Nehrung – einem schmalen, aus Sand aufgebauten Landstreifen – vom Meer abgetrennte Bucht

Hallenkirche, Halle meist dreischiffige Kirche mit mehreren gleich hohen oder fast gleich hohen Schiffen; das Licht fällt durch große Fenster in den Seitenschiffwänden ein, Querschiff und Chor entfallen oft; aus Westfalen stammende, in der → Backsteingotik häufig angewandte Bauform (s. a. S. 24)

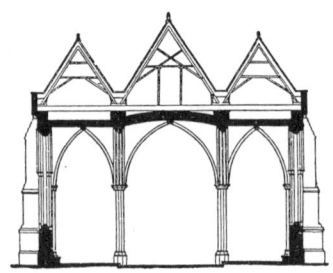

338

Historismus Kunststil von etwa 1820 bis 1900, verband die verschiedensten Kunst- und Baustile vergangener Epochen mit Auffassungen der eigenen Zeit: Neogotik, Neorenaissance, Neobarock etc.

Holländermühle Windmühle, bei der auf einem massiven steinernen Unterbau die drehbare Dachkappe mit dem meist vierflügligen Windrad sitzt, auch Turmmühle genannt

Joch der einem Gewölbefeld entsprechende Teil einer Kirche

Kapellenkranz mehrere um einen Chor bzw. Chorumgang radial angeordnete Kapellen

Kapitell oberer Abschluß von → Säulen und → Pfeilern in ornamentaler, pflanzlicher oder figürlicher Ausführung

Trapezkapitell

gotisches Blattkapitell

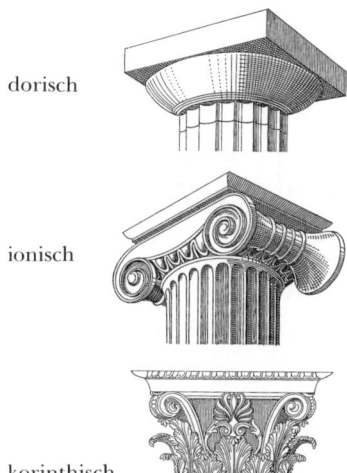

dorisch

ionisch

korinthisch

Karyatide weibliche Gewandstatue, die anstelle von → Säulen oder → Pfeilern Gebälk trägt

Kate kleines, ärmliches Haus der Tagelöhner und landarmen Bauern

Kavalierhaus vom Haupttrakt eines Schlosses getrennter Seitenflügel

Klassizismus Stil der europäischen Kunst von etwa 1770–1830, gekennzeichnet durch Rückgriffe auf die klassische Antike

Klinker hartgebrannter Ziegel aus Ton von bläulich-roter bis schwarzer Farbe, je nach dem Kalk- und Eisengehalt des Tons

Kolonnade Säulenreihe mit geradem Gebälk

339

Konsole aus der Mauer vorspringender Tragstein, etwa für Bogen oder → Dienste

Kreuzrippengewölbe für die Entstehung der Gotik entscheidende Konstruktionserfindung: Rippen ersetzen die Grate des einfachen Kreuzgewölbes, das aus der Durchdringung zweier Tonnengewölbe entstanden war; so wurde eine bes-

Kreuz-
gewölbe

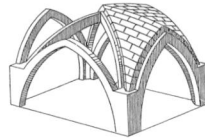

Kreuz-
rippen-
gewölbe

sere statische Ableitung der Drucklasten möglich; häufigste Gewölbeform in der Gotik

Krüppelwalmdach an den Giebelspitzen abgeschrägtes → Walmdach

Kuppel flach-, halb- oder spitzkuglige Überwölbung eines Raums, auf kreisrunder Basis

Langhaus Kirchenteil zwischen Fassade und → Querschiff bei einer → Basilika, bestehend aus einem oder mehreren → Schiffen und gegebenenfalls Seitenkapellen

Laterne kleiner, runder oder vieleckiger, mit Fenstern versehener Aufbau über einer Decken-, Gewölbe- oder Kuppelöffnung

Levitenstuhl Dreisitz für den Priester und seine beiden Diakone, meist aus Holz gearbeitet und Teil des Chorgestühls

Marstall zu einem Schloß gehörendes Gebäude für die Pferdehaltung; Reit- und Fahrstall

Maßwerk geometrisches Bauornament der Gotik an Fenstern, Wandflächen und Giebeln (s. Abb. ›Fiale‹)

Mausoleum monumentaler Grabbau

Megalith großer unbehauener Steinblock bei Gräbern der Jungsteinzeit; als Megalithkultur werden verschiedenartige Kulturgruppen der späten Jungsteinzeit West- und Nordeuropas bezeichnet

Mezzaningeschoß niedriges Zwischengeschoß an Profanbauten

Moräne von Gletschern transportierter Gesteinsschutt, Gletschergeröll

Neogotik Wiederaufnahme gotischer Formen im 19. Jh., → Historismus

Netzgewölbe jochüberschreitende Gewölbeform, die Gewölberippen sind netzartig angeordnet

Neue Sachlichkeit von G. F. Hartlaub 1925 geprägter Begriff für eine deutsche Kunstrichtung der zwanziger Jahre, die in Abgrenzung zum Expressionismus die Realität ›objektiv‹ wiedergeben will

Niederdeutsches Hallenhaus traditionelle Hausform in Norddeutschland; Wohnung, Stall und Scheune unter einem Dach (s. a. S. 36 f.)

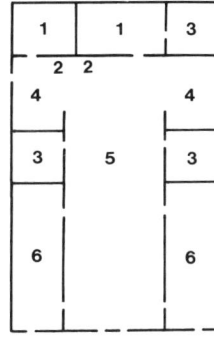

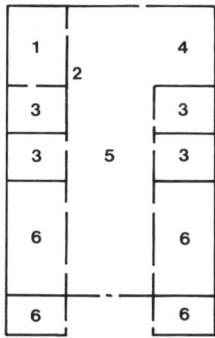

Grundformen des niederdeutschen Hallenhauses: Fletthaus und Durchgangshaus (beide 18. Jh.) 1 Stube 2 Herd 3 Kammer 4 Lucht 5 Diele 6 Stall

Obergaden oberer Wandteil im Mittelschiff der Basilika

Orangerie Gewächshaus für nicht winterharte Pflanzen südlicher Herkunft mit großen Südfenstern

Orgelprospekt künstlerisch gestaltete Schauseite einer Orgel

Patronatsloge Loge oder Empore in einer Kirche, von der aus der ›Patron‹, der meist adlige Wohltäter der Gemeinde, dem lutherischen Gottesdienst in von den übrigen Gläubigen getrennter Position beiwohnen konnte

Pfeiler Stütze von meist quadratischem oder rechteckigem Querschnitt

Pilaster der Wand vorgelagerter flacher Pfeiler mit Basis und → Kapitell

Portikus von Säulen oder Pfeilern gestützter Portalvorbau, meist von einem Dreieckgiebel bekrönt

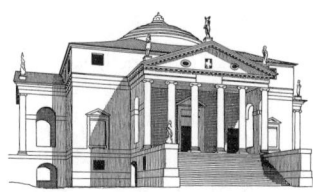

Prämonstratenser Mönchsorden, 1121 in Prémontré vom hl. Norbert von Xanten gegründet

Propstei Amtssitz des Kloster- oder Stiftsvorstehers, des Propstes

Querschiff, Querhaus Querbau rechteckiger Form in einer Kirche, zwischen →

341

Langhaus und → Chor; bei der Durchdringung von Langhaus und Querschiff entsteht die → Vierung; der Grundriß einer Basilika mit Querschiff ist also kreuzförmig (s. a. S. 24)

Renaissance Stil der europäischen Kunst, im deutschen Kunstraum etwa 1500–1620

Risalit aus dem Hauptbaukörper vorspringender Teil, der durch alle Geschosse reicht (Mittel-, Seiten- oder Eckrisalit)

Romanik Stil der europäischen Kunst, im deutschen Kunstraum etwa von 1000–1250

Romantik um die Wende vom 18. zum 19. Jh. in Europa entstandene künstlerische Bewegung

Saalkirche Kirche ohne Seitenschiffe, besitzt keine Stützen

Säkularisation Umwandlung kirchlichen Besitzes in weltlichen durch eine staatliche Macht

Säule Stütze mit rundem Querschnitt, Basis und → Kapitell

Sakramentshaus Aufbau zur Aufbewahrung der Hostien, nahe des Altars; vor allem in der Spätgotik ausgeführt

Schiff längsgerichteter, rechteckiger Kirchenraum; gibt es mehrere Schiffe, werden diese durch → Säulen oder → Pfeiler voneinander getrennt

Schwibbogen quer über einen Raum gespannter, übermauerter Bogen

SED Sozialistische Einheitspartei Deutschlands, 1946 aus der Zwangsvereinigung der KPD mit der SPD in der sowjetischen Besatzungszone entstanden; besaß in der DDR einen in der Verfassung verankerten Führungsanspruch und bestimmte das gesamte gesellschaftliche Leben

Staffelgiebel Treppen- oder Stufengiebel, in der → Backsteingotik an Kirchen und Wohnhäusern die häufigste Fassadengestaltung, mit einem stufenförmigen Umriß

Strebepfeiler zusammen mit Strebebogen in der Gotik entwickeltes System zur Ableitung des Gewölbedruckes nach außen; werden sie nach innen gezogen, entstehen in den Zwischenräumen Kapellen

Sturz waagerechter Abschluß über Tür oder Fenster

Terrakotta gebrannte, unglasierte Tonerde, besitzt hohe Haltbarkeit und Wetterbeständigkeit

Traufe untere Kante der Dachlängsseite zum Ablaufen des Regenwassers

342

Traufenhaus mit der Längs- (Traufen-) Seite zur Straße stehendes Gebäude

Triforium schmaler Laufgang zwischen Arkaden und Obergaden einer Basilika, zum Kirchenraum mit Bogenstellungen geöffnet

Triptychon Flügelaltar mit einem Mittelbild und zwei Seitenflügeln

Triumphkreuz monumentales mittelalterliches Kruzifix oder Kreuzigungsgruppe, die den über den Tod triumphierenden gekreuzigten Christus zeigt, den Gläubigen im Langhaus der Kirche zugewandt

Tudorstil Stil der englischen Spätgotik des 16. Jh. mit Renaissance-Elementen

Tumba Aufbau über einer Grabstelle, bestehend aus Unterbau und Grabplatte

Vierpaß gotische Maßwerkfigur, aus vier Dreiviertelkreisen oder -pässen zusammengesetzt

Vierung Mittelraum der Kirche, entsteht durch die Kreuzung von Langhaus und Querschiff

Vitt ursprünglich Niederlassung zur Heringsfangzeit

Volute spiralförmiges Ornament, in Renaissance und Barock gern als seitlicher Abschluß an Fassaden und Giebeln benutzt

Votivschiff einem oder einer Heiligen als Dank geweihtes Schiffsmodell

Walmdach Dachform mit schrägen Dachflächen über allen vier Gebäudeseiten

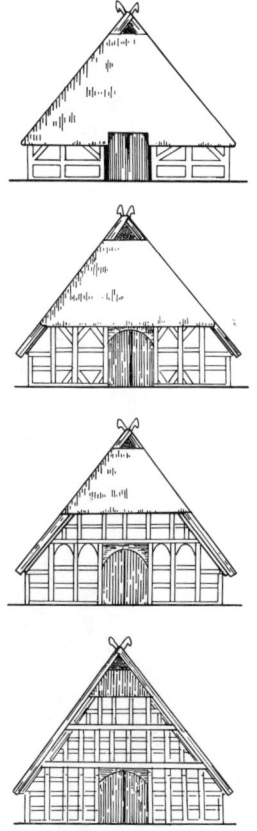

Giebelseiten niederdeutscher Bauernhäuser: Vollwalm, Halbwalm, Krüppelwalm, Steilgiebel

343

Wandlung durch das Auf- oder Zuklappen von Flügelaltären bei bestimmten liturgischen Handlungen sichtbar werdende Darstellungen

Westbau turmartiger Vorbau einer Kirche im Westen, ein fast selbständiger, der eigentlichen Kirche vorgesetzter Bau

Wiek kleine, flache Bucht an der Ostseeküste

Wimperg giebelartige, mit → Maßwerk verzierte Bekrönung gotischer Portale und Fenster (s. Abb. ›Fiale‹)

Zentralbau Bauwerk mit rundem, ovalem, quadratischem oder vieleckigem Grundriß, dessen Hauptachsen gleich lang sind und das auf einen Mittelpunkt hin bezogen ist

Ziborium baldachinartiger steinerner Aufbau über Altären

Zinnenkranz zahnartiger Mauerabschluß bei Bauten und Wehrmauern

Zisterzienser Mönchsorden, 1098 von Robert von Molesme gegründet, der Askese und körperlichen Arbeit zugewandt, wirkten als Landkultivatoren, u. a. auch in Mecklenburg und Vorpommern

Romanischer Türklopfer am Dom von Güstrow

344

Praktische Reiseinformationen

Zehn Reise-Highlights in Mecklenburg-Vorpommern

■ **Doberaner Münster**
Eines der bedeutendsten Bauwerke der Backsteingotik mit einer Innenausstattung von hohem künstlerischem und liturgiegeschichtlichem Wert.

■ **Ernst-Barlach-Stadt Güstrow**
Barlachs Atelierhaus wurde Gedenkstätte, in der Gertrudenkapelle stehen zahlreiche seiner sakralen Plastiken, und in der Nordhalle des großartigen Doms hängt sein berühmter »Schwebender Engel«.

■ **Insel Rügen**
Deutschlands größte und wohl auch schönste Insel mit dem planmäßig in klassizistischen Formen erbauten Putbus, dem einer Burg ähnelnden Jagdschloß Granitz, den bekannten Kreidefelsen wie Königsstuhl und Wissower Klinken, zahlreichen Megalithgräbern und der in Teilen romanischen Kirche St. Marien in Bergen.

■ **Marktplatz von Wismar**
Zu den Sehenswürdigkeiten des größten Marktplatzes von Mecklenburg-Vorpommern gehören die zwölfeckige Wasserkunst, das klassizistische Rathaus und der ›Alte Schwede‹, das älteste Giebelhaus der Stadt.

■ **Müritz-Nationalpark**
Benannt nach Deutschlands zweitgrößtem See, den Theodor Fontane mit dem Tanganjika verglich. 30 ausgeschilderte

Rundwege zum Wandern und sechs Radfahrrouten führen durch den Park, in dem sich der Seeadler, Deutschlands Wappentier, heimisch fühlt.

■ **Rostocks Marienkirche**
Ein beeindruckendes Zeugnis vom einstigen Reichtum der Hansestadt: Die Bronzetaufe gehört zu den bedeutendsten ihrer Art im Ostseeraum, an der Astronomischen Uhr läuft beim 12-Uhr-Schlagen der Apostelumgang ab, der Rochusaltar zählt zu den großartigsten Arbeiten mittelalterlicher Kunst.

■ **Park und Schloß von Ludwigslust**
Der größte Park Mecklenburg-Vorpommerns und einer der schönsten Norddeutschlands, weitgehend von Peter Joseph Lenné geschaffen. Zahlreiche beachtenswerte Bau- und Kunstdenkmäler, unter denen das großartige Barockschloß herausragt.

■ **Schweriner Schloß**
Das Wahrzeichen der Landeshauptstadt, eines der bedeutendsten und besterhaltenen Bauwerke des Historismus. Das Schloßmuseum zeigt den Thronsaal und in der Ahnengalerie Bilder aller mecklenburgischen Herzöge.

■ **Stadtbefestigung Neubrandenburg**
Eine der am vollständigsten erhaltenen Anlagen im Backsteingebiet mit vier Toren und in die Mauer eingefügten Wiekhäusern.

346

■ **Stralsunder Altstadt**

Zum denkmalgeschützten Bereich gehören das als schönstes seiner Art in Norddeutschland bezeichnete Rathaus mit seiner Schaufassade, die drei großen Pfarrkirchen St. Nikolai, St. Marien und St. Jakobi sowie das gotische Wohnhaus von Bürgermeister Wulflam.

Auskünfte

☐ **Regionale Informationsstellen**

Allgemeine Reiseinformation über das Bundesland und bestimmte Regionen erteilen:

Landesfremdenverkehrsverband Mecklenburg-Vorpommern e. V.
Platz der Freundschaft 1
18059 Rostock, ✆ 0381/725261
Fax 725260

Fremdenverkehrsregionalverband
Schweriner-Land – Westmecklenburg e.V.
Alexandrinenplatz 5–7
19288 Ludwigslust
✆ 03874/5742, Fax 57425

Regionaler Fremdenverkehrsverband
Mecklenburgische Seenplatte e. V.
Marienfelder Weg 4a, 17207 Röbel
✆ 039931/9104, Fax 9104

Tourismusverband Mecklenburgische
Schweiz e. V.
Am Bahnhof, 17139 Malchin
✆ 03994/4755, Fax 4756

Regionalverband Mecklenburgische
Ostseebäder e. V.
Goethestr. 1, 18209 Bad Doberan
✆ 038203/2154, Fax 2154

Regionaler Fremdenverkehrsverband
Fischland/Darß/Zingst
Klosterstr. 21, 18374 Ostseebad Zingst
✆ 038232/401, Fax 401

Fremdenverkehrsverband Rügen e.V.
August-Bebel-Str. 12
18586 Ostseebad Sellin
✆ 038303/334, Fax 334

Fremdenverkehrsverband
Usedom e. V.
Dünenstr. 11, 17454 Zinnowitz
✆ 038377/2884, Fax 2189

Regionaler Fremdenverkehrsverband
Vorpommern e. V.
Bahnhofstr. 72, 17438 Wolgast
✆ 03836/600206, Fax 600239

Jugendherbergsverband Mecklenburg-Vorpommern
Postfach 151019, 18061 Rostock
✆ 0381/82967, Fax 451482

☐ **Lokale Informationsstellen**

Gemeinde- und Stadtverwaltungen haben werktags geöffnet, die Kur- und Touristikämter sind in den Sommermonaten meist auch am Wochenende geöffnet.

17419 Ahlbeck, Seebad
Kurverwaltung, Dünenstr. 45,
✆ 038378/31955
18347 Ahrenshoop, Ostseebad
Kurverwaltung, Kirchnersgang 2,
✆ 038220/234
17087 Altentreptow
Stadtverwaltung, Rathausstr. 1,
✆ 03961/225, 227
17389 Anklam
Anklam-Information, Am Steintor,
✆ 03971/2541
18586 Baabe, Ostseebad
Kurverwaltung, Fritz-Worm-Str. 1,
✆ 038303/453
18209 Bad Doberan
Stadtinformation, Goethestr. 1,
✆ 038203/2154, 3001
18334 Bad Sülze
Amt für Kur- und Fremdenverkehr,
Am Markt 1, ✆ 038229/225
17429 Bansin, Seebad
Kurverwaltung, Seestr. 64,
✆ 038378/9433
18356 Barth
Barth-Information, Lange Str. 51,
✆ 038231/2464
18528 Bergen (Rügen)
Stadtinformation, Am Markt 27,
✆ 03838/23112
18609 Binz, Ostseebad
Kurverwaltung, Heinrich-Heine-Str. 7
✆ 038393/5191
19258 Boizenburg (Elbe)
Stadtverwaltung, Kirchplatz 1,
✆ 038847/2901
23946 Boltenhagen, Ostseebad
Kurverwaltung, Ernst-Thälmann-Str. 66,
✆ 038825/9284
19412 Brüel
Stadtverwaltung, August-Bebel-Str. 1,

✆ 038483/345
17094 Burg Stargard
Tourist-Information, Walkmüllerweg 3,
✆ 039603/214, 215
18246 Bützow
Stadtverwaltung, Platz der Freiheit 1,
✆ 038461/3725
19089 Crivitz
Stadtverwaltung, Rathausstr. 1,
✆ 03863/983
17159 Dargun
Stadtverwaltung, Platz des Friedens 8,
✆ 033959/374, 375
23942 Dassow
Stadtverwaltung, Lübecker Str. 50,
✆ 038826/512
17109 Demmin
Fremdenverkehrsamt, Am Markt 23,
✆ 03998/5031
19303 Dömitz
Informationsbüro, Torstr. 2,
✆ 038758/2043
17258 Feldberg
Fremdenverkehrsverein Feldberger
Seenlandschaft, Strelitzer Str. 32,
✆ 039831/343
17098 Friedland
Stadtverwaltung, Karl-Liebknecht-Str. 7,
✆ 039601/206
19205 Gadebusch
Kultur- und Informations-Service,
Steinstr. 8, ✆ 038886/2206
17179 Gnoien
Sadtverwaltung, Markt 11,
✆ 039971/2064, 2065
18586 Göhren, Ostseebad
Kurverwaltung, Schulstr. 8,
✆ 038308/2150
19399 Goldberg
Stadtverwaltung, Lange Str.,
✆ 038736/7121

19300 Grabow
Stadtverwaltung, Am Markt,
℘ 038756/3131
17489 Greifswald
Greifswald-Information,
Schuhhagen 126, ℘ 03834/3460
23936 Grevesmühlen
Stadt-Information, Große Seestr. 1,
℘ 03881/2737, 4931
18507 Grimmen
Fremdenverkehrsamt, Bahnhofstr.
12–13, ℘ 038226/4481
18273 Güstrow
Güstrow-Information, Gleviner Str. 33,
℘ 03843/61023
19230 Hagenow
Stadtverwaltung, Lange Str. 28–30,
℘ 03883/26129
17424 Heringsdorf, Seebad
Kurverwaltung, Delbrückstr. 69,
℘ 038378/2234
18565 Hiddensee
Gemeindeverwaltung, Vitte,
℘ 038300/242
23999 Insel Poel
Fremdenverkehrsamt,
Wismarsche Str. 22a, Kirchdorf,
℘ 038425/347
17126 Jarmen
Stadtverwaltung, Dr.-G.-Kohnert-Str. 5,
℘ 039997/236
23948 Klütz
Stadtverwaltung, Schloßstr. 34,
℘ 038825/293
18292 Krakow am See
Amt für Tourismus und Freizeit, Markt 2,
℘ 038457/2258
18236 Kröpelin
Stadtverwaltung, Markt 1,
℘ 038292/226
18225 Kühlungsborn, Ostseebad

Kurverwaltung, Poststr. 20,
℘ 038293/6620
18299 Laage
Stadtverwaltung, Am Markt 7,
℘ 038459/6121
17440 Lassan
Stadtverwaltung, Marktplatz 9,
℘ 038374/233, 234
17121 Loitz
Stadtverwaltung, Lange Str. 83,
℘ 039998/301
19249 Lübtheen
Stadtverwaltung, Salzstr. 17,
℘ 038855/2013
19386 Lübz
Stadtverwaltung, Markt 22,
℘ 038731/3581
19288 Ludwigslust
Ludwigslust-Information, Schloßfreiheit 8, ℘ 038 74/29076
17139 Malchin
Stadtinformation, Markt 1,
℘ 03994/640555
17213 Malchow
Stadtverwaltung, Alter Markt 1,
℘ 039932/731
17252 Mirow
Fremdenverkehrsbüro,
Rudolf-Breitscheid-Str. 24,
℘ 039833/221
17033 Neubrandenburg
Neubrandenburg-Information,
Pfaffenstr. 11, ℘ 0395/2267
18233 Neubukow
Stadtverwaltung, Am Markt 1,
℘ 038294/231
17154 Neukalen
Tourist-Information, Rathaus,
℘ 039956/207
23992 Neukloster
Stadtverwaltung, Straße des Friedens 27,

349

∅ 03 84 22/2 38

19306 Neustadt-Glewe
Stadtverwaltung, Markt 1,
∅ 03 87 57/22 48

17235 Neustrelitz
Informations- und Fremdenverkehrsamt, Markt 1, ∅ 0 39 81/49 21

19370 Parchim
Parchim-Information, Schuhmarkt 7,
∅ 0 38 71/28 43

17309 Pasewalk
Stadtverwaltung, Haußmannstr. 1,
∅ 0 39 73/50 61

19395 Plau
Touristinformation, Marktstr. 22,
∅ 03 87 35/23 45

18375 Prerow, Ostseebad
Kurverwaltung, Gemeindeplatz 1,
∅ 03 82 33/2 26, 2 27

18581 Putbus
Kurverwaltung, Orangerie,
∅ 03 83 01/4 31

19217 Rehna
Stadtverwaltung, Mühlenstr. 1,
∅ 03 88 72/2 14

18311 Ribnitz-Damgarten
Stadtinformation, Markt (im Rathaus),
∅ 03 82 1/22 01

17207 Röbel
Tourismus-Informationsstelle,
Am Markt 1, ∅ 03 99 31/5 06 51

18055 Rostock
Rostock-Information,
Schnickmannstr. 13–14,
∅ 03 81/4 59 08 60

18119 Rostock-Warnemünde
Kuramt, Heinrich-Heine-Str. 17,
∅ 03 81/5 11 42

18546 Saßnitz
Fremdenverkehrsamt, Hauptstr. 70,
∅ 03 83 92/3 20 37

23923 Schönberg
Stadtverwaltung, Am Markt 14,
∅ 03 88 28/3 42, 3 43

18258 Schwaan
Stadtverwaltung, Pferdemarkt,
∅ 03 844/12 83

19055 Schwerin
Schwerin-Information, Markt 11,
∅ 03 85/81 23 14

18586 Sellin, Ostseebad
Kurverwaltung, Warmbadstr. 4,
∅ 03 83 03/2 93

17153 Stavenhagen, Reuter-Stadt
Stadtverwaltung, Markt 8,
∅ 03 84 7/2 11 94

19406 Sternberg
Fremdenverkehrsamt, Mühlenstr. 14,
∅ 03 84 7/55 81

18439 Stralsund
Stralsund-Information, Alter Markt
(Rathaus), ∅ 03 83 1/25 22 51

17335 Strasburg
Stadtverwaltung, Pfarrstr. 3,
∅ 03 97 53/9 31

17166 Teterow
Fremdenverkehrsamt,
Südliche Ringstr. 1, ∅ 03 996/20 28

17358 Torgelow
Informations-Service, Am Bahnhof 2,
∅ 03 976/43 15 97

18465 Tribsees
Stadtverwaltung, Karl-Marx-Str. 18,
∅ 03 83 20/2 41

17373 Ueckermünde
Fremdenverkehrsverein,
Schulstr. 18–19, ∅ 03 97 71/32 33

17406 Usedom
Usedom-Information, Am Markt 1,
∅ 03 83 72/2 26

17192 Waren (Müritz)
Waren-Information, Neuer Markt 19,

℘ 03991/4172
19417 Warin
Fremdenverkehrsverein Wariner Naturpark, Lange Str. 36, ℘ 038482/431
17255 Wesenberg
Fremdenverkehrsverein, Markt 14,
℘ 039832/213
23966 Wismar
Wismar-Information,
Stadthaus am Markt,
℘ 03841/2958, 4251
19243 Wittenburg
Stadtverwaltung, Am Markt 1,
℘ 038852/2246

17438 Wolgast
Wolgast-Information, Lange Str. 15,
Eingang Swinkestr., ℘ 03836/600118
18347 Wustrow, Ostseebad
Fremdenverkehrsverein, Strandstr. 11,
℘ 038852/463
19246 Zarrentin
Stadtverwaltung,
Thomas-Müntzer-Str. 5, ℘ 038851/312
17454 Zinnowitz
Kurverwaltung, Makarenkostr. 1,
℘ 038377/2220, 2229
18374 Zingst, Ostseebad
Kurverwaltung, Klosterstr. 21,
℘ 038232/231

Anreise

☐ ... mit dem Auto

Die Autobahn Hamburg – Berlin (A 24)
führt durch das südwestliche Mecklenburg, am Autobahndreieck Schwerin
zweigt die A 241 nach **Schwerin** ab. Am
Rande der Landeshauptstadt endet die
Autobahn, die Weiterführung nach **Wismar** ist vorgesehen. Die B 105 von Lübeck
über Wismar, Rostock nach **Stralsund** ist
stark frequentiert; eine Autobahn (A 20)
entlang der Küste von Lübeck bis zur
Bundesgrenze zu **Polen** soll entstehen.

Die **Mecklenburgischen Großseen** sowie **Güstrow** und **Rostock** sind von Berlin
am zügigsten auf der Autobahn zu erreichen (A 24, ab Autobahndreieck Witt-
stock A 19). Aus Richtung Berlin zu den
Inseln **Rügen** und **Usedom**: Auf der Autobahn (A 11) bis Prenzlau und von dort
weiter über Pasewalk nach Anklam. Wer

den auf dieser Hauptverbindung oftmals
geschlossenen Eisenbahnschranken aus-
weichen möchte, sollte auf der B 198
Prenzlau – Woldegk fahren und von dort
über Friedland nach Anklam. 3 km hinter
Anklam zweigt von der B 109 Richtung
Insel Rügen rechts die B 110 zur Insel
Usedom ab.

Durch das **Neustrelitzer Kleinseengebiet** nach Neubrandenburg führt die von
Süden über Berlin kommende B 96, sie
verläuft weiter über Greifswald und Stralsund zur Insel Rügen; die Fahrzeit Berlin
– **Stralsund** beträgt etwa vier Stunden.

Die Inseln **Rügen** und **Usedom** sind mit
dem Festland durch **Brücken** verbunden,
die mehrmals am Tag hochgeklappt werden. Besonders am Rügendamm bilden
sich kilometerlange Staus.

**Ziegelgrabenbrücke Rügendamm-
Stralsund** (B 96 zur Insel Rügen):

351

2.30–2.50, 8.00–8.20, 12.45–13.05, 18.00–18.20, 22.00–22.20 Uhr.

Peenebrücke Wolgast (B 111 zur Insel Usedom) und **Peenestrombrücke Zecherin** (B 110 ebenfalls zur Insel Usedom): beide 5.30–5.45, 8.40–8.55, 12.10–12.25, 15.00–15.15, 18.30–18.45, 21.00–21.15 Uhr.

Die **Insel Hiddensee** ist mit Personenfähren von Stralsund und Schaprode (Insel Rügen) zu erreichen. Parkplätze sind an den Abfahrtstellen vorhanden.

☐ **... mit der Bahn**

Zwischen Köln und Stralsund (über Hamburg, Schwerin, Rostock, Ribnitz-Damgarten West) fährt täglich einmal der **IC ›Rügen‹**, im Sommer verkehrt er bis zum Ostseebad Binz auf Rügen. Die Fahrzeit Köln – Binz beträgt knapp 9 Stunden. Zur Insel **Rügen** aus dem Süden: Direktverbindungen Berlin – Saßnitz (über Neustrelitz, Neubrandenburg, Demmin, Grimmen, Stralsund, Bergen) und Leipzig – Berlin – Ostseebad Binz (über Pasewalk, Anklam, Greifswald, Stralsund-Rügendamm, Bergen); zur Insel Rügen aus dem Westen: Hamburg Hauptbahnhof – Rostock – Stralsund – Saßnitz.

Direktverbindungen nach **Rostock** gibt es u. a. von Magdeburg, Erfurt, Koblenz und Luxemburg (weiter bis Stralsund); **Schwerin** ist im Direktverkehr aus Berlin, Hamburg und Erfurt zu erreichen.

Mitten durch die **Mecklenburgische Großseenlandschaft** führt die Strecke Berlin – Rostock (über Neustrelitz, Waren, Güstrow). Die Fahrzeit Berlin – Rostock beträgt knapp 3 Stunden. Die **Mecklenburgische Schweiz** (Teterow, Mal-

chin) ist aus westlicher Richtung von Bützow über Güstrow und aus östlicher von Pasewalk über Strasburg und Neubrandenburg zu erreichen. Wer zur Insel **Usedom** möchte, muß nach Wolgast fahren. Vom Bahnhof sind es 900 m zu Fuß zum Bahnhof Wolgast Hafen auf dem anderen Peenestromufer, von dort verkehren die Züge zu den Seebädern.

Keinen Eisenbahnanschluß haben die Halbinseln **Fischland, Darß** und **Zingst;** von Ribnitz-Damgarten und Barth bestehen Busverbindungen.

Zwischen Bad Doberan und Ostseebad Kühlungsborn West verkehrt der ›**Molli‹** oder, wie er offiziell heißt, die ›Bäderbahn‹, eine historische Schmalspurbahn (s. a. S. 133). Fahrzeit: maximal 45 Minuten für die gesamte Strecke; für Touristen empfiehlt sich die Fahrt mit einem Salonwagen des ›Molli‹ (Platzreservierung Bahnhof Kühlungsborn West, ⌀ 03 83 92/ 3 98).

Auf der Insel Rügen fährt der ›**Rasende Roland‹** zwischen Putbus und Ostseebad Göhren (s. a. S. 263). Fahrzeit: maximal 85 Minuten für die gesamte Strecke; Fahrkarten gibt es auf den Bahnhöfen der Badeorte, man kann sie aber auch im Zug kaufen.

☐ **... mit dem Flugzeug**

Flughäfen für Linienmaschinen gibt es nicht, die nächstliegenden befinden sich in Hamburg und Berlin. Für kleine Privatmaschinen bestehen gegenwärtig 16 Verkehrs- und Sonderlandeplätze (Auskunft: Wirtschaftsministerium Schwerin, ⌀ 03 85/5 72 40), von denen als Regionalflughäfen ausgebaut werden sollen: Laage – Kroonskamp (südlich von Rostock), Barth, Neubrandenburg – Trollenhagen, Heringsdorf (Insel Usedom).

□ ... mit dem Schiff

Fährverbindungen Dänemark – Mecklenburg-Vorpommern:
Rostock-Seehafen: von und nach Gedser (Auto, Passagiere), Europa-Line, $\emptyset$ 0381/ 36631030; von und nach Rønne/Insel Bornholm (Auto, Passagiere), TR-Line, $\emptyset$ 0381/36632202

Rostock-Warnemünde: von und nach Gedser (Eisenbahn, Auto, Passagiere), DFG, $\emptyset$ 0381/51406

Saßnitz-Neu Mukran: von und nach Rønne/Insel Bornholm (Auto/Passagie-

re), DFG, $\emptyset$ 038398/22267, und Bornholms Trafikken, $\emptyset$ 0130/813200

Fährverbindungen Schweden – Mecklenburg-Vorpommern:
Rostock-Seehafen: von und nach Trelleborg (Auto, Passagiere), TR-Line, $\emptyset$ 0381/ 36632202

Saßnitz: von und nach Trelleborg (Eisenbahn, Auto, Passagiere), TS-Line, $\emptyset$ 038392/22267

Fährverbindung Litauen – Mecklenburg-Vorpommern:
Saßnitz-Neu Mukran: von und nach Klaipeda, früher Memel (Eisenbahn, Auto, Passagiere), DSR-Lines, $\emptyset$ 038392/ 45200

Kurzinformationen von A bis Z

□ **Bevölkerung**

Rund 1,9 Mio. Menschen leben in Mecklenburg-Vorpommern, das mit 84 Einwohnern pro km^2 das am dünnsten besiedelte Bundesland ist (Durchschnitt in Deutschland 220 Einw./km^2). Rund 37 % der Bevölkerung wohnen in Städten und Gemeinden über 20000 Einwohnern.

Die Insel Rügen, die größte in Deutschland, zählt 84000 Einwohner, auf der Insel Hiddensee haben 1300 Menschen ihren ständigen Wohnsitz. Landeshauptstadt ist mit 130000 Einwohnern Schwerin, die meisten Menschen – 253000 – wohnen in Rostock. Neubrandenburg hat 91000 Einwohner, Stralsund 75000, Greifswald 68000 und Wismar 57000.

□ **Bodengestalt**

Vor allem die Weichselkaltzeit des Pleistozän hat das Gebiet geformt. Gewaltige Gletscher transportierten Geröll und Gestein, die beim Abtauen in Form von **Grund- und Endmoränen** abgesetzt wurden. Die langen, meist bogenförmig verlaufenden Hügelketten der Endmoränen erreichen dort, wo sie besonders stark gestaucht wurden, Höhen von über 100 m. Der Nordische Landrücken, der auf 25–30 km Breite von der Lübecker-Lauenburger Senke bis zum Odertal im nordöstlichen Brandenburg verläuft, ist eine Prägung des Pommerschen Stadiums der Weichselkaltzeit. Die höchste Erhebung befindet sich mit 179 m in den Helpter

Bergen nördlich von Woldegk, gefolgt von den Ruhner Bergen mit 177 m südlich von Parchim. Die Grundmoränen, wie sie westlich des Schweriner Sees und östlich von Demmin und Pasewalk vorherrschen, weisen eine stark kuppige bis wellige Oberfläche auf.

Durch Schmelzwasserströme, nachträgliches Tauen eingesandeter Eisblöcke und Sandauswehungen entstanden Hohlformen, die sich später mit Wasser füllten und zu den heutigen **Seen** wurden.

Zurückgelassen haben die Gletscher auch die für Mecklenburg-Vorpommern charakteristischen **Findlinge**. Der ›Buskam‹ genannte größte Findling liegt 300 m nordöstlich vom Strand vor Göhren (Insel Rügen). Der aus dem Wasser herausragende Teil hat einen Umfang von 40 m, das Volumen soll 600 m^3 betragen. Der ›Große Stein‹ von Altentreptow, der zu etwa einem Drittel aus dem Boden ragt, ist mit 113 m^3 Volumen der zweitgrößte des Bundeslandes. Er hat einen Umfang von 23 m.

An der Küste wechseln flache **Sandstrände** mit zerklüftetem **Steilufer** ab. Markant für diesen Teil der Ostseeküste sind große Flachwasserbereiche – die **Bodden** mit stark zerlappten Uferrändern. Die schönste und geologisch interessanteste **Kliffranddüne** der Ostseeküste Mecklenburg-Vorpommerns liegt am südlichen Ortsende von Ahrenshoop. Dort kann man am besten beobachten, wie die Natur die Küste ständig verän-

Fischverkäuferin auf dem Markt von Greifswald

354

dert. Der jährliche Landrückgang beträgt im Durchschnitt 60 cm.

☐ Essen und Trinken

Die Regionalküche ist vor allem deftig und einfach, mußte doch in der Vergangenheit eine Mahlzeit lange vorhalten, und die Fischer und Landarbeiter konnten sich keine gastronomischen Köstlichkeiten leisten. Auf den Tisch kam all das, was vor der Haustür schwamm oder wuchs: Fisch aus den zahlreichen Seen, Kartoffeln und Kohl vom Feld, Wildkräuter und Pilze aus dem Wald und von der Wiese. Zum Festessen gab (und gibt) es als Spezialität **gefüllte Gänsebrust** – Wild war einst den Grundherren vorbehalten.

Zucker wird meist für das mittägliche Essen verwendet, Backpflaumen und Rosinen gibt man gerne zu. Fritz Reuter schätzte ›**Rindfleisch mit Pflaumen**‹, auch heute noch ein Lieblingsessen vieler Einheimischer. Wenn die Zunge des Binnenländers sich nicht sogleich dafür begeistern kann, wird vielleicht hinter seinem Rücken getuschelt: »Hei weit jo nich, wat schmeckt« (»Der weiß ja nicht, was schmeckt«).

Manche Spezialität, wie ›**Warme Blutwurst mit Rosinen**‹, erinnert an die Schwedenzeit, andere Rezepte brachten die zur See fahrenden Küstenbewohner mit. Dies gilt auch für die beliebten **Eintöpfe,** die in den Gaststätten aber selten auf den Speisekarten stehen. Probieren sollte man den **Mecklenburger Speckkartoffelsalat** sowie den **Mecklenburger Speckkuchen,** den manche Bäcker wieder anbieten.

Fisch war in dieser Region über Jahrhunderte ein billiges Alltagsessen, die Zubereitung einfach: Er wurde in Salzwasser gekocht und mit Butter, Meerrettich und Salzkartoffeln gegessen.

Das traditionelle Getränk des Bundeslandes ist **Bier** – in Wismar z. B. wurden Ende des 17. Jh. pro Einwohner 320 l im Jahr getrunken. Im Winter gibt es zum Aufwärmen einen ›Köm‹ (klarer Kümmelschnaps) oder einen Grog, der oft mit Tee gemischt wird.

☐ Fauna und Flora

Charakteristisch für die Küste sind hier wie andernorts die **Möwen**, die in Kolonien am Boden brüten. Oft haben Tausende von Paaren auf engstem Raum ihre Nester. Drei Möwenarten sind ständige Brutvögel: die räuberische Silbermöwe, an einem roten Punkt auf dem Schnabel von der Sturmmöwe leicht zu unterscheiden, und als häufigste Art die Lachmöwe (s. Abb. S. 15); im Sommer ist sie an ihrer schokoladenbraunen Kopfmaske zu erkennen, im Winterkleid an einem dunklen Fleck in der Ohrgegend des weißen Kopfes. Die Silbermöwen, aber auch die Lachmöwen, fressen Eier und Jungvögel seltener Vogelarten, weshalb ihr Bestand in Grenzen gehalten werden muß.

Das Müritzgebiet weist die größte Siedlungsdichte des **Fischadlers** in Mitteleuropa auf. Auch der **Seeadler** horstet hier, im Müritz-Nationalpark kann er von einem Unterstand an den Fischteichen bei Boek gut beobachtet werden; ein starkes Fernglas ist jedoch erforderlich. Von dem großen Greifvogel, der eine Flügel-

355

Fischadler mit Jungen

spanne bis zu 2,40 m erreicht, horsten noch über 100 Paare in Mecklenburg-Vorpommern.

Höhepunkt des Kranichzuges ist die zweite Oktoberhälfte; weit über 1000 **Kraniche** rasten dann im Müritz-Nationalpark. Die **Kormorane** haben bei Niederhof am Strelasund und bei Groß Gievitz am Torgelower See ihre größten Kolonien, in deren Nähe auch **Graureiher** horsten. Der charakteristische Vogel der Binnenseen ist der **Höckerschwan**.

Als häufigste Wildart kommt das Reh vor, sehr verbreitet sind auch Rotwild, Damwild und Wildschweine. Auf der Halbinsel Damerower Werder bei Jabel werden **Wisente** und bei Ivenack **Dam-**

wild in Gehegen gehalten, die der freien Wildbahn weitestgehend entsprechen.

Die **Ostseefischer** fangen vor allem Dorsch, Hering, Barsch und Flundern, in den Boddengewässern leben die auch in den **Binnenseen** vorkommenden Fischarten Aal, Hecht, Plötz, Blei, Zander, Schlei und Karpfen.

Die Wälder haben meist ihren natürlichen Charakter verloren, sind von Menschenhand geschaffene **Kiefernforste**. Ursprünglich sind etwa 20 Baumarten in dem Bundesland beheimatet. Die dominante Baumart in einem nicht von menschlichen Eingriffen veränderten Wald wäre die **Buche**, die u. a. noch im Naturpark Jasmund auf der Insel Rügen anzutreffen ist. Als atlantisches Gewächs kommt die immergrüne **Stechpalme** vor, die im östlichen Vorpommern ihre Verbreitungsgrenze hat. Berühmt sind die **Eichen** von Ivenack, die auf ein Alter von über 1000 Jahren geschätzt werden; die stärkste von ihnen hat einen Stammumfang von 11 m in Brusthöhe. Prachtvolle Eichen, deren Umfang oft 7 m übersteigt, stehen auch in Schwechow und Pritzier bei Hagenow.

Meerkohl und **Stranddistel** gehören an der Küste zu den vom Aussterben bedrohten Pflanzen, geschützt sind auch die auf kalkreichen Trockenrasen wachsenden **Orchideenarten**. Schadstoffe haben – wenn auch nicht so ausgeprägt wie in Industriegebieten – die Natur geschädigt. Symptome der **Umweltbelastung** sind auch in Mecklenburg-Vorpommern das ›Waldsterben‹ und eine zurückgehende Artenvielfalt bei Pflanzen.

☐ Feste und Veranstaltungen

Ostern und Pfingsten finden in vielen Orten Jahrmärkte statt, in den Sommermonaten wird zu Strand-, Neptun-, Park- und Dorffesten geladen, im Herbst finden Erntefeste und im Dezember Weihnachtsmärkte statt, von denen der in Rostock wohl der größte ist.

Die meisten Feste haben jahrhundertelange Tradition wie das ›Tonnenabschlagen‹ auf den Halbinseln Darß und Fischland. Eine der zahlreichen Überlieferungen besagt, die Fischer hätten aus Freude darüber, daß sie die letzte Tonne Fisch als Steuer an die schwedische Besatzungsmacht abgeliefert hatten, geschmückte Heringsfässer zerschlagen. Daraus entwickelte sich das Tonnenabschlagen als Freudenfest, das jährlich zu Pfingsten veranstaltet wurde. Einmal im Jahr konnten die Menschen »das Joch des Lebens für kurze Zeit abschütteln und sich einmal froh und frei nach heiterer Willkür rühren«, schrieb die Stralsunder Wochenzeitung ›Sundine‹ am 24. Juli 1928. Um die Touristen an dem Fest teilhaben zu lassen, findet es heute am Wochenende im Juli oder August statt. In der Regel eröffnet ein Festumzug den alten Brauch. Das Faß, gefolgt von Reitern mit der traditionellen weißen Schärpe, wird auf einem geschmückten Pferdewagen zum Reitplatz gefahren. Unterwegs werden die vorjährigen ›Könige‹ von zu Hause abgeholt, damit sie ihre Königswürde den Nachfolgern übergeben können. Auf dem Aktionsplatz wird die hölzerne Heringstonne freihängend angebracht, die Reiter versuchen, mit einem Holzknüppel im vollen Galopp das Faß zu zerschla-

gen. Tonnenkönig wird der Reiter, der das letzte Stück Holz von der Tonne abschlägt.

Tausende Schaulustige zieht am ersten Julisonnabend der ›Warneminner Umgang‹ nach Rostock-Warnemünde; das Fest hat seinen Ursprung im 17. Jh. Damals fand ein feierlicher Umzug durch den Ort nach der Wahl des Bürgerältesten-Kollegiums statt; der alte Brauch wurde 1977 wiederbelebt. Zu den historischen Figuren des Umzugs gehört der legendäre, 1913 verstorbene Warnemünder Lotsenkommandeur Stephan Jantzen, der mit seinen Lotsen über 90 Menschen aus Seenot rettete. Zahlreiche Spielszenen stellen Episoden der Warnemünder Geschichte dar.

Stralsund veranstaltet Ende Mai die ›Friedenstage der Hanse‹. Sie sollen an den am 24. Mai 1370 unterzeichneten Friedensvertrag zwischen den Hansestädten und dem dänischen König erinnern, der nach neunjährigem Krieg im Rathaus von Stralsund ausgehandelt worden war (s. a. S. 23). Jedes Jahr stellt sich um den 24. Mai eine andere der damals beteiligten Hansestädte mit vielseitigem Programm in Stralsund, der Stadt am Strelasund, vor.

Erstmals nach fast 50 Jahren fanden im Juli 1991 in Stralsund wieder die ›Wallenstein-Tage‹ statt. Der 24. Juli wurde bis 1943 fast regelmäßig als Dank- und Volksfest begangen; zum ›Wallenstein-Tag‹ schmückten die Stralsunder festlich ihre Stadt; er erinnert an den erfolgreichen Widerstand Stralsunds bei der Belagerung durch die Truppen des kaiserlichen Generals im Dreißigjährigen Krieg 1628 (s. a. S. 249).

357

Kultureller Höhepunkt der Saison ist der ›**Musiksommer Mecklenburg-Vorpommern**‹, der jährlich von Mitte Juni bis Ende August durchgeführt wird. Hauptveranstaltungsorte sind die großen Städte, aber auch in Herrenhäusern, Schlössern auf dem Land und Dorfkirchen finden Aufführungen statt. Das Programm reicht von der Kammermusik bis zum Orchesterkonzert, vom Orgelspiel bis zur Operngala.

Die ›**Pommerschen Kulturtage**‹ stehen jährlich im September auf dem Veranstaltungsplan von Mecklenburg-Vorpommern. In den Städten und Kreisen Vorpommerns gibt es abwechslungsreiche Programme mit Kulturveranstaltungen, Ausstellungen, Vorträgen und wissenschaftlichen Kolloquien.

Für Fans des Motorrad-Rennsports dürfte Teterow ein Begriff sein: Seit 1930 findet hier jährlich zu Pfingsten das **Bergringrennen** statt. Der 1877 m lange Bergring gilt als schönstgelegene Grasbahnstrecke Europas (s. a. S. 195).

Stralsund veranstaltet Anfang Juli das ›**Sundschwimmen**‹. 1825 überquerten erstmals Schwimmer den Strelasund. Seit den zwanziger Jahren wird das ›Sundschwimmen‹ regelmäßig durchgeführt. Der traditionsreiche sportliche Wettstreit auf der 2,3 km langen Strecke von Altefähr auf der Insel Rügen zur Stralsunder Seebadeanstalt gilt als bedeutendstes deutsches Langstreckenschwimmen. Die bisher schnellste Zeit erzielte der Erfurter Arzt Jörg Walter 1987 mit 34:39 Minuten. Nach 40jähriger Unterbrechung wurde das Sundschwimmen 1991 erstmals wieder als Offene Deutsche Meeresmeisterschaft ausgetragen.

☐ Gewässer

5,4 % des Bundeslandes sind Wasserfläche. Die Angaben über die Seen reichen von 800 bis über 2000 – wann handelt es sich noch um einen Teich, wann um einen See? Größter See ist mit 116,8 km^2 (größte Tiefe: 33 m) die **Müritz,** somit nach dem Bodensee Deutschlands zweitgrößtes Gewässer, gefolgt vom **Schweriner See** mit 63,4 km^2 (größte Tiefe: 54 m). An dritter Stelle rangiert mit 38,7 km^2 (größte Tiefe: 27,5 m) der **Plauer See,** an vierter der **Kummerower See** mit 32,6 km^2 (größte Tiefe: 30 m) und an fünfter Stelle der **Kölpinsee** mit 20,7 km^2 (größte Tiefe: 30,6 m).

Zur **Mecklenburgischen Großseenlandschaft** gehören neben der Müritz der Krakower, Plauer, Fleesen- und Kölpinsee. Zur **Feldberger Seenlandschaft** zählen acht Hauptseen: Haussee, Breiter und Schmaler Luzin, Lütter und Carwitzer See, Zansen, Wootzen und Dreetz. Die bedeutendsten Gewässer der **Neustrelitzer Kleinseenplatte** sind der Zierker, Useriner, Rödliner, Großer Fürstenseer und Woblitzsee.

Die **Elde** ist mit 220 km der längste Fluß des Bundeslandes Mecklenburg-Vorpommern; ihre Quelle liegt bei Darze (westlich der Müritz), bei Dömitz mündet sie in die Elbe; 184 km sind schiffbar. Die 126 km lange **Peene** entspringt aus den Quellflüssen West- und Ostpeene sowie Neukalener bzw. Kleine Peene und mündet bei Anklam in den Peenestrom. Die **Warnow** beginnt als kleiner Wiesenfluß bei Grebbin (nordöstlich von Parchim), nach 128 km mündet sie bei Rostock in die Unterwarnow.

☐ Größe

23 800 km^2 umfaßt das Bundesland. Die Ausdehnung von West nach Ost beträgt etwa 250 km, von Nord nach Süd rund 160 km. **Rügen** ist mit 926 km^2 Deutschlands größte Insel – rund neunmal so groß wie Sylt –, gefolgt von **Usedom** mit 445 km^2 (davon gehört der 90,8 km^2 große Ostzipfel mit Swinemünde, poln. Swinoujśie, seit 1945 zu Polen), **Poel** (37 km^2), **Ummanz** (19,7 km^2) und **Hiddensee** (18,6 km^2). Die Länge der Außenküste beträgt 340 km, davon sind über 200 km Strand und Dünen, der Rest Steilküste. Die Bodden- und Haffküste hat eine Länge von rund 1100 km.

☐ Hotels und Pensionen

Hotels und Pensionen stehen in Mecklenburg-Vorpommern noch nicht ausreichend zur Verfügung. Deshalb empfiehlt es sich, in einem Haus mehrere Tage zu bleiben und von da aus die nähere und weitere Umgebung zu erkunden. Vorausbuchungen, besonders in den Städten, sind angebracht. Wer jedoch mit Privatzimmern vorlieb nehmen möchte, hat große Auswahl in den Städten und Dörfern und kann mit täglich wechselnden Unterkünften reisen.

Schwerin und Nordwestmecklenburg
23946 Ostseebad Boltenhagen
 John-Brinkman-Haus, Mittelweg 24, ∅ 03 88 25/92 89 (100-Zimmer-Hotel, alle Zimmer mit Dusche/WC, ruhig am Strand gelegen)

23999 Kirchdorf
 Pension Seemöwe, Möwenweg 7, ∅ 03 84 25/2 45 (20 Betten, preiswert, Dusche/WC auf der Etage; im Zentrum des Hauptortes der Insel Poel)
23966 Wismar
 Altes Brauhaus, Lübsche Str. 95, ∅ 03 841/32 23 (1991 eröffnetes 16-Zimmer-Haus in der Nähe des Marktplatzes)
Schwerin
 Fritz Reuter, Räthenweg 4, 19063, ∅ 03 85/29 11 11 (435 Zimmer, zum großen Teil zwar mit mäßiger Ausstattung, aber alle mit Dusche/WC; ruhige Lage, 500 m vom Schweriner Innensee)
 Plaza, Hamburger Allee, 19063, ∅ 03 85/34 10 36 (1992 eröffnetes First-Class-Hotel außerhalb des Zentrums; hoher Standard, hohe Preise)
 Seehotel Frankenhorst, Frankenhorst, 19055, ∅ 03 85/50 71 (in einer großzügigen Parkanlage am Schweriner Ziegelaußensee; Erich Honecker hatte hier eine Suite)

Südwestmecklenburg
19230 Hagenow
 Zum Maiwirt, Teichstr. 7–9, ∅ 03 883/29 102 (alle Zimmer Dusche/WC, ruhige Lage am Mühlenteich, zentral gelegen)
19288 Ludwigslust
 Parkhotel, Kanalstr. 19, ∅ 03 874/2 20 15 (alle Zimmer mit Dusche/WC, etwa 10 Minuten Fußweg bis zu Schloß und Park)

An Warnow und Recknitz
18273 Güstrow
 Stadt Güstrow, Pferdemarkt 8, ∅ 03 843/48 41 (modernisiertes Haus, 74 Zimmer, im Zentrum)

18225 Ostseebad Kühlungsborn

Skan-Hotel, Cubanzstr. 68, $\emptyset$ 038293/670 (229 Zimmer mit Balkon, Dusche/WC, ruhige Lage am Strand)

18375 Ostseebad Prerow

Bernstein, Buchenstr. 34–42, $\emptyset$ 038233/285 (130 Zimmer mit Dusche/WC, ehemaliges Stasi-Ferienheim in ruhiger Lage)

18279 Vietgest

Schloß Vietgest, $\emptyset$ 038452/425 (der letzte barocke Schloßbau Mecklenburgs in der Nähe von Güstrow wurde Hotel, alle Zimmer mit Dusche/WC)

Rostock

Am Leuchtturm, Am Leuchtturm 16, 18119, $\emptyset$ 0381/52543 (kleines Haus nahe des Warnemünder Strandes)

Haus Sonne, Neuer Markt 35, 18055, $\emptyset$ 0381/37101 (einfach, preiswert)

Neptun, Seestr. 19, 18119, $\emptyset$ 0381/5371 (540-Betten-Hotel direkt am Strand; die Nr. 1 in Mecklenburg-Vorpommern – Preise als auch Service betreffend)

Mecklenburgische Großseenlandschaft

17209 Fincken

Schloßhotel Fincken, $\emptyset$ 039922/427 (direkt am Finckensee, von einem Park umgeben)

17213 Göhren-Lebbin

Schloß Blücher, $\emptyset$ 03994/9027 (herrlich in einer Parkanlage gelegen, von den rückwärtigen Zimmern weiter Blick auf die Landschaft)

17192 Klink

Müritz-Hotel, $\emptyset$ 03991/570 (ehemaliges FDGB-Ferienheim mit 412 Betten, direkt am Westufer der Müritz)

Mecklenburgische Schweiz

17139 Remplin

Taegerhof, $\emptyset$ 03994/632803 (ruhige Lage, Tennisplatz, 15 gut ausgestattete Zimmer)

17153 Reuterstadt Stavenhagen

Kutzbach, Malchiner Str. 2, $\emptyset$ 039954/21096 (29-Betten-Haus im Zentrum, bis zum Fritz-Reuter-Literaturmuseum 1 Minute)

Neubrandenburg und Umgebung

17033 Neubrandenburg

CTK-Hotel, Friedrich-Engels-Ring 52, $\emptyset$ 0395/6860 (die Bezirksparteischule der SED mit 177 Zimmern, alle mit Dusche/WC, wurde Hotel; Zimmer zur Straße laut)

Vier Tore, Treptower Str. 1, $\emptyset$ 0395/5141 (modernes Mittelklassehotel; direkt am Markt gelegen)

Neustrelitz-Feldberger-Kleinseengebiet

17252 Mirow

Schloßinsel, $\emptyset$ 039833/346 (traumhaft schön gelegen, Blick auf den Mirower See, 16 Zimmer mit Dusche/WC)

17235 Neustrelitz

Park Hotel, Karbe-Wagner-Str., $\emptyset$ 03981/43600 (69 Zimmer der gehobenen Mittelklasse)

Von Stralsund nach Rügen und Hiddensee

18609 Ostseebad Binz

Am Strand, Strandpromenade 17–18, $\emptyset$ 038393/2387 (ein gut geführtes Haus; 43 Zimmer, fast alle mit Dusche/WC)

IFA-Ferienpark Rügen, Strandpromenade 74, $\emptyset$ 038393/9230 (Haus ›Seeblick‹ mit überwiegend 2-Bett-Zimmern, Haus

›Ostseeperle‹ mit 1- und 2- und 4-Raum-Appartements; 1992 modernisierte ehemalige FDGB-Ferienheime)
18586 Ostseebad Sellin
   Cliff-Hotel, Siedlung am Wald, ℘ 038303/80 (hier erholten sich die Genossen vom SED-Politbüro und ausländische Kommunistenführer; selbst ein Fahrstuhl zum Strand fehlt nicht)
18439 Stralsund
   Haus am Rügendamm, Reiferbahn 29, ℘ 03831/295051 (15 Minuten vom Neuen Markt, 171 Zimmer mit Dusche/WC)

An Trebel, Ryck und Peene
17491 Greifswald
   Boddenhus, Karl-Liebknecht-Ring 1, ℘ 03834/77241 (Neubau mit 200 Betten, etwas abseits von der Altstadt)
   Medigreif, Hans-Fallada-Str. 4, ℘ 03834/2329 (familiengeführtes kleines Hotel, alle Zimmer mit Dusche/WC)

Wolgast und die Insel Usedom
17429 Seebad Bansin
   Forsthaus Langenberg, Strandpromenade 36, ℘ 038378/9101 (mitten im Wald an der Steilküste gelegen, alle Zimmer mit Dusche/WC)
   Strandhotel, Bergstr. 30, ℘ 038378/2342 (alle 62 Zimmer mit Dusche/WC, Balkon, direkt am Strand)
17438 Wolgast
   Parkhotel, Bahnhofstr. 90 c, ℘ 03836/2202 (wenn im Sommer die Insel Usedom ausgebucht ist, in dem 265-Betten-Hotel gibt es meist noch ein Zimmer, alle mit Dusche/WC)

Vom Oderhaff zur Uckermark
17373 Ueckermünde

Hotelschiff Burg Landshut, Altes Bollwerk 1, ℘ 039771/2735 (32 Kabinen, die meisten ohne Dusche/WC)

☐ **Landesfarben**

Die Landesfarben sind Ultramarinblau – Weiß – Gelb – Weiß – Zinnoberrot. Für den mecklenburgischen Landesteil stehen die Farben Ultramarinblau – Gelb – Zinnoberrot. Sie gehen zurück auf Herzog Friedrich Franz I., der am 26. März 1813 Blau – Gelb – Rot als Landesfarbe für Mecklenburg-Schwerin festlegte; Mecklenburg-Strelitz schloß sich dem am 3. April 1813 an. Die Farbreihenfolge wurde in Verordnungen von 1863 und 1864 verbindlich.
   Die Farben Ultramarinblau – Weiß stehen für den Landesteil Vorpommern. Sie wurden 1882 mit der Begründung eingeführt, in diesen Farben seien ab 1802 die Uniformen der pommerschen Landstände und in den Befreiungskriegen von 1813–15 die der Landwehrtruppen gehalten gewesen.

☐ **Landeswappen**

Es gibt ein großes und ein kleines Landeswappen. Das **große Landeswappen** zeigt in einem gevierten Schild zweimal den mecklenburgischen Stierkopf auf goldenem Grund, den roten pommerschen Greif auf silbernem Grund und den roten brandenburgischen Adler auf silbernem Grund (s. Abb. S. 11).
   Die Vierteilung dokumentiert, daß Mecklenburg-Vorpommern die histori-

schen Gebiete Mecklenburg-Schwerin, Mecklenburg-Strelitz, Vorpommern und Teile der Uckermark umfaßt. Der brandenburgische Adler soll aber »zugleich die jahrhundertealte schicksalhafte Verbindung zwischen Pommern und Brandenburg« bezeichnen, wie es in der Gesetzesbegründung über das Landeswappen heißt.

Das **kleine Landeswappen** zeigt in einem gespaltenen Schild links auf goldenem Grund einen schwarzen Stierkopf mit geöffnetem Maul, roter Zunge, goldener Krone, silbernen Hörnern und abgerissenem Halsfell (mecklenburgischer Stierkopf), rechts auf silbernem Grund einen nach links schreitenden roten Greif mit offenem Schnabel, roter Zunge, aufgerichtetem Schweif und goldener Bewehrung (pommerscher Greif).

Der **Stierkopf** wurde erstmals 1219 von Fürst Nikolaus II. in Schild und Siegel geführt, die heutige Form des Stierkopfes wurde 1884 amtlich bestätigt. Der **Greif**, das Zeichen der Pommernherzöge, ist 1214 erstmals in einem Siegel von Herzog Bogislaw II. zu sehen. Die heutige Form geht auf eine Verordnung des preußischen Staatsministeriums von 1929 zurück. Der **Adler** der brandenburgischen Markgrafen fand erstmalig 1170 in einem Siegel Ottos 1. Verwendung. Die heutige Form lehnt sich an eine Darstellung von 1302 im Wappen der einst brandenburgischen Stadt Strasburg an.

Die Landeswappen hat der Landtag am 14. Juni 1991 beschlossen. Mecklenburg-Vorpommern war das einzige Bundesland Deutschlands, das bis dahin kein Landeswappen besaß.

☐ Mundart

Niederdeutsch war nach dem Rückgang des Lateinischen die Verkehrssprache in Norddeutschland. In der Blütezeit der Hanse, ab dem 14. Jh., wurden Beschlüsse, Verordnungen und Verträge in Niederdeutsch abgefaßt. Ab dem 16. Jh. bildete sich Hochdeutsch als Literatursprache heraus, für deren Verbreitung Martin Luther mit der Bibelübersetzung einen grundlegenden Beitrag leistete. Der Adel und das gebildete Bürgertum Norddeutschlands nahmen das Hochdeutsche an, das Niederdeutsche verfiel in landschaftlich gebundene Dialekte, die die Umgangssprache der Ackerbürger, Landarbeiter und Fischer blieb.

Das Niederdeutsche wurde von der seit dem 6. Jh. erfolgten sog. zweiten (hochdeutschen) Lautverschiebung nicht erfaßt, es verharrte beim germanischen Konsonantenstand. ›A**pf**el‹ heißt im Niederdeutschen ›A**pp**el‹, ›hel**f**en‹ weiterhin ›hel**p**en‹. Auch die seit dem 13. Jh. stattfindende neuhochdeutsche Diphthongierung fand in Norddeutschland nicht statt: Während es im Hochdeutschen ›m**ei**n H**au**s‹ heißt, wird im Niederdeutschen ›m**i**n H**u**s‹ gesagt, denn die Diphthonge ›ei‹, ›au‹ und ›äu‹ sind hier nicht bekannt.

Heute ist Nieder- oder Plattdeutsch der Sammelbegriff für die in Norddeutschland gesprochenen Mundarten, von denen die in Mecklenburg und Vorpommern gebrauchten relativ einheitlich sind; geringe lokale Unterschiede fallen lediglich Einheimischen auf. Die jungen Bewohner von Mecklenburg-Vorpommern können in der Regel das Plattdeutsche verstehen, es selbst zu sprechen, fällt ih-

362

nen aber oft schwer; unter den Älteren ist es dagegen noch sehr verbreitet.

Manch plattdeutsches Wort hat durch die Bevölkerungsverschiebungen der letzten Jahrzehnte, auch durch den Tourismus, Einzug in andere deutsche Landesteile gehalten, so grapschen (anfassen), dalli (schnell) oder rappelig (nervös, verdreht). Fritz Reuter und John Brinckman haben ihre Werke in Niederdeutsch verfaßt und dieses so in der deutschen Literatur ›salonfähig‹ gemacht. Gepflegt wird die plattdeutsche Sprache u. a. von der Fritz-Reuter-Bühne des Mecklenburgischen Staatstheaters in Schwerin.

☐ Museen

Die Museen schließen in der Regel Mo und nicht selten über Mittag. Im Winterhalbjahr gibt es in kleinen Städten und Dörfern oft eingeschränkte Öffnungszeiten. Auf dem Lande haben einige Museen im Winter ganz geschlossen, beispielsweise in Domsühl, Klockenhagen und Middelhagen. Wer sichergehen will, ob wirklich geöffnet ist, sollte sich im voraus telefonisch beim jeweiligen Museum oder den Tourist-Informationen erkundigen.

17214 Alt Schwerin
Agrarmuseum, ☎ 03 99 32/99 18
Entwicklung der Landwirtschaft Mecklenburgs, Einklassen-Dorfschule, Guts- und Reifenschmiede und weitere Häuser
17087 Altentreptow
Kreisheimatmuseum, Unterbaustr.,
☎ 0 39 61/85 03
Wechselnde Ausstellungen zur Stadt- und Kreisgeschichte

17219 Ankershagen
Heinrich-Schliemann-Museum, Dorfstr. 34,
☎ 03 99 21/2 12, 2 52
Ehemaliges Pfarrhaus, in dem der Troja-Entdecker einen Teil seiner Kindheit verlebte
17389 Anklam
Heimatmuseum, Schulstr. 1, ☎ 03 9 71/25 41 (Anklam-Information)
Stadt und Kreisgeschichte
Otto-Lilienthal-Museum, Ellenbogenstr. 1a,
☎ 0 39 71/55 00
Ausstellung über den in Anklam geborenen Flugpionier
18209 Bad Doberan
Ehm-Welk-Haus, Dammchaussee 23,
☎ 0 38 20 3/23 25
Wohnhaus des Verfassers der »Heiden von Kummerow«
Stadtmuseum ›Möckel-Haus‹,
Beethovenstr. 8, ☎ 0 38 20 3/20 26
Geschichte des ersten deutschen Seebades Heiligendamm
18334 Bad Sülze
Salzmuseum, Saline 8, ☎ 0 38 22 9/2 25
Geschichte der bis ins 13. Jh. nachweisbaren Salzgewinnung
17429 Bansin
Gedenkatelier Rolf-Werner, Seestr. 60,
☎ 0 38 3 78/92 28
Arbeitsstätte des Malers
19258 Boizenburg
Heimatmuseum, Kirchplatz 13,
☎ 0 38 8 47/26 34
Ausstellung zum Boizenburger Schiffbau, ländliche Arbeitswelt und Wohnformen
17326 Brüssow
Heimatmuseum, Puschkinstr.
☎ 0 39 7 42/2 25
Geschichte der Stadt und Umgebung

18246 Bützow

Heimatmuseum, Schloßplatz,
℡ 038461/3126

Stadt- und Kreisgeschichte; Gedenkstätte für die Opfer des Zuchthauses Dreibergen-Bützow

17109 Demmin

Kreisheimatmuseum, Adolf-Pompe-Str. 23,
℡ 03998/2152

Stadt- und Kreisgeschichte

19303 Dömitz

Heimatmuseum, Festungshof,
℡ 038758/2401

Geschichte der Festung, Fritz-Reuter-Gedenkhalle, Einrichtung der 250 Jahre alten Dömitzer Apotheke

19374 Domsühl

Agrarhistorisches Museum Alt Damerow ›Hof Pingel‹, ℡ 038728/218

Niederdeutsches Hallenhaus von 1607

23972 Dorf Mecklenburg

Agrarmuseum, ℡ 03841/3532

Leben und Arbeit der Landbevölkerung in den vergangenen 100 Jahren

18196 Dummerstorf

Landschulmuseum, Ortsteil Göldenitz,
℡ 038208/264

1894 erbaute einklassige Dorfschule, Lehrerwohnung, Stall, Scheune

17258 Feldberg

Hans-Fallada-Haus, Ortsteil Carwitz,
℡ 039831/560

Gedenkstätte

17098 Friedland

Heimatmuseum, Karl-Liebknecht-Str. 1,
℡ 039601/6779

Entwicklung der Eisenbahn um Friedland, Stadtgeschichte

19205 Gadebusch

Heimatmuseum, Schloßberg,
℡ 03886/2206

Dokumente aus DDR-Zeiten und von der sog. Wende im Herbst 1989

18574 Garz

Ernst-Moritz-Arndt-Museum, An den Anlagen, ℡ 038304/211 (Stadtverwaltung)

Memorialmuseum für den im benachbarten Groß Schoritz geborenen Dichter der Befreiungskriege

18569 Gingst

Historische Handwerkerstuben,
℡ 038305/304

Einblicke in traditionelle Berufe

18586 Göhren

Mönchguter Museum, ℡ 038308/375

Freilichtmuseum mit Fischerhaus, Hofanlage, Rookhus, Motorsegler ›Luise‹

19399 Goldberg

Heimatmuseum, Müllerweg 2,
℡ 038736/816

Tier- und Pflanzenwelt der Goldberg-Dobbertiner Seenlandschaft, kulturhistorische und ethnografische Ausstellungen

19300 Grabow

Heimatmuseum, Am Markt,
℡ 038756/3131

Ur- und Frühgeschichte, Handwerk, bürgerliche Wohn- und Lebensweise

17489 Greifswald

Museum der Stadt, Theodor-Pyl-Str. 1–2,
℡ 03834/2720

Ausstellung zur Stadtgeschichte, Arbeiten des in Greifswald geborenen Caspar David Friedrich.

18507 Grimmen

Heimatmuseum, Am Mühlentor,
℡ 038326/2261

Pommersche Geschichte und Grimmener Stadtgeschichte

18273 Güstrow

Ernst-Barlach-Gedenkstätte: Atelierhaus am Heidberg, Heidberg, ℡ 03843/62206;

Gertrudenkapelle, Gertrudenplatz 1, $\varnothing$ 038 43/6 30 01

Arbeiten des Bildhauers, Grafikers und Dichters

Museum der Stadt Güstrow, Franz-Parr-Platz 7, $\varnothing$ 038 43/6 11 44

Kultur- und Lebensweise des mecklenburgischen Bürgertums, Theaterzettelsammlung mit 12 000 Exemplaren

Kersting-Haus, Hollstr. 6, $\varnothing$ 038 43/6 33 43

Geburtshaus von Georg Friedrich Kersting

Schloßmuseum, Franz-Parr-Platz 1, $\varnothing$ 038 43/50 21

Historische Räume und Ausstellung von Jagdwaffen

19230 Hagenow

Museum der Stadt, Lange Str. 79, $\varnothing$ 038 83/20 08

Landschaftsgeographische Ausstellung, Stadtgeschichte

17424 Heringsdorf

Museum ›Villa Irmgard‹, Maxim-Gorki-Str. 13, $\varnothing$ 038 378/23 61

Berühmte Besucher des Seebades wie Johann Strauß, Heinrich Mann, Maxim Gorki; Orts- und Heimatgeschichte

18565 Hiddensee

Gerhart-Hauptmann-Gedenkstätte, Kloster, $\varnothing$ 038 300/3 97

Arbeits- und Wohnräume des Dichters in seinem Haus ›Seedorn‹

23999 Insel Poel

Heimatmuseum, Kirchdorf, Möwenweg 4, $\varnothing$ 038 4 25/20 56

Geschichte der Insel Poel in der alten Dorfschule

18311 Klockenhagen

Freilichtmuseum, $\varnothing$ 038 21/27 75

Haus- und Gehöftformen in Mecklenburg, bäuerliches Leben

17459 Koserow

Atelier Otto Niemeyer-Holstein, Lüttenort, $\varnothing$ 038 375/2 13

Wohn- und Arbeitsstätte des Malers

17440 Lassan

Mühlenmuseum, $\varnothing$ 038 374/2 33 (Stadtverwaltung)

Über 500 Jahre alte Wassermühle mit Ausstellung zur Stadtgeschichte

19386 Lübz

Stadtmuseum ›Amtsturm‹, Am Markt 25, $\varnothing$ 038 731/35 81 (Stadtverwaltung)

Volkskunde aus Lübz und Umgebung, Handwerk

19288 Ludwigslust

Schloß, Schloßfreiheit, $\varnothing$ 038 74/27 86

Historische Schloßräume, darunter der ehemalige Thronsaal

18586 Middelhagen

Schulmuseum, $\varnothing$ 038 308/3 75

Typische Einklassenschule und Lehrerwohnung

17033 Neubrandenburg

Regionalmuseum, Treptower Tor, $\varnothing$ 03 95/29 06, Friedrich-Engels-Ring 7, $\varnothing$ 03 95/65 57

Ausstellungen zur Ur- und Früh- sowie Stadtgeschichte

Kunstsammlungen, Am Pferdemarkt 1, $\varnothing$ 03 95/62 26

Wechselnde Ausstellungen von Werken der bildenden und angewandten Kunst

17235 Neustrelitz

Museum der Stadt, Gutenbergstr. 3, $\varnothing$ 039 81/38 74

Geschichte des Herzogtums Mecklenburg-Strelitz

19370 Parchim

Museum der Stadt, Lindenstr. 38, $\varnothing$ 038 71/32 10

Stadtgeschichte mit Informationen zu Generalfeldmarschall Helmuth Graf Moltke und Fritz Reuter

17217 Penzlin

Museum Alte Burg, ☎ 039 62/210494

Originale Hexenkeller mit mittelalterlichen Foltergeräten; Johann-Heinrich-Voß-Gedenkstätte (bis auf weiteres nicht zugänglich)

18375 Prerow

Darßmuseum, Waldstr. 48, ☎ 03 82 33/2 33

Landschaft und Leben im Gebiet zwischen Ostsee, Grabower u. Saaler Bodden

18230 Rerik

Museum der Stadt, Am Haff 2, ☎ 03 82 96/2 24

Schiffsmodelle, Gemälde und Zeichnungen der heimischen Landschaft

18311 Ribnitz-Damgarten

Bernsteinmuseum, Im Kloster, ☎ 03 82 21/29 31

Entstehungsgeschichte und Verarbeitung des Bernsteins

Rostock

Kulturhistorisches Museum, Kloster zum Heiligen Kreuz, 18055, ☎ 03 81/3 47 05

Rostocker Stadtgeschichte; Malerei, Grafik, Plastik

Kunsthalle, Hamburger Str., ☎ 03 81/8 20 59

Kunst des 20. Jh., besonders Arbeiten von Künstlern aus Norddeutschland, den Ostseeanliegerstaaten, Norwegens und Islands

Schiffbaumuseum, Liegeplatz an der Unterwarnow, 18106, ☎ 03 81/71 62 46

10 000-Tonnen-Motorschiff ›Dresden‹ der Bauserie ›Frieden‹ mit Ausstellung zum Rostocker Schiffbau; Freigelände

Schiffahrtsmuseum, 18055, August-Bebel-Str. 1, ☎ 03 81/2 26 97

Geschichte der Schiffahrt vom 8. Jh. bis zur Gegenwart

18119 Rostock-Warnemünde

Heimatmuseum, Theodor-Körner-Str. 31, ☎ 03 81/5 26 67

Lebens- und Arbeitswelt der Fischer und Seefahrer

23923 Schönberg

Bechelstorfer Schulzenhaus, Johannes-Boye-Str., ☎ 03 88 28/5 39

Wohnhaus des Bechelstorfer Dorfschulzen aus dem 16. Jh.

Heimatmuseum, An der Kirche 8/9, ☎ 03 88 28/5 39

Geschichte des Ratzeburger Gebietes, reiche Trachtensammlung

Schwerin

Historisches Museum, Großer Moor 38, 19055, ☎ 03 85/81 24 16, Neues Gebäude, Am Markt 1, ☎ 03 85/86 43 81

Im Haus Großer Moor 38 Sonderausstellungen, im Neuen Gebäude: »Schwerin zwischen Reichsgründung und Weimarer Republik«.

Archäologisches Landesmuseum, Schloß, Lennéstr. 1, 19053, ☎ 03 85/8 38 42

Informationen über zehn Jahrtausende Menschheitsentwicklung in Mecklenburg-Vorpommern

Technisches Landesmuseum Schwerin, Schloß, Lennéstr. 1, ☎ 03 85/86 16 88

Technik ›zum Anfassen‹

Schleifmühle, Schleifmühlenweg 1, 19061, ☎ 03 85/86 45 38

Funktionstüchtige Schauanlage einer Steinschleiferei des 18./19. Jh.

Schloßmuseum, Lennéstr. 1, ☎ 03 85/86 50 01

Historische Räume mit prachtvoller Innenarchitektur; ›Ahnengalerie‹, ›Schlössergalerie‹, Galerie ›Malerei in Mecklenburg‹

Staatliches Museum, Alter Garten 3,
℡ 0385/7581

Größtes Kunstmuseum in Mecklenburg-Vorpommern

19063 Schwerin-Mueß
Mecklenburgisches Volkskundemuseum,
℡ 0385/213011

Freilichtmuseum

17153 Stavenhagen
Fritz-Reuter-Literaturmuseum, Markt 1,
℡ 039954/21072

Geburtshaus von Mecklenburgs ›Nationaldichter‹

19406 Sternberg
Archäologisches Freilichtmuseum Groß Raden,
℡ 03847/2252

Rekonstruktion eines altslawischen Tempelortes

Heimatmuseum, Mühlenstr. 6,
℡ 03847/2161

Wohnraum im Reuter-Museum

Stadtgeschichte, bürgerliche Wohnkultur des 19. Jh.

18439 Stralsund
Kulturhistorisches Museum, Mönchstr. 25–27,
℡ 03831/292180 und Böttcherstr. 23,
℡ 03831/293382

Stadtgeschichte, mittelalterliche Kunst, volkskundliche Sammlung zur Arbeits- und Lebenswelt der Menschen auf Rügen und dem Darß

Marinemuseum Dänholm, Sternschanze,
℡ 03831/297327

Marinegeschichte Stralsunds

Meeresmuseum, Katharinenberg 14–17,
℡ 03831/295135

Originalgetreu nachgestaltetes Korallenriff; 50000-Liter-Meeresaquarium mit tropischen Fischen

17335 Strasburg
Heimatmuseum, Pfarrstr. 22a,
℡ 039753/6980

Entwicklung der Stadt und des Kreises

17168 Tellow
Thünen-Museum, ℡ 039976/325

Freilichtmuseum mit dem Herrenhaus des Agrarwissenschaftlers und Musterlandwirts Johann Heinrich von Thünen

17166 Teterow
Stadtmuseum, Südlicher Ring 1,
℡ 03996/2827

Stadtgeschichte

17373 Ueckermünde
Haffmuseum, Schloß, ℡ 039771/501

Entwicklung der Stadt; Schiffahrt, Schiffbau, Küstenfischfang

17192 Waren (Müritz)
Müritz-Museum, Friedensstr. 5,
℡ 03991/3742

Heimat- und naturkundliche Ausstellungen; Kaltwasseraquarium mit 16 Becken für einheimische Fische

23966 Wismar
Stadtgeschichtliches Museum, Schweinsbrücke 8, ☎ 03841/2350
Stadtgeschichte, mittelalterliche Kunst

19243 Wittenburg
Agrar- und Forstmuseum, Hagenower Chaussee, ☎ 038852/2740
Windmühle und 1847 erbautes niederdeutsches Hallenhaus

19288 Wöbbelin
Mahn- und Gedenkstätten, ☎ 038753/413
Ausstellung zum Leben von Theodor Körner; Gedenkstätte für die Opfer des Konzentrationslagers ›Reiherhorst‹

17348 Woldegk
Mühlenmuseum, Auf dem Mühlenberg, ☎ 03963/316 (Stadtverwaltung)
Informationen über Mühlentechnik

17438 Wolgast
Kreismuseum, Rathausplatz 6, ☎ 03836/3041
Stadtgeschichte; Leben und Werk von Philipp Otto Runge

18374 Zingst
Heimatmuseum, Strandstr. 19, ☎ 038232/561
Zingster Wohnkultur des 18./19. Jh.; Malerei und Grafik

☐ **Nationalparks**

In Mecklenburg-Vorpommern bestehen seit 1990 drei Nationalparks. »Sie dienen«, wie es in Paragraph 14 des Bundesnaturschutzgesetzes heißt, »vornehmlich der Erhaltung eines möglichst artenreichen Tier- und Pflanzenbestandes.« Die Natur soll sich in ihnen selbst regulieren. Ortschaften sind in die Nationalparks nicht einbezogen.

Nationalpark Vorpommersche Boddenlandschaft
Der 805 km^2 große Nationalpark umfaßt 408 km^2 Ostsee, 279 km^2 Bodden und 118 km^2 Festland. Zum Nationalpark gehören große und kleine Inseln und Halbinseln, darunter Darß, Zingst, Hiddensee und Teile von Westrügen. Die Boddenlandschaft dieser Region gilt als eine der wenigen noch erhaltenen Naturlandschaften Mitteleuropas mit weiten Schilfgürteln, Salzwiesen, Strandseen, Dünen und einer natürlichen Küste, die einer ständigen Veränderung unterliegt.

Nationalpark Jasmund
Der im Nordosten der Insel Rügen liegende Nationalpark hat eine Größe von 30 km^2. Dazu gehören eine 8 km lange, über 100 m hohe Steilküste mit Kreidefelsen und einem geschlossenen Buchenwaldgebiet. In ihm liegen die durch Caspar David Friedrich weit über Deutschlands Grenzen hinaus bekanntgewordenen Wissower Klinken und der 117 m hohe Königsstuhl sowie der Herthasee.

Müritz-Nationalpark
Er besteht aus zwei Teilen von insgesamt 310 km^2. Der westliche Teil reicht im Norden bis Ankershagen, im Osten bis Neustrelitz, im Süden bis Wesenberg und Roggentin. Der östliche Teil erstreckt sich südlich von Carpin. 65% der Fläche sind mit Wald bedeckt, 20% mit Wasser und Mooren. Das dünn besiedelte, nur in Randlagen landwirtschaftlich genutzte Gebiet dient gefährdeten Großvögeln wie See- und Fischadler als Lebensraum.

Einschließlich der drei Nationalparks gibt es in Mecklenburg-Vorpommern insgesamt 287 **Naturschutzgebiete**, die eine

Fläche von 8267 km² haben. Damit stehen 3,47 % des Territoriums von Mecklenburg-Vorpommern (einschließlich der Seengebiete) unter Naturschutz.

Südost-Rügen wurde zum Biosphärenreservat erklärt. Auf einer Fläche von 228 km² will man hier auf der Grundlage einer von der UNESCO entwickelten Konzeption vor allem traditionelle Landnutzung und Landschaftspflege verwirklichen.

☐ **Reiseziele bei einem einwöchigen Aufenthalt**

Schwerin ist ein günstiger Ausgangspunkt, zumal es große Hotels in Stadtrandlage gibt. Der Montag sollte aber für die Landeshauptstadt nicht gewählt werden, denn sowohl das Schloßmuseum als auch das Staatliche Museum als größtes Kunstmuseum des Bundeslandes sind an diesem Tag geschlossen. Verhältnismäßig schnell ist auf der B 106 die 30 km entfernte Hansestadt **Wismar** erreicht. Das Mittagessen nach dem Stadtrundgang könnte im Restaurant »Zum Weinberg« in der Lübschen Straße 31 eingenommen werden, das sich in einem der stattlichsten Giebelhäuser der Stadt befindet. Am Nachmittag bietet sich eine Schiffsfahrt zur Insel Poel an.

Der 3. Tag sollte für das städtebaulich interessante **Ludwigslust** mit dem barocken Schloß und dem weiten Schloßpark reserviert werden. **Rostock** könnte der nächste Ausgangspunkt sein. Für die Hansestadt mit ihrem Badevorort **Warnemünde** muß mindestens ein Tag eingeplant werden. Wer im Zentrum Rostocks

wohnt, sollte das Auto stehenlassen und mit der doppelstöckigen S-Bahn nach Warnemünde fahren. Der Bahnhof befindet sich wenige Schritte von dem zum Strand führenden romantischen Alten Strom.

Am 5. Tag ist **Bad Doberan** das Ziel, das nicht nur das berühmte Münster vorweisen kann. Von der ehemaligen Sommerresidenz Mecklenburger Herzöge fährt man mit der ›Molli‹ genannten Kleinbahn nach **Heiligendamm;** wenn noch Zeit bleibt, kann man in das größte Ostseebad des Bundeslandes, nach **Kühlungsborn,** weiterfahren.

Der nächste empfehlenswerte Programmpunkt wäre die sich östlich von Rostock erstreckende Halbinselkette **Fischland, Darß und Zingst:** In Warnemünde kann man mit einer Autofähre in den Stadtteil Markgrafenheide übersetzen; von dort führt die Straße durch die Rostocker Heide nach **Graal-Müritz** und über **Klockenhagen** mit einem interessanten Freilichtmuseum zu den Halbinseln mit einer urwüchsigen Landschaft, wie sie in Deutschland kaum noch anzutreffen ist. **Güstrow** bildet zum Abschluß dieses einwöchigen Aufenthalts erneut einen Höhepunkt: Die Ernst-Barlach-Gedenkstätten und das Renaissanceschloß gehören zum Muß des Stadtbesuchs.

☐ **Reiseziele bei einem zweiwöchigen Aufenthalt**

Wenn die einwöchige Reise beendet ist, sollte man von Rostock nach **Neubrandenburg** fahren, das über zwei große Hotels verfügt. Die Stadt wartet mit einer be-

369

eindruckenden mittelalterlichen Stadtbefestigung auf, für deren Besichtigung aber höchstens ein halber Tag benötigt wird. Es bleibt also noch genügend Zeit für das 30 km entfernte **Neustrelitz,** die einstige Residenz der Herzöge von Mecklenburg-Strelitz. Auf der Rückfahrt empfiehlt sich ein Abstecher nach **Hohenzieritz** mit Park und Schloß, in dem die preußische Königin Luise verstarb.

Naturfreunde dürfte es am 9. Tag von **Waren** aus in den **Müritz-Nationalpark** mit seiner typisch mecklenburgischen Wald- und Seenlandschaft ziehen. Wer Fisch- und Seeadler beobachten möchte, muß Zeit und Geduld – und möglichst ein Fernglas – mitbringen. Keinesfalls nur reizvolle Landschaft bietet die **Mecklenburgische Schweiz** am 10. Tag. Im Park von **Burg Schlitz** stehen zahlreiche Denkmäler, und in **Stavenhagen** befindet sich das Fritz-Reuter-Literaturmuseum im Geburtshaus von Mecklenburgs ›Nationaldichter‹. **Basedow** am Ostufer des Malchiner Sees bietet ein Schloß mit prunkvollem Südwestgiebel im Neorenaissancestil, eine Kirche mit künstlerisch wertvoller Ausstattung und einen der schönsten von Peter Joseph Lenné gestalteten Parks.

Wilhelminische Bäderarchitektur, aber auch stille Dörfer mit rohrgedeckten Häusern hält **Usedom** bereit, Deutschlands zweitgrößte Insel. Die 10 km lange Strandpromenade verbindet die Seebäder **Bansin, Heringsdorf** und **Ahlbeck.** Auf halber Strecke zwischen Usedom und Rügen liegt **Greifswald.** Wer hier übernachtet, kann den Abend des 11. Tages zu einem Spaziergang durch die Altstadt und zu einer Fahrt zur Klosterruine Elde-

na nutzen, der Caspar David Friedrich zu Berühmtheit verhalf.

Der 12. und 13. Tag gehören **Rügen,** Deutschlands wohl schönster Insel, doch eigentlich sind zwei Tage viel zu kurz, um auch nur die schönsten Backsteinkirchen und Herrenhäuser anzuschauen. **Kap Arkona** mit dem Schinkel-Leuchtturm sollte unbedingt besucht werden. Vom dortigen Burgwall führt ein Weg zum 14-Häuser-Dorf **Vitt,** das sich idyllisch in einem Tal versteckt. Die Kreidefelsen bei **Saßnitz** und das klassizistisch erbaute **Putbus** gehören ebenfalls zum touristischen Pflichtprogramm auf Rügen. Wer sehen möchte, was die Insel noch alles zu bieten hat, sollte von Putbus mit der Kleinbahn ›Rasender Roland‹ zum **Jagdschloß Granitz** fahren. Vom Aussichtsturm bietet sich ein weiter Blick. Mindestens ein halber Tag des Rügenaufenthalts sollte für **Stralsund** reserviert werden, an dem ohnehin keiner vorbeikommt: Der Weg nach und von Rügen führt durch die alte Hansestadt.

Den idealen Abschluß des zweiwöchigen Aufenthalts bildet ein erholsamer Tag auf **Hiddensee.** Die Fährboote von **Schaprode** benötigen maximal 45 Minuten für die Überfahrt. Private Autos dürfen auf dem landschaftlichen Kleinod nicht fahren, das schon Asta Nielsen, Gustav Gründgens und Thomas Mann begeisterte. Das Wohnhaus von Gerhart Hauptmann kann besichtigt werden, auf dem nahen Friedhof liegt der Dichter seinem Wunsch entsprechend begraben. Abschied von Hiddensee und Mecklenburg-Vorpommern nimmt man am besten vom Dornbusch mit Leuchtturm, Ginsterbüschen und wild rankenden

Brombeeren. Weit kann das Auge über Rügen bis nach Stralsund schweifen.

☐ Souvenirs

In der Gunst der Touristen steht Bernsteinschmuck an erster Stelle; besonders reichlich ist das Angebot in Ribnitz-Damgarten, wo kunstfertige Hände das Seejuwel im ›Ostsee-Schmuck‹ zu Ketten, Broschen und Ringen verarbeiten.

Bernstein ist versteinertes, Millionen Jahre altes Harz von Nadelbäumen; an der Ostseeküste entstand er vor mehr als 40 Mio. Jahren, als es in diesem Gebiet subtropische Wälder gab. Bernstein läßt sich bohren, sägen, schleifen und polieren. Als Schmuck war er schon in ur- und frühgeschichtlicher Zeit begehrt; so wurde in einem bronzezeitlichen Großsteingrab bei Friedrichsruhe (Kreis Parchim) eine Bernsteinkette mit 62 Perlen gefunden. Auch die Römer liebten Bernsteinschmuck – bei Tacitus, dem römischen Geschichtsschreiber des 1. Jh., steht zu lesen, daß »Bernstein gegenwärtig einen so hohen Preis hat, daß eine aus ihm erzeugte, noch so kleine Figur höher bezahlt wird als ein Mensch.«

Im östlichen Teil des Bundeslandes sind sog. **Fischerteppiche** als Wandschmuck begehrt, deren Ornamentik die Kunsthandwerker ihrer Lebenswelt entlehnen: Fische, Anker, Möwen, Koggen und Schwäne sind zu sehen. In der Qualität werden die vor allem in den Dörfern am Peenestrom geknüpften Teppiche oft mit kleinasiatischen Produkten verglichen. In gutem Ruf stehen die in Ahrenshoop gefertigte ›**Fischlandkeramik**‹ sowie ›**Rügenkeramik**‹ aus Juliusruh und Middelhagen.

Goldschmiede auf der Insel Rügen und Stralsund bieten vergoldete **Nachbildungen des Hiddenseer Goldschmucks** als Brosche, Anhänger oder Ring an.

☐ Theater

17389 Anklam
Theater Anklam, Leipziger Allee 45,
✆ 03971/2905
Repertoire: eigenes Schauspiel-Ensemble
17489 Greifswald
Theater der Stadt, Anklamer Str., ✆ 03834/5081
Repertoire: eigenes Ensemble Schauspiel, Oper, Operette, Musical
18273 Güstrow
Ernst-Barlach-Theater, Franz-Parr-Platz,
✆ 03843/64102
Bespielt vom Mecklenburgischen Staatstheater Schwerin
17033 Neubrandenburg
Kammertheater, Treptower Str.,
✆ 0395/442617
Repertoire: vorwiegend Puppenspiel
17235 Neustrelitz
Landestheater Mecklenburg, Friedrich-Wolf-Str. 1, ✆ 4721
Repertoire: eigenes Ensemble Schauspiel, Oper, Operette, Musical, Ballett, Konzert
19370 Parchim
Mecklenburgisches Landestheater, Philipp-Müller-Str. 16, ✆ 03871/26661
Repertoire: eigenes Schauspiel-Ensemble

138301 Putbus
Theater Putbus, Alleestr. 9a, ∅ 038301/405

Wird nach Abschluß der Restaurierungsarbeiten ab 1995 vom Theater der Stadt Stralsund bespielt

18057 Rostock
Volkstheater, ∅ 0381/2440; Spielstätten: Großes Haus, Doberaner Str. 134; Kleines Haus, Eselföter Str. 23; Intimes Theater, Buchbinderstr. 19; Kleine Komödie, Warnemünde, Rostocker Str.

Repertoire: eigenes Ensemble Schauspiel, Oper, Operette, Musical, Ballett, Konzert

19055 Schwerin
Mecklenburgisches Staatstheater, Alter Garten 2, ∅ 0385/8820

Repertoire: eigenes Ensemble Schauspiel, Niederdeutsche Bühne, Oper, Operette, Musical, Ballett, Konzert

18439 Stralsund
Theater der Stadt, Olaf-Palme-Platz, ∅ 03831/5491

Repertoire: eigenes Ensemble Schauspiel, Oper, Operette, Musical, Ballett, Konzert

23966 Wismar
Theater der Hansestadt Wismar, Philipp-Müller-Str., ∅ 03841/507208

Bespielt vom Volkstheater Rostock

☐ **Zoos und Tiergärten**

Die Anlagen haben ganzjährig geöffnet, im Sommer meist von 9–18 Uhr, im Winter bis zum Einbruch der Dunkelheit. Das Wisentgehege Damerower Werder, das Wildgehege in Putbus und das Damwildgehege Ivenack sind ständig zugänglich.

17087 Altentreptow
Heimattiergarten, Am Klosterberg
Größe 2 ha, 30 Arten, 120 Einzeltiere
Waldkauzvoliere und Mufflongehege;
Teichanlage mit Gänsen, Enten u. a.

17429 Bansin, Seebad
Tropenhaus, Goethestr. 10
25 Arten, 75 Einzeltiere
Kakteen, Orchideen u. a. tropische Pflanzen; Rhesusaffen, Nasenbären u. a.

17094 Burg Stargard
Tierpark Klüschenberg, Am Klüschenberg
Größe 5,5 ha, 40 Arten, 220 Einzeltiere
Besonders Tiere des europäisch-sibirischen Gebietes

17159 Dargun
Heimattierpark, Klosterdamm
Größe 5 ha, 40 Arten, 200 Einzeltiere
Pfauenwiese, Nasenbärengehege,
Waschbärenanlage u. a.

17491 Greifswald
Tierpark, Wallanlage
Größe 6 ha, 50 Arten, 200 Einzeltiere
Spezialisiert auf Wasservögel, aber auch Pumagehege u. a.

18507 Grimmen
Tierpark, am Schwanenteich
Größe 9 ha, 90 Arten, 300 Einzeltiere
Teichanlage mit Störchen und verschiedenen Gänsen, Enten; Wolfsgehege u. a.

18273 Güstrow
Tiergarten, Krakower Chaussee
Größe 8,6 ha, 48 Arten, 250 Einzeltiere
Damhirschfreigehege, Waschbärenanlage, Rhesusaffen u. a.

17153 Ivenack
Damwildgehege
Größe 70 ha, 70 Einzeltiere
Das Wild wird wie in der freien Wildbahn gehalten

17235 Neustrelitz
Tiergarten, Am Tiergarten
  Größe 50 ha, 70 Arten, 420 Einzeltiere
Auf dem Gelände des ehemaligen fürstlichen Wildgeheges; spezialisiert auf heimische Huftiere
19370 Parchim
Tiergarten, Goetheallee 12
  Größe 1,5 ha, 30 Arten, 130 Einzeltiere
Volieren mit Turmfalken, Mäusebussarden; Affenkäfig u. a.
18581 Putbus
Wildgehege, Alleestr.
  Größe 8 ha, 70 Einzeltiere
Von einem Rundwanderweg kann das Gehege besichtigt werden
18059 Rostock
Zoologischer Garten, Tiergartenallee
Größe 54 ha, 300 Arten, 1200 Einzeltiere
  Gepflegte Park- und Gartenanlage mit Menschenaffenhaus u. a.; die Eisbärenanlage des 1910 gegründeten Zoos gehört zu den größten dieser Art in der Welt
18546 Saßnitz
Heimattiergarten, Steinbachweg
  Größe 2,4 ha, 50 Arten, 250 Einzeltiere
Damhirschgehege, Teichanlage mit verschiedenen Gänse- und Entenarten
19061 Schwerin
Zoologischer Garten, Waldschulenweg 1
  Größe 15 ha, 150 Arten, 750 Einzeltiere
Spezialisiert auf die Haltung und Zucht vom Aussterben bedrohter Tiere, die am und im Süßwasser leben; große Erfolge bei der Braunbärenzucht
18437 Stralsund
Tierpark, Bartherstr.

  Größe 9 ha, 150 Arten, 900 Einzeltiere
Tiere der europäischen Fauna, besonders Huf- und Klauentiere; Wisentgehege, Wolfsgehege, Schimpansenkäfig
17373 Ueckermünde
Tierpark, Rudolf-Breitscheid-Str.
  Größe 7 ha, 150 Arten, 600 Einzeltiere
Spezialisiert auf Wasservögel und Fasanen sowie Großkatzen und Großsittiche; Affenhaus, Mufflonanlage
17192 Waren
Heimattiergarten, am Müritz-Museum
  Größe 1 ha, 40 Arten, 150 Einzeltiere
Hervorgegangen aus einer Pflegestätte, die das Museum 1950 für kranke und junge Tiere einrichtete
Wisentgehege Damerower Werder
  Größe 6,7 ha, 30 Einzeltiere
Zwischen Kölpinsee und Jabelschem See liegt die Halbinsel Damerower Werder; in einem Schaugatter kann besonders zu den Fütterungszeiten (Mo–Fr 10, 15, Sa, So nur 10 Uhr) ein Teil der Tiere beobachtet werden; die beiden nicht zugänglichen Freigehege haben insgesamt eine Größe von 29 ha
23966 Wismar
Heimattierpark, Köppernitztal
  Größe 1 ha, 50 Arten, 200 Einzeltiere
Wiesen- und Teichanlage; Volieren für verschiedene Vögel u. a.
17438 Wolgast
Heimattiergarten, Tannenkampweg
  Größe 10 ha, 50 Arten, 200 Einzeltiere
Unter wertvollem altem Baumbestand Braunbärenzwinger, Affenkäfig, Wiesenanlage, Pony- und Hauseselkoppel

Abbildungs- und Zitatnachweis

Albers, Reinhard, Neumünster: Farbabb. 10; Abb. 15; Abb. S. 102 links, 103 rechts

Bengel, Michael, Köln: Abb. S. 122

Beyer, Klaus, Weimar: Abb. 4–7, 9, 14, 17, 18, 21, 24, 32, 33, 42, 47, 63, 65; Abb. S. 20, 28 links, 31, 47, 53, 112, 127, 128, 135, 191 oben, 198, 209 oben, 252, 268

Bildarchiv Preußischer Kulturbesitz, Berlin: Abb. S. 28 rechts, 40 oben und unten, 92

Buchholz, Antiquariat, Köln: Abb. S. 13, 37, 95, 260, 272, 320, 324

Freyer, Ralf, Freiburg: Farbabb. 5, 7, 22

Girard, Barbara von, München: Farbabb. Umschlagrückseite; Abb. 3, 20, 23, 30, 31, 40, 45, 50; Abb. S. 121, 194, 303

Hardenberg, Harry, Stralsund: Abb. 22, 51, 52; Abb. S. 264

Hinstorff-Verlag, Rostock: Abb. S. 116

Ifa-Bilderteam, München: Farbabb. Umschlagvorderseite (Poguntke), 14 (Löhr), 15 (Koch), 17 (Aberham)

Kleinfeld, W., Ettlingen: Abb. 1, 19

Kürtz, Hans Joachim, Möltenort/Kiel: Farbabb. Umschlaginnenklappe, 3, 4, 6, 20

Landesamt für Bodendenkmalpflege Mecklenburg-Vorpommern, Lübstorf: Abb. S. 137 links und rechts, 305

Lehmkuhl, Helga, Bonn: Abb. S. 18, 22, 24, 43, 45, 86, 250/251, 277, 337, 338 links oben und unten, 339 rechts oben und unten

Mecklenburgisches Landeshauptarchiv, Schwerin: Abb. S. 54, 57, 97, 129

Monheim, Florian/Götz, Roman von, Düsseldorf/Dortmund: Farbabb. 8, 12, 16, 18, Abb. 29, 55, 57, 58, 60, 62, 64; Abb. S. 17, 28 oben, 33, 132, 191 unten, 332

Neumeister, Werner, München: Farbabb. 9, 11, 13, 21; Abb. 2, 16, 25, 26, 49, 56, 61; Abb. S. 208 oben und unten, 209 unten

Reinhold, Günter, Bausin: Farbabb. 19

Scholten, Jo, Nettetal: Abb. 44, 48; Abb. S. 35, 242/243, 317, 326/327, 354

Seemann, Uwe, Güstrow: Abb. 8, 10–12, 27, 28, 34–39, 41, 46, 53, 54, 59; Abb. S. 26, 42, 143, 171, 173 unten, 183, 204, 205, 313, 344, 367

Ullstein Bilderdienst, Berlin: Abb. S. 63, 99, 130, 197, 258, 274, 276, 300, 318

Wurlitzer, Bernd, Berlin: Abb. 13, 43; Abb. S. 23, 48/49, 81, 102/103, 109, 178, 180, 185, 189, 203, 215, 234, 240, 246/247, 262, 265, 269, 307, 329

Zefa, Zentrale Farbbild Agentur, Düsseldorf: Farbabb. 1 (Kaenel), 2 (Damm), 23 (Damm), 24 (Oster)

Frontispiz: Caspar David Friedrich, Zwei Männer auf Mönchgut: Staatliche Kunstsammlungen Dresden, Kupferstich-Kabinett, Dresden

S. 169, S. 171: Selbstporträt und Güstrower Ehrenmal (»Der Schwebende«) von Ernst Barlach: Ernst und Hans Barlach, GBR Lizenzverwaltung, Ratzeburg

S. 213: Reimann-Porträt von Erika Max-Stürmer: Heide Hampel-Literaturzen-

374

trum Neubrandenburg, Fotograf: Bernd Lasdin

S. 244: Fallada-Porträt von E. O. Plauen: Literaturzentrum Neubrandenburg, Neubrandenburg

☐ **Zitate**

S. 62/63: Christa Wolf, Sommerstück, © Aufbau Verlag Berlin Weimar 1989

S. 122/123: Uwe Johnson, Ingrid Babendererde, © Suhrkamp 1953 und Eine Reise wegwohin, © Suhrkamp 1960

S. 174: Wallenstein. Sein Leben erzählt von Golo Mann, © S. Fischer Verlag GmbH, Frankfurt am Main 1971

S. 212/213: Brigitte Reimann, Franziska Linkerhand, © Verlag Neues Leben GmbH, Berlin 1974

S. 276: Arnold Gustavs, Hiddensee. Aufzeichnungen eines Inselpastors, mit freundlicher Genehmigung Arne Gustavs, Zepernick

S. 323: Zitate von Otto Niemeyer-Holstein, © Verlag der Nationen. Trotz sorgfältiger Recherche ist es uns leider wegen der Auflösung des Verlags der Nationen zur Zeit nicht möglich gewesen, den Rechtsnachfolger zu ermitteln.

Personen- und Stichwortregister

Ortsregister

DuMont Kunst-Reiseführer

- Ägypten und Sinai
- Albanien
- Belgien
- Die Ardennen
- Bhutan
- Brasilien
- Bundesrepublik Deutschland
- Aachen
- Das Allgäu
- Das Altmühltal
- Bayerisch Schwaben
- Das Berchtesgadener Land
- Das Bergische Land
- Bodensee und Oberschwaben
- Brandenburg
- Bremen, Bremerhaven und das nördliche Niedersachsen
- Der Chiemgau
- Dresden
- Düsseldorf
- Die Eifel
- Franken
- Hamburg
- Hannover und das südliche Niedersachsen
- Harz
- Hessen
- Nördliches Hessen
- Hunsrück und Naheland
- Köln
- Kölns romanische Kirchen
- Mecklenburg-Vorpommern
- Die Mosel
- Münster und das Münsterland
- Zwischen Neckar und Donau
- Der Niederrhein
- Oberpfalz, Bayerischer Wald, Niederbayern
- Osnabrück, Oldenburg und das westliche Niedersachsen
- Ostfriesland
- Die Pfalz
- Potsdam
- Der Rhein von Mainz bis Köln
- Rheinhessen
- Das Ruhrgebiet
- Saarland
- Sachsen
- Sachsen-Anhalt
- Sauerland

- Schleswig-Holstein
- Der Schwarzwald und das Oberrheinland
- Sylt, Helgoland, Amrum, Föhr
- Thüringen
- Östliches Westfalen
- Volksrepublik China
- Dänemark
- Die Färöer
- Frankreich
- Auvergne und Zentralmassiv
- Die Bretagne
- Burgund
- Côte d'Azur
- Dauphiné und Haute Provence
- Das Elsaß
- Frankreich für Pferdefreunde
- Frankreichs gotische Kathedralen
- Romanische Kunst in Frankreich
- Korsika
- Languedoc–Roussillon
- Das Limousin
- Das Tal der Loire
- Lothringen
- Die Normandie
- Paris und die Ile de France
- Périgord und Atlantikküste
- Das Poitou
- Die Provence
- Savoyen
- Griechenland
- Athen
- Die griechischen Inseln
- Tempel und Stätten der Götter Griechenlands
- Korfu
- Kreta
- Rhodos
- Grönland
- Großbritannien
- Englische Kathedralen
- Die Kanalinseln und die Insel Wight
- London
- Die Orkney- und Shetland-Inseln
- Ostengland
- Schottland
- Süd-England
- Wales

- Guatemala
- GUS u. a. ehem. Sowjetrep.
- Moskau und St. Petersburg (Winter '93)
- Sowjetischer Orient
- Holland
- Indien
- Ladakh und Zanskar
- Indonesien
- Bali
- Irland
- Island
- Israel
- Das Heilige Land
- Italien
- Die Abruzzen
- Apulien
- Elba
- Emilia-Romagna
- Das etruskische Italien
- Florenz
- Gardasee, Verona, Trentino
- Latium
- Lombardei und Ober-italienische Seen
- Die Marken
- Der Golf von Neapel
- Piemont und Aosta-Tal
- Die italienische Riviera
- Rom –
- Ein Reisebegleiter
- Rom in 1000 Bildern
- Sardinien
- Sizilien
- Südtirol
- Toscana
- Die ländliche Toscana
- Die Villen der Toscana und ihre Gärten
- Umbrien
- Venedig
- Das Veneto
- Die Villen im Veneto
- Japan
- Der Jemen
- Jordanien
- Karibische Inseln
- Kenya
- Luxemburg
- Malaysia und Singapur
- Malta und Gozo
- Marokko
- Mexiko
- Mexico auf neuen Wegen
- Namibia und Botswana

- Nepal
- Norwegen
- Österreich
- Burgenland
- Kärnten und Steiermark
- Salzburg, Salzkammergut, Oberösterreich
- Tirol
- Vorarlberg und Liechtenstein
- Wien
- Pakistan
- Papua-Neuguinea
- Polen
- Schlesien
- Portugal
- Madeira
- Rumänien
- Die Sahara
- Sahel: Senegal, Mauretanien, Mali, Niger
- Schweden
- Gotland
- Die Schweiz
- Graubünden
- Tessin
- Das Wallis
- Spanien
- Die Kanarischen Inseln
- Katalonien
- Der Prado in Madrid
- Mallorca – Menorca
- Nordwestspanien
- Spaniens Südosten – Die Levante
- Sudan
- Südamerika
- Südkorea
- Die Südsee
- Syrien
- Thailand und Burma
- Tibet
- Tschechoslowakei
- Prag
- Türkei
- Istanbul
- Ost-Türkei
- Ungarn
- USA – Der Südosten (Herbst '93)
- USA – Der Südwesten
- Vietnam
- Zimbabwe
- Zypern

»Richtig reisen«/»Richtig wandern«

- Ägypten
- Kairo
- Sinai und Rotes Meer
- Arabische Halbinsel
- Australien
- Bahamas
- Belgien und Luxemburg
- Belgien mit dem Rad

  Bundesrepublik
  Deutschland
- »Richtig wandern«: Allgäuer und Ammergauer Alpen (Herbst '93)
- Berlin
- Deutsche Ostseeküste
- »Richtig wandern«: Franken
- München
- »Richtig wandern«: Ostfriesland
- »Richtig wandern«: Sächsische Schweiz
- »Richtig wandern«: Thüringer Wald
- China
- Cuba
- Dänemark
- Bornholm
- Finnland

  Frankreich
- »Richtig wandern«: Bretagne
- »Richtig wandern«: Burgund
- »Richtig wandern«: Cevennen und Languedoc
- Elsaß
- Korsika
- »Richtig wandern«: Korsika
- Languedoc und Roussillon
- Paris
- »Richtig wandern«: Provence
- »Richtig wandern«: Pyrenäen
- Griechenland
- Die griechischen Inseln
- Kreta
- »Richtig wandern«: Kykladen
- »Richtig wandern«: Nordgriechenland
- »Richtig wandern«: Peloponnes
- »Richtig wandern«: Rhodos
- Großbritannien
- London
- Nord- und Mittelengland
- »Richtig wandern«: Nord-England

- »Richtig wandern«: Schottland
- »Richtig wandern«: Englands Süden
- Süd-England
- Guadeloupe – Martinique
- Holland
- Amsterdam
- Hongkong mit Macau und Kanton
  Indien
- Nord-Indien
- Süd-Indien
- Indonesien
- Irland
- »Richtig wandern«: Island
- Italien
- Friaul – Triest – Venetien
- Ischia, Capri, Procida
- Neapel
- Oberitalien
- Rom
- Sardinien
- »Richtig wandern«: Sardinien (Herbst '93)
- Sizilien
- Süditalien
- »Richtig wandern«: Südtirol
- Toscana
- »Richtig wandern«: Toscana und Latium
- Venedig
- Jamaica
- Kanada und Alaska
- Ost-Kanada
- West-Kanada und Alaska
- »Richtig wandern«: Lappland
  Luxemburg
- Belgien und Luxemburg
- Madagaskar – Komoren
- Malediven
- Marokko
- Mauritius
- Mexiko
- Nepal
- Neuseeland
- »Richtig wandern«: Neuseeland
- Norwegen
  Österreich
- Graz und die Steiermark
- »Richtig wandern«: Tirol
- Wien
- Ostafrika
- Philippinen

- Portugal
- Azoren
- Prag
- Réunion
  Rußland
- Moskau
- Schweden
- Seychellen
- Spanien
- Andalusien
- »Richtig wandern«: Andalusien
- Barcelona
- Extremadura
- Gran Canaria
- Ibiza/Formentera
- »Richtig wandern«: Der spanische Jakobsweg
- Katalonien
- Lanzarote
- »Richtig wandern«: La Palma, La Gomera, El Hierro
- Madrid und Kastilien
- »Richtig wandern«: Mallorca
- »Richtig wandern«: Der Osten Spaniens
- »Richtig wandern«: Pyrenäen
- Teneriffa
  Südamerika
- Argentinien – Chile – Paraguay – Uruguay
- Peru und Bolivien
- Venezuela, Kolumbien und Ecuador
- Thailand
- Türkei
- Istanbul
- Tunesien
  Ungarn
- Budapest
  USA
- Florida
- Hawaii und Südsee
- Kalifornien
- Los Angeles
- Neu-England
- New Orleans und die Südstaaten
- Südwesten – USA
- Texas
- USA – Der Westen
- Washington D.C.
- Zentralamerika
- Zypern

Schwerin: 1 Schloß/Archäologisches Landesmuseum 2 Schloßkapelle 3 Orangerie 4 Burggar- ▷
ten 5 Schloßgarten 6 Café 7 Schleifmühle 8 Siegessäule 9 Staatliches Museum 10 Mecklenburgisches Staatstheater 11 Altes Palais 12 Regierungs- und Kollegiengebäude 13 Pfarrkirche
St. Anna 14 Marstall 15 Altstädtisches Rathaus 16 Neues Gebäude 17 Dom 18 Demmlers
Wohnhaus 19 Kommandantenhaus 20 Kücken-Haus 21 Arsenal 22 Paulskirche 23 Hauptbahnhof 24 Schelfkirche 25 Marienpalais (Neustädtisches Palais) 26 Tourist-Information